新形态教材

21世纪高等院校国际经济与贸易专业规划教材
国家级一流本科专业建设点教材
中国大学MOOC教材
省级一流本科课程（线上线下混合式一流课程）配套教材

国际贸易

INTERNATIONAL TRADE

孙文远　主编

东北财经大学出版社
Dongbei University of Finance & Economics Press
大连

图书在版编目（CIP）数据

国际贸易 / 孙文远主编. —大连 ：东北财经大学出版社，2022.12
（21世纪高等院校国际经济与贸易专业规划教材）
ISBN 978-7-5654-4561-3

Ⅰ.国… Ⅱ.孙… Ⅲ.国际贸易-高等学校-教材 Ⅳ.F74

中国版本图书馆CIP数据核字（2022）第110186号

东北财经大学出版社出版
（大连市黑石礁尖山街217号 邮政编码 116025）
网 址：http://www.dufep.cn
读者信箱：dufep@dufe.edu.cn

大连日升彩色印刷有限公司印刷 东北财经大学出版社发行

幅面尺寸：185mm×260mm 字数：487千字 印张：21
2022年12月第1版 2022年12月第1次印刷

责任编辑：蔡 丽 责任校对：孙 平
封面设计：原 皓 版式设计：冀贵收

定价：58.00元

Preface

前 言

中国加入世界贸易组织20多年来，全面履行入世承诺，不断扩大开放，关税总水平从15.3%降至2022年的7.4%，低于9.8%的入世承诺。2012—2021年，中国对全球经济增长的年均贡献率超过30%，居世界第一；货物贸易从世界第六位上升至第一位，服务贸易从世界第十一位上升至第二位；在华设立的外资企业超过100万家，2021年外资来华投资同比增长32%。2018年，中国举办世界上第一个以进口为主题的国家级展会——中国国际进口博览会，在单边主义和保护主义抬头、经济全球化逆流涌动时搭建起分享中国大市场的重要平台。截至2022年年末，中国已同150个国家和32个国际组织签署200余份共建"一带一路"合作文件。2013—2022年，我国与"一带一路"沿线国家货物贸易额从1.04万亿美元扩大到2.07万亿美元，年均增长8%；与沿线国家双向投资累计超过2 700亿美元。中国持续扩大开放，释放改革红利，成为世界经济增长的主要稳定器和动力源。与此同时，中国对从事国际贸易的专业人才的数量和质量的需求不断提高，加快培养适应社会主义现代化强国需要的专门人才是国际贸易专业教学的一项重要任务。习近平总书记明确指出教材建设是国家事权，为此，我们广泛吸收国内外国际贸易理论与政策教材的精华，结合多年的国际贸易教学实践，编写了本书。

本书系统地阐述了国际贸易理论和政策，共包含12章。第1章是"导论"，主要介绍国际贸易的概念与分类、产生与发展、分析方法、分析工具和本书的基本框架。上篇是国际贸易理论，包括第2章至第6章。第2章至第4章按照国际贸易理论发展的阶段，从古典国际贸易理论、新古典国际贸易理论和现代贸易理论的角度阐述了贸易基础、贸易模式、贸易利益和贸易的收入分配效应。第5章阐述了经济增长与国际贸易的相互影响。第6章是保护贸易理论，阐述了幼稚产业保护理论和战略性贸易政策，并从政治经济学的角度分析了保护贸易政策产生的原因。下篇是国际贸易政策，包括第7章至第12章。第7章至第9章从理论上阐述了国际贸易限制进口和促进出口的主要措施，如关税壁垒、非关税壁垒、倾销等。第10章至第12章从实践上阐述了各国的贸易战略、区域经济一体化和要素流动等。

1.思政引领，融入党的二十大精神

本书以马克思主义、习近平新时代中国特色社会主义思想为指导，借鉴西方经济学的分析工具，重点分析国际贸易运行的机制和一般规律。每章均设有"学思践悟"栏目，结合中国改革开放实践和党的二十大报告内容，理解国际贸易的理论和政策，坚定中国特色社会主义道路自信、理论自信、制度自信、文化自信，努力践行习近平新时代中国特色社会主义思想进教材、进课堂、进学生头脑，达到价值塑造、知识传授、能力培养三位一体的育德树人之效。

2.内容求新

本书与时俱进，通过国际贸易的新数据和图表以及国际贸易的新实践来展示国际贸易的演变和发展。

3.体例完整

除了传统的国际贸易理论和国际贸易政策内容以外，本书设置了学习目标、引例、拓展阅读、实践窗、学思践悟、本章小结、关键术语、基础训练（含即测即评等）和案例分析，增强教材的思辨性和启发性，培养学生的学习兴趣。

4.呈现数字化新形态特征

本书属于新形态教材，广泛运用了数字化技术，以二维码的形式向读者展现了以下多元化的学习内容：

（1）在部分章添加了微课，生动地讲解知识点。

（2）在每章设置了"拓展阅读"栏目，向读者分享一些课外阅读资料。

（3）在大部分章设置了"实践窗"栏目，在党的二十大报告的背景下，多方位介绍国际贸易理论应用于政策、实务的情况。

（4）在每章设置了"即测即评"，提供了10道选择题，读者可以自主检测对本章的基础知识的掌握情况，即刻获得测试结果。

本书的总体编写框架和编写大纲由孙文远教授设计和拟定，并负责统稿、总纂、修改和最终定稿。本书的具体编写分工为：孙文远编写第1章和第7章，王雅琳编写第2章和第6章，陈怡编写第3章和第4章，杨飞编写第5章，陈维涛编写第8章，郎永峰编写第9章和第11章，武晓霞编写第10章和第12章。

在本书的编写过程中，编者参考和引用了大量文献，但由于不具备广泛且深入地查询馆藏资料的条件，以及电子数据资源的覆盖范围有限，在脚注和"主要参考文献"中有可能没有列全资料来源，或者所列的不是最早来源的作者的作品，请相关作者谅解；若相关作者与编者联系，编者愿意根据引用作品的字数而提供相应的报酬。在此，编者向所有的相关作者表示衷心的感谢。由于编者水平有限，书中难免存在疏漏和失当之处，敬请广大读者予以批评指正。

本书是国家级一流本科专业建设点（国际经济与贸易专业）、中国大学MOOC、江苏首批省级一流本科课程（线上线下混合式一流课程）的优秀建设成果。中国大学MOOC提供学习视频和练习，供读者学习，网址为：https://www.icourse163.org/course/NAU-1206705825? from=searchPage&outVendor=zw_mooc_pcssjg_.

本书在东北财经大学出版社网站（http://www.dufep.cn）为读者准备了电子课件、章后习题参考答案、教学大纲、电子教案等教学资源，请任课教师在注册为教师会员后免费下载使用。

编　者

2022年10月

Preface

Contents

目录

目录

Contents

第1章 导 论

学习目标

1.1 国际贸易的基本概念与分类

1.2 国际贸易的产生与发展

1.3 国际贸易的分析方法与分析工具

1.4 本书的基本框架

学思践悟

本章小结

关键术语

基础训练

案例分析

学习目标

通过本章的学习，你应该掌握国际贸易的基本概念、基本分类、分析方法和分析工具；你应该熟悉国际贸易的产生和发展、本书的基本框架。

引例

外贸与外资双双“开门红”

2021年第一季度，我国货物贸易进出口总值为8.47万亿元，比上年同期增长29.2%；实际使用外资为3 024.7亿元，同比增长39.9%，增幅双双创下历史新高。

习近平总书记指出：“要保障外贸产业链、供应链畅通运转，稳定国际市场份额”，“要继续优化营商环境，做好招商、安商、稳商工作，增强外商长期投资经营的信心”。

复杂多变的国际经济环境给企业生产活动带来不小困难，但愈是艰难，愈能激发出奋斗的意志。各地、各部门和广大企业坚持改革创新，不断攻坚克难，积极培育外贸发展新动力，增强利用外资新优势，努力促进外贸与外资稳中提质。

2021年第一季度，我国外贸与外资高速增长，这与上年基数较低有一定关系。但是，即便与正常年份相比，外贸与外资的增速仍然抢眼。与2018年、2019年同期相比，2021年第一季度我国货物贸易进出口分别增长25.3%和20.5%，利用外资也较2019年同期增长24.8%。外贸与外资质量明显提升，发展成色十足。

1. 结构不断优化

第一季度，我国出口机电产品2.78万亿元，增长43%，占出口总值的60.3%，较上年同期提升1.7个百分点。利用外资行业分布更优，高技术产业实际使用外资金额为868.7亿元，同比增长32.1%。

2. 区域布局不断完善

第一季度，中西部地区外贸进出口1.5万亿元，增长45.1%，增速比外贸整体增速高15.9个百分点，国内区域布局进一步优化。利用外资方面，第一季度东部、中部、西部地区实际使用外资分别增长38.2%、36.8%和90.9%。这充分体现了中西部地区不断发挥自身优势，承接产业转移能力增强，外贸与外资潜力进一步得到发掘。

3. “朋友圈”不断扩大

我国对主要贸易伙伴和“一带一路”沿线国家进出口均实现较快增长。第一季度，我国对东盟进出口1.24万亿元，增长26.1%，东盟继续保持我国第一大贸易伙伴地位。同期，对“一带一路”沿线国家、《区域全面经济伙伴关系协定》(RCEP)贸易伙伴进出口分别增长21.4%和22.9%。从利用外资来源地看，“一带一路”沿线国家、东盟、欧盟实际投资同比分别增长58.2%、60%和7.5%。

资料来源 杜海涛，罗珊珊. 外贸外资双双“开门红”（开局之年看外贸外资）[N]. 人民日报，2021-04-28（2）.

1.1 国际贸易的基本概念与分类

1.1.1 国际贸易的基本概念

1. 国际贸易与对外贸易

国际贸易（international trade）又称世界贸易（world trade），是指世界各国（地区）之间进行的商品及服务交换的活动，是国际分工在流通领域的表现形式，反映各国（地区）在商品、资金、科学技术、服务等领域的相互关系以及各国（地区）在经济上的相互依存度。[①]其包括进口贸易和出口贸易，有时也称进出口贸易。

从一国（地区）的角度来看，国际贸易又称对外贸易（foreign trade）或者海外贸易（overseas trade），是一国（地区）跨越国境（关境）的商品与服务流通。因此，国际贸易和对外贸易最重要的区别在于角度不同。

此外，随着国际贸易规模和对象的不断扩大，国际贸易的内涵也在不断变化。广义的国际贸易（或对外贸易）包括货物、服务和技术的进出口。狭义的国际贸易（或对外贸易）仅包括货物贸易。因而，内涵的变化在一定程度上也反映了国际贸易的发展。

2. 国际（对外）贸易值与国际（对外）贸易量[②]

国际贸易值（value of international trade）又称国际贸易额，是用货币（通常是本国货币或美元）来表示的一定时期内各国的对外贸易总值。从一国（地区）的角度来看，国际贸易值即对外贸易值（value of foreign trade），又称对外贸易额，包括对外贸易进口总额和对外贸易出口总额，是反映一国对外贸易规模的重要指标。

实际计算国际贸易值时，由于一国进口就是另一国的出口，因此不能简单地将进口总额和出口总额相加，会导致重复计算。此外，在国际贸易实务操作中，各国一般都是按照FOB价格[③]计算货物出口额；按照CIF价格[④]计算货物进口额，即在货物进口额中，除了货

① 经济学名词审定委员会. 经济学名词［M］. 北京：科学出版社，2020：159.

② 《市场经济大全》编撰委员会. 市场经济大全［M］. 青岛：青岛海洋大学出版社，1993：195.

③ 根据国际商会（International Chamber of Commerce，ICC）编撰的《国际贸易术语解释通则2020》(INCOTERMS 2020)，FOB（free on board）的中文意思是船上交货（指定装运港），指卖方在合同规定的装运港和规定的期限内，将货物装上买方指派的船只，即完成交货。买方应承担自那时起货物损坏或灭失的一切风险和费用。参见：冷柏军，李洋. 国际贸易实务双语教程［M］. 北京：中国人民大学出版社，2021：34.

④ 根据INCOTERMS 2020，CIF（cost，insurance and freight，CIF）的中文意思是成本、保险费和运费（指定目的港），指由卖方负责与承运人订立运输合同，承担租船订舱及支付到指定目的港的运费，并负责与保险人订立保险合同及支付保险费，在装运港船上交货，即完成交货。参见：冷柏军，李洋. 国际贸易实务双语教程［M］. 北京：中国人民大学出版社，2021：41.

物本身的价值，还包括运费和保险费等。因此，在核算国际贸易值时，按照FOB价格进行统计比较合理，即将各国出口额相加作为国际贸易值。

但是国际贸易值在计算时涉及价格，而价格和币值经常波动，因此国际贸易值往往无法确切反映一国（地区）国际贸易的实际规模。例如，国际贸易值从1亿美元增加到2亿美元，有可能是价格变为原来的2倍导致，而国际贸易商品的实物数量并未发生变化，但从数据表面来看好像国际贸易规模增加了。为准确反映国际贸易发展的实际规模，需要剔除价格因素的影响。具体来讲，可以选择某一固定年份作为基期计算国际贸易值，再将不同年份国际贸易值进行比较，可以准确反映不同时期国际贸易规模的实际变动幅度。通过这种方式计算的国际贸易值即国际贸易量（quantum of international trade）。因此，国际贸易量就是剔除了价格因素以后的国际贸易值。对应地，对外贸易量就是以不变价格计算的进出口总值。

3. 贸易差额

贸易差额（balance of trade）是一国或地区在一定时期内（如一年、半年、一个季度、一个月）出口贸易额与进口贸易额之间的差额。其是国际收支中经常账户的重要组成部分，反映了一国或地区对外贸易的收支状况。①

当出口总额超过进口总额时，一国出现贸易盈余，称贸易顺差（favorable balance of trade）或者出超（excess of export over import），一般以正数表示。当进口总额超过出口总额时，一国出现贸易赤字，称贸易逆差（unfavorable balance of trade）或者入超（excess of import over export），一般以负数表示。当出口总额等于进口总额时，一国国际收支平衡，称贸易平衡（trade balance）。②

此外，贸易差额还可以进一步细分为货物贸易差额和服务贸易差额，表明货物贸易和服务贸易各自进出口贸易总额之间的关系。③

一般来说，贸易顺差表明一国或地区贸易处于相对有利的地位，贸易逆差则表明一国或地区贸易处于相对不利的地位，但并非绝对。比如，长期大量的贸易顺差会造成国内通货膨胀，而贸易逆差说明该国可能正处于经济加速发展时期，需要大量引进先进技术和设备等，并非坏事。总体来看，一国应当保持贸易平衡。

4. 国际（对外）贸易结构④

（1）广义的国际（对外）贸易结构

广义的国际贸易结构（composition of international trade）是指一国或地区一定时期内进出口贸易中各类商品和服务的构成，即某大类或某种商品和服务进出口贸易额占整个进出口贸易额的比重，反映了该国或地区某类商品和服务在国际贸易中所处的地位。其可分为国际贸易出口结构和国际贸易进口结构。从一国或地区的角度来看，国际贸易结构即对外贸易结构（composition of foreign trade），是指一定时期内该国或地区进出口总额中各类商品和服务的构成，通常用各类商品或者服务占进口总额或出口总额的比重表示，反映了该国的经济和科技发展水平以及资源禀赋情况。

① 薛荣久. 国际贸易［M］. 新编本. 北京：对外经济贸易大学出版社，2003：18.
② 陈同仇，薛荣久.《国际贸易》学习问答［M］. 北京：对外贸易教育出版社，1993：4.
③ 薛荣久. 国际贸易［M］. 新编本. 北京：对外经济贸易大学出版社，2003：18.
④ 薛荣久. 国际贸易［M］. 新编本. 北京：对外经济贸易大学出版社，2003：19.

(2) 狭义的国际(对外)贸易结构

狭义的国际(对外)贸易结构是指货物贸易或服务贸易本身的结构比较，可分为国际(对外)货物贸易结构和国际(对外)服务贸易结构。

①国际(对外)货物贸易结构是指一定时期内世界或一国(地区)进出口货物贸易中以百分比表示的各类货物的构成。如2020年，中国对外贸易产品构成中，工业制品的份额进一步扩大，全年工业制品出口规模达24 751.46亿美元，同比增长4.6%，工业制品占出口总额的95.5%，较2019年提升1.1个百分点。而初级产品出口仅有1 154.7亿美元，同比下跌13.8%，在出口中的占比仅为4.5%。[①]

②国际(对外)服务贸易结构是指一定时期内世界或一国(地区)进出口服务贸易中以百分比表示的各类服务的构成。如2005年，世界服务贸易出口总额中，运输、旅游和其他服务所占比重分别为22.0%、26.6%和48.0%，到2021年，该比重分别变为19.3%、10.3%和66.9%(见表1-1)。

表1-1 2005—2021年世界服务贸易额和世界服务贸易结构

年份 / 类别	世界服务贸易额(百万美元)	世界服务贸易结构(%)				
	2021	2005	2010	2019	2020	2021
商业服务出口	5 994	100.0	100.0	100.0	100.0	100.0
货物相关服务	214	3.4	3.3	3.6	3.7	3.6
运输	1 158	22.0	21.0	16.8	16.8	19.3
旅游	615	26.6	24.6	23.7	10.8	10.3
其他服务	4 007	48.0	51.1	55.9	68.6	66.9
商业服务进口	5 539	100.0	100.0	100.0	100.0	100.0
货物相关服务	168	2.6	2.2	2.8	3.1	3.0
运输	1 374	27.1	26.2	20.8	213	24.8
旅游	610	25.6	23.2	23.6	11.6	11.0
其他服务	3 387	44.7	48.3	52.7	64.0	61.1

资料来源 WORLD TRADE ORGANIZATION. World trade statistical review 2022 [R]. Geneva: World Trade Organization, 2022: 79.

广义和狭义的国际(对外)贸易结构反映了世界或一国(地区)的经济发展水平、产业结构状况、服务业发展水平和科技发展水平等。为了更加深入地进行比较，可以将货物贸易和服务贸易按照《国际贸易标准分类》(Standard International Trade Classification,

① 亚布力中国企业家论坛研究中心. 2020年中国对外贸易分析 [J]. 全球商业经典, 2021 (2): 136-141.

SITC）进一步细分。例如，在1990年的出口货物结构中，《国际贸易标准分类》中商品分类中的0~4类初级产品占出口货物总额的比重为25.6%，5~8类制成品占出口货物总额的比重为74.4%；到2020年，相应的比重分别为4.47%和95.53%。①

5. 国际（对外）贸易地理方向②

国际贸易地理方向（geographical orientation of international trade）又称国际贸易地区分布（international trade by regions），是指世界各国（地区）、各大洲、各区域集团在国际贸易中所占的比重。计算国际贸易地理方向时，可分别计算进口总额、出口总额以及进出口总额分别占世界进口总额、出口总额和进出口总额的比重，③还可以分别计算货物贸易和服务贸易的地理方向，甚至将货物贸易和服务贸易进一步细分。国际贸易地理方向的影响因素有国内生产总值、贸易的发展和地理位置等。如2021年，在世界货物出口比重中，北美洲为12.7%，南美洲、中美洲和加勒比地区为3.3%，欧洲为36.9%，独联体为3.0%，非洲为2.6%，中东为5.3%，亚洲为36.3%。④

对外贸易地理方向（geographical orientation of foreign trade）又称对外贸易地区分布（foreign trade by regions），是指一国（地区）货物和服务的去向和来源，反映了一国（地区）与其他国家（地区）之间经济联系的紧密程度。其计算公式为：

对某国家（地区）的出口和进口贸易额÷对世界的出口和进口贸易额×100%

如在2019年，中国的货物出口额中，对发达国家的占43.8%，对转型经济体的占3.6%，对发展中国家的占52.6%，对应的货物进口额所占比重分别为39.65%、4.55%和55.8%。该数据说明中国与发展中国家之间的贸易往来更紧密一些。⑤

6. 对外贸易依存度⑥

对外贸易依存度（degree of dependence upon foreign trade）又称对外贸易系数（foreign trade coefficient），是指一国（地区）对外贸易总额占国内生产总值（gross domestic product，GDP）或国民生产总值（gross national product，GNP）的比重。其反映了一国（地区）经济对对外贸易的依赖程度和参与国际分工的深度，是衡量一国对外开放程度和贸易一体化的重要指标。对外贸易依存度的计算公式为：

$$\text{对外贸易依存度}=\frac{\text{对外贸易额}}{\text{GDP/GNP}}\times 100\%=\frac{\text{出口额}+\text{进口额}}{\text{GDP/GNP}}\times 100\%$$

对外贸易依存度可以分为进口依存度和出口依存度。进口依存度是指一国（地区）在一定时期内的进口额占GDP/GNP的比重。出口依存度是指一国（地区）在一定时期内的出口额占GDP/GNP的比重，反映了该国新创造的价值中有多少比重是输出到国外的。该比重越大，说明该国的国民经济活动对世界经济的依赖程度越高。

对外贸易依存度还可以分为对外货物贸易依存度和对外服务贸易依存度，分别表示该国货物贸易额和服务贸易额在GDP/GNP中的比重。

① 国家统计局．中国统计年鉴2021［M］．北京：中国统计出版社，2022．
② 薛荣久．国际贸易［M］．新编本．北京：对外经济贸易大学出版社，2003：19-20．
③ 唐海燕，毕玉江．国际贸易学［M］．2版．上海：立信会计出版社，2017：20．
④ WORLD TRADE ORGANIZATION．World trade statistical review 2022［R］．Geneva：World Trade Organization，2022：56．
⑤ 国家统计局．国际统计年鉴2020［M］．北京：中国统计出版社，2021．
⑥ 薛荣久．国际贸易［M］．新编本．北京：对外经济贸易大学出版社，2003：20．

7. 贸易条件①

贸易条件（terms of trade，TOT）又称交换比价或贸易比价，是指一国（地区）一定时期内在对外贸易中出口一单位商品（价格、购买力、要素）所能换回的进口商品（价格、购买力、要素）的数量，反映了一国（地区）的“交换效率”，用来衡量一国（地区）贸易获利程度的高低，也可以反映该国（地区）出口竞争力的强弱程度。该指标上升，说明出口一单位商品所能换回的进口商品的数量增加，称贸易条件改善；反之，称贸易条件恶化。在国际贸易中，常见的贸易条件有以下几种不同的形式：

（1）净贸易条件

净贸易条件（net terms of trade）是一国（地区）在一定时期内（通常为一年）出口价格指数和进口价格指数之比。其计算方法为：

$$N = \frac{P_x}{P_m} \times 100 \tag{1-1}$$

式中：N为净贸易条件；P_x为出口价格指数；P_m为进口价格指数。

【例1-1】假定某国贸易条件以2000年为基期（100），2022年时出口价格指数下降10%，进口价格指数上升10%，那么该国2022年的净贸易条件为：

$$N = \frac{90}{110} \times 100 = 81.82$$

计算结果表明，2000—2022年，该国的净贸易条件从100下降到81.82，即与2000年相比，2022年的净贸易条件恶化了18.18。

（2）收入贸易条件

收入贸易条件（income terms of trade）是以净贸易条件为基础，引入贸易量，反映了进口能力的变化。其计算方法为：

$$I = \frac{P_x}{P_m} \times Q_x \tag{1-2}$$

式中：I为收入贸易条件；Q_x为出口数量指数。

【例1-2】承例1-1，该国的出口数量指数从2000年的100提高到2022年的135，在这种情况下，该国2022年的收入贸易条件为：

$$I = \frac{90}{110} \times 135 = 110.45$$

计算结果表明，2000—2022年，尽管净贸易条件恶化了，但是由于出口数量增加比较快，增强了该国的进口能力，收入贸易条件好转了。

（3）要素贸易条件

①单项因素贸易条件（single factorial terms of trade），是以净贸易条件为基础，考虑劳动生产率变化之后贸易条件的变化。其计算方法为：

$$S = \frac{P_x}{P_m} \times Z_x \tag{1-3}$$

式中：S为单项因素贸易条件；Z_x为出口商品的劳动生产率指数。

【例1-3】承例1-1，该国出口商品的劳动生产率指数从2000年的100提高到2022年

① 刘来福，等．经营实务大全［M］．北京：改革出版社，1994：337.

的125，则该国的单项因素贸易条件为：

$$S = \frac{90}{110} \times 125 = 102.27$$

计算结果表明，2000—2022年，尽管净贸易条件恶化了，但是出口商品劳动生产率的提高不仅弥补了净贸易条件的恶化，而且改善了单项因素贸易条件，说明出口商品劳动生产率的提高有利于改善贸易条件。

②双项因素贸易条件（double factorial terms of trade），不仅考虑到出口商品劳动生产率的变化，而且考虑到进口商品劳动生产率的变化。其计算方法为：

$$D = \frac{P_x}{P_m} \times \frac{Z_x}{Z_m} \times 100 \qquad (1\text{-}4)$$

式中：D为双项因素贸易条件；Z_m为进口商品的劳动生产率指数。

【例1-4】承例1-1和例1-3，进口商品的劳动生产率指数从2000年的100提高到2022年的103，则该国的双项因素贸易条件为：

$$D = \frac{90}{110} \times \frac{125}{103} \times 100 = 99.29$$

计算结果表明，2000—2022年，进口商品的劳动生产率指数的提高倾向于恶化贸易条件；要想改善贸易条件，可以努力提高本国出口商品的劳动生产率。双项因素贸易条件指标有利于刺激本国劳动生产率的提高。

1.1.2 国际贸易的分类①

1. 按照交易内容分类

(1) 货物贸易

货物贸易（goods trade）是指物质商品的进出口。因为物质商品是看得见、摸得着的，因此，货物贸易又被称为有形贸易（visible trade）。物质商品的种类很多，为便于统计，联合国于1950年编写了《国际贸易标准分类》，被世界各国政府所普遍采纳。到2006年，该标准分类经历了4次修订。该分类法将商品分为十大类、63章、223组、786个分组和1 924个基本项目，几乎囊括了国际贸易的所有商品；但是该分类法主要用于贸易统计。后来，各国通过协商，海关合作理事会②于1983年通过了《商品名称及编码协调制度的国际公约》及其附件《商品名称及编码协调制度》（Harmonized Commodity Description and Coding System，简称HS），这是一种新型的、系统的国际贸易商品分类体系。我国海关以此为基础编制了《中华人民共和国进出口税则》，商品分类更细致、更科学。

拓展阅读1-1

(2) 服务贸易

服务贸易（service trade）又称无形贸易（invisible trade），一般是指服务或其他非物质商品的进出口，如运输、保险、金融、旅游、法律、咨询等方面的各种服务的提供和接受。《服务贸易总协定》（General Agreement on Trade in Services，GATS）将服务贸易定

① [1] 陈玉璋，刘玉操．国际贸易实务与金融［M］．天津：南开大学出版社，1993：1-5．[2] 贾金思，姚东旭，郎丽华．国际贸易——理论·政策·实务［M］．北京：对外经济贸易大学出版社，2005：18-21．

② 1994年，海关合作理事会更名为世界海关组织（World Customs Organization，WCO）。

义为：(a) 自一成员领土向任何其他成员领土提供服务；(b) 在一成员领土内向任何其他成员的服务消费者提供服务；(c) 一成员的服务提供者通过在任何其他成员领土内的商业存在提供服务；(d) 一成员的服务提供者通过在任何其他成员领土内的自然人存在提供服务。[①]

货物贸易的进出口通常要履行海关手续，缴纳相应关税，因而可以反映在海关贸易统计上；服务贸易不进入各海关统计，但也属于国际收支的一部分，在国际收支平衡表中得到部分反映。

拓展阅读 1-2

2. 按照商品流动方向分类

(1) 进口贸易

进口贸易（import trade）又称输入贸易，是指将国家或地区外生产和加工的商品输入本国或地区内市场进行销售的贸易活动。不属于内销的货物则不计算在内，如旅客个人带入供自用的货物。

(2) 出口贸易

出口贸易（export trade）又称输出贸易，是指将国家或地区内生产和加工的商品输出到国家或地区外市场进行销售的贸易活动。不属于外销的货物则不计算在内，如旅客带出国境供个人使用的货物。

(3) 过境贸易

过境贸易（transit trade）又称通过贸易，是指商品通过一国或地区未经加工运往另一国或地区的贸易活动。[②]例如，A国经过C国国境向B国出口贸易商品，对C国而言即过境贸易。该类贸易多发生在内陆国家。按照商品在C国是否经过海关仓库存放分为直接过境贸易和间接过境贸易。直接过境贸易是指在海运情况下，A国货物到达C国后，在C国海关的监督下，从C国一个港口通过国内航线转运到另一个港口，或者在同一港口转船，或者不转船直接运出。这三种情况完全就是为了转运而通过国家或地区的关境，与贸易活动无关。间接过境贸易是指A国货物到达C国国境后，先保存在C国海关仓库，然后未经加工改制又从C国海关仓库提出运往B国。[③]

3. 按照是否有第三国参加分类

(1) 直接贸易

直接贸易（direct trade）是指商品的生产国或地区直接将商品出口到消费国或地区，不将任何第三国或地区的商人作为中介来开展贸易活动。直接贸易对生产国或地区来说是直接出口，对消费国或地区来说是直接进口。

(2) 间接贸易

间接贸易（indirect trade）是指商品的生产国或地区与消费国或地区之间通过第三国或地区的商人开展贸易活动。发生间接贸易一般是由于本国或地区销售渠道受限、信息不对称，或者某些经济和政治方面的原因。

① 佚名. WTO服务贸易总协定简介［EB/OL］.［2022-02-27］. http://tradeinservices.mofcom.gov.cn/article/zhishi/jichuzs/200811/21252.html.
② 《国际时事辞典》编辑组. 国际时事辞典［M］. 北京：商务印书馆，1981：205.
③ 徐松. 国际贸易学［M］. 北京：机械工业出版社，2020：14.

(3) 转口贸易

转口贸易（entrepot trade）又称中转贸易，是指一国或地区进口商品的目的不是供本国或地区消费，而是将它作为商品再向其他国家或地区出口的贸易活动。在此过程中，该国或地区的商人要分别签订进口合同和出口合同。交易的货物可以从出口国或地区运往第三国或地区，在第三国或地区未经加工（换装、分类、整理等除外）再运往消费国或地区；也可以从出口国或地区直接运往消费国或地区，但前提是出口国或地区和消费国或地区之间没有任何交易关系。

4. 按照统计口径分类①

(1) 总贸易

总贸易（general trade）是以国境作为统计对外贸易的标准。凡是进入该国国境的商品一律计入总进口，凡是离开该国国境的商品一律计入总出口。总进口与总出口相加即一国的总贸易。截至2022年，中国、美国等90多个国家采用这种统计方法。

(2) 专门贸易

专门贸易（special trade）是以关境作为统计对外贸易的标准。关境是指执行同一关税政策的区域。按照该标准，外国商品只有进入关境才被计入专门进口。例如，我国的关境小于国境，当外国商品进入国境后，如果暂时存放在保税仓库，未进入关境，则不被计入专门进口。凡是离开关境的商品均计入专门出口，但是从关境外、国境内运往他国或地区的商品，则不被计入专门出口。专门进口与专门出口相加即一国的专门贸易。截至2022年，德国、瑞士等80多个国家采用这种统计方法。

5. 按照清偿工具分类②

(1) 自由结汇贸易

自由结汇贸易（free-liquidation trade）又称现汇结算（cash settlement）贸易，是将国际通用货币作为清偿手段的贸易。这是国际贸易中最常见的贸易形式。目前能作为清偿手段的国际通用货币主要有美元、欧元和日元等。

(2) 易货贸易

易货贸易（barter trade）又称记账贸易、换货贸易或者对等贸易，是将经过计价的商品作为清偿手段的贸易。易货贸易大多是因为双方外汇不足，或者双方货币无法自由兑换，因此将出口和进口直接联系起来，力求换货总金额相等，以保持进出口大体平衡。这种支付方式具有三个明显的局限性：

一是可供交换的商品种类有限，因为易货贸易取决于双方对对方商品的直接需求；

二是贸易规模受到限制，因为要保持换货总金额相等；

三是贸易条件存在偏差，因为货物价值不是由市场竞争来决定的，而是通过谈判来协调，往往对其中一方来讲不是很合理。

① 赵承璧．对外经济贸易手册［M］．大连：东北财经大学出版社，1988：15.
② 张相文．国际贸易学［M］．武汉：武汉大学出版社，2004：240-241.

1.2 国际贸易的产生与发展[①]

1.2.1 国际贸易的产生

1. 国际贸易产生的必要条件

国际贸易属于历史范畴，是在一定历史条件下，人类社会生产力和社会分工发展到一定阶段时产生和发展起来的，分工是贸易的基础。从经济学角度来说，国际贸易的产生必须具备两个必要条件：一是剩余产品的出现；二是各自为政的社会实体的形成。

2. 原始社会末期国际贸易的萌芽

原始社会初期，社会生产力水平极其低下，人类处于自然分工状态，只能依赖集体劳动获得有限的生活资料来维持基本的生存需要，因此，既没有剩余产品用来交换，也没有社会实体，此时不存在国际贸易。随着社会历史的发展，原始社会出现了三次社会分工。

第一次社会分工是畜牧业和农业分工。畜牧部落从其他部落中分离出来，牲畜的驯养和繁殖使得生产力有了显著发展，出现了少量的剩余产品，氏族之间、公社之间出现了原始的、偶然的物物交换。比如一只羊换5千克小麦，这是最早出现的交换活动。

第二次社会分工是手工业和农业分离。手工业逐渐成为一个专门的生产部门，使得社会生产力进一步发展。伴随着手工业的出现和发展，社会产生了以交换为目的的生产——商品生产。不过，此时虽然有了剩余产品，但是没有货币，没有社会实体，因此依然没有产生国际贸易。

第三次社会分工是商人的出现。第二次社会分工之后，商品交换已经成为较为普遍的现象，商品交换的地区也逐渐扩大，产生了专门从事贸易的中间人，即商人。从城市经济学的角度来看，随着商品经济的发展和社会生产力水平的提高，城市规模进一步扩大，社会财富不断向少数人集中，贫富差距不断拉大，城市也成为工商业中心和统治中心，基础设施不断完善，科技水平、艺术水平相较于其他地区明显提高，为国家的产生奠定了基础。

阶级和国家出现于原始社会末期，商品经济进一步发展，商品交易最终超出国家的界线，形成最早的对外贸易。[②]

1.2.2 国际贸易的发展

1. 奴隶社会和封建社会国际贸易的缓慢发展

(1) 奴隶社会的国际贸易

奴隶社会中，自然经济占据主导地位，社会生产力水平低下，生产技术落后，产出相对于整个社会而言微不足道，能够进入流通中的商品数量少之又少，商品品种有限，对外

① 汪素芹，郑时彪. 国际贸易［M］. 合肥：中国科学技术大学出版社，1991：21.
② 张二震，等. 国际贸易学教程［M］. 北京：高等教育出版社，2019：8.

贸易的规模和范围也受到生产技术和交通工具的限制。尽管如此，对外贸易依然促进了手工业的发展和商品经济的扩大。

这一时期，国际贸易是为奴隶主阶级服务的，占有奴隶的数量是奴隶主拥有财富的标志，因此，贸易的主要商品是奴隶，希腊的雅典就曾经是贩卖奴隶的中心之一。除此之外，专供奴隶主阶级享用的宝石、香料和各种织物等奢侈品也是国际贸易中的重要商品。

奴隶社会从事国际贸易的国家有希腊和罗马等，这些国家在地中海东部和黑海沿岸地区从事贩运贸易。我国在夏商时代进入了奴隶社会，贸易主要集中在黄河流域沿岸，并同西域一些地区进行最早的朝贡贸易。《国语·周语下》记载："《夏书》有之曰：关石和钧，王府则有。"韦昭注："关，门关之征也。"可见，夏代已在区际设关，向过往商人征收关税，这是夏代有区际贸易的明证。①

（2）封建社会的国际贸易

在封建社会，各国经济中占主导地位的依然是农业，商品生产仍然处于从属地位，但是相对于奴隶社会，封建社会的社会生产力和国际贸易已经有了较大的发展。封建社会早期，封建地租采取劳役和实物的形式，进入流通领域的商品并不多。到了封建社会中期，实物地租转变为货币地租，商品经济进一步发展。到了封建社会晚期，城市手工业进一步发展，资本主义因素开始孕育和生长，促进了商品经济和对外贸易的较大发展。

从国际贸易的商品构成来看，国际贸易的主要商品依然是奢侈品，如西方国家的呢绒、酒，东方国家的丝绸、香料和珠宝等。除了奢侈品以外，还有日用手工业品和食品，如棉织品、地毯、瓷器、谷物和酒等。这些商品主要是供国王、君主、封建地主和部分富裕的城市居民享用的。

从国际贸易的区域范围来看，一方面，随着交通运输工具，尤其是船的发展，国际贸易的范围扩大了。亚洲各国之间的贸易由近海逐渐扩展到远洋。我国早在公元前2世纪的西汉时期就开辟了从长安经过中亚通往西亚和欧洲的陆上"丝绸之路"，将中国的丝绸、茶叶等商品输往地中海各国，换回西方的种子、药材和饰品等，促进了我国同西方各国政治、经济、文化和宗教的交流。到了唐代，除陆上贸易以外，我国又开辟了通往波斯湾以及朝鲜和日本等地的海上贸易，用中国的丝绸、瓷器、茶叶和青铜换回其他国家的香料、珠宝、象牙和药材等。明朝郑和七次下西洋，将我国的火药、指南针和手工业等技术传入亚洲和非洲部分国家。总之，通过国际贸易，我国先进的手工业技术输往了亚欧非各国，深深地影响了世界文明的进程。

从国际贸易的中心来看，西方的国际贸易中心发生多次转移。早期欧洲的国际贸易中心主要集中在地中海东部，君士坦丁堡、威尼斯和亚历山大曾经是中世纪著名的三大国际贸易中心，其中君士坦丁堡最大。11世纪以后，随着意大利北部和波罗的海沿岸城市的兴起，国际贸易的范围逐渐扩大到地中海、北海、波罗的海和黑海沿岸。当时，南欧的贸易中心是威尼斯、热那亚等意大利的一些城市，北欧的贸易中心是汉堡、吕卑克等汉萨同盟②的一些城市。

① 周斌. 夏商西周时期的区际贸易 [J]. 喀什师范学院学报，1996（3）：33-37.

② 汉萨同盟是德国中世纪北海、波罗的海沿岸以及与这两个海相连的河流、两岸的城市（以吕卑克为首）所结成的贸易和政治的同盟，其目的在于垄断欧洲北部的贸易，14世纪后半期为其极盛时代。

总体而言，奴隶社会和封建社会中国际贸易仍然不占主导地位，国际商品交换只是个别的、局部的现象，国际贸易发展缓慢，不存在真正的世界市场，更不存在真正意义上的国际贸易。

2. 资本主义社会国际贸易的广泛发展

国际贸易真正具有世界性质是在资本主义生产方式确立起来之后。马克思、恩格斯认为，现代意义上的国际贸易是与资本主义生产方式紧密联系在一起的，是资本主义生产方式的产物。正是资本主义的大工业生产方式，促使了国际贸易的发展与扩大。

（1）国际贸易与资本主义生产方式的关系[①]

①对外贸易促进了资本主义生产方式的产生。资本主义生产方式的确立需要3个基本条件：一是大量一无所有的劳动力；二是大量的资本；三是广阔的市场。而对外贸易的发展正好提供了这3个条件。

第一，对外贸易为资本主义生产方式提供了劳动力。在资本主义初期，各国以不同方式夺取农民手中的生产资料——土地，农民因此变成除出卖劳动力以外一无所有的“自由”工人，而这一剥夺过程受到对外贸易的影响。自15世纪末期起，由于英国毛纺织业的发展，羊毛需求日益增加，羊毛的市场价格猛涨，养羊成为一个有利可图之业。英国的乡绅贵族将大量农民驱逐出土地，这些农民“在欺诈和暴力手段之下被剥夺了自己的所有……非离开家园不可”[②]，成千上万的农民丧失了生产资料，形成“自由”劳动后备大军，这就是著名的“圈地运动”。这一运动为资本主义生产方式的发展准备了大量自由的劳动者。

第二，对外贸易为资本主义生产方式提供了货币资本。地理大发现促进了对外贸易空前的发展，欧洲新兴的商业资产阶级通过商业战争不断扩大世界市场，通过海盗式的贸易、殖民地的掠夺、欺诈等卑劣手段抢劫土著居民，贩卖黑人奴隶，进行垄断贸易，从世界各地牟取大量金银货币。残酷的不等价交换使欧洲殖民者大发横财，英国对爱尔兰、印度、北美、西印度群岛等殖民地进行残酷的掠夺，使财富源源不断流入国内。在七年战争[③]后的55年间，东印度公司从印度搜刮的财富达50亿英镑以上。在18世纪后半期，英国大种植园主每年在西印度群岛榨取400万英镑的收入。[④]纵观整个16世纪到18世纪，欧洲殖民者从世界各地运回的黄金达200吨，白银达12 000吨，大部分在欧洲转化为货币资本[⑤]，从而加速了资本的原始积累过程。

第三，对外贸易为资本主义生产方式提供了广阔的市场。马克思指出：“美洲和环绕非洲的航路的发现，给新兴的资产阶级开辟了新的活动场所。东印度和中国的市场，美洲的殖民化，对殖民地的贸易，交换资料和一般商品的增加，给予了商业、航海业和工业空前未有的刺激，因而也就促进了崩溃着的封建社会内部所产生的革命因素的迅速发展。”[⑥]16世纪到18世纪，欧洲殖民主义者发动了一系列商业战争，占领旧世界，征服新

① 吕世平，叶春明，魏春生．国际贸易［M］．北京：中国科学技术出版社，1993：52-54.
② 莫尔．乌托邦［M］．戴镏龄，译．2版．北京：商务印书馆，1982：21-22.
③ 七年战争是英国-普鲁士联盟与法国-奥地利联盟之间发生的一场战争，于1756年5月17日开始，1763年结束。
④ 刘宗绪．世界近代史［M］．北京：高等教育出版社，2011：170.
⑤ 韩玉军．国际贸易学［M］．2版．北京：中国人民大学出版社，2017：3.
⑥ 马克思，恩格斯．马克思恩格斯全集（第4卷）［M］．中共中央马克思恩格斯列宁斯大林著作编译局，译．北京：人民出版社，1958：467.

市场，不仅扩大了殖民经济，而且扩大了市场。非洲和拉丁美洲广大地区都卷入到世界市场中来，既成为资本主义国家的商品销售市场，又成为它们的原料产地。

②对外贸易是资本主义生产方式的产物。资本主义生产方式完全确立以后，商品经济破坏了自然经济，对外贸易在国际分工和世界市场的基础上空前发展，资本主义的利润规律、竞争规律和生产发展不平衡规律促使资本家打破一切地域和国家的界线去开拓和争夺国外市场，发展对外贸易。马克思指出："生产剩余价值或赚钱，是这个生产方式的绝对规律。"[①]资本主义生产目的是追求利润，为获取更多的利润，资本家想方设法提高收入，降低成本。由于发达国家的技术水平高，因此生产同类商品的个别价值远低于发展中国家。发达国家在发展中国家推销商品，即使其价格低于发展中国家同类商品的个别价值，依然可以高于本国市场上的价值。反之，资本家通过对外贸易从落后国家购买廉价的工业原料、燃料、辅助材料、机器设备等，降低了不变资本的费用，同时，通过对外贸易可以降低生活资料的成本。因此，利润率会相应地提高。

(2) 第二次世界大战以前的国际贸易[②]

①资本主义生产方式准备时期的国际贸易。16世纪至18世纪中叶是资本主义生产方式的准备时期，是资本的原始积累和工场手工业的发展时期。在这一时期，工场手工业的广泛发展提高了劳动生产率，商品生产和商品交换的进一步发展推动了国际贸易。而地理大发现更是加速了资本的原始积累，扩大了国际贸易规模。

1431年，葡萄牙人维尔和到达了大西洋东北部的亚速尔群岛；1486—1487年，葡萄牙人迪亚士发现了非洲最南端的好望角；1492—1493年，意大利航海家哥伦布率领的西班牙船队"发现"了美洲新大陆；1497—1498年，葡萄牙航海家达·迦马绕过好望角，开辟了通往印度的新航线；1519—1522年，葡萄牙人麦哲伦第一次完成了环球航行。这一系列发现深深地影响了欧洲的经济与贸易。地理大发现的结果带来了"商业革命"，引发了大规模的殖民扩张和掠夺。其表现为：欧洲向美洲、亚洲和非洲出口制成品；非洲向美洲输出奴隶；非洲奴隶在美洲种植烟草、棉花等农产品，然后输往欧洲作为工业原料；欧洲从亚洲各国进口香料、纺织品、茶叶等产品。

这段时间的国际贸易主要是由各国的自然资源和生产技能差异决定的，而贸易方式是暴力控制下的殖民贸易。

②资本主义自由竞争时期的国际贸易。18世纪后半期到19世纪末，资本主义生产方式进入了自由竞争时期。这一时期，欧洲国家先后发生了工业革命和资产阶级革命，建立了资本主义机器大工业，社会生产力迅速提高，可供交换的商品产量大大增加，真正的国际分工开始形成。此外，交通运输和通信联络手段的迅猛发展建立了真正的世界市场，推动了国际贸易的空前发展，国际贸易的各方面均发生了显著的变化。

第一，国际贸易额迅猛增加。从18世纪初到19世纪初，世界贸易总额增长了1倍多；1800—1870年，国际贸易额由10亿美元增长到106亿美元，增加了9.6倍。国际贸易额的增长速度在不同年份是不一致的：1780—1820年，英国单独进行工业革命，国际贸易额的年平均增长率为1.37%；1820—1840年，英国工业革命趋于完成，美国、法国、德国先

① 马克思，恩格斯．马克思恩格斯全集（第46卷）［M］．中共中央马克思恩格斯列宁斯大林著作编译局，译．北京：人民出版社，2003：679.
② 赵凤彬，孙志刚，李俊江．国际经济概论［M］．长春：吉林大学出版社，1988：83-89.

后开始进行工业革命，国际贸易额的年平均增长率为2.9%；1840—1870年，继英国之后美国、法国工业革命基本完成，德国工业革命进入高潮，国际贸易额的年均增长率为5%。[①]这说明，随着工业革命的国际扩展，世界工业生产对国际贸易的依赖程度日益加深，越来越需要国际贸易的较快扩大。

第二，国际贸易商品结构发生了较大的变化。19世纪中期，随着欧美国家机器大工业的发展，香料、茶叶、丝绸等举足轻重的奢侈品已不再是主要商品，取而代之的机器纺织品成为国际贸易中最主要的工业制成品。殖民地国家的主要出口产品中，棉花、羊毛、生丝、矿产原料逐步取代了茶叶、香料等生活用品的出口。

第三，英国成为"世界工厂"，居于国际分工的主导地位。经过工业革命，英国建立了强大的近代工业，包括纺织、机器制造、采煤、冶金、造船等重要工业部门，拥有当时最先进的技术和最高的劳动生产率，多种重要工业品产量均居世界第一。1850年，英国生产的煤和铁均占世界产量的一半，纺织业加工的棉花占世界棉花加工量的一半以上。[②]1870年，英国煤产量多达11 220万吨，为美国、法国、德国之和的1.34倍；生铁产量达597吨，为3国之和的1.4倍。英国成了全世界最主要的工业中心，在世界工业生产中的比重一直处于领先地位：1850年为39%，1860年为36%，1870年为32%。[③]

第四，英国成为国际贸易的中心。英国"世界工厂"的地位决定了它在国际贸易方面的巨大优势。其他进行工业革命的国家，迫切需要英国先进的技术装备和其他工业生产资料，而政治和经济上受英国控制的广大殖民地附属国，只能服从英国需要，既接受日益增多的英国工业制品主要是工业消费品，又源源不断地向英国输送农产品。这就使得世界市场上常年繁忙地交易着从英国出口的机器设备、机车车辆、煤、铁、棉毛织品、金属制品及其他日用工业品，以及输入英国的小麦、棉花、羊毛、麻类、肉类、咖啡、木材及多种初级产品，英国成了国际交换中的主角。英国在世界市场和国际贸易领域的显著优势，可以从当时它在世界贸易中所占的比重看出，英国及其殖民地的对外贸易超过了法国、德国和美国的总和（见表1-2）。

表1-2 英国在世界贸易中占绝对优势 单位：亿马克

年份	世界贸易总值	英国及其殖民地		法国	德国	美国
		英国	英国连同殖民地			
1850	145.0	33.8	52.4	15.0	21.0	12.8
1870	374.0	91.8	140.0	45.0	42.0	34.0

资料来源 朱玉泉. 百年科技经典——跨世纪领导科教兴国知识必备（第一卷）[M]. 北京：中国经济出版社，1998：327.

③资本主义垄断时期的国际贸易。19世纪末20世纪初，主要资本主义国家过渡到了垄断资本主义时期，即进入帝国主义时期。这一时期的国际贸易发生了重大变化。

第一，世界贸易额显著增长，但增长速度有所下降。19世纪70年代发生了第二次工

① 郭吴新. 19世纪的世界经济格局［J］. 经济评论，1996（6）：16-21.
② 刘宗绪. 世界近代史［M］. 北京：高等教育出版社，2011：266.
③ 郭吴新. 19世纪的世界经济格局［J］. 经济评论，1996（6）：16-21.

业革命，推动了全球经济增长和国际贸易增长。但与此同时，垄断形成的市场分割阻碍了国际贸易的发展，因此，与自由竞争时期相比国际贸易增长速度下降。1870—1913年，世界贸易额仅增加了3倍。1929—1933年的大萧条，更使得国际贸易额停止增长甚至下降，呈现不稳定增长的状态。此后，各国为了保护本国市场，采用关税战、倾销战和货币战等，对国际贸易的增长产生了更为不利的影响。

第二，国际贸易由一国垄断变为多国垄断。第二次工业革命以后，资本主义各国经济实力发生了重大变化。美国和德国通过实行贸易保护政策，保护了国内市场，加快了工业生产的发展，必然带来国际贸易的扩大。19世纪中期盛极一时的英国，从70年代起，逐步丧失了工业垄断地位。后起的德国和美国，在工业上出现了跳跃式的发展，逐渐赶上并超过英国。1870—1913年，美国工业生产增长了8.1倍，德国增长了4.6倍，而英国只增长了1.9倍。英国在世界工业总产量中所占的比重，从1870年的31.8%下降到1913年的14%，美国则从23%上升为35.8%，德国从13.2%上升为15.7%。英国失去了工业垄断地位，从世界第一降到第三。与此同时，英国在国际贸易中的垄断地位也受到了严重的挑战。1870—1913年，美国、德国的对外贸易额分别增加了1.6倍和1.8倍，而英国只增加了89%，在世界贸易总额中占的比重从22%降到15%。①

第三，经济落后国家被卷入国际分工体系。为了控制原材料市场和销售市场，少数资本主义国家开始向殖民地输出资本。这些殖民地逐渐成为发达国家的原料产地和商品销售市场，整个世界形成了以欧美为代表的现代工业经济和由其他国家组成的传统经济的格局。

（3）第二次世界大战以后的国际贸易②

第二次世界大战以后，尤其是20世纪80年代以来，世界经济形势发生了深刻变化，国际分工、世界市场和国际贸易也随之发生了巨大变化，国际贸易呈现以下特点：

①国际贸易发展迅速。第二次世界大战以后，国际贸易发展迅速表现在两个方面：一是国际贸易规模迅速扩大；二是国际贸易增长速度超过了世界总产值的增长速度。主要原因是：一方面，世界经济高速增长，为国际贸易的增长奠定了物质基础；另一方面，科技革命导致世界各国产业结构和产业组织形式进行调整，带动了国际技术贸易的迅速发展。

②国际贸易商品结构发生重大变化。随着科技进步和经济的迅速发展，新产品大量涌现。工业制成品所占比重逐渐超过了初级产品，资本、技术、知识密集型产品成为当今世界的主要贸易品。同时，分工的深化使国际供应链在全球经济中的作用日益突出，货物贸易中的零部件、原材料、中间产品在世界贸易中的比重得到了极大提升，占比已达70%以上。

③各国贸易地位发生变化。发达国家整体继续居于主体地位，货物贸易所占比重逐渐降低，服务贸易逐渐处于优势地位。发达国家在世界货物贸易中的比重从第二次世界大战后的68.26%下降到2022年的54.69%，发展中国家所占比重则从同期的31.74上升到45.31%。2021年，发达国家在世界服务贸易出口中的比重为72.81%，发展中国家为27.19%。③

① 刘宗绪. 世界近代史［M］. 北京：高等教育出版社，2011：399.
② 赵凤彬，孙志刚，李俊江. 国际经济概论［M］. 长春：吉林大学出版社，1988：89-91.
③ 根据联合国贸易和发展会议数据库（https://unctadstat.unctad.org/wds/ReportFolders/reportFolders.aspx）整理计算。

④国际服务贸易发展迅速。近年来，随着互联网信息与通信技术（ICT）的迅猛发展和产业结构的演变，服务业在全球经济中所占的比重日益上升。服务业的地位上升带动了国际服务贸易的迅速发展。2010—2022年，全球服务贸易出口和进口年均增长率分别为6.59%和5.77%，高于同期货物贸易1.36%和0.26%；服务贸易占贸易总额的比重由25.77%提高至27.30%。[①]《2019年世界贸易报告》的主题为“服务贸易的未来发展”，报告运用了新统计方法，指出服务贸易在全球贸易和经济中的重要性被长期低估。世贸组织预计，未来在全球贸易当中，服务贸易的占比将会越来越高，2040年将会提高到50%。[②]

1.3 国际贸易的分析方法与分析工具

对国际贸易理论和政策进行研究时主要采用局部均衡分析法（Partial Equilibrium Analysis Method）和一般均衡分析法（General Equilibrium Analysis Method）。首先，国际贸易要研究各国或地区内部某种商品的供求以及价格问题，这需要采用局部均衡分析法。其次，国际贸易要研究不同国家或地区的多种商品的总价格体系，这需要采用一般均衡分析法。[③]

1.3.1 局部均衡分析法

局部均衡分析法是指假定其他市场不变，孤立地考察单个市场或部分市场的供求与价格之间的关系或均衡状态，而不考虑它们之间的相互联系和影响。[④]在国际贸易分析中，“局部”是指“各贸易国或地区的某种商品”，即比较各贸易国或地区某种商品在分工前后和贸易前后的价格、生产量和消费量等情况，采用的主要工具是供给曲线和需求曲线。

本部分的基本思路如下：以小麦为例，比较贸易前后即封闭经济和开放经济中小麦的供给量、需求量、价格及消费者福利等的变动。

1. 封闭经济中的市场均衡

（1）供给曲线

供给曲线（supply curve）反映了其他条件不变的前提下，商品的价格和供给量之间的函数关系，[⑤]单个生产者供给曲线的水平加总构成市场供给曲线。一般情况下供给曲线向右上方倾斜，表示其他条件相同时，价格越高，供给量越大。如图1-1所示，横轴表示供给量Q，纵轴表示价格P，供给曲线为$S=\alpha+\beta P$。当价格从P_A^s上升到P_B^s时，供给量就沿着供给曲线从S_A增加到S_B。在完全竞争市场中，只要生产者多生产1单位小麦获得的价格（即边际收益）高于生产者单位小麦所耗费的成本（即边际成本），生产者就会继续生产和销售小麦。随着要素的边际报酬递减，小麦的边际成本递增，实际上供给曲线就是小麦的边际成本曲线。

① 根据联合国贸易和发展会议数据库（https://unctadstat.unctad.org/wds/ReportFolders/reportFolders.aspx）整理计算。
② 冯其予．服务贸易对全球贸易至关重要［N］．经济日报，2019-11-07（11）．
③ 韩玉军．国际贸易学［M］．2版．北京：中国人民大学出版社，2017：13.
④ 刘臣．西方经济学导学［M］．北京：中央广播电视大学出版社，2003：77.
⑤《西方经济学》编写组．西方经济学（上册）［M］．2版．北京：高等教育出版社，人民出版社，2019：53.

当价格从P_A^s上升到P_B^s时，供给量增加的幅度取决于什么？从图1-1来看，与供给曲线的斜率相关，供给曲线越陡峭，生产者对价格的变化越不敏感。可以用供给价格弹性（price elasticity of supply）来衡量供给量对价格的敏感程度，它表示市场价格上升1%，供给量上升百分之几。若供给价格弹性小于1，则表明供给量对价格的反应不敏感，称为供给缺乏弹性；反之，称为供给富有弹性。

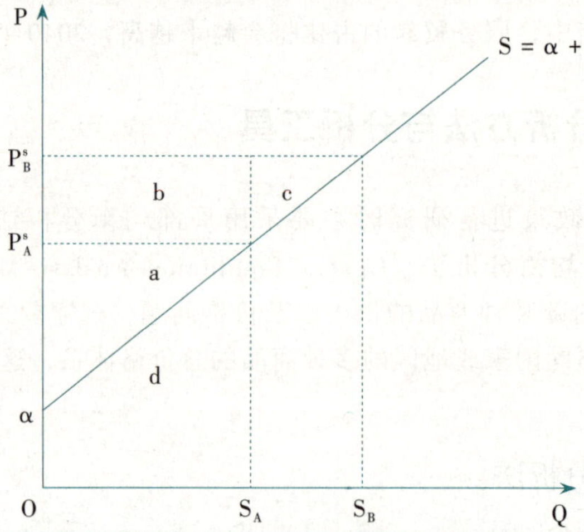

图1-1　供给曲线

生产者实际是按照统一的市场价格出售每单位产品的，因此生产成本较低的产品能够获得更多的收益，可以用生产者剩余（producer surplus）来衡量企业的这部分福利。生产者剩余是指生产者实际的销售收入与生产者愿意接受的最低收入之间的差额。当市场价格为P_A^s时，生产者实际的销售收入是（a+d）的面积，生产者愿意接受的最低收入是d的面积，两者之差为a（a+d-d），a的面积就是价格为P_A^s时的生产者剩余。同理，当价格为P_B^s时，生产者剩余为（a+b+c）的面积。两者相比，生产者剩余增加了（b+c）的面积。其中，b的面积表示市场价格较高时，出售同样数量的小麦增加的福利；c的面积表示增加的小麦供给量带来的生产者福利的增加。

（2）需求曲线

需求曲线反映了其他条件不变的前提下，商品的价格和需求量之间的函数关系。①一般情况下，需求曲线向右下方倾斜，表示其他条件相同时，价格越高，需求量越小。如图1-2所示，横轴表示需求量Q，纵轴表示价格P。当价格从P_A^d上升到P_B^d时，需求量就沿着需求曲线从D_A下降到D_B，下降的原因在于消费者可以购买替代品。

当价格从P_A^d上升到P_B^d时，需求量减少的幅度取决于什么？从图1-2来看，与需求曲线的斜率相关，需求曲线越陡峭，消费者对价格的变化越不敏感。可以用需求价格弹性（price elasticity of demand）来衡量需求量对价格的敏感程度。它表示市场价格上升1%，需求量下降百分之几。若需求价格弹性小于1，则表明需求量对价格的反应不敏感，称为需求缺乏弹性，多为生活必需品；反之，称为需求富有弹性，多为奢侈品。

① 《西方经济学》编写组. 西方经济学（上册）[M]. 2版. 北京：高等教育出版社，人民出版社，2019：45.

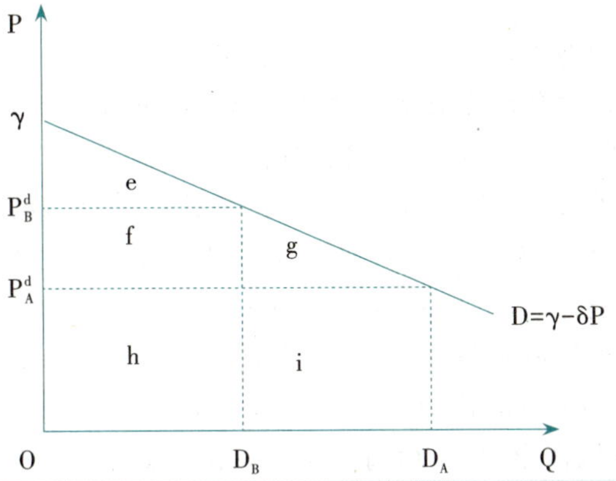

图1-2 需求曲线

消费者实际是按照统一的市场价格购买每单位产品的，即购买D_A的商品实际支付为（h+i）的面积，而因为边际效用递减，消费者为此愿意支付的最高价格为（e+f+g+h+i）的面积。在消费者看来，节省了（e+f+g）面积的支出，称之为消费者剩余（consumer surplus），可用来衡量消费者的福利。同理，当市场价格为P_B^d时，消费者剩余为e的面积。两者相比，消费者剩余减少了（f+g）的面积。其中，g的面积为减少小麦需求量的消费者福利的减少，f为市场价格上升时，购买同样数量小麦的消费者所减少的福利。

（3）国内市场均衡

将图1-1和图1-2合为一张图，得到封闭经济中的国内市场均衡（如图1-3所示）。当市场价格达到均衡价格P^E时，国内市场就实现了均衡，均衡点为E，均衡的供给量或者需求量均为Q^E。此时，消费者和生产者均可以获益。消费者剩余为m，生产者剩余为n，整个社会的福利为（m+n）。但是生产者剩余和消费者剩余孰大孰小，取决于需求曲线和供给曲线的弹性。

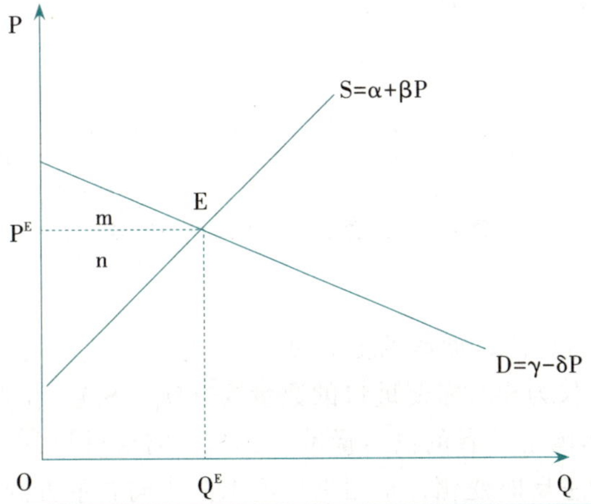

图1-3 封闭经济中的国内市场均衡

2. 开放经济中的市场均衡

为讨论开放贸易，至少假定世界上有两个国家——本国和外国，分别以脚注 h 和 f 表示，市场是完全竞争的，没有运输成本。最初两国之间并没有贸易，假定封闭经济中本国小麦价格高于外国。因此，自由贸易时，精明的商人可以通过“套利”的方式赚取丰厚的差价：从外国低价购买小麦，在本国高价销售。为此，需要借助出口供给（XS）曲线和进口需求（MD）曲线进行分析。这两条曲线都是以各国原来的需求曲线和供给曲线为基础推导而来的，本国的进口需求（demand for imports）曲线由每个可能的进口价格和在这个价格水平下相对应的进口需求量决定。[①]整个进口需求量被称为超额需求（等于本国需求量减去本国供给量）。外国的出口供给（supply of exports）曲线则是外国的超额供给（等于外国供给量减去外国需求量），由每个可能的出口价格和在这个价格水平下相对应的出口供给量决定。

（1）出口供给曲线

图 1-4 展示了外国出口供给曲线的推导过程。在点 P_f^1 处，外国生产者的供给量为 S_f^1，而外国消费者的需求量仅为 D_f^1，能够出口的数量为（$S_f^1 - D_f^1$）。在点 P_f^2 处，外国生产者的供给量增加到 S_f^2，而外国消费者的需求量减少到 D_f^2，能够出口的数量增加到（$S_f^2 - D_f^2$）。因此，价格和出口数量同向变化，外国出口供给曲线向右上方倾斜。同时，在点 P_f^E 处，外国国内市场均衡，供给量等于需求量，能够出口的数量为零，即两国之间没有贸易。因此，外国出口供给曲线与价格轴相交于点 P_f^E。

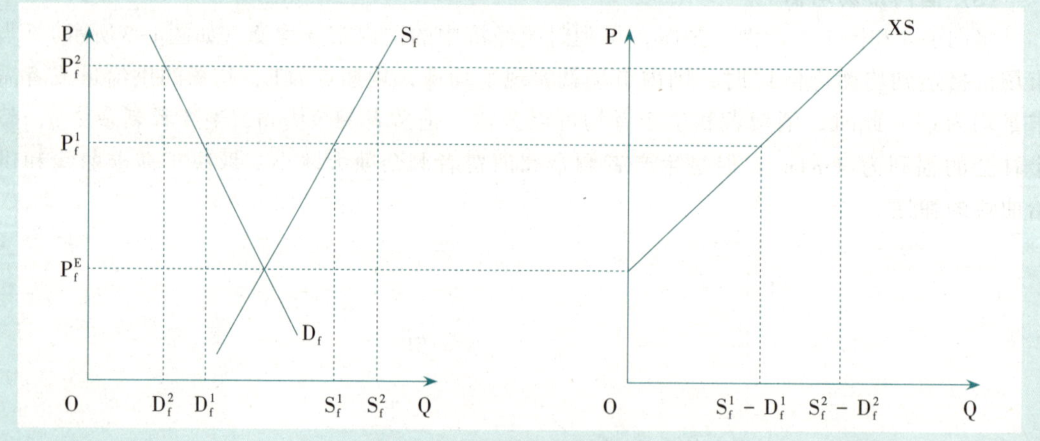

图1-4　外国出口供给曲线的推导

（2）进口需求曲线

图 1-5 展示了本国进口需求曲线的推导过程。在点 P_h^1 处，本国消费者的需求量为 D_h^1，而本国生产者的供给量仅为 S_h^1，需要进口的数量为（$D_h^1 - S_h^1$）。在点 P_h^2 处，本国消费者的需求量增加到 D_h^2，而本国生产者的供给量减少到 S_h^2，需要进口的数量增加到（$D_h^2 - S_h^2$）。因此，价格和进口数量呈反向变化，本国进口需求曲线向右下方倾斜。同时，在点 P_h^E 处，本国国内市场均衡，供给量等于需求量，需要进口的数量为零，即两国之间没有贸易。因

① 普格尔. 国际贸易［M］. 沈艳枝，译. 17版. 北京：中国人民大学出版社，2021：23.

此，本国进口需求曲线与价格轴相交于点P_h^E。

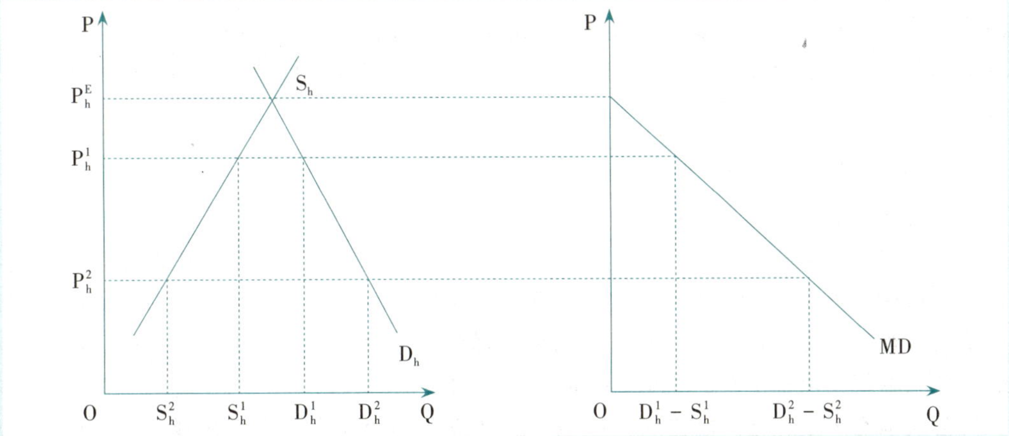

图1-5 本国进口需求曲线的推导

（3）国际市场均衡

根据图1-4和图1-5，当本国进口需求等于外国出口供给时，就实现了世界均衡。两条曲线的交点对应的价格为世界价格（world price）或国际价格（international price）P_w^E（$P_f^E < P_w^E < P_h^E$），这一均衡也可以看作世界总需求和总供给相等，国际价格就是自由贸易下各国国内的市场价格（如图1-6所示）。[①]

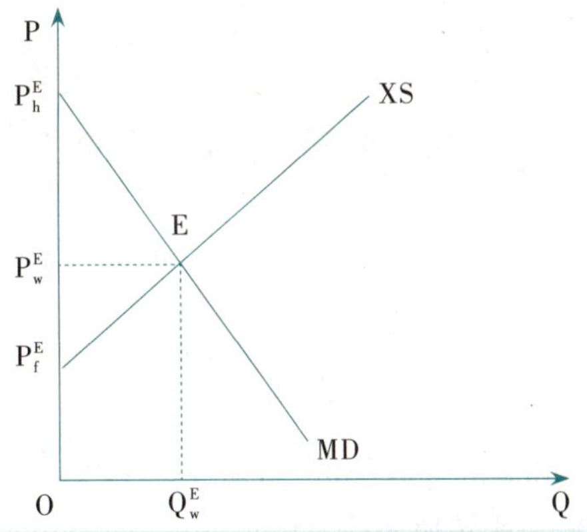

图1-6 开放经济中的国际市场均衡

1.3.2 一般均衡分析法

一般均衡分析法着眼于整个经济的商品和生产要素的价格及供求量的决定。该方法认为在整个经济体系的两大市场（商品市场和生产要素市场）上，一切商品及生产要素的价格与供求都是互相联系、互相影响和互相制约的。当所有商品和生产要素同时达到均衡

① 普格尔. 国际贸易［M］. 沈艳枝，译. 17版. 北京：中国人民大学出版社，2021：22.

时，即实现了一般均衡。[①]在国际贸易分析中，“一般”是指“所有国家或地区的所有商品和生产要素”，即比较各贸易国或地区所有商品在分工前后和贸易前后的价格、生产量和消费量等情况；采用的主要工具是生产可能性边界和社会无差异曲线。

本部分的基本思路如下：以X和Y两种产品为例，比较贸易前后，即封闭经济和开放经济中的两国福利。

1. 封闭经济中的市场均衡

（1）生产可能性边界与供给

①机会成本（opportunity cost），是指将一种经济资源投入某一特定用途之后，所放弃的在其他用途中所能得到的最大收益，[②]即选择生产某种产品的代价。比如，中国的资源可用于生产布匹，也可用于生产小麦。如果选择生产小麦，则放弃了生产布匹，因此，小麦的机会成本就是增加1单位小麦时所必须减少的布匹的数量。

机会成本有3种情况：机会成本递增、机会成本不变和机会成本递减。机会成本递增是指其他情况不变时，随着一种产品产量的增加，必须放弃的另一种产品的数量越来越多。如果放弃的另一种产品的数量保持不变，则称机会成本不变；如果放弃的另一种产品的数量越来越少，则称机会成本递减。

古典和新古典国际贸易理论假设经济社会要么机会成本递增，要么机会成本不变，但在新贸易理论中，由于存在规模经济，机会成本可以递减。[③]

②相对价格（relative price），是指一种产品相对于另一种产品的价格，一般用一种产品的价格除以另一种产品的价格。比如，P_X、P_Y分别表示X和Y两种产品的价格，则X产品相对于Y产品的价格P_X^R可表示为：

$$P_X^R = \frac{P_X}{P_Y}$$

从机会成本的角度来看，可以用所必须放弃的另一种产品的数量来表示一种产品的相对价格。比如为生产1单位X产品放弃了3单位Y产品，即1单位X产品相当于3单位Y产品，3即X产品相对于Y产品的价格。为了多生产Q_X单位的X产品，放弃了Q_Y单位的Y产品，则X产品相对于Y产品的价格P_X^R可表示为：

$$P_X^R = \frac{Q_Y}{Q_X}$$

③生产可能性边界（production possibility frontier，PPF），又称生产可能性曲线（production possibility curve，PPC）或转换曲线（transformation curve）。从供给角度看，生产可能性边界表示一个国家在充分利用既定的生产资源和技术的条件下，生产两种产品的最大数量组合的所有可能性。[④]

生产可能性边界上的点具有以下特点：

第一，给定的生产资源都被充分有效地使用；

第二，每单位产品都是在当时的技术条件下，充分利用已有生产资源生产出来的；

① 尹建堃，阴建康．劳资干部实用知识手册［M］．北京：红旗出版社，1993：773.
② 聂元昆，王建中．创业管理——新创企业管理理论与实务［M］．北京：高等教育出版社，2011：34.
③ 韩玉军．国际贸易学［M］．2版．北京：中国人民大学出版社，2017：17.
④ 刘凤岐．当代西方经济学辞典［M］．太原：山西经济出版社，1988：5.

第三，生产资源在不同产品生产之间转移成本为零。

生产可能性边界内部的点表示资源和技术未被充分利用，而生产可能性边界外的任意点表示现有条件无法达到的数量组合。生产可能性边界的形状与机会成本相关（如图1-7所示）。

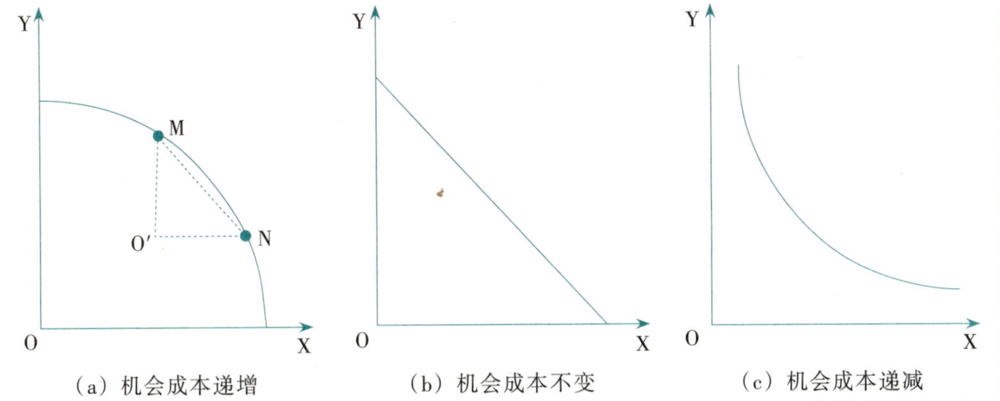

图1-7 生产可能性边界

在图1-7（a）中，为了多生产O′N单位的X产品，减少了O′M单位的Y产品，因此X产品的机会成本等于$\frac{O'M}{O'N}$，而$\frac{O'M}{O'N}$正好等于MN连线的斜率。当O′N趋近于0时，机会成本即生产可能性边界的切线的斜率的绝对值。因此，随着X数量的增加，若机会成本递增，则生产可能性边界的切线的斜率的绝对值递增，生产可能性边界凹向原点。同理，图1-7（b）表示机会成本不变，生产可能性边界为一条向右下方倾斜的直线。图1-7（c）表示机会成本递减，生产可能性边界凸向原点。

（2）社会无差异曲线与需求

微观经济学中的无差异曲线（indifference curve）表示能够给单个消费者带来相同效用的两种产品的不同组合，反映了单个消费者的福利。国际贸易更关注整个国家乃至全球的福利，比较简单的做法是将单个消费者的无差异曲线直接加总得到社会无差异曲线（community indifference curve，CIC）。该曲线表示能够给整个社会带来相同效用的两种产品的不同组合，反映了整个社会的需求以及整个社会的福利。如图1-8所示，社会无差异曲线切线的斜率表示多消费O′B单位的X产品，就必须少消费O′A单位的Y产品，因此X产品的相对价格可表示为：

$$P_X^R = \frac{O'A}{O'B}$$

在国际贸易分析中，社会无差异曲线有两个作用：

一是衡量整个社会的福利。离原点越远，福利水平越高；反之，福利水平越低。

二是确定一国的消费均衡点。同单个消费者的无差异曲线一样，社会无差异曲线与整个社会预算线的切点即表示整个社会处于均衡状态。

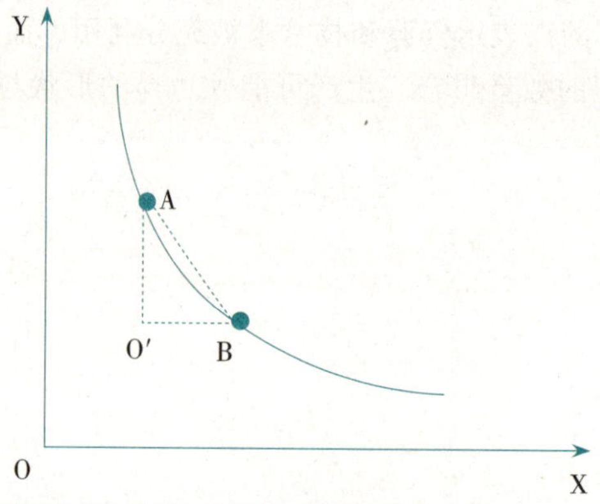

图1-8 社会无差异曲线

（3）国内市场均衡

图1-9描述了机会成本递增情况下的国内市场的一般均衡。当生产可能性边界与社会无差异曲线相切时就实现了一般均衡，切点为E。在E点，两条曲线拥有共同的切线，该切线的斜率的绝对值等于X产品的相对价格P_X^R。此时，E点既是生产均衡点，也是消费均衡点。

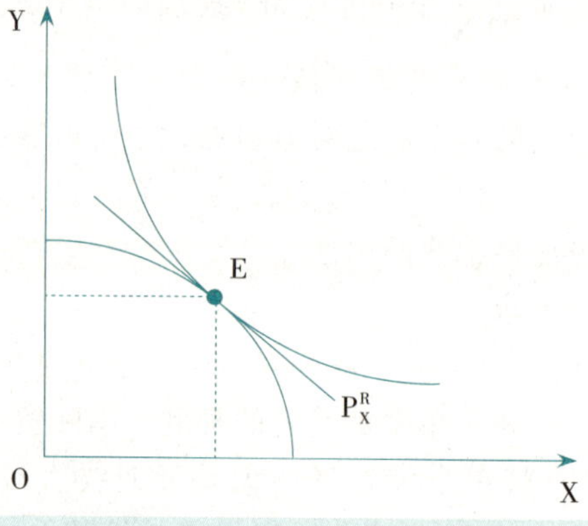

图1-9 封闭经济中的国内市场均衡

2. 开放经济中的市场均衡

假定和局部均衡分析一样，如图1-10所示，贸易前，外国的生产可能性边界与社会无差异曲线CIC_{1f}相切于A点，A点既是生产均衡点，也是消费均衡点，外国国内X产品的均衡价格为P_{Xf}^R。同样，本国国内均衡点为A′，均衡价格为P_{Xh}^R。显然，$P_{Xf}^R < P_{Xh}^R$，表明外国在X产品上具有比较优势，这是两国进行分工和交换的基础。因此，开展自由贸易后，外国出口X产品，国际价格P_w^E必然位于P_{Xf}^R和P_{Xh}^R之间。

贸易后，外国势必增加具有比较优势的X产品的生产，因此生产均衡点将沿着生产可能性边界向右下方移动。最终，生产均衡点为P_w^E与生产可能性边界的切点B，X产品产量

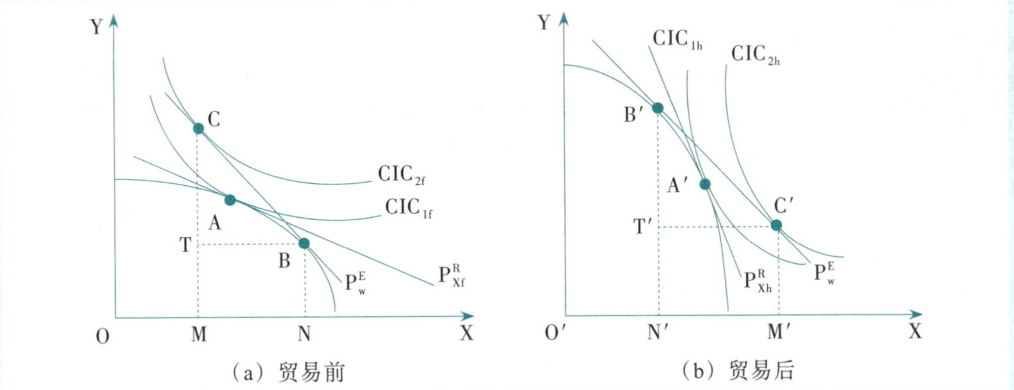

图1-10 开放经济中的国际市场均衡

增加。消费均衡点为点P^E_w与社会无差异曲线CIC_{2f}的切点C，相应地，X产品的生产量和消费量分别为ON和OM，且ON > OM，因此有MN的X产品可供出口。与外国相反，本国势必减少具有比较劣势的X产品的生产，因此生产均衡点将沿着生产可能性边界向左上方移动。最终，生产均衡点为点P^E_w与生产可能性边界的切点B′，X产品产量下降。消费均衡点为点P^E_w与社会无差异曲线CIC_{2h}的切点C′，相应地，X产品的生产量和消费量分别为O′N′和O′M′，且O′N′ < O′M′，因此有N′M′的X产品需要进口。

世界市场达到均衡时，MN = N′M′，这时两国的社会无差异曲线均向外移动，表明两国的经济福利水平均有所提高，这就是贸易利益。

两国相关产品的进出口数量或者进出口规模也可以用“贸易三角”（trade triangle）来表示。如图1-10所示，直角三角形CTB表示外国的贸易三角，直角三角形C′T′B′表示本国的贸易三角，均衡时两个三角形全等。

1.4 本书的基本框架

国际贸易理论是国际贸易学的重要基础，国际贸易政策是国际贸易理论在实践中的具体体现，如何将二者紧密结合，用理论指导实践，用实践检验理论，是教学过程中面临的艰巨而又必要的任务。本书力图详细阐述国际贸易理论，深入分析国际贸易政策，使学生能够较为完整地把握国际贸易的基本内容。

本书共包含12章，可分为3个部分，具体安排如下：

第一部分是导论，包括第1章，主要介绍国际贸易的概念与分类、产生与发展、分析方法和分析工具，以及本书的基本框架。

第二部分是国际贸易理论，包括第2章至第6章。第2章至第4章按照国际贸易理论发展的阶段，从古典国际贸易理论、新古典国际贸易理论和现代贸易理论的角度阐述了贸易基础、贸易模式、贸易利益和贸易的收入分配效应。第5章是经济增长与国际贸易，阐述了经济增长的不同类型——平衡型经济增长、出口偏向型经济增长和进口偏向型经济增长对国际贸易的影响，并从技术进步的角度分析了国际贸易对经济增长的影响。第6章是保护贸易理论，阐述了幼稚产业保护理论和战略性贸易政策，并从政治经济学的角度分析了保护贸易政策产生的原因。

微课 国际贸易的研究脉络

第三部分是国际贸易政策，包括第7章至第12章。第7章至第9章从理论上阐述了国际贸易限制进口和促进出口的主要措施，如关税壁垒、非关税壁垒、倾销等。第10章至第12章从实践上阐述了各国的贸易政策，包括发展中国家的贸易战略、区域经济一体化和要素流动等。

学思践悟

丝绸之路精神的当代传承

丝绸之路是横贯亚欧大陆的商贸通道，东西方的各种物产通过这条大通道进行交换；贸易又带动了沿线各地经济的兴旺和发展，使之成为东西方物产、技术及文化交流的繁荣经济带。历史上，丝绸之路为何能兴盛进而推动人类文明进步？关键是蕴含其中的丝绸之路精神。在和平、发展、合作、共赢成为潮流的新时代，我国倡导推进“一带一路”建设，是传承和弘扬丝绸之路精神的创举，对推动人类经济发展和文明进步具有独特价值和意义。

一、互通有无、互利互惠精神

丝绸之路这一亚欧大通道绵延数万里，丝绸之路经济带沿线的国家、地区和民族通过公平贸易达到经济上互补互利的目的。一些游牧民族用马、牛交换中原绢帛（绢马交易），或者交换中原茶叶（茶马互市），就是这条经济带上互通有无、互补互利的活动。尤其是丝绸贸易带动了沿线许多行业的兴盛和发展。比如，位于这条经济带上的新疆喀什，西汉初只有1 510户，由于处在丝绸之路南北两线会合点上，开设经营丝绸等的“市列”，至东汉末发展到2.1万户。互通有无的贸易使各国在经济上达到了互利互惠的目的，远胜于使用战争手段掠夺别国财物的野蛮发展方式。丝绸之路沿线各国都愿意选择互利互惠的公平贸易来发展自身，这是丝绸之路经济带得以长期繁荣的原因，也是对暴力野蛮发展方式的摒弃。古代丝绸之路是一条互通有无、互利互惠之路，今天我们推进“一带一路”建设依然传承着这一精神。

二、平等相待、相互尊重精神

汉代以后，西方与中亚各个国家和民族往返于中国的君王、使臣和商旅队伍在丝绸之路上络绎不绝，他们带来当地的土特产、奇珍异物和友好亲善，带走绢帛丝绸等和中国的深情厚谊。这充分体现了平等相待、相互尊重的精神。正是凭借这种精神，各个国家和民族求同存异、共同发展，加强了友好关系。中国历代王朝对丝绸之路沿线一些国家和民族的“和亲”政策，更加密切了彼此之间的平等亲情关系。各国平等相待、相互尊重，是丝绸之路沿线各国所期待的国家关系。在这种和睦关系的感召下，各国都愿意为维护丝绸之路经济带的繁荣作出贡献。这种平等相待、相互尊重远胜于历史上一些大国恃强凌弱甚至以殖民方式称霸世界的发展模式。古代丝绸之路是这样一条和平友谊之路，今天的“一带一路”显然也是这样的道路。

三、文明交流、彼此认同精神

丝绸之路不仅是一条物产交换之路，也是一条科技和文化交流之路。约在公元6世纪，中国的种桑养蚕缫丝工艺开始传入西方；公元8世纪，中国的造纸术传入西方；其后是火药、罗盘针、印刷术相继通过丝绸之路传播到西方。此外，中国儒家文化中的礼义诚信等思想和经济生活中的契约文化等，也影响到丝绸之路沿线的一些国家和民族。印度的佛教由中亚通过丝绸之路传到中国，并在沿线留下了库车克孜尔千佛洞、敦煌莫高窟、天水麦积山石窟等众多佛教石窟。景教（早期基督教的一个分支）、摩尼教等在唐代时传到中国。对外来的宗教及文化，中国采取兼收并蓄的包容态度，择善而从，最终将其融入中华文化，成为中华文化的一部分。由此可见，古代丝绸之路是东西方文明相互交流、彼此认同吸收之路。今天的"一带一路"也不仅是一条经济交往之路，还是一条文明交流之路。

丝绸之路繁荣的历史启示人们，只有秉持互通有无、互利互惠，平等相待、相互尊重，文明交流，彼此认同精神，各个国家和民族才能互利共赢、和谐相处，真正构建人类命运共同体。这是人间正道，是人类发展、繁荣、进步的光明之路。今天，"一带一路"建设传承的正是这些精神，走的正是这样一条路。

资料来源 陈国灿．丝绸之路精神的当代传承［N］．人民日报，2016-01-14（7）．

本章小结

作为全书的导论，本章首先介绍了国际贸易的基本概念与分类，阐述了国际贸易的产生与发展，分析了国际贸易的分析方法与分析工具，并厘清了本书的基本框架。

国际贸易的相关概念较多，包括国际贸易和对外贸易、国际（对外）贸易值和国际（对外）贸易量、贸易差额、国际（对外）贸易结构、国际（对外）贸易地理方向、对外贸易依存度和贸易条件等。此外，国际贸易还可以按照不同的标准进行分类，比如，按照交易内容分为货物贸易和服务贸易，按照商品流动方向分为进口贸易、出口贸易和过境贸易，按照是否有第三国或地区参加分为直接贸易、间接贸易和转口贸易，按照统计口径分为总贸易和专门贸易，按照清偿工具分为自由结汇贸易和易货贸易。

国际贸易是人类社会生产力和社会分工发展到一定阶段的产物。从历史上看，虽然原始社会末期就已经产生了国际贸易的萌芽，但是在奴隶社会和封建社会发展较为缓慢，到了资本主义社会才广泛发展起来。尤其是第二次世界大战以后，国际贸易呈现出许多新特点，比如工业制成品所占比重逐渐超过了初级产品，资本、技术、知识密集型产品成为当今世界的主要贸易品。

国际贸易的分析方法包括局部均衡分析法和一般均衡分析法，具体分析工具包括供给曲线、需求曲线、生产可能性边界和社会无差异曲线。

关键术语

国际贸易（international trade） 国际贸易值（value of international trade） 贸易差额（balance of trade） 贸易顺差（favorable balance of trade） 贸易逆差（unfavorable balance of trade） 对外贸易依存度（degree of dependence upon foreign trade） 贸易条件（terms of trade，TOT） 货物贸易（goods trade） 服务贸易（service trade） 进口贸易（import trade） 出口贸易（export trade） 直接贸易（direct trade） 间接贸易（indirect trade） 总贸易（general trade） 专门贸易（special trade） 生产可能性边界（production possibility frontier，PPF） 社会无差异曲线（community indifference curve，CIC）

基础训练

第1章即测即评

1. 何为国际贸易？其与对外贸易有何区别？

2. 出口供给曲线的含义是什么？如何运用一国某种商品的供给曲线与需求曲线推导该国的出口供给曲线？

3. 简述对外贸易依存度的含义和计算公式。

4. 生产者剩余的含义是什么？如何度量某种产品的生产者剩余？结合图形进行分析。

5. 消费者剩余的含义是什么？如何度量某种产品的消费者剩余？结合图形进行分析。

6. 中国儿童滑板车的需求曲线方程和供给曲线方程为：$Q_D = 350 - P/2$，$Q_S = -200 + 5P$。要求：

（1）封闭条件下，中国儿童滑板车的均衡价格和均衡产量分别是多少？

（2）假设中国与其他国家自由贸易的价格为120，此时均衡产量是多少？

（3）比较贸易前后的生产者剩余和消费者剩余的变化，并计算中国国民福利的变化。

案例分析

全球贸易复苏仍有不确定性

2021年的全球贸易在重重困难中艰难复苏，在上一年疫情重创下的较低起点上表现出强劲增长势头和较强韧性。展望未来，全球贸易虽显露出进一步增长的曙光，但仍面临诸多不确定性和下行风险。

一、货物贸易复苏更为强劲

根据联合国贸易和发展会议的报告，尽管继续受疫情影响，但2021年全球贸易增长势头强劲并达到历史新高。2021年全球贸易额约为28万亿美元，比2020年增长23%，与疫情前即2019年水平相比增长11%。2021年几乎所有主要经济体的进出口货物贸易额均高于2019年的水平。2021年全球货物贸易额约为22万亿美元的创纪录水平，服务贸易额约为6万亿美元，略低于疫情前水平。

据世贸组织报告，2021年全球货物贸易量约增长10.8%，2022年将增长4.7%。货物贸易创历史新高的增长反映了2021年贸易扩张的力度，以及疫情在上一年对全球贸易冲击的深度。

2021年货物贸易比服务贸易复苏更为强劲，是所有主要经济体贸易的共同特点。大多数主要经济体的服务贸易仍低于或接近2019年的水平。相较而言，中国的货物贸易和服务贸易增长保持相对稳定，仍处于较高水平。

2021年国际贸易的积极趋势主要得益于需求强劲复苏、各国疫情限制措施减弱、各国推出经济刺激方案以及大宗商品价格上涨等因素。在疫情危机继续破坏现有供应关系时，全球贸易在维持各国获得商品和服务方面继续发挥关键作用。虽然疫情导致国际贸易流动收缩，但全球供应链仍能保证基本医疗用品等的跨境流动。

二、多重因素抑制贸易增长

自2021年下半年开始，一度强劲的全球经济复苏放缓，进而使全球贸易增长势头相应放缓。一些主要经济体的经济增长率低于预期，包括欧盟国家在内的许多经济体继续受到疫情干扰，加之各国出现商品价格上涨和通货膨胀压力等，对国际贸易流动产生不利影响，拖累经济复苏，并影响贸易增长景气。

2021年经济复苏带来的巨大需求增加了全球供应链压力，而燃料价格上涨又进一步加剧了供应短缺和运输成本上涨，集装箱短缺以及运费飙升、海运不畅、港口拥堵和码头货物积压等现象出现。全球供应链受阻和运输成本高企，对全球贸易持续产生负面影响。

自疫情暴发以来，全球半导体出现短缺状况。半导体行业一直面临需求激增和持续供应紧张等不利因素，进而扰乱了许多行业尤其是汽车行业的发展，一些重要行业因此在2021年出现疲软迹象。

各国与疫情有关的贸易限制政策措施影响国际贸易的流动性。据世贸组织数据，各国在实施与疫情相关的新的贸易限制措施方面总体表现克制，而且这些措施正在逐步取消，但大量积累且未废除的限制措施仍在影响着价值约1.5万亿美元的贸易商品，占世界进口额的近9%。各国在疫情暴发后实施的117项出口限制中，有45项仍然存在，涵盖药品、其他医疗用品和个人防护设备等，影响疫情应对和疫苗生产分配。

地缘政治因素和区域贸易协议影响全球贸易模式。一些主要经济体之间的地缘政治紧张对国际贸易流动继续产生重要影响。非洲大陆自由贸易区和区域全面经济伙伴关系等区域贸易协定的实施也将影响全球贸易模式。

三、加强多边和区域贸易合作

世贸组织报告指出，从中长期看，以贸易高度联系为特征的当今全球经济更容易受到自然和人为灾害冲击。诸多风险相互作用，将对经济贸易以及社会环境产生连锁影响。

从短期看，下行风险包括区域差距、服务贸易继续疲软以及部分国家疫苗接种率落后等，其中疫情走向是全球贸易前景的最大威胁。此外，债务负担隐忧犹存。在疫情危机期间，各国政府为维持经济而增加借款，随之而来的利率和偿债义务上升以及全球通胀压力，给许多国家尤其是财政政策空间有限的发展中国家带来持续的金融不稳定风险，并将对投资和国际贸易流动产生不利影响。

稳定全球贸易体系，推进贸易更包容、更多样化和更具韧性，将是未来一个时期全球贸易的发展方向。世贸组织正在就渔业补贴、电子商务、贸易便利化、服务、投资、农业和中小微企业等事项进行多边谈判。

重振国际合作对维护多边贸易体系具有重要意义。世贸组织认为，一些国家应调整旨在鼓励生产回流和取消贸易一体化的政策，避免因这些政策降低国民经济效率并最终推高货物和服务的价格。鉴于公共债务和财政赤字可能对经济增长和贸易造成压力，各国应采取稳健的财政政策措施，以维护经济金融稳定。帮助发展中国家摆脱大宗商品依赖顽疾，也是全球贸易体系治理的重要工作之一。

资料来源 杨海泉. 全球贸易复苏仍有不确定性［N］. 经济日报，2021-12-24（4）.

问题：

（1）结合材料分析，疫情对国际贸易有哪些影响？

（2）从国际贸易的角度分析，中国应该如何应对疫情带来的负面影响？

上篇　国际贸易理论

第 2 章
古典国际贸易理论

学习目标

通过本章的学习，你应该掌握：重商主义流行的历史背景、主要观点和政策建议，以及古典经济学家和马克思主义对重商主义的批判；亚当·斯密绝对优势理论的主要内容及局限性；大卫·李嘉图比较优势理论的主要内容；对绝对优势理论和比较优势理论的评价。

引例

以新的比较优势实现经济高质量发展

比较优势理论最早来自亚当·斯密的绝对优势理论：各人、各国都发挥自己的绝对优势，然后两人、两国进行交换，由于两人、两国都用最便宜的方式生产产品，不仅两人、两国的蛋糕可以做得更大，而且整个社会的蛋糕也因此做得更大。斯密之后，大卫·李嘉图提出了比较优势理论：两个人都能制造鞋和帽，其中一个人在两种职业上都比另一个人强，不过制帽只强1/5，而制鞋强1/3，那么这个强的人可以专门制鞋，那个差的人可以专门制帽，然后两个人进行交换，这样对双方都更为有利。李嘉图在此基础上，把在两个人之间适用的原理推至两个国家：甲国生产毛呢和葡萄酒都比乙国效率高，但生产毛呢的效率更高，乙国虽然两种商品的生产效率都不如甲国，但就乙国自己而言，葡萄酒的生产效率高于毛呢，于是甲国可专事生产毛呢，乙国可专事生产葡萄酒，然后两国进行交换，这就是两国之间的国际贸易。李嘉图发展了斯密的绝对优势理论，提出的比较优势理论成为支撑当代国际贸易理论的基本原理。

按照李嘉图的比较优势理论，会有如下的结论：发展中国家就应当一直生产衬衣之类的劳动密集型产品，因为发展中国家具有劳动力便宜的比较优势；发展中国家很难或者不能拥有关键产业的核心技术，因为发展中国家不存在这方面的比较优势。同样遵照李嘉图的比较优势理论，发达国家就应当出售他在关键产业的核心技术，因为它具有比较优势。然而在现实经济活动中，发达国家恰恰对关键产业的核心技术实行了贸易保护，这就是当前美国的做法。对现实经济活动的不可解释性，使得相对比较优势理论暴露出其先天的不足。

首先，李嘉图把适用于个人之间的交易原理推演到了国家之间，认为在个人之间适用的、正确的原理，在国家之间同样适用、正确，这显然是不对的。更何况，李嘉图是站在发达国家的立场上思考问题的，如果照此实施，发展中国家只能永远生产低端产品，因为这是它们的比较优势。如果永远做低端产品，就只能永远成为发达国家的附庸。在现实经济活动中，一些发展中国家之所以能够成为发达国家，就是因为它们不满足于简单地制造低端产品，而是为了国家真正的独立和发展，依靠产业政策发展了很多关键产业领域的尖端技术，从而使本国的经济发展不受制于人。也就是说，他们并没有陶醉于做衬衫，而是在做衬衫的同时学会了做技术含量更高的产品。逐渐地，一些本来需要向发达国家购买的产品现在不买了，可以自己生产了。世界经济史证明，适时地摆脱传统的比较优势，提升自己的创新能力，是一个发展中国家保持经济持续发展的正确选择。

其次，比较优势的内涵是因时代不同而不同的，是动态的。在人类社会产业层次比较低、技术含量普遍不高的阶段，传统的、自然资源的比较优势在经济交往中起着比较重要的作用。在科学技术迅猛发展、创新对经济发展的贡献越来越大的时候，比较优势体现为在科学技术的某一方面具有优势。为什么一些自然条件处于不利地位，似乎没有传统比较优势的国家能成为竞争中的佼佼者，如以色列农业技术相当发达，原因就在于一国在关键核心技术上具有了比较优势。

最后，创新能力比任何自然资源都重要。创新能力是一国经济发展根本的、最具有决定性的比较优势。近现代经济发展史证明，在市场经济条件下，创新才是人类社会发展的根本动能，也是一国经济发展处于不败之地的根本条件。创新需要被激发，要有能够激发创新的制度安排，因此，要想在创新能力方面获得比较优势，前提是要有一个利于创新的环境和制度安排。

对于一个经济追赶型的国家而言，在发展的起始阶段，可以发挥自然资源的比较优势，以此换得发展之初最基本的资本和技术。当最初的发展已经实现，需要"强身健体"的时候，就要对传统的比较优势主动割舍、积极扬弃，及时转变经济发展方式，在技术创新和掌握核心技术上下功夫。发展中国家需要自由贸易，但同样需要产业政策来推动形成具有国际竞争力的产业；否则，就会在自由贸易的过程中丧失竞争力。通过适当的产业政策形成在一些关键产业领域的核心竞争力，是后发国家步入发达国家的必由之路。

2017年的中央经济工作会议指出，中国特色社会主义进入了新时代，我国经济发展也进入了新时代，其基本特征就是我国经济已经从高速增长阶段转向高质量发展阶段。经济高质量发展包含十分丰富的内容，但最基本的是强身健体，是做强产业。这就要求我们必须掌握关键产业的核心技术，形成与现代科学技术水平相适应的比较优势。而要获得科学技术方面的比较优势，就需要千方百计、切切实实地推进实质性创新。

实现创新有两种途径：一是市场自发形成的创新，这取决于创新的氛围。创新的氛围包括社会对创新的广泛认同和参与，全社会推崇创新精神，包容创新失败，还包括创新资源的有效分配和加强知识产权保护等。二是由适宜的产业政策激励形成的创新，这就需要发挥好政府的作用。具体到我国，就是一定要制定科学的产业政策，协调和组织企业在关键产业、关键领域实现创新突破、掌握核心技术。

资料来源 李义平. 以新的比较优势实现经济高质量发展［N］. 光明日报，2018-08-07（11）.

国际贸易理论起源于市场经济下商品交换和生产分工的思想，研究对象从一国内部的生产交换扩大到不同国家之间的分工和交换。亚当·斯密（Adam Smith）是古典国际贸易理论（classic international trade theory）的开创者。他在批判重商主义思想的基础上，主张各国应该基于劳动生产率“绝对优势”的原则开展国际分工，实施自由贸易。大卫·李嘉图（David Ricardo）则在继承斯密自由经济思想的基础上，弥补了斯密理论的一些缺陷，提出了“比较优势”的国际分工原则。

2.1　重商主义

在第1章回顾国际贸易的历史时，我们曾谈到，国际贸易是随着社会分工的建立和发展而不断发展、演变和深化的。在15世纪的资本主义社会大分工准备阶段，出现了一种国际贸易学说的萌芽——重商主义（mercantilism）。由于历史上对国际贸易的研究和理论在最早的时候几乎都是出自重商学派的著作，而亚当·斯密的绝对优势理论也是建立在对重商主义的批评之上，因此重商主义在整个国际贸易理论体系中有着重要地位。

2.1.1　历史背景

重商主义产生于西欧封建社会瓦解和资本主义生产方式萌芽的15世纪。这一时期正处于资本主义社会形态产生和形成时期，是资本主义经济的资本原始积累阶段。除了在国内对农民的剥夺之外，国际贸易和海外掠夺是西欧国家资本原始积累的重要手段之一。而15世纪末16世纪初的地理大发现给了商业资本家通过扩大国际贸易和掠夺海外殖民地来积累资本（黄金）的机会。地理大发现扩大了世界市场，极大刺激了商业、航海业和工业，世界贸易兴起，资本主义曙光初现，商品经济日益发展；[①]与此同时，封建主为了维持宫廷奢华生活以及庞大军队的开支，为财政入不敷出而苦苦寻找出路。共同的利益使得封建主与商业资本家结成了联盟，主张通过对外贸易攫取财富的重商主义受到了推崇。[②]

2.1.2　重商主义的主要观点[③]

1. 货币是财富的唯一形态，货币就是金银

在资本主义生产方式发展初期，财富积累和资本积累是资本主义生产方式迅速发展的主要矛盾。因此，什么是财富、如何快速增加财富等问题成为重商主义者关心的主要问题。基于对资本主义生产方式早期经济活动现象的观察，重商主义者把货币量的多寡作为衡量一国财富的标准。在他们看来，一个国家富裕和发展程度的标准就是货币量，而推动一个国家发展的根本动力就是积累货币。恩格斯曾经这样描述15世纪末西欧各国对黄金的狂热：“葡萄牙人在非洲海岸、印度和整个远东寻找的是黄金；黄金一词是驱使西班牙人横渡大西洋到美洲去的咒语；黄金是白人刚踏上一个新发现的海岸时所要的第一件东

① 胡培兆. 为政治经济学正名［N］. 人民日报，2016-04-18（16）.
② 鲁明学，纪明山. 西方经济学说史概要［M］. 天津：南开大学出版社，1990：18-19.
③ 汤在新. 近代西方经济学史［M］. 上海：上海人民出版社，1990：4-8.

西。”[①]因此，重商主义者注重货币的流通，尤其是黄金和白银的流向，认为一切经济活动的目的都是获取金银。

2. 财富来源于流通领域

重商主义者认为财富的源泉有两个：开采金银矿和发展国际贸易。但是，开采金银矿的前提是国家或地区有金银矿，这一点并不是所有国家或地区都满足的。因此，发展国际贸易更为重要。国内市场上的贸易是由一部分人支付货币给另一部分人，从而使一部分人获利，另一部分人受损。国内贸易的结果只是社会财富在国内不同集团之间的再分配，整个社会财富的总量并没有增加。而通过国际贸易的方式，商人将资本品输出国外，换回金银运回本国，在此过程中获取利润。因此，对外贸易可以迅速地积累财富。正如托马斯·孟（Thomas Mun）在《英国得自对外贸易的财富》中提到的：“我们还要指出的，只不过是如何将我们的金钱加在我们的商品上面，使它们一起输往国外，从而我们可以获得更多的财富。”[②]

3. 国际贸易是一场零和博弈

重商主义者认为一国贸易所得建立在其贸易伙伴国的财富流失之上。一国会因商品输出获得货币，因为商品输出是外国人支付了制造这些商品的雇佣工人的工资；反之，进口外国产品会造成货币输出，因为进口相当于给外国人支付了工资，从而使国家丧失财富。因此，为了在国际收支平衡中实现有利差额，增加国际贸易中的货币流入，必须获得贸易出超和顺差，国内的商品应服从国际出口的需要，鼓励和发展有利于本国出口的工厂手工业，限制或禁止外国商品进口。代表性阐述是这样的：“我们应该观察到这样一条规则，即增加国民财富的通常手段是对外贸易，我们销往国外的商品的价值应远超我们消耗对方商品的价值。我们的商品存货如果未能返回仓库，就必然给国内带来财富。”[③]

因此，重商主义对贸易的研究主要集中在如何进行贸易，具体来说，怎样通过鼓励商品输出、限制商品进口，以增加货币的流入，从而增加社会财富。

2.1.3 重商主义的贸易政策[④]

重商主义的发展经历了早期重商主义和晚期重商主义两个阶段。早期重商主义从15世纪末到16世纪中叶，代表人物是威廉·斯塔福德（William E. Stafford）。晚期重商主义从16世纪末到17世纪，代表人物是托马斯·孟。这两个阶段的重商主义者均主张国家应该采取积极措施干预国内经济，具体政策主张略有差异。

1. 早期重商主义

早期重商主义者主要是由一群从事实践活动的商人所构成，反映的是资本原始积累初期的商业资本思想意识。[⑤]斯塔福德认为货币就是财富，一切购买行为都会减少货币，一切销售行为都会增加货币。因此，他反对金银出口，反对商品进口，反对原材料出口。在

① 马克思，恩格斯. 马克思恩格斯全集（第21卷）[M]. 中共中央马克思恩格斯列宁斯大林著作编译局，译. 北京：人民出版社，1965：450.
② 孟. 英国得自对外贸易的财富 [M]. 袁南宇，译. 北京：商务印书馆，1959：13.
③ 邢海洋. 重商主义的零和游戏 [J]. 中国海关，2009（4）：79.
④ 尹伯成，石士钧. 简明资产阶级政治经济学史 [M]. 天津：天津人民出版社，1985：3-6.
⑤ 杜汝楫，刘大洪，穆庆新. 西方经济学说新析 [M]. 沈阳：辽宁教育出版社，1990：9.

政策上，他主张采取行政手段控制商品进口，禁止货币输出以积累货币财富。比如，可以对羊毛征收高关税，鼓励本国纺织工业的发展，以成品出口代替原材料出口，既可以扩大就业，又能获得更多货币。在贸易上，他主张多卖少买或不买，进口不能大于出口，每一笔交易都要求贸易顺差，从而增加本国金银，积累本国货币。此外，金银一旦流入国内，就绝对不允许再流出。斯塔福德的措施有利于资本的原始积累，促进了资本主义生产方式的转型。恩格斯曾形象地指出，这个时期的重商主义者“就像守财奴一样，双手抱住他心爱的钱袋，用嫉妒和猜疑的目光打量着自己的邻居”①。早期重商主义者的这种思想被称为“货币差额论”，马克思把早期的重商主义称为重金主义。

2. 晚期重商主义

与早期重商主义不同，晚期重商主义重视的是长期的贸易顺差和总体的贸易顺差。从长远看，其认为在一定时期内的外贸逆差是允许的，只要最终的贸易结果能保证顺差，保证货币最终流回国内就可以。从总体看，他们认为不一定要求对所有国家都保持贸易顺差，允许对某些地区的贸易逆差，只要对外贸易总额保持出口大于进口（顺差）即可。因此，晚期重商主义的思想被称为“贸易差额论”。

晚期重商主义者为了鼓励输出实现顺差，积极主张国家干预贸易，提出了一系列政策，以鼓励本国商品出口、限制外国商品进口。这些政策例如：

① 出口退税，即当商品出口时，国家全部或部分退还商人原先缴纳的税款；当进口商品经过本国加工后重新输出时，国家则退还这些商品在进口时所交付的关税。

② 奖励出口，即国家颁发奖金，奖励出口本国商品的商人。这实际上也是一种出口补贴。晚期重商主义者还积极鼓励扩大出口商品的生产，扶植和保护本国工场手工业的发展。

③ 关税与非关税壁垒，即对输入本国的外国商品课以高额关税或者禁止进口本国不需要的商品，以达到保护本国工业和保持贸易顺差的目的。

④ 进口替代，即通过扩大国内耕地面积来自己生产原来需要进口的作物等。

晚期重商主义的杰出代表者之一是英国的托马斯·孟②（1571—1641）。他在1621年写成但在他去世后20多年才得以出版的著作《英国得自对外贸易的财富》中，全面系统地阐述了重商主义的思想：十分强调商人及商业活动的重要性，认为对外贸易是使国家富裕的工具；较早提出了“资财”（stock）的概念，用它来代表实际上的商业资本；主张国家取消禁止货币出口的法令，扩大贸易；强调贸易顺差，认为出超是致富的途径。③托马斯·孟最早详尽地论述了贸易差额论，认为顺差能自然地使金银增多；强调要实行有利于扩大外贸的国家政策，主要是实行保护关税政策。

《英国得自对外贸易的财富》在历史上占据不可磨灭的地位。斯密称这一著作“不仅成为英格兰而且成为其他一切商业国家的政治经济学的基本准则”。马克思曾对该书给予很高的评价：“这一著作早在第一版就有了特殊的意义，即它攻击当时在英国作为国家政策还受到保护的原始的货币制度，因而它代表重商主义体系对于自己原来体系的自觉的自

① 马克思，恩格斯. 马克思恩格斯全集（第1卷）[M]. 中共中央马克思恩格斯列宁斯大林著作编译局，译. 北京：人民出版社，1956：596.

② 托马斯·孟出生于伦敦商人家庭，是丝绸商人、军火商人、东印度公司董事、政府贸易委员会委员，在伦敦商业和金融界很有影响力。

③ 孟. 英国得自对外贸易的财富 [M]. 袁南宇，译. 北京：商务印书馆，1959.

我脱离。这一著作已经以最初的形式出了好几版，并且对立法产生了直接影响。”马克思接着指出，这部书“在一百年之内，一直是重商主义的福音书。因此，如果说重商主义具有一部划时代的著作……那么这就是托马斯·孟的著作”[①]。

2.1.4 对重商主义的评价

重商主义的观点和政策代表了当时处于上升阶段的商业资本的利益，在历史上曾起过进步作用。重商主义的财富观对早期资本主义国家原始积累过程中经济政策制定具有重要的指导意义。十五六世纪欧洲开始的新航道开辟、国外殖民扩张和经济政策制定等都以重商主义为理论基础。因此，它促进了资本的原始积累，推动了资本主义生产方式的建立和发展。重商主义在外贸政策方面的主张不仅为当时西欧各国所普遍采纳，推动了历史的进步，而且至今仍然影响着世界各国的国际贸易政策。其所提出的政府干预国际贸易、积极发展本国工业等一系列政策措施和主张无不具有重要的现实意义。更为重要的是，重商主义已经向我们表明，贸易保护不等于闭关自守；[②]但是，受当时所处的历史和社会发展阶段的限制，也带有一定的局限性。

拓展阅读 2-1　　拓展阅读 2-2

1. 古典经济学家对重商主义的批判

（1）重农学派对重商主义的批判[③]

从17世纪下半期开始，首先在法国出现了反对重商主义政策、主张经济自由和重视农业的思想，从而逐渐形成了重农学派。重农学派的创始人是弗朗斯瓦·魁奈（Francois Quesnay，1694—1774），另一个重要人物是安·罗伯特·雅克·杜尔阁（Anne Robert Jacques Turgot，1727—1781）。在他们的思想体系中，“自然秩序”的观念占有重要地位，是整个重农主义学说的基础。这个所谓的“自然秩序”，实际上是指经济社会中不以人们意志为转移的客观规律。因此，重农学派的核心思想是主张自由经济，包括自由贸易。

重农学派从“自由经济”的基本理念和法国农民的实际利益出发，反对重商主义的保护干预政策，提出自由贸易的口号，尤其主张谷物的自由出口。法国重农学派的先驱者之一布阿吉尔贝尔（P. Boisguillebert，1646—1714）在他的《谷物论》中强调，“从法国运出小麦愈多，对极端高价的畏惧愈少”[④]，认为反对小麦出口的成见荒谬可笑。布阿吉尔贝尔用了整整10章的篇幅来说明为什么应当实行谷物的自由贸易。他认为，如果限制谷物（小麦）的出口，一旦国内谷物丰收，就会出现可怕的跌价状况。而跌价的结果必然是谷物的销毁和生产的削减，从而成为将来谷物价格高涨的主要原因。因此，布阿吉尔贝尔认为，“谷物的自由输出是平衡生产者与消费者利益或维持社会安定和公正的唯一方

① 马克思，恩格斯．马克思恩格斯全集（第20卷）［M］．中共中央马克思恩格斯列宁斯大林著作编译局，译．北京：人民出版社，1971：253.

② 任烈．贸易保护理论与政策［M］．上海：立信会计出版社，1997：50-51.

③ 海闻，林德特，王新奎．国际贸易［M］．上海：上海人民出版社，2003：47-48.

④ 布阿吉尔贝尔．布阿吉尔贝尔选集［M］．伍纯武，梁守锵，译．北京：商务印书馆，1984：231-276.

法”[1]。从重农学派的观点来看，“自然秩序”（包括自由贸易）是保证市场均衡和物价稳定的重要机制。

重农学派对农业的过分重视和对商业的不以为然，使得他们在国际贸易理论方面没有太多贡献，但他们的自由经济思想对后来的古典经济学家（特别是亚当·斯密，曾在法国3年，与许多重农主义者相识）有很大的影响。

（2）亚当·斯密对重商主义的批判

在《国富论》中，亚当·斯密论述了重商主义的几个错误的认识：

① 重商主义理论认为，货币即金银是唯一的财富，因此欧洲国家都试图积累金银，禁止金银输出。其中西班牙及葡萄牙就曾以最严厉的刑罚或苛重的课税，禁止金银输出，苏格兰、法国也曾如此。[2]亚当·斯密认为这些控制和管理都是无效的：金银是体积小而价值大的商品，是可以用一定价格购买来的。由于金银是所有其他商品的价格，所以所有其他商品也是金银的价格。商品遵循有效需求理论，金银也可以通过有效需求而实现准确的调节。[3]因此，“我们亦十分相信，不被政府注意的自由贸易，常可按照我们所能购入所能使用的程度，供我们以流通商品或其他用途的金银”[4]。同时，斯密认为，国家财富建立在消费商品的能力之上。“消费是一切生产的唯一目的，而生产者的利益，只在能促进消费者的利益时，才应当加以注意。”“但在重商主义下，消费者的利益，几乎都是为着生产者的利益而被牺牲了，这种主义似乎不把消费看作一切工商业的终极目的，而把生产看作工商业的终极目的。”[5]

② 重商主义认为进口金银是一国对外贸易的主要好处。但是亚当·斯密提出：“金银输入，不是一国经营国外贸易所得的主要利益，更不是唯一利益。”[6]输出本国不需要的剩余部分的土地劳动年产物，输回本国所需的别种物品以为报答，可以扩大本国产品的市场，同时满足本国的需求。在美洲发现和输入金银并非欧洲致富的原因，市场的扩大、劳动分工与工艺改进带来劳动生产率的提高，使欧洲的收入和财富增加。[7]

③ 重商主义认为贸易是一场零和博弈，因此倾向于不惜一切代价维持贸易顺差，通过掠夺贸易伙伴国获得财富。亚当·斯密指出，这种“以邻为壑”的贸易政策对贸易双方都没有好处，因为“邻居”会以同样的奖出限入的保护政策应对（贸易战），而“邻居”的贫穷最终会影响本国的出口。[8]

拓展阅读2-3

2. 马克思主义对重商主义的批判

马克思认为，对现代生产方式的最早的理论探讨——重商主义——必然从流通过程独立化为商业资本运动时呈现出的表面现象出发，因此只是抓住了假象，[9]没有深入到现象的内部联系去探询事物的本质。

① 布阿吉尔贝尔. 布阿吉尔贝尔选集［M］. 伍纯武，梁守锵，译. 北京：商务印书馆，1984：269.
② 斯密. 国富论（下卷）［M］. 杨敬年，译. 中文珍藏版. 西安：陕西人民出版社，2006：478.
③ 祝合良，等. 经济大师论黄金［M］. 北京：首都经济贸易大学出版社，2016：31.
④ 斯密. 国富论（上）［M］. 郭大力，王亚南，译. 上海：上海三联书店，2009：7.
⑤ 斯密. 国富论（上）［M］. 郭大力，王亚南，译. 上海：上海三联书店，2009：7.
⑥ 斯密. 国富论（上）［M］. 郭大力，王亚南，译. 上海：上海三联书店，2009：7.
⑦ 斯密. 国富论（下）［M］. 郭大力，王亚南，译. 上海：上海三联书店，2009：16.
⑧ 李左东. 国际贸易理论、政策与实务［M］. 北京：高等教育出版社，2002：3.
⑨ 马克思，恩格斯. 马克思恩格斯全集（第25卷上）［M］. 中共中央马克思恩格斯列宁斯大林著作编译局，译. 北京：人民出版社，1974：376.

重商主义者认为货币是财富的唯一形式，马克思认为他们不了解货币的起源和本质，从而把财富和货币混为一谈，因此不可能理解财富的真正源泉。马克思将抽象的财富范畴先放置于资本主义社会关系中，从现实中观察到的财富的材料形式——商品范畴开始，将其分解成一个一个具体的、简单的概念，如价值、货币、资本等；再用这些具体范畴对资本主义生产关系进行分析，在生产关系中把握财富范畴的总体。①货币虽然也是商品，但和一般商品不同，它是充当一般等价物的特殊商品。随着商品生产和交换的发展，交换价值在货币上取得了完成的姿态。这是由于金银具有充当货币材料最适合的属性，一般等价物才最后固定地由金银来充当。②所以，马克思指出："金银天然不是货币，但货币天然是金银。"

重商主义者将财富和利润的来源归为流通领域。马克思认为："这部分地是因为商业资本是资本本身的最早的自由存在方式；部分地是因为它在封建生产的最早的变革时期，即现代生产的发生时期，产生过压倒一切的影响。"③因此，"当时真正的资产阶级的经济领域是商品流通的领域"④。重商主义者从G—W—G′的商业资本运动形式出发得出了社会财富和利润的源泉是流通过程。不过，重商主义者的研究仅仅停留在流通领域上，而"真正的现代经济科学，只是当理论研究从流通过程转向生产过程的时候才开始"⑤。

马克思虽然同意英国古典经济学家对于重商主义持有批判否定的态度，但并不像古典学派那样采取完全否定的态度。一方面，对于早期重商主义，马克思批判其没有意识到货币流通的重要性。他指出："他们开始不明白，一动不动地放在钱柜里的资本是死的，而流通中的资本却会不断增值。"⑥对于晚期重商主义，马克思批判其没有对资本形成深刻的认识。他指出："在重商主义者看来，货币已经表现为资本，但实际上又只是在货币形式中，只是在商业资本即不断转化为货币的资本的流通形式中表现为资本。"⑦另一方面，马克思肯定了晚期重商主义托马斯·孟的著作为现代经济学的"入门标牌"。马克思在重商主义学说的基础上，提出了资本在发展对外贸易中的重要作用。因此，马克思在批判重商主义的基础上，也继承发展了其部分思想，为其国际贸易思想奠定了基础。

2.2 绝对优势理论

2.2.1 历史背景

亚当·斯密是资产阶级经济学古典学派的主要奠基人之一，也是国际贸易理论的创始者，是倡导自由贸易的带头人，他处在英国从手工业开始向大机器工业过渡时期。

① 桑朝阳. 马克思财富观：历史超越和当代价值［J］. 福建论坛（人文社会科学版），2020（7）：5-14.

② 张国红，朱德贵. 经济学说史双语教学及其理论研究［M］. 哈尔滨：哈尔滨地图出版社，2006：29-30.

③ 马克思，恩格斯. 马克思恩格斯全集（第25卷上）［M］. 中共中央马克思恩格斯列宁斯大林著作编译局，译. 北京：人民出版社，1974：376.

④ 马克思，恩格斯. 马克思恩格斯全集（第13卷）［M］. 中共中央马克思恩格斯列宁斯大林著作编译局，译. 北京：人民出版社，1962：149.

⑤ 马克思，恩格斯. 马克思恩格斯全集（第25卷上）［M］. 中共中央马克思恩格斯列宁斯大林著作编译局，译. 北京：人民出版社，1974：376.

⑥ 马克思，恩格斯. 马克思恩格斯全集（第1卷）［M］. 中共中央马克思恩格斯列宁斯大林著作编译局，译. 北京：人民出版社，1956：596.

⑦ 马克思，恩格斯. 马克思恩格斯全集（第46卷上）［M］. 中共中央马克思恩格斯列宁斯大林著作编译局，译. 北京：人民出版社，1979：290.

在斯密所处的时代，英国的工场手工业已成为工业生产的主要形式，且有一些早期的机器发明。农业和国内外贸易也迅速发展起来，国内外迅速膨胀起来的市场需求要求资本主义迅速发展。这时，如何进行贸易才能有效地积累财富和发展经济，就成为有远见的人们想要解决的首要问题。[①]

但是，当时的西欧社会仍然受到重商主义政策体系的束缚。重商主义提倡的贸易保护主义思想和政策阻碍了对外贸易的扩大，使新兴资产阶级很难从海外获得生产所需的廉价原料，也无法为其产品寻求更为广阔的海外市场。斯密于1776年出版的《国民财富的性质和原因的研究》（An Inquiry into the Nature and Causes of the Wealth of Nations，简称《国富论》）一书中，批判了重商主义狭隘的财富观和“以邻为壑”的贸易政策观，首次提出了主张自由贸易的绝对优势理论（Theory of Absolute Advantage）。[②]

拓展阅读2-4

2.2.2 绝对优势的衡量

1. 分工

分工是经济学中最古老的概念，贯穿整个人类经济的发展史。以亚当·斯密为代表的古典经济学最重要的贡献，就是将分工作为一项重要的课题进行研究。亚当·斯密分工理论的贡献在于他赋予了分工首要的地位。

（1）交换产生分工

斯密认为：“劳动生产力上最大的改良，以及在任何处指导劳动或应用劳动时所用的熟练技巧和判断力的大部分，都是分工的结果。”[③]而劳动分工起源于人类互通有无、互相交易的倾向。[④]他说：“我们需要的各种好东西，大部分是由契约、由交换、由购买得到的。同样，原来被分工引起的，亦正是这种互相交换的倾向。”[⑤]人们由于能够从交换中获得利益，便乐于进行这种交换；但是，要进行交换，就要生产能交换的物品，每个人都各自生产一种物品，这就产生了分工。[⑥]其结果是“激励大家各自委身于一种特定业务，使他们在各自的业务上发挥完成各自天赋的资质才能”[⑦]。

（2）分工提高劳动生产率

斯密在《国富论》开篇第一章就谈论分工所能带来的生产效率的大幅度上升是如何惊人。斯密所观察的其实还不是工业革命之后才出现的制造业工厂，而只是工业革命之前就已经存在的手工作坊的情况。斯密认为“劳动生产力上最大的改良，及在任何处指导劳动或应用劳动时所用的熟练技巧和判断力的大部分，都是分工的结果”，“考察某种特殊制造业上分工如何发挥作用，更有利于了解分工”，典型例子如“针制造业”。[⑧]例如一个制针工厂，把制针分成18道工序，雇用10名工人，每名工人负责2~3道工序，这10名工人每天可以制造48 000枚针。但是如果让每个人自己完成18道工序，独立地制造出4 800枚

① 庄佩芬．农产品国际贸易［M］．北京：对外经济贸易大学出版社，2011：45-46.
② 李天章，沙献玉．现代西方经济理论及思潮评介［M］．开封：河南大学出版社，1992：297.
③ 斯密．国富论［M］．郭大力，王亚南，译．上海：上海三联书店，2009：3.
④ 韩彪．交通运输发展理论［M］．大连：大连海事大学出版社，1994：3.
⑤ 斯密．国富论（上）［M］．郭大力，王亚南，译．南京：译林出版社，2011：11.
⑥ 汪素芹．中国经济开放理论研究［M］．北京：中国商业出版社，2000：153-154.
⑦ 斯密．国富论［M］．郭大力，王亚南，译．上海：上海三联书店，2009：12.
⑧ 斯密．国富论［M］．郭大力，王亚南，译．上海：上海三联书店，2009：5.

针，那是绝对不可能的，甚至让一个人做出一枚针都是不可能的。分工就是这样，极大地提高了企业内部的生产率。

斯密进一步总结出分工提高劳动生产率的原因：

第一，分工能增强劳动的熟练程度。因为术业有专攻，所以日益精进娴熟。

第二，分工降低摩擦成本。换一个行业需要时间来摸索学习，才能进入理想的工作状态。

第三，分工有利于发明创造和改进工具。所谓“工欲善其事，必先利其器”。在第一次工业革命期间，很多机械发明都是专于某个领域的工程师发明的。①

(3) 分工的原则是绝对优势

斯密以家庭之间的分工为例指出：“每一个精明的家长都会遵循以下准则：从不在家里生产那些比购买的还贵的产品。裁缝不会试图自己做鞋，而是从鞋匠那里买鞋”，“在每一个私人家庭的行为中是精明的事情，在一个大国的行为中不大会是荒唐的。如果外国能以比我们自己制造还便宜的商品供应我们，那么，我们最好就用我们具有某些优势的行业中生产出来的部分产品来向他们购买。”②这个例子被认为是“绝对优势”的经典阐述。

2. 绝对优势的衡量方法

衡量绝对优势的两种基本方法如下：

（1）生产成本法

生产成本法是指生产1单位产品所耗费的劳动力工时（人年/单位）。其计算公式为：

$$a_L = \frac{L}{Q}$$

式中：a_L表示生产成本；L表示生产产品所耗费的劳动力工时（人年）；Q表示产出。若一国在某种产品上投入的单位成本较低，则该国在该种产品上有绝对优势。

（2）劳动生产率法

劳动生产率法是指1个劳动力在单位时间（如1年）内的总产出，是生产成本的倒数形式（$\frac{Q}{L}$）。若一国在某种产品的生产上拥有更高的劳动生产率，则该国在该种产品上有绝对优势。

例如，假设英国生产1单位棉布和1单位葡萄酒，各需要100人劳动1年和120人劳动1年；葡萄牙生产1单位棉布和1单位葡萄酒，各需要110人劳动1年和80人劳动1年，则绝对优势的推导过程见表2-1和表2-2。

表2-1 绝对优势的衡量：生产成本法

国家＼产品	棉布（人年/单位）	葡萄酒（人年/单位）
英国	100	120
葡萄牙	110	80

① 全国国际商务专业技术资格考试大纲、教材编写和命题委员会，李国华．国际经济贸易理论与实务［M］．北京：对外经济贸易大学出版社，1996：28.

② 斯密．国富论［M］．郭大力，王亚南，译．上海：上海三联书店，2009：5.

表2-2　　绝对优势的衡量：劳动生产率法

国家＼产品	棉布（单位/人年）	葡萄酒（单位/人年）
英国	0.010	0.0080
葡萄牙	0.009	0.0125

也就是说，无论采用何种衡量方法，结果都一样：在这个例子中，英国的绝对优势在于生产棉布，葡萄牙的绝对优势在于生产葡萄酒。

2.2.3　绝对优势理论的主要内容：斯密模型

1. 假设前提

回顾上述葡萄牙和英国贸易的例子，我们可以发现，该例子是高度简化的。也就是说，斯密模型有着严格的假设前提。

① 1×2×2（一种要素投入：劳动力——生产过程中只投入劳动力，或者生产过程中使用的任何其他投入都能折算成劳动量；两个国家——英国和葡萄牙；两种产品——棉布和葡萄酒，且产品同质）；

② 劳动要素充分就业，且在国内自由流动，但不能在国家间流动；

③ 两国劳动生产率固定但不同，存在绝对差异；

④ 生产两种产品的机会成本不变；

⑤ 要素市场和产品市场都是完全竞争的；

⑥ 自由贸易，不考虑货币因素，无运输成本；

⑦ 两国间贸易平衡，即总进口额等于总出口额。

2. 贸易原因

斯密认为：两国之间的贸易来源于绝对成本优势。

一国的绝对成本优势来源于两个方面：一是自然禀赋的优势，即一国在地理、环境、土壤、气候、矿产等自然条件方面的优势，这是天赋的优势；二是人们特殊的技巧和工艺上的优势，这是通过训练、教育而后天获得的优势。如果一国拥有其中的一种优势，这个国家某种产品的劳动生产率就会高于他国，生产成本就会绝对低于他国。在上文的例子中，英国生产棉布的生产成本绝对地低于葡萄牙，而葡萄牙生产葡萄酒的生产成本绝对地低于英国，生产成本的绝对差异构成了贸易的原因。

3. 贸易模式

根据生产成本的绝对差异，英国应专业化生产并出口棉布；葡萄牙应专业化生产并出口葡萄酒。因此，斯密认为国际贸易模式应该是：每个国家都应该完全专业化生产，并出口本国具有绝对优势的产品、进口本国具有绝对劣势的产品。按照该模式，各国的资源、劳动力和资本将得到最有效率的利用，会大大提高劳动生产率和增加各国的物质福利。在前面的例子中，这样的分工和贸易是否真的能使两国互利共赢呢？下面我们通过具体的演算来验证这点。

4. 贸易利益

延续前面英国和葡萄牙的例子，进一步假设自给自足的时候：英国有220人年（100人年用于棉布，120人年用于葡萄酒）；葡萄牙有190人年（110人年用于棉布，80人年用于葡萄酒）。在封闭经济中，英国生产并消费1单位棉布和1单位葡萄酒，葡萄牙也是如此（见表2-3）。

表2-3　封闭经济中的生产和消费

产品 国家	棉布（单位）	葡萄酒（单位）
英国	1	1
葡萄牙	1	1

根据绝对优势理论，英国应该专业化生产棉布，而葡萄牙专业化生产葡萄酒。也就是说，英国把所有的220人年都用于生产其具有绝对优势的棉布，能生产2.2单位的棉布；葡萄牙把所有190人年的劳动都用于生产其具有绝对优势的葡萄酒，能生产2.375单位的葡萄酒（见表2-4）。

表2-4　开放经济中的生产：根据绝对优势理论进行完全专业化生产

产品 国家	棉布（单位）	葡萄酒（单位）
英国	2.2	0
葡萄牙	0	2.375

接下去就是贸易的关键一步：确定棉布和葡萄酒的国际交换比例。

在英国，1单位棉布交换0.833（100/120）单位葡萄酒；在葡萄牙，1单位棉布交换1.375（110/80）单位葡萄酒。因此，可贸易区间介于两者之间。假设经过讨价还价，最后确定在贸易中1单位棉布交换1单位葡萄酒，则贸易后，两国的消费变化见表2-5。

表2-5　开放经济中的消费

产品 国家	棉布（单位）	葡萄酒（单位）
英国	1.1	1.1
葡萄牙	1.1	1.275

通过对比贸易前后的生产和消费，我们可以发现：

贸易利益之一：在劳动力不变的情况下，通过分工增加了两种产品的总产量。这意味着专业化分工带来资源配置效率的提高。

贸易利益之二：通过国际贸易提高了两国的消费水平。

总结以上讨论，可以得出如下重要结论：每个国家都应集中生产并出口其具有“绝对优势”的产品，进口其不具有“绝对优势”的产品，这一重要结论便是绝对优势理论的主要内容。

2.2.4　对绝对优势理论的评价

1. 绝对优势理论的积极意义

亚当·斯密的绝对优势理论解释和论证了国际贸易的好处——它并不是一个零和游戏，而是可以实现贸易双方的双赢，并优化资源配置。斯密的贸易理论为自由贸易思想提供了理论根据，有力地抨击了传统重商主义的谬误，其贡献和意义十分重大。[①]正如恩格斯所说："难道说亚当·斯密的学说不是一个进步吗？当然是进步，并且是一个必要的进步。为了使私有制的真实的后果能够显露出来，就必须摧毁重商主义的学说、它的垄断以及它对商业关系的束缚。"[②]马克思也评论说："古典学派如亚当·斯密和李嘉图，他们代表着一个还在同封建社会的残余进行斗争，力图清除经济关系上的封建残污、扩大生产力、使工商业具有新的规模的资产阶级。"[③]另外，对于斯密在经济理论上的贡献，马克思给予了很高的评价："在亚当·斯密那里，政治经济学已发展为某种整体，它所包括的范围在一定程度上已经形成。"[④]不过总体上马克思和恩格斯对于斯密的自由贸易理论持有批判的态度。

2. 绝对优势理论的局限性

斯密的贸易理论要求各国都必须拥有生产成本上占据绝对优势的产业部门。这一要求过于苛刻，尚不具有一般性，只能解释现实中的部分国际贸易现象，而不能解释现实中存在的一个国家在所有生产部门都处于绝对劣势的情况下是否还可以开展互惠贸易的情况。

表2-6把原斯密模型中的葡萄牙生产棉布的成本从110人年/单位修改成90人年/单位。此时，葡萄牙在棉布和葡萄酒的生产上都占据了绝对优势。在这种情况下，两种产品都处于绝对劣势的英国还能否参与贸易并从中获益呢？斯密的模型无法回答这一问题，这是绝对优势理论的局限性。

表2-6　　绝对优势理论的局限性：生产成本法

产品 国家	棉布（人年/单位）	葡萄酒（人年/单位）
英国	100	120
葡萄牙	90	80

2.3　比较优势理论

亚当·斯密绝对优势理论所提出的交换模式只适用于贸易双方至少各拥有一种居绝对优势的商品对外国进行销售的情形。如果一国在所有商品的生产成本方面相对于

① 程祖伟，师求恩. 国际经济学精要［M］. 北京：中国经济出版社，2017：5.
② 马克思，恩格斯. 马克思恩格斯全集（第1卷）［M］. 中共中央马克思恩格斯列宁斯大林著作编译局，译. 北京：人民出版社，1956：596.
③ 马克思，恩格斯. 马克思恩格斯全集（第4卷）［M］. 中共中央马克思恩格斯列宁斯大林著作编译局，译. 北京：人民出版社，1958：156.
④ 马克思，恩格斯. 马克思恩格斯全集（第26卷第2册）［M］. 中共中央马克思恩格斯列宁斯大林著作编译局，译. 北京：人民出版社，1973：181.

微课 比较优势理论

另一国的同种商品都处于绝对劣势地位，那么还会不会存在分工和贸易？如果进行自由贸易，那么贸易各方还能否获益？各国还能否实行自由贸易政策？针对这些用绝对优势理论无法解释的问题，李嘉图论证了更为广泛的国际贸易现象的客观必然性——建立在劳动价值论基础上的贸易互利性原理，据此提出了比较优势理论（Theory of Relative Advantage）。

2.3.1 历史背景

李嘉图是英国工业革命高潮时期的资产阶级经济学家，他继承和发展了斯密经济理论中的精华，使古典政治经济学达到了最高峰，是英国资产阶级古典政治经济学的杰出代表和完成者。①

李嘉图出生于英国伦敦一个资产阶级犹太移民家庭，在17个孩子中排行第三。他童年时所受教育不多，14岁时随父亲从事证券交易活动，16岁时便成了英国金融界的知名人物。1793年，21岁的李嘉图独立开展证券交易活动，很快便获得成功；25岁时他已拥有200万英镑财产。这时的李嘉图深感早年教育不足，因此在经济生活有了保障以后开始自学。1799年，他阅读了斯密的《国民财富的性质和原因的研究》，这是他第一次接触经济学，从此对政治经济学发生兴趣，并开始研究经济问题。

当时英国突出的经济问题是“黄金价格”和“谷物法”，他热心地参与有关这两个问题的辩论。作为英国上议会议员，李嘉图支持自由贸易和废除旨在保护英国国内农业的《谷物法》。他认为《谷物法》向农产品征收关税，会降低国内土地的产出并且使地租升高。这样一来，大量的补贴会转移到封建地主手里，而远离工业资本，因为地主倾向于将财富浪费在奢侈品上，而不是进行投资。李嘉图相信《谷物法》会导致英国经济停滞。

《谷物法》的存废成为资产阶级和地主阶级斗争的一个突出问题。李嘉图对《谷物法》提出尖锐的批评，与代表土地贵族利益的经济学家托马斯·罗伯特·马尔萨斯（Thomas Robert Malthus）进行了激烈论战。这场论战持续多年，直到1846年英国政府才废除了《谷物法》。《谷物法》的废除，标志着英国的贸易政策从重商主义转向自由贸易。②

2.3.2 比较优势的衡量

李嘉图在《政治经济学及赋税原理》一书中写道③：

英国的情形可能是生产棉布需要100个人劳动1年，如果酿制葡萄酒则需要120人劳动同样长的时间。因此，英国发现通过出口棉布来进口葡萄酒对自己比较有利。葡萄牙生产葡萄酒可能只需要80人劳动1年，而生产棉布需要90个人劳动1年。因此，对葡萄牙来说，出口葡萄酒以交换棉布是有利的。

我们看到，虽然葡萄牙生产每单位葡萄酒和棉布所花费的劳动都较少，意味着葡萄牙在葡萄酒和棉布的生产上都具有绝对优势。但是，如果我们考察两国生产两种商品的机会

① ［1］张君安，马保吉. 工业系统认识［M］. 西安：西北工业大学出版社，2010：149.［2］刘凤岐. 当代西方经济学辞典［M］. 太原：山西经济出版社，1988：426-427.

② 庄佩芬. 农产品国际贸易［M］. 北京：对外经济贸易大学出版社，2011：59.

③ 李嘉图. 政治经济学及赋税原理［M］. 周洁，译. 北京：华夏出版社，2005：531.

成本，情况就会发生变化。

如表2-7所示，葡萄牙生产1单位棉布需要90人年，而同样的劳动量能生产出1.125单位的葡萄酒，意味着葡萄牙生产棉布的机会成本是1.125。也就是说，在葡萄牙，1单位棉布可以交换1.125单位的葡萄酒。而英国生产棉布需要100个人劳动1年，同样的劳动量只能生产0.833单位的葡萄酒，也就是说英国生产棉布的机会成本是0.833，1单位的棉布能交换0.833单位的葡萄酒。此时，如果英国生产1单位棉布出口到葡萄牙，就可以换回1.125单位的葡萄酒，比在本国内部交换多换得了0.292单位的葡萄酒。

表2-7　　比较优势的衡量：相对生产成本法（机会成本法）

国家 \ 产品	棉布/葡萄酒	葡萄酒/棉布
英国	0.833	1.2
葡萄牙	1.125	0.889

我们再来看葡萄酒交易。在封闭经济中，葡萄牙生产葡萄酒的机会成本是0.889，1单位葡萄酒仅能交换0.889单位的棉布。而英国生产葡萄酒的机会成本是1.2，1单位葡萄酒能换1.2单位棉布。此时，如果葡萄牙生产1单位葡萄酒并出口到英国，就能换回1.2单位棉布，比在国内交易多换得0.311单位棉布。

总结一下，从机会成本的角度分析，葡萄牙生产葡萄酒具有比较优势，英国生产棉布具有比较优势。当然，如果我们用相对劳动生产率的方式来衡量比较优势，也会得到相同的结果（见表2-8）。

表2-8　　比较优势的衡量：相对劳动生产率法

国家 \ 产品	棉布/葡萄酒	葡萄酒/棉布
英国	1.2	0.833
葡萄牙	0.889	1.125

2.3.3　比较优势理论的主要内容：李嘉图模型

李嘉图模型同样有着严格的假设前提。该模型假设两国劳动生产率固定，且存在相对差异，除此之外，其余假设与斯密模型相同。这里我们采用生产可能性边界和社会无差异曲线来对自由贸易进行一般均衡分析。

1. 生产可能性边界和社会无差异曲线

从供给角度看，由于李嘉图模型假设生产两种商品的机会成本不变，所以前面的例子中英国和葡萄牙的生产可能性边界都是直线，横轴表示棉布，纵轴表示葡萄酒。直线的斜率表示生产两种商品需要的劳动量的比率，即封闭经济中两种商品价格的比率。用公式来表示生产可能性边界就是：

$$a_{LC} \cdot Q_C + a_{LW} \cdot Q_W = L \qquad (2\text{-}1)$$

式中：a_{LC}为棉布部门的单位生产成本，即生产1单位棉布需要投入的劳动力；Q_C是生产棉布的数量；a_{LW} 为葡萄酒部门的单位生产成本，即生产1单位葡萄酒需要投入的劳动力；Q_W 是生产葡萄酒的数量。

将公式（2-1）变形可得：

$$Q_W = L/a_{LW} - \left(a_{LC}/a_{LW}\right) \times Q_C \tag{2-2}$$

式中：L/a_{LW} 是生产可能性边界在纵轴上的截距，表示该国将所有的资源都用于葡萄酒的生产，所能生产出的葡萄酒的数量；$-a_{LC}/a_{LW}$ 既是生产可能性边界的斜率，也是生产棉布的机会成本，或者称为棉布的相对价格。

从需求角度看，社会无差异曲线是表示社会福利水平一定时，所有消费者对两种商品的不同搭配关系的曲线，每一条社会无差异曲线都代表一定的社会效用水平，其曲线上每一点的斜率都表明棉布对葡萄酒的边际替代率。

而生产可能性边界与社会无差异曲线的切点表明生产和消费同时达到均衡。

2. 贸易原因

假设初始封闭状态下，英国拥有7 200人年的劳动力，生产1单位棉布需要100人年，酿造1单位葡萄酒需要120人年。葡萄牙拥有7 200人年的劳动力，生产1单位棉布和葡萄酒分别需要90人年和80人年。由于李嘉图模型中的生产可能性边界是一条直线，所以我们只要确定了横轴和纵轴上的截距，就可以确定两国的生产可能性边界。英国把其所有的7 200人年劳动力都用于生产棉布，可以生产72单位；它把所有的劳动力都用于生产葡萄酒，可以生产60单位。同样的，葡萄牙把其所有的7 200人年劳动力都用于生产棉布，可以生产80单位；它把所有的劳动力都用于生产葡萄酒，可以生产90单位。

于是，我们得到了如图2-1所示的两国的生产可能性边界，同时得到了英国的棉布和葡萄酒的交换比率为0.833（表现为英国的生产可能性边界的斜率，即1单位的棉布能交换0.833单位的葡萄酒）；葡萄牙的棉布和葡萄酒的交换比率为1.125（表现为葡萄牙的生产可能性边界的斜率，即1单位的棉布能交换1.125单位的葡萄酒）。也就是说，英国的棉布相对来说便宜，而葡萄牙的葡萄酒相对便宜，生产成本的相对差异构成了两国贸易的原因。

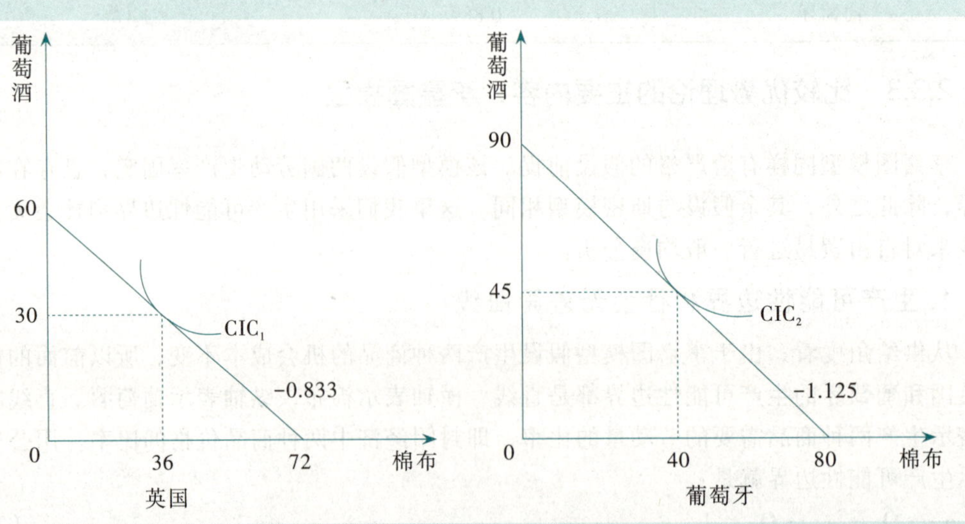

图2-1 封闭经济中的生产和消费

3. 贸易模式

根据生产成本的相对差异，葡萄牙应两利相权取其重，专门生产葡萄酒，并拿它向英国出口，换取棉布；英国则应两弊相权取其轻，专门生产棉布，并向葡萄牙出口棉布以换取葡萄酒，这样对双方都有利。因此，李嘉图认为国际贸易模式应该是：每个国家集中生产并出口其具有“比较优势”的产品，进口其不具有“比较优势”的产品。那么，这样的分工和贸易是否真的能使两国互利共赢呢？让我们继续验证。

4. 贸易利益

假设封闭状态下，英国和葡萄牙都将其劳动力平均分配给棉布和葡萄酒部门，那么在自给自足的情况下，英国生产并消费36单位的棉布和30单位的酒；葡萄牙生产并消费40单位的棉布和45单位的酒（如图2-1所示，见表2-9）。

表2-9　**封闭经济中的生产和消费**

国家＼产品	棉布（单位）	葡萄酒（单位）
英国	36	30
葡萄牙	40	45

分工后，英国专业化生产棉布，则7 200人年共能生产72单位棉布（生产可能性边界横轴上的截距）；葡萄牙专业化生产葡萄酒，7 200人年共能生产90单位葡萄酒（生产可能性边界纵轴上的截距），各国产出见表2-10。

表2-10　**开放经济中的生产：根据比较优势理论进行完全专业化生产**

国家＼产品	棉布（单位）	葡萄酒（单位）
英国	72	0
葡萄牙	0	90

分工之后就是交换。那么，如何确定两国交换比例？在封闭经济中，英国1单位棉布换0.833单位酒，葡萄牙1单位棉布换1.125单位葡萄酒，因此可贸易区间介于0.833和1.125之间。现在假设两国经过协商，将交换比率定为1∶1，即1单位棉布换1单位葡萄酒。考虑英国把一半的棉布用于出口，换回36单位的葡萄酒。葡萄牙则出口36单位的葡萄酒，换回36单位的棉布，剩余54单位葡萄酒自己消费（见表2-11）。

表2-11　**开放经济中的消费**

国家＼产品	棉布（单位）	葡萄酒（单位）
英国	36（36）	36（30）
葡萄牙	36（40）	54（45）

注：括号内数字为封闭经济中的消费量。

与封闭状态相比，英国棉布消费量不变，但是多消费了6单位的葡萄酒，可见消费者福利上升。葡萄牙多消费了9单位的葡萄酒，但少消费了4单位的棉布。那么，对于葡萄牙来说，贸易到底有没有带来好处？

这里必须强调：在一般均衡分析中，衡量福利水平的指标是社会无差异曲线的水平，而非产品的绝对消费量。因此，贸易后两种商品的消费量都增加的情况固然可以说明整个国家的贸易所得，但是说明贸易所得并不一定需要两种商品的消费量都增加。

如图2-2所示，A点表示封闭状态下的消费均衡点，B点表示依据比较优势理论进行的专业化生产均衡点，C点表示贸易之后的消费均衡点。阴影三角形表示了两国的进出口量，即贸易三角。我们可以看到，贸易之后，英国和葡萄牙的社会无差异曲线都位于比封闭状态时离原点更远的CIC_2，说明两国自由贸易之后的国民福利比封闭状态时更好，这便是贸易的利益。

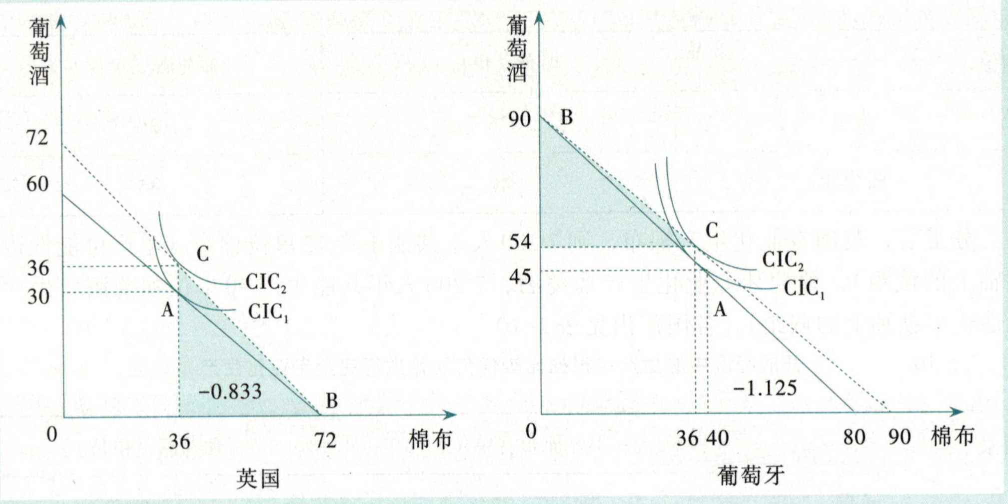

图2-2　开放经济中的生产和消费

总结以上讨论，可以得出如下重要结论：每个国家都应集中生产并出口其具有"比较优势"的产品，进口其不具有"比较优势"的产品，这一重要结论便是比较优势理论的主要内容。

实践窗 2-1

对李嘉图模型的验证

李嘉图的比较优势理论说明了按照比较优势原则进行贸易是互利共赢的。那么，比较优势理论能在多大程度上解释现实世界的贸易呢？

对比较优势理论的实证检验，当推麦克道格尔（G. D. A. MacDougall）于1951年所作的研究。他利用美国和英国1937年的数据，考察了各行业的出口绩效与劳动生产率之间的关系。他的假设检验可以表述为：美国的人均产出（根据工资差异加以调整后的）高于英国，其出口也将高于英国的出口。根据麦克道格尔的估计，1937年美国的平均工资水平是英国的两倍。因此，他认为如果美国某些行业的人均产出超过英国对应行业的人均产出的两倍，美国就应该在这些行业上有比较优势。麦克道格尔用美、英两国各行业对世界其他国家的出口之比作为判断比较优势的标准，结果见表2-12。

表2-12　　麦克道格尔对比较优势理论的检验结果

行业或产品		美国人均产出与英国人均产出的比值	美国出口与英国出口的比值	行业或产品		美国人均产出与英国人均产出的比值	美国出口与英国出口的比值
满足假设检验的产品	收音机	3.5	7.60	满足假设检验的产品	棉质品	1.5	0.11
	生铁	3.6	5.10		人造丝	1.4	0.09
	汽车	3.1	4.30		啤酒	2.0	0.06
	玻璃容器	2.4	3.50		水泥	1.1	0.09
	罐头	5.3	3.00		男式毛制品	1.3	0.04
	机械	2.7	1.50		人造奶油	1.2	0.03
	纸	2.2	1.00		毛衣	1.4	0.00
	卷烟	1.7	0.47				
	油毡	1.9	0.34	不满足假设检验的产品	电灯	5.4	0.94
	纺织品	1.8	0.30		饼干	3.1	0.23
	皮鞋	1.4	0.32		火柴	3.1	0.09
	可乐	1.9	0.19		橡胶轮胎	2.7	0.74
	化纤	1.5	0.20		肥皂	2.7	0.35

在所检验的25个行业中，有20个行业服从假设检验，即在收音机等20个行业中，当美、英两国的人均产出比值大于2时，两国相应行业的出口比值大于1，美国拥有大部分市场；当两国的人均产出比值小于2时，两国相应行业的出口比值小于1，英国拥有大部分市场。其余5个行业不服从假设检验，即美、英两国人均产出比值大于2，但英国拥有大部分市场。这说明，在麦克道格尔所检验的25个行业中，有20个行业符合比较优势理论的预期，这一比例还是相当可观的。

资料来源　MACDOUGALL G D A. British and American exports: A study suggested by the theory of comparative costs [J]. The Economic Journal, 1951, 61 (244): 697-724.

2.3.4 李嘉图模型的延伸讨论

正如我们在前文指出的那样，李嘉图模型的完美演绎是建立在一系列假设前提之上的，而其中一些假设与现实世界存在不小的差距。那么，放宽这些假设，会对李嘉图模型的结论产生什么样的影响呢？

1. 假设一：单一要素投入

在李嘉图模型中，两个国家都只有一种要素投入，即劳动力，所以可以用相对劳动生产率或者相对单位劳动力投入来衡量比较优势。但是，即使是最基本的生产函数，我们一般也要假设有两个生产要素：资本和劳动力。那么考虑到多个维度的投入，如何定义比较优势呢？

此外，当只有一种要素投入的时候，贸易对国家有利，也就等于对要素所有者本身有利，国家利益与要素利益统一了。可是，当存在两种或两种以上要素投入时，我们就不能不考虑贸易对收入分配的影响。

在本书的第3章，我们将介绍包含两种或两种以上要素的新古典国际贸易理论。

2. 假设二：劳动力流动

李嘉图模型假设劳动力在国内是可以无成本自由流动的，因而一个国家可以毫不犹豫抛弃不具备比较优势的行业，并将这个行业的所有劳动力立刻转移至具备比较优势的行业。这实际上是把一个国家的劳动力抽象成了一个代表性劳动力，而这种类比是有问题的：一个国家不可能无成本地让所有的劳动力都转向另一种行业。一方面，培训工人、重新安置工人需要政府财政来支持；另一方面，如果不能培训、不能安置，这些人的失业就会冲击国家的政局。退一步说，假定我们让这些员工成功转型了，一个地区的基础设施建设未必就能立刻转型，伴随而来的是该地区的劳动力纷纷外流，那么该地区经济的下滑将是不可避免的。

3. 假设三：同质商品和完全竞争市场

李嘉图模型假设两国间生产和交易的商品都是同质商品，即英国酿造的葡萄酒和葡萄牙酿造的葡萄酒完全相同；英国织造的棉布也和葡萄牙织造的棉布没有任何区别。国际贸易的动力仅仅来自两国的价格的相对差异。

而现实中，对于同一种商品，如大米，即使在一国内，也会因为气候、水质、土壤等因素造成大米口感的差异，更不用说差距扩大到国家之间。随着收入水平的上升，消费者追求个性化的需求，也会促使生产者生产差异化的产品。产业内贸易产生的原因之一就是差异性产品。

此外，比较优势理论要求所有商品均处于完全竞争市场；否则，结论可能并不成立。而现实中，完全竞争市场的条件很难满足，更多的是不完全竞争市场。

在本书的第4章，我们将进一步介绍产品差异性、不完全竞争与国际贸易的关系。

4. 假设四：机会成本不变

李嘉图模型假设生产技术不变，两种商品的机会成本不变，表现为生产可能性边界是一条直线。但是在现实的生产中，还存在机会成本递增（生产可能性边界凹向原点）和机会成本递减（生产可能性边界凸向原点）的情况。前者会导致两国无法进行完全专业化分工，而对后者的讨论衍生出了规模经济理论。

在本书的第4章，我们将进一步讨论规模经济与国际贸易的关系。

5. 假设五：无交易成本

李嘉图模型没有考虑到交易成本。而事实上，当国家与国家之间进行贸易时，有些产品的运输成本会非常昂贵，以至于对于买家来说，出口国已经不再有比较优势了，就会选择在本国进行购买。这就产生了一种特殊的商品——非贸易品（non-traded goods）。很多服务，如理发、医疗、教育等都是传统意义上的非贸易品。

除了运输成本外，税收等贸易措施也是一种潜在的贸易成本。一个国家可能对另一个国家的商品征收惩罚性进口关税，而另一个国家也可以选择对自己本国的商品出口退税，这种做法会导致比较优势发生变化，进而影响双方的贸易行为。

6. 假设六：贸易平衡

在李嘉图的两国贸易模型中，一个隐含的假设是两国的规模大小相似。因此，在自由贸易的情况下，两国各自放弃不拥有比较优势的产品，而将所有的资源用于生产本国拥有比较优势的产品，并进行进出口贸易，实现贸易平衡。

但在现实世界中，贸易中两国的大小可能相差很大。比如中国与斯里兰卡相比，无论是人口还是土地面积，前者都是后者的几十倍甚至一百多倍。即使中国有生产小麦的比较优势，斯里兰卡有生产大米的比较优势，两国进行自由贸易，中国也不可能只生产小麦而不生产大米，因为即使把斯里兰卡全部生产的大米都出口到中国来，也满足不了中国的最低消费。因此，如果大国与小国发生贸易，小国可以只生产其拥有比较优势的产品，而大国不会实行专业化只生产一种产品，大国仍然需要两种产品都生产。①

2.3.5　对比较优势理论的评价

1. 比较优势理论的积极意义

李嘉图的比较优势理论揭示了人类分工协作、互惠互利的原理，为自由贸易政策提供了坚实的理论基础，这是该学说在国际分工方面的主要贡献。与绝对优势理论相比，比较优势理论将自由贸易的领域推广到各种类型的经济水平各异的国家的更广范围，从而论证了自由贸易政策的普遍性和合理性。也正因为如此，比较优势理论成为自由贸易理论的主线。②

2. 比较优势理论的局限性③

（1）前提假设过于严格

比较优势理论关于完全竞争、生产要素在国际完全不能自由流动等的假设过于严格，脱离现实。假如放宽其中一些假设，李嘉图模型的解释力度就会受到影响。基于对这一问

① 海闻，林德特，王新奎．国际贸易［M］．上海：上海人民出版社，2003：64-65．
② ［1］王荣艳，刘永胜．国际贸易理论与政策［M］．武汉：武汉大学出版社，2016：46．［2］张二震，马野青．国际贸易学［M］．2版．南京：南京大学出版社，2003：91．
③ 苏旭峰，李海滨．国际贸易理论与实务［M］．杭州：浙江工商大学出版社，2016：26-27．

题的探讨，诞生了不少现代贸易理论。

(2) 比较优势理论把多变的经济形态抽象成静态的状态，忽视了动态分析[①]

比较优势理论主张按当前的比较成本格局进行分工，而没有看到比较成本、比较优势是可变的。它是从一定时点的国际比较生产力结构出发论证贸易的可能性，是一种静态均衡理论，只能说明短期内贸易利益的问题，无法将开展国际贸易同各个国家的经济增长和发展联系起来。

有的学者认为比较优势理论是一个先进国家的学者规劝后进国家加入国际分工体系的学说。我们将在保护贸易理论中看到许多对比较优势理论静态性的批判。

(3) 未解释各国劳动生产率差异的原因

比较优势理论虽然解释了劳动生产率的差异如何引起国际贸易，但没有进一步解释造成各国劳动生产率差异的原因；它认定各国将以比较优势原则进行完全的专业化生产的见解，与现实不符；现实中，各国大都会生产某些进口商品的替代产品，而避免完全专业化生产。

学思践悟

改革开放：使中国在世界发展竞争中赢得比较优势

在社会主义现代化进程中，面对发达的资本主义国家，中国靠什么赢得比较优势？习近平总书记给予了坚定的回答：靠的就是改革开放。

一、改革开放为中国在世界发展竞争中赢得了比较优势

面向经济发展新常态的巨大挑战，习近平总书记深刻总结中国发展经验，提出了靠改革开放赢得与资本主义竞争的比较优势的战略思想。这一思想成功地借鉴和吸收了基于比较优势理论的现代国际竞争理论，把微观分工与竞争理论拓展为宏观战略与国家体制竞争理论，使我国的改革开放战略更为清晰，为中国经济持续健康发展提供了理论支撑。

今天，我们处在和平与发展的时代，和平的条件使发展的竞争成为主题。发展竞争是经济意义上的，也是社会与民生意义上的，更是制度意义上的。因此，借用比较优势的研究方法，我们可以得出这样一个结论：一个国家即使生产力水平落后，仍有可能靠创造经济体制的优势赢得国际竞争。因此，在本质上，一个国家在国际竞争中的比较优势，在微观意义上表现为内含于产品之中的成本竞争、技术竞争，在宏观意义上却是制度竞争、战略竞争。

改革就是体制的优化，开放就是建设开放型经济新体制，二者都在于构建体制优势，并改变生产力落后的劣势，从而最终赢得国际竞争。社会主义中国走上改革开放道路，是在生产力水平仍很落后的情况下，通过改革开放形成了体制上的比较优势，在与资本主义发达国家的竞争中体现了更强的竞争力。即使在今天，我国生产力水平仍低于发达国家，但依然显示出强大的竞争力，根源就在于中国作为社会主义国家，通过改革开放形成了相对于资本主义制度的比较优势。

① 郑俊田. 国际贸易理论与政策法规［M］. 北京：中国海关出版社，2018：55.

二、中国在世界发展竞争中形成了独特的比较优势

从国内讲，中国改革道路的特点是，市场本身就是由政府培育的，而不是自发盲目生长的。这样的改革不仅加快了市场化进程，而且有效地发挥了政府的作用。特别是在改革开放进程中，中国政府有着强大的发展战略规划与推进能力，所承担的经济职能是发达国家所不能比拟的。相应地，中国经济运行中存在两种力量：一是市场；二是政策。一方面，改革不断培育市场；另一方面，政策持续引导市场，激励市场主体，使市场更快成长。从国际方面来看，改革开放使中国搭上了经济全球化快车，在参与国际竞争中不断重构比较优势。改革开放特别是21世纪以来，外资大量流入与外贸高速增长，对中国经济发展速度和国际竞争力的提升发挥了重要作用。当前，中国已成为世界第二大资本流入国和第一大货物贸易国。特别是，中国积极引进外资推动经济发展，主动加入世界贸易组织扩大市场开放，不断增强中国经济的开放性优势。

经济全球化发展到今天，国际直接投资已超越一般商品贸易成为世界经济主题，投资替代贸易又创造了贸易，并直接决定了经济发展。国际直接投资的本质是生产要素的国际流动，即发达国家跨国公司以投资为载体，将技术、品牌、产品、管理、市场网络等带到发展中东道国，形成生产和贸易出口。

那么，为什么中国能如此大量地吸收要素流入从而实现发展呢？答案就在于中国通过改革形成了巨大的要素集聚能力，在有效吸引外部要素的同时，带动了国内要素的有效使用，从而形成了高速经济增长。这种要素集聚能力来自改革释放的制度红利。正因为改革不断深化，劳动力和土地等要素从不流动变为流动，使低级要素以高性价比吸引了外资。同时，各级政府不断创造和优化投资环境，有效运用政策手段并改善对外商的投资服务，为要素流入构建了超越其他国家的强大引力。经济增长理论表明，要素投入增加和技术进步是两个最主要的增长原因，而中国改革带来的体制比较优势，既为前者提供了激励，又为后者创造了条件，两者在市场上的有效结合则形成了推动发展的巨大力量。

总体来看，中国体制的最大比较优势在于中央集中规划和地方积极有为，在科学决策下强大的执行力成为发展的巨大动力，有效避免了西方一些国家滥用民主制度带来的低效现象。我们有充分的理由增强理论自信，中国特色社会主义理论的发展使我们摆脱了教条，成功地进行了实践探索；我们有充分的理由增强道路自信，改革开放以来沿着中国特色社会主义道路取得的成就举世公认，而这条道路的鲜明特点就是不断推进改革开放；我们有充分的理由增强制度自信，正是靠对中国特色社会主义制度的不断完善，中国在与发达资本主义国家的竞争中实现赶超。

资料来源　张幼文．改革开放：使中国在世界发展竞争中赢得比较优势［J］．求是，2015（6）：36-38.

本章小结

本章主要介绍了重商主义、绝对优势理论和比较优势理论。

国际贸易理论的实质是市场经济商品交换和生产分工的思想。15至18世纪，重商主义影响了西欧各国的贸易政策。重商主义者认为国际贸易是一种零和游戏，一方得益必定使另一方受损，出口者从贸易中获得财富，而进口者减少财富。其政策主张是国家干预贸易，以鼓励本国商品出口、限制外国商品进口。

亚当·斯密批评了重商主义的贸易零和观点，倡导自由贸易。他的绝对优势理论认为国际贸易和国际分工的原因和基础是各国间存在的劳动生产率和生产成本的绝对差别。各国应该集中生产并出口其具有劳动生产率和生产成本绝对优势的产品，进口其不具有绝对优势的产品。贸易的双方都会从交易中获益。

大卫·李嘉图的比较优势理论认为贸易的基础是生产技术的相对差别（而非绝对差别）以及由此产生的相对成本的不同。每个国家都应集中生产并出口其具有比较优势的产品，进口其具有比较劣势的产品。比较优势理论在更普遍的基础上解释了贸易的产生和收益。

比较优势理论为世界各国参与国际分工和国际贸易提供了理论依据，成为国际贸易理论的一大基石。但是同时，比较优势理论也存在脱离现实以及静态化等局限性。

关键术语

重商主义（mercantilism） 绝对优势理论（Theory of Absolute Advantage） 比较优势理论（Theory of Relative Advantage） 劳动生产率（labor productivity）

基础训练

第2章即测即评

1. 重商主义的基本思想是什么？

2. 阐述绝对优势理论和比较优势理论的区别。

3. 评价比较优势理论。

4. 中国生产自行车的单位劳动力投入是5，生产滑板车的单位劳动力投入是2；韩国生产自行车和滑板车的单位劳动力投入均为3。假设各国劳动力总量均为300，请做图表示两国的生产可能性边界，并说明在封闭经济中，两国用滑板车表示的自行车的相对价格是多少？

5. 发达国家的工资水平高于发展中国家，所以发达国家与发展中国家进行贸易无利可图。你赞成这种观点吗？为什么？

6. 有A、B两个国家，生产X和Y两种产品，单位产品的生产成本（劳动力/小时）见表2-13。假设A国的劳动力总量为3 000万工时，B国的劳动力总量为2 000万工时，分工前各国两种产品的生产各使用一半的劳动力，分工后各自完全专业化生产比较优势产品，并且A国拿出一半的产品与B国进行交换，交换比例为1∶2，其他条件符合比较优势理论的假设条件。要求：

（1）各国的比较优势产品是什么？

（2）计算两国分工前后的生产和贸易状况，并进行对比，总结贸易利益。

表2-13　单位产品的生产成本

国　家	X产品	Y产品
A	15	10
B	10	4

案例分析

在第二次世界大战后几十年间，日本、韩国等东亚的一些国家或地区的国际贸易商品结构发生了明显变化，主要出口产品由初级产品到劳动密集型产品，再到资本密集型产品。事实上，这个期间，日本、韩国等东亚的一些国家或地区经济腾飞，一个重要的原因就在于这些国家或地区较好地发挥了比较优势，顺利地实现了产业的优化升级以及经济的快速增长。

日本、韩国等东亚的一些国家或地区成功地抓住世界产业结构转移的有利时机，经济增长偏向机电、电子等技术含量比较高的部分，使得这些部门的相对供给能力不断增强，最终这些部门由原来的比较劣势地位转变为比较优势地位。于是，日本、韩国等东亚的一些国家或地区改为出口机电、电子等技术含量比较高的产品。

可见，如果时间足够长，则量变积累或经济增长可能改变一国的比较优势形态，以前具有比较优势的产品，现在由于经济增长可能变为处于比较劣势；反之，以前处于比较劣势的产品，现在也可能变为具有比较优势。

资料来源　周学明．国际贸易［M］．北京：中国金融出版社，2013：48.

问题：

（1）试对日本和韩国比较优势产品的变化进行解释。

（2）联系中国经济发展实际，谈谈如何有效发挥中国的比较优势。

第 3 章
新古典国际贸易理论

学习目标

通过本章的学习，你应该：了解新古典国际贸易理论与古典国际贸易理论的异同；掌握要素丰裕度、要素密集度等主要概念；掌握H-O理论、要素价格均等化理论和SS定理的核心内容，熟悉其分析逻辑；了解里昂惕夫之谜及相关解析；了解国际贸易对技能溢价和劳动力市场极化的影响。

引例

“一带一路”开创对外开放新格局

面对后全球金融危机时期一些国家贸易保护主义抬头、逆全球化思潮泛起的国际形势，习近平同志提出共建“一带一路”倡议，给低迷的世界经济注入新的动力，给经济全球化前景增添了亮色。这一倡议既立足我国实际、符合我国现阶段经济禀赋和比较优势，又有助于相关国家共同发展，必将开创我国对外开放新格局，推动经济全球化健康发展。

当一国的产业结构符合经济禀赋结构所决定的比较优势时，其贸易结构会达到最优。经济禀赋不仅包括由资本、土地、劳动力等构成的要素禀赋，还包括基础设施等硬件和政策制度等软件。经济禀赋会随着一国经济发展发生变化，国际贸易的变化在很大程度上就是各国比较优势变化的反映。经过长期发展和积累，我国经济禀赋不再是单一的丰裕的劳动力，而是形成包括资本要素、硬件基础设施、软件政策制度等的多元结构。

首先，人力资本的逐步积淀和物质资本的持续积累使我国具备了充足的资本要素，推动我国由劳动力丰裕型要素禀赋结构向资本丰裕型要素禀赋结构转变。我国已经具备较强的资本实力，可以自主选择发展符合自身禀赋结构和比较优势的产业，实现产业结构和贸易结构的优化升级。

其次，我国在制造业不断发展中积累了大量先进技术，形成了较为完整、高效的产业链。例如，近年来深圳制造能力不断攀升，催生了完整的产业链和高效的成果转化机制，创意产品从构想到落地的转化速度大大提高。

最后，产业结构的持续升级和对外经贸的广泛开展，带动我国交通运输网、信息通信网和电网等硬件基础设施不断完善。这些质量高、覆盖面广的基础设施能够适应我国发展阶段的提升及参与经济全球化的需要，是我国长期建设形成的比较优势。同时，我国社会主义市场经济体制不断完善，积累了丰富的宏观调控经验。经验表明，对于发展中国家来说，期望结构转型在发展过程中自发实现是不切实际的，这需要一个有为政府通过合理的政策来引导结构调整，并实现经济稳定发展。在政策、制度等方面积累的经验，成为我国经济禀赋中软件方面的比较优势。

当前，世界经济在增长和分配、资本和劳动、效率和公平等方面存在诸多结构性矛盾，究其根源并不在于经济全球化本身，而在于全球治理体系、市场机制、价值链分工与世界经济格局的深刻变化不相适应。贸易保护主义、逆全球化不仅不能解决这些摩擦和问题，反而会损害相关各方的利益，导致世界经济面临更大危机。“一带一路”建设有助于完善基础设施、深化互利合作、拓展合作模式，将大大降低国际经贸往来的交易成本和投资风险，对经济全球化健康发展具有重大意义。

对于我国来说，随着“一带一路”建设的深入推进，对外投资的多元化和贸易结构的优化在提振出口需求的同时，也将提高出口产品中资本、技术密集型产品的占比，而高附加值产品的发展和贸易链的延伸将提升我国在全球价值链中的地位。与“一带一路”建设参与国的贸易也将推进人民币跨境贸易结算，促进人民币国际化。在这个过程中，我国在世界贸易体系中的话语权将逐步从商品贸易领域向贸易秩序、行业惯例等方面拓展。同时，依托深入合作和良性竞争，我国与相关国家的政治互信和相互理解将不断加深，我国的领导能力和大国担当将向国际社会自然展现。“一带一路”建设将进一步提升我国的国际形象和地位。可见，“一带一路”建设适应我国经济禀赋和比较优势的变化，对于我国开创对外开放新格局具有龙头牵引作用。

资料来源 李佳霖，董嘉昌．“一带一路”开创对外开放新格局［N］．人民日报，2018-04-30（6）．

在第2章我们了解了古典国际贸易理论。无论是斯密的绝对优势理论还是李嘉图的比较优势理论，古典学派都在衡量国际贸易对本国经济的影响和贸易利益等方面作出了重要的贡献。但是古典国际贸易理论是建立在“劳动价值论”基础上的，即认为劳动是创造价值和造成生产成本差异的唯一要素。然而在有两种或两种以上要素的情况下，古典学派的分析过程和结论就不再有效。随着资本主义生产关系的出现以及工业革命的发生，资本逐渐成为一种重要的要素，产品生产不再由单一要素决定，研究投入产出关系的经济学理论也进一步发展，19世纪末20世纪初新古典经济学下的新古典国际贸易理论（neoclassic international trade theory）逐渐形成。与古典国际贸易理论相比，新古典国际贸易理论的发展主要表现在以下两个方面：一是在两种或两种以上要素的框架下分析产品的生产成本；二是运用一般均衡的方法分析国际贸易与要素变动的相关影响。

在建立新古典国际贸易理论体系方面有主要贡献的经济学家有伊·菲·赫克歇尔（Eli F. Heckcher）、贝蒂·俄林（Bertil Ohlin）和保罗·萨缪尔森（Paul Samuelson）等。本章主要介绍要素禀赋理论（Theory of Factor Endowment）（以下简称H-O理论或H-O模型）、萨缪尔森等其他经济学家对H-O模型的扩展与应用，以及经济学家瓦西里·里昂惕夫（Wassily Leontief）对H-O理论的第一次实证检验结果与解释。

3.1 要素禀赋理论

3.1.1 要素禀赋理论的基本概念[①]

要素禀赋理论与古典国际贸易理论的区别，本章在一开始已提及大概，这里进一步详细解释：

第一，要素禀赋理论在进行供给面分析时，除劳动以外，还引入了另外一个生产要素——资本，因此，要素禀赋理论中生产要素包括两个，有时也将其称为2 × 2 × 2模型（两个国家、两种产品和两种生产要素）。这一变化的重要意义在于：在只有一种生产要素的模型中，厂商在生产要素方面没有选择，产品成本完全由该生产要素的生产率和价格决定。而生产要素的生产率及价格都是给定的，都是由产品产量以外的因素所决定的。对产品的成本来说，这些都是外生变量。在李嘉图模型中，甚至连一国生产要素供给的绝对量都无关紧要了。但在两种或两种以上生产要素的模型中，不同的商品生产使用生产要素的比例不同，生产同种同量的产品，也可以有不同的生产要素组合。生产要素的生产率不再是固定的，而是取决于产品生产中对生产要素比例的选择和生产要素供给的约束。产品生产中生产要素的使用比例（生产要素需求）和一国的资源储备比例（生产要素供给）决定生产要素价格，从而影响产品成本，成为决定比较优势和生产贸易模式的重要因素。生产要素价格已不再是外生变量，而是与产品价格相互决定、相互影响的内生变量。

第二，关于要素禀赋差异的产生原因也更加易于解释。直观地看，自然条件、地理位置和历史原因等诸多因素都可以看作各国要素禀赋差异的来源。这就避免了出现古典国际贸易理论对劳动生产率差异解释不清的窘况。

在学习生产要素禀赋理论的基本模型之前，先学习以下两个重要概念。

1. 要素禀赋

要素禀赋（factor abundance）是指一国所拥有的两种生产要素的相对比例。这是一个相对概念，[②]并不关心某一国某种生产要素的绝对量。若A国拥有的资本数量为$\overline{K}$，劳动数量为$\overline{L}$，则其要素禀赋可以表示为$\overline{K}/\overline{L}$。

在要素禀赋存在差异时，用$\overline{L}$、$\overline{L}^*$、$\overline{K}$和$\overline{K}^*$分别表示本国与外国的劳动资源和本国与外国的资本资源。当$\dfrac{\overline{K}}{\overline{L}} > \dfrac{\overline{K}^*}{\overline{L}^*}$时，本国是资本丰裕的国家，外国是劳动丰裕的国家。在图3-1中，E_A、E_B分别表示A、B两国的生产要素总量组合。在E_A点，A国拥有的资本和劳动总量为（$\overline{K}_A$，$\overline{L}_A$）；在E_B点，B国拥有的资本和劳动总量为（$\overline{K}_B$，$\overline{L}_B$）。在图3-1中，E_A、E_B两点与原点连线的斜率ρ_A、ρ_B分别表示A、B两国的要素禀赋状况。由图3-1可知，$\rho_A > \rho_B$，即A国为资本丰裕国家，B国为劳动丰裕国家。[③]

① 薛敬孝，佟家栋，李春望．国际经济学［M］．北京：高等教育出版社，2000：51-54.
② 李坤望．国际经济学［M］．4版．北京：高等教育出版社，2017：47.
③ 关于要素禀赋差异的界定，另一种方法是用要素相对价格来判定。如果一国的劳动价格（W）和资本价格（R）之比大于他国，则该国资本比较丰裕或廉价，他国劳动比较丰裕或廉价。

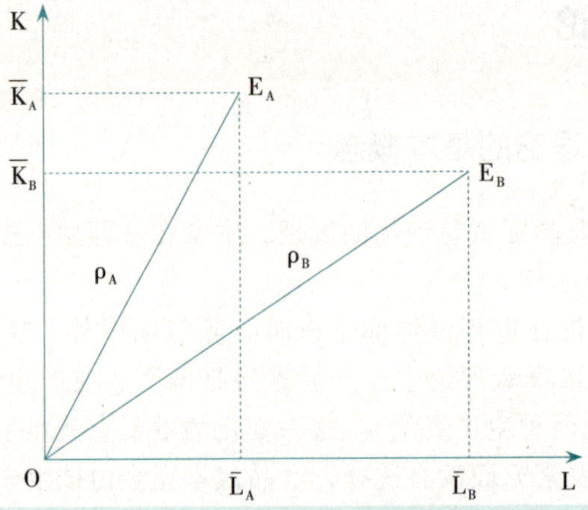

图3-1 两个国家的要素禀赋

资料来源 李坤望. 国际经济学［M］. 4版. 北京：高等教育出版社，2017：47.

表3-1给出了“一带一路”沿线各国2003—2017年的要素禀赋变化情况，通过计算资本密集度$\frac{K}{L}$进而分析沿线各国要素禀赋的相对优势。由表3-1可知，2003—2017年，“一带一路”沿线各国资本要素相对于劳动要素增长迅速，资本-劳动比不断上升，这表明沿线各国的资本要素相对于劳动要素逐渐丰富。从排名来看，居前20位的国家除新加坡、文莱、马来西亚3个东南亚国家，其余17国均是南亚、西亚，以及中欧、东欧国家，且排名变动不大。值得一提的是，2017年新加坡的要素禀赋以人均27 135美元位居第一，文莱位于第二，罗马尼亚和黑山挤掉黎巴嫩和波兰跻身前20位；在第21~40位，2017年俄罗斯、哈萨克斯坦、印度尼西亚排名上升，伊朗、约旦、马其顿、塞尔维亚、波黑、阿尔巴尼亚、阿塞拜疆、菲律宾下降明显，印度排名第40位在意料之中，主要原因是印度是世界第二人口大国，劳动要素丰富；排名后10位的国家主要集中在南亚及东南亚国家。总体上看，南亚、西亚，以及中欧、东欧国家的要素禀赋都有显著增加，中亚和南亚国家则相对处于劣势。

表3-1 **2003—2017年“一带一路”沿线国家的要素禀赋** 单位：美元

排 名	国 家	K/L（2003年）	国 家	K/L（2017年）
1	阿联酋	11 526	新加坡	27 135
2	新加坡	11 508	文莱	19 631
3	以色列	8 160	以色列	17 819
4	斯洛文尼亚	7 772	阿联酋	12 918
5	巴林	6 893	沙特阿拉伯	11 998
6	塞浦路斯	5 967	巴林	11 626

续表

排 名	国 家	K/L（2003年）	国 家	K/L（2017年）
7	文莱	5 826	捷克	9 869
8	捷克	5 584	爱沙尼亚	9 276
9	沙特阿拉伯	5 482	斯洛文尼亚	8 733
10	阿曼	5 478	土耳其	7 980
11	匈牙利	4 771	塞浦路斯	7 782
12	克罗地亚	4 749	阿曼	7 565
13	爱沙尼亚	4 744	斯洛伐克	7 410
14	斯洛伐克	4 538	匈牙利	6 587
15	土耳其	2 967	拉脱维亚	6 325
16	黎巴嫩	2 777	立陶宛	6 218
17	拉脱维亚	2 654	克罗地亚	6 064
18	立陶宛	2 405	马来西亚	5 249
19	马来西亚	2 390	罗马尼亚	5 203
20	波兰	2 284	黑山	5 031
21	伊朗	2 275	波兰	4 993
22	约旦	1 536	俄罗斯	4 745
23	阿尔巴尼亚	1 526	黎巴嫩	4 196
24	罗马尼亚	1 321	哈萨克斯坦	3 866
25	保加利亚	1 250	伊朗	3 290
26	塞尔维亚	1 163	保加利亚	3 204
27	马其顿①	1 140	约旦	3 019
28	俄罗斯	1 086	白俄罗斯	2 830
29	波斯尼亚和黑塞哥维那	1 059	泰国	2 720
30	阿塞拜疆	1 037	斯里兰卡	2 715
31	泰国	954	马其顿	2 588
32	黑山	918	印度尼西亚	2 530
33	哈萨克斯坦	916	塞尔维亚	2 450

① 2018年6月，马其顿共和国改名为北马其顿共和国。

续表

排 名	国 家	K/L（2003年）	国 家	K/L（2017年）
34	白俄罗斯	863	波斯尼亚和黑塞哥维那	2 413
35	埃及	623	阿尔巴尼亚	2 396
36	菲律宾	544	格鲁吉亚	2 204
37	格鲁吉亚	523	蒙古国	2 149
38	亚美尼亚	497	阿塞拜疆	1 934
39	斯里兰卡	469	菲律宾	1 828
40	印度尼西亚	460	摩尔多瓦	1 702
41	蒙古国	458	印度	1 510
42	乌克兰	436	亚美尼亚	1 473
43	印度	372	孟加拉国	1 135
44	孟加拉国	299	埃及	1 133
45	越南	295	越南	944
46	巴基斯坦	265	吉尔吉斯斯坦	931
47	摩尔多瓦	255	乌克兰	861
48	柬埔寨	135	巴基斯坦	613
49	吉尔吉斯斯坦	120	柬埔寨	545
50	尼泊尔	99	尼泊尔	499
51	卡塔尔	2	卡塔尔	3

资料来源　古丽娜尔·玉素甫，杨瑞瑞，刘永旺．“一带一路”沿线国家要素禀赋对中国对外直接投资的影响［J］．科技管理研究，2020，40（22）：168-176.

2. 要素密集度

所谓要素密集度（factor intensity），即生产某种产品所投入两种生产要素的比例。这也是一个相对概念，与生产要素的绝对投入量无关。①

假定生产X产品投入的资本-劳动比为$k_X = K_X / L_X$，生产Y产品投入的资本-劳动比为$k_Y = K_Y / L_Y$，且$k_X > k_Y$，则称X是资本密集型（capital-intensive）产品，Y是劳动密集型（labor-intensive）产品。这里进一步说明其含义：如果X、Y的生产部门均采用固定要素比例生产技术（对应于H-O理论的最早形式），即任何情况下，X、Y生产投入的资本-劳动比均保持不变，此时，直接比较X、Y的生产部门的资本-劳动比就可确定要素密集度的差异。但是，现实中固定要素比例生产技术几乎不存在。绝大多数产品生产中的资本-劳

① 李坤望．国际经济学［M］．4版．北京：高等教育出版社，2017：48.

动比是可变的，即资本与劳动可互相替代。当生产要素市场上资本价格相对上升，即资本变得昂贵时，多数厂商都倾向于用较廉价的劳动代替资本，因此所有部门生产的资本-劳动比都可能因资本价格上涨而下降；同样，当劳动价格相对上升时，各部门的资本-劳动比都将提高。因此，当生产要素可替代时，必须在一个共同的标准下对两个部门的要素密集度进行对比，这个标准就是共同的要素价格。如果在任何相同的要素价格下，生产X产品所使用的资本-劳动比均大于生产Y产品所使用的资本-劳动比，则称X产品是资本密集型产品，Y产品是劳动密集型产品。

可通过等产量曲线来说明产品的要素密集度。如图3-2所示，XX′曲线、YY′曲线分别表示X和Y的等产量曲线，其中，X的等产量曲线更偏向于K坐标轴，Y的等产量曲线更偏向于L坐标轴。当资本、劳动价格既定时，最佳要素组合由等成本曲线和等产量曲线相切来决定。在图3-2中，任选一组要素价格（w，r），两条斜率为-w/r的平行线分别与X、Y的等产量线相切于A、B两点，这时X、Y的资本-劳动比的关系为$k_X > k_Y$；同样，任选另外一组要素价格（w′，r′），X、Y的资本-劳动比的关系为$k'_X > k'_Y$。由图3-2可知，无论哪种情况，X产品的资本-劳动比均大于Y产品的资本-劳动比，因此，X产品是资本密集型产品，Y产品是劳动密集型产品。

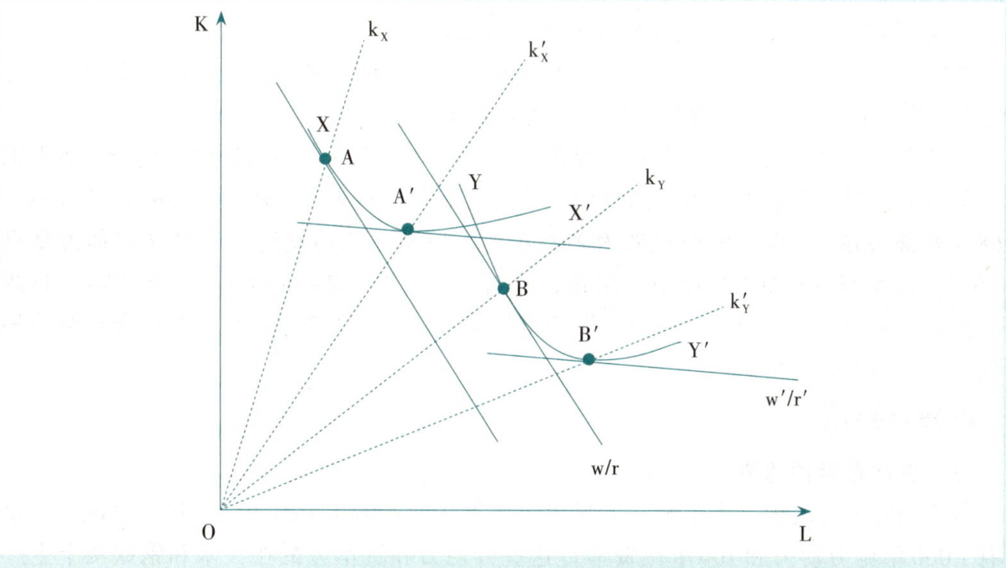

图3-2　两种产品的要素密集度

资料来源　李坤望. 国际经济学［M］. 4版. 北京：高等教育出版社，2017：49.

3.1.2　要素禀赋理论的主要内容

1. 基本假设

赫克歇尔、俄林最早提出的H-O理论以固定生产要素比例为例，阐述要素禀赋差异与国际贸易基础之间的关系。但是这种方法对生产函数的限制过于苛刻，且不太符合现实，因此，现在标准的H-O理论模型均建立在新古典生产函数的基础上，即假设生产要素可相互替代。本章即以这一标准模型为例，介绍要素禀赋理论的基本内容。

标准的要素禀赋理论建立在以下基本假设之上：

① 两种生产要素的供给既定不变：假定为劳动和资本。

② 两种可贸易产品：假定为大米和钢铁。钢铁为资本密集型产品，大米为劳动密集型产品。

③ 两个国家：假定为美国和中国。美国为资本丰裕的国家，中国为劳动丰裕的国家。

④ 劳动和资本可以在国内各部门间自由流动，但不在国际流动。这意味着劳动和资本在国内可以自由地从低收益的地区和产业流向高收益的地区和产业，直到该国所有地区和所有产业的劳动收益相同，资本收益相同。

⑤ 生产规模报酬不变。这意味着如果在任何一种商品生产中的劳动量和资本量一同增加，则该商品的产出也以相同比例增加。如果劳动量和资本量同时翻倍，则产出也翻倍。

⑥ 两国的消费偏好相同，生产技术相同。这意味着表现两国需求偏好的社会无差异曲线的形状和位置完全相同，同种产品的生产函数完全相同。

⑦ 完全竞争的商品市场和要素市场。这意味着商品价格等于其生产成本，没有经济利润。

⑧ 无运输成本，无关税或其他自由贸易的障碍。

在以上这些基本假设中，后面4个在古典国际贸易理论模型中也存在；前面4个是H-O模型中特有的，强调了两国和两种产品的差异所在。

为了集中说明理论，赫克歇尔和俄林用了最简单的两种产品两种要素模型。后人则在这一基础上扩展为多要素或多产品模型。首先是杰罗斯拉夫·凡耐克（Jaroslav Vanek）于1968年将赫克歇尔-俄林模型扩展为多要素生产模型，从而使这一模型又被称为赫克歇尔-俄林-凡耐克（H-O-V）模型。接着，罗纳德·琼斯（Ronald Jones）于1974年将两种产品扩展为多种产品。但是，这些扩展的结果并不影响赫克歇尔和俄林从两种产品两种要素模型中得出的基本结论。

2. 贸易原因

（1）生产可能性边界

讨论国际贸易之前，先了解一下封闭经济条件下中国和美国的经济运行情况。假定中国有1 000单位劳动力和100单位资本，这些劳动力和资本分配在大米和钢铁两个生产活动中。假定大米的生产函数为$X = K_X^{\frac{1}{4}}L_X^{\frac{3}{4}}$，钢铁的生产函数为$Y = K_Y^{\frac{3}{4}}L_Y^{\frac{1}{4}}$。如果中国所有劳动力和资本都用于生产大米，能够生产562吨大米、0吨钢铁；如果中国所有劳动力和资本都用于生产钢铁，能够生产0吨大米、178吨钢铁。①

在李嘉图模型中，如果大米和钢铁的生产均使用一半劳动力，则产量对应图3-3中的N点。在H-O模型中，如果中国生产大米和钢铁也各投入一半劳动力和一半资本，即各自使用500单位劳动力和50单位资本，则大米和钢铁的产量也对应图3-3中的N点。但问题是，生产281吨大米和89吨钢铁，一定要投入1 000单位的劳动力和100单位的资本吗？

① 如果中国将劳动力和资本均匀地分配在大米和钢铁两个生产活动中，产量会对应于图3-3中的N点还是M点？

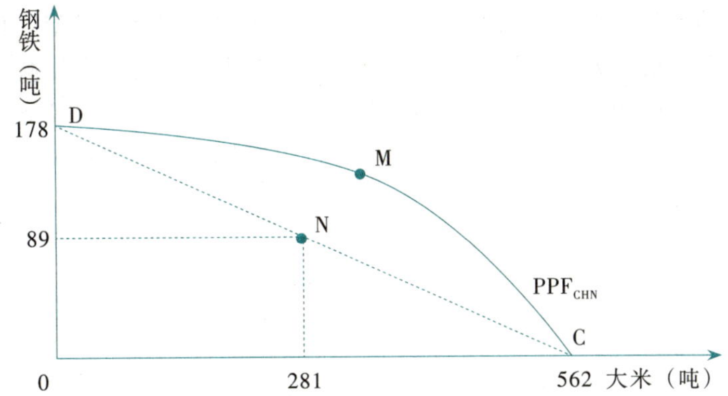

图3-3　中国的生产可能性边界

当生产中使用两种要素时，要素之间可相互替代，因此具有多种搭配方式。例如生产281吨大米既可以投入500单位劳动力和50单位资本，也可以投入593单位劳动力和30单位资本。同样，生产89吨钢铁既可以投入500单位劳动力和50单位资本，也可以投入400单位劳动力和54单位资本。因此，将1 000单位劳动力和100单位资本对半分来生产281吨大米和89吨钢铁的做法无效率，因为实际上只需投入993单位（593 + 400）劳动力和84单位（30 + 54）资本，就可以生产出281吨大米和89吨钢铁。后一种方法更有效率的原因是它考虑了大米和钢铁的要素密集度，而要素密集度不同会导致生产活动中要素投入的边际收益不同。通过选择劳动和资本投入的比例，可以最有效率地利用一国的要素资源，结果将是图3-3中的M点。同理，对于大米和钢铁的其他产量组合，有效率的生产结果必然优于图3-3中CD这条直线上相应的各点。连接所有有效率的生产点，就得到图3-3中DMC这条外凸的曲线。这条曲线表示中国在给定要素资源情况下可能获得的最大产量组合，称为中国的生产可能性边界（PPF）。同样，可以画出美国的生产可能性边界（如图3-4所示）。①

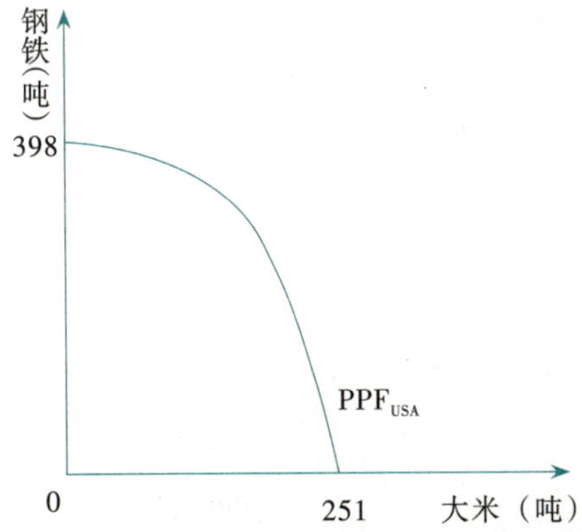

图3-4　美国的生产可能性边界

① 为什么美国的生产可能性边界偏向钢铁，而中国的生产可能性边界偏向大米？

(2) 封闭经济中的均衡

在自给自足的封闭经济中，消费量等于生产量。类似于李嘉图模型，我们用社会无差异曲线来表示消费者的偏好。如图 3-5 所示，封闭经济中中国的生产均衡点为中国消费者的社会无差异曲线和中国的生产可能性边界的切点 A_{CHN}。同理，封闭经济中美国的生产均衡点为美国消费者的社会无差异曲线和美国的生产可能性边界的切点 A_{USA}。

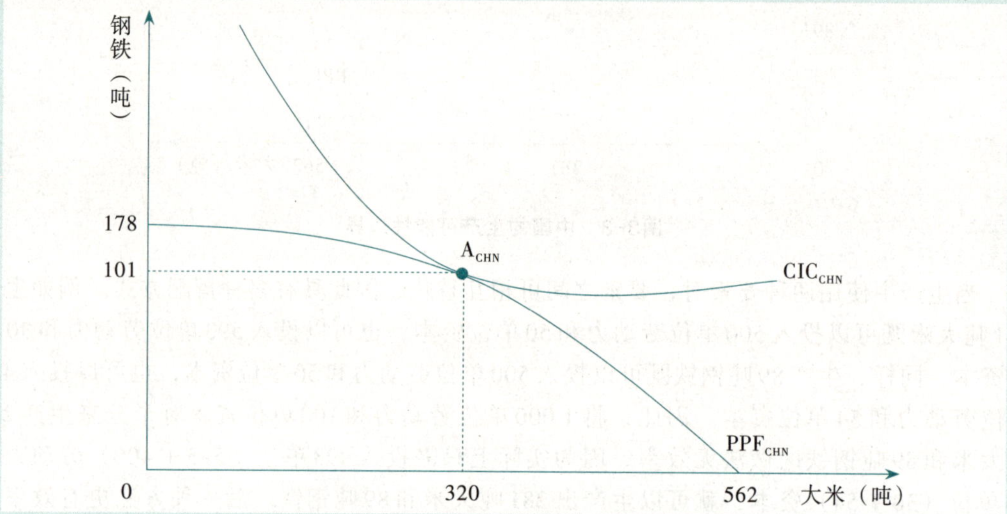

图3-5　中国封闭经济中的国内市场均衡

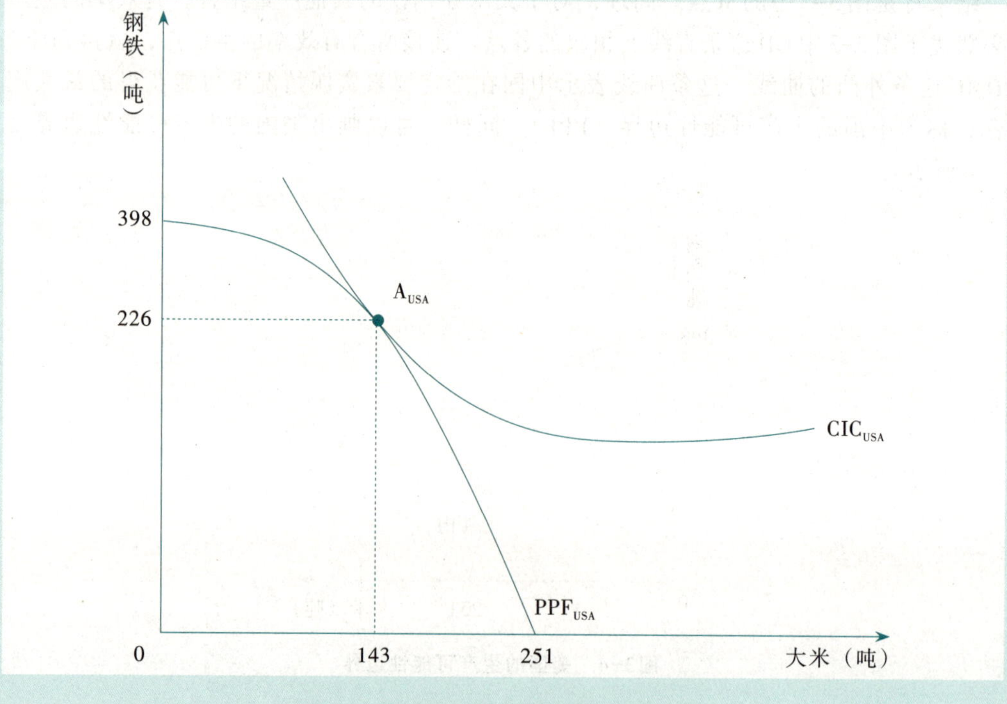

图3-6　美国封闭经济中的国内市场均衡

图3-5和图3-6并非随意画出来的。根据假设（2），大米是劳动密集型产品，钢铁是资本密集型产品；根据假设（3），中国劳动丰裕，美国资本丰裕。在这两个假定前提下，中国的生产可能性边界较美国的生产可能性边界扁平，偏向大米，美国的生产可能性边界则偏向钢铁。为了更清楚地比较中美两国的封闭经济均衡，将图3-5和图3-6叠加起来得到图3-7。图3-7显示在封闭经济均衡中，中国生产和消费320吨大米和101吨钢铁，美国生产和消费143吨大米和226吨钢铁。根据假设（6），全世界的消费者消费偏好相同，因此CIC_{CHN}和CIC_{USA}重合，用U_A表示。图3-7显示U_A同时与中国和美国的生产可能性边界相切，因此封闭经济中中国和美国的总福利水平相同，都等于U_A。

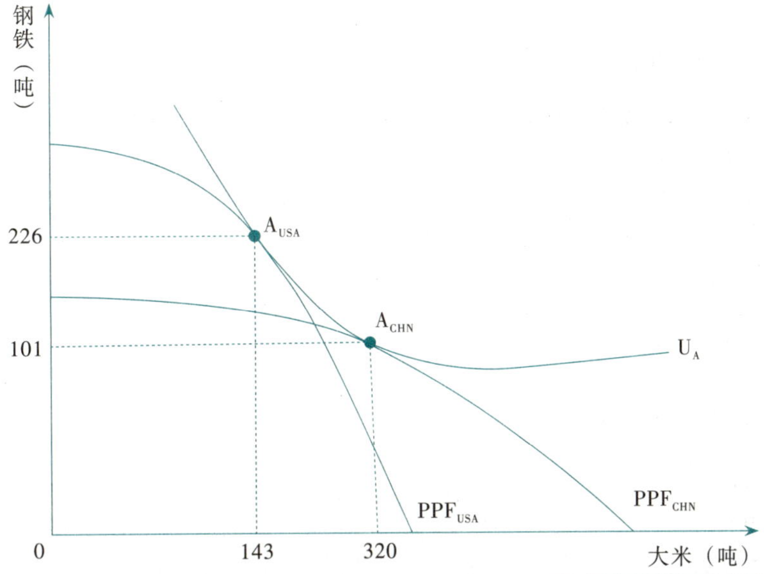

图3-7　中美封闭经济中的国内市场均衡比较

我们求解一个2 × 2 × 2结构的H-O模型。[①]假定大米的生产函数为$X = K_X^{\frac{1}{4}}L_X^{\frac{3}{4}}$，钢铁的生产函数为$Y = K_Y^{\frac{3}{4}}L_Y^{\frac{1}{4}}$。这两个生产函数均为柯布-道格拉斯形式。在柯布-道格拉斯生产函数中，要素变量的指数等于该要素的收入份额，也反映出该要素在生产中的使用密度。以上两个生产函数假设大米为劳动密集型产品，钢铁为资本密集型产品。H-O模型假定各国拥有相同的生产技术，所以上面两个生产函数对中国和美国是一样的。假定中国的劳动力总量为L=1 000，资本总量为K=100；美国的劳动力总量为L^*=200，资本总量为K^*=500。根据这些数字，$K/L<K^*/L^*$，所以中国劳动丰裕，美国资本丰裕。中国的封闭经济均衡是多少？

对两个生产函数求偏导，获得劳动和资本边际产出的表达式：

$$MPK_X = \frac{1}{4}K_X^{-\frac{3}{4}}L_X^{\frac{3}{4}} = \frac{1}{4}k_X^{-\frac{3}{4}}$$

$$MPL_X = \frac{3}{4}K_X^{\frac{1}{4}}L_X^{-\frac{1}{4}} = \frac{3}{4}k_X^{\frac{1}{4}}$$

① 许斌. 国际贸易［M］. 北京：北京大学出版社，2009：76.

$$MPK_Y = \frac{3}{4}K_Y^{-\frac{1}{4}}L_Y^{\frac{1}{4}} = \frac{3}{4}k_Y^{-\frac{1}{4}}$$

$$MPL_Y = \frac{1}{4}K_Y^{\frac{3}{4}}L_Y^{-\frac{3}{4}} = \frac{1}{4}k_Y^{\frac{3}{4}}$$

用钢铁作为度量衡，设钢铁的价格等于1，用P代表大米的价格，w代表工资，r代表资本收益率。在市场均衡时：

$$r = P \times MPK_X = 1 \times MPK_Y$$

$$w = P \times MPL_X = 1 \times MPL_Y$$

替代后获得：

$$\frac{1}{4}k_X^{-\frac{3}{4}}P = \frac{3}{4}k_Y^{-\frac{1}{4}} \rightarrow Pk_X^{-\frac{3}{4}} = 3k_Y^{-\frac{1}{4}} \qquad (3-1)$$

$$\frac{3}{4}k_X^{\frac{1}{4}}P = \frac{1}{4}k_Y^{\frac{3}{4}} \rightarrow 3Pk_X^{\frac{1}{4}} = k_Y^{\frac{3}{4}} \qquad (3-2)$$

H-O模型假定充分就业，所以：

$$K_X + K_Y = K = 100$$

$$L_X + L_Y = L = 1\,000$$

引入符号$u = L_X / L$，这两个充分就业等式可合并写成：

$$uk_X + (1 - u)k_Y = \frac{1}{10} \qquad (3-3)$$

式（3-1）和式（3-2）相除可得：

$$k_Y = 9k_X$$

代入式（3-3），可解得：

$$k_X = \frac{1}{90 - 80u}$$

$$k_Y = \frac{9}{90 - 80u} \qquad (3-4)$$

u可表示劳动力资源在两个生产部门的配置。可以看出，当大米产业扩张（即u上升）时，两个生产部门的资本密集度k_X和k_Y都会相应上升。

如何求解u？引入消费者需求。在均衡时生产部门的资源配置必须和消费者的需求相吻合。假定消费者的效用函数为：

$$U = \frac{1}{2}\ln C_X + \frac{1}{2}\ln C_Y$$

式中：C_X和C_Y分别表示大米和钢铁的消费量。这个效用函数表明消费者一半收入花费在钢铁上，另一半花费在大米上，所以：

$$PC_X = C_Y$$

在封闭经济均衡时$C_X = X$，$C_Y = Y$，由此，可得：

$$PX = Y$$

又因为：

$$X = K_X^{\frac{1}{4}}L_X^{\frac{3}{4}} = L_X k_X^{\frac{1}{4}}$$

$$Y = K_Y^{\frac{3}{4}}L_Y^{\frac{1}{4}} = L_Y k_Y^{\frac{3}{4}}$$

所以$PX = Y$可写为：

$PL_Xk_X^{\frac{1}{4}} = L_Yk_Y^{\frac{3}{4}} \rightarrow P\mu k_X^{\frac{1}{4}} = (1-\mu)k_Y^{\frac{3}{4}}$　(3-5)

从式（3-1）中得到：

$P = 3k_X^{\frac{3}{4}}k_Y^{-\frac{1}{4}}$

代入式（3-5），可得：

$3uk_X = (1-u)k_Y$　(3-6)

将式（3-4）中的 k_x 和 k_Y 代入式（3-6），可解得 $u=\frac{3}{4}$，代回式（3-4）中解得 $k_X = \frac{1}{30}$，$k_Y = \frac{3}{10}$。由此解出：$L_X = 750$，$L_Y = 250$，$K_X = 25$，$K_Y = 75$，$P = 0.32$，$w = 0.10$，$r = 1.01$，$X = 320$，$Y = 101$，国民福利水平 $U = 5.19$。同样，我们可以求得美国在封闭经济均衡时的产量为：$X^* = 143$，$Y^* = 226$，国民福利水平 $U^* = 5.19$。

（3）封闭经济中的商品价格

在封闭经济均衡中，大米和钢铁在中国和美国的价格分别是多少？可以结合供给和需求来考虑。因为中国劳动丰裕，且大米是劳动密集型产品，所以与美国相比较，中国的大米供给相对于钢铁供给较为充足。当消费者偏好给定时，大米在中国会相对便宜。用 P_{CHN} 代表大米相对于钢铁在中国的价格（即用钢铁作为度量衡），P_{USA} 代表大米相对于钢铁在美国的价格。根据上面的分析可知：$P_{CHN} < P_{USA}$。

该结论可以根据图3-8推导出来。在图3-7中的生产均衡点 A_{CHN} 画一条中国PPF的切线（如图3-8所示），其斜率的绝对值就是大米在中国的相对价格 P_{CHN}。同理，可以在图3-7中的生产均衡点 A_{USA} 画一条美国PPF的切线，其斜率的绝对值就是大米在美国的相对价格 P_{USA}。显然，中国PPF的切线比美国PPF的切线平坦，表明 $P_{CHN} < P_{USA}$。

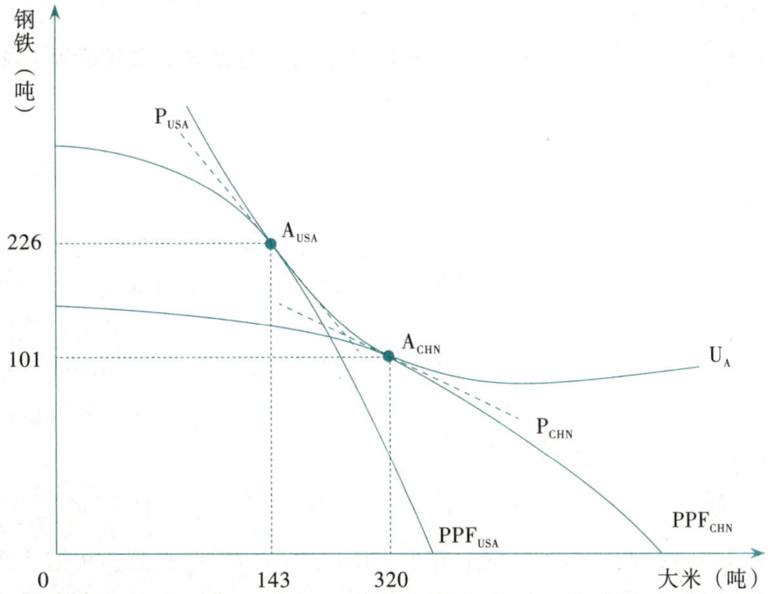

图3-8　中美封闭经济条件下的商品价格

(4) 贸易原因

根据假设(7),市场是完全竞争的,所以商品价格反映了商品的平均成本。$P_{CHN} < P_{USA}$表明中国生产大米的相对成本低,所以中国大米生产具有比较优势。$P_{CHN} < P_{USA}$可以变为$\frac{1}{P_{CHN}} > \frac{1}{P_{USA}}$,该式表明美国生产钢铁的相对成本低,所以美国钢铁生产具有比较优势。那么中美两国比较优势的来源是什么?

李嘉图模型认为比较优势源于相对较高的劳动生产率。按照李嘉图模型,虽然中国大米生产和钢铁生产的劳动生产率均比美国低,但大米生产的劳动生产率较高,因此中国拥有大米产业的比较优势。不过,李嘉图模型并未说明中国和美国劳动生产率存在差异的原因,一般认为是生产技术能力的差异导致的。H-O模型的聚焦点是国家间资源禀赋的差异。在自然科学中,如果A和B都会影响Z,那么有必要设计一个实验方法将A对Z的影响和B对Z的影响进行分离。在国际贸易中,技术能力差异(A)和资源禀赋差异(B)都会影响比较优势(Z)。要搞清资源禀赋差异对比较优势的影响,就需要分离出技术能力差异的影响。所以H-O模型假定中国和美国生产技术相同,两国大米的生产函数都是$X = F(K_X, L_X)$,钢铁的生产函数都是$Y = G(K_Y, L_Y)$。由于H-O模型假设各国拥有完全相同的生产技术,因而比较优势的唯一来源就是各国在资源禀赋上的不同,即中国丰裕的劳动力资源是中国比较优势的来源,美国丰裕的资本资源是美国比较优势的来源。

根据H-O模型,中国和美国之间有没有开放贸易的动力呢?回答是肯定的。因为中国大米相对便宜,美国消费者希望从中国进口大米;同样,因为美国钢铁相对便宜,中国消费者希望从美国进口钢铁。如果中美之间完全自由贸易,那么均衡时中国和美国同种商品的价格应该相等。用P^w代表自由贸易条件下大米的相对价格,该价格应该介于封闭均衡时两国大米的相对价格之间,即高于封闭均衡时中国大米的相对价格P_{CHN},低于封闭均衡时美国大米的相对价格P_{USA}。

因此,H-O模型认为贸易的原因在于各国要素的相对差异。其逻辑是:要素丰裕度的差异→要素价格的相对差异→产品生产成本的相对差异→产品价格的相对差异→国际贸易。

3. 贸易模式

对上述关于贸易原因的逻辑进行分析发现:一个国家生产密集使用本国丰裕要素的产品,价格就低,因而就具有比较优势;相反,生产密集使用本国稀缺要素的产品,价格就高,不具备比较优势。因此,要素禀赋理论认为:一国应专门生产并出口该国相对丰裕要素生产的产品,进口该国相对稀缺要素生产的产品。这就是H-O模型的贸易模式。按照该模式,中国应该出口大米,美国应该出口钢铁。①那么,这样的分工和贸易是否真的能使两国互利共赢呢?下面我们继续验证。

4. 贸易利益

贸易开放后中国大米的相对价格上升了,所以中国的生产资源会从钢铁产业向大米产业转移。同样,贸易开放后美国钢铁的相对价格上升了,所以美国的生产资源会从大米产业向钢铁产业转移。生产资源的转移何时会停下来?新的均衡点在哪里?我们在图3-8的

① 中国是否只生产大米,美国是否只生产钢铁?

基础上继续分析。

图3-9描绘了开放经济中的均衡。当中美两国开展自由贸易时，商品价格在两国间均等化。如图3-9所示，直线MN同时切于中国和美国的生产可能性边界，MN的斜率的绝对值就是自由贸易条件下大米相对于钢铁的世界价格P^w，其与生产可能性边界的切点即两国的生产均衡点：E_{CHN}和E_{USA}。与封闭经济条件中的生产均衡点（A_{CHN}和A_{USA}）相比，自由贸易后，中国增加了大米的生产、减少了钢铁的生产；美国则相反。在李嘉图模型中，自由贸易使中国只生产大米，美国只生产钢铁，我们称之为生产的完全专业化。而在H-O模型中，自由贸易虽然减少了中国的钢铁生产，但并不消灭中国的钢铁产业（图3-9中的E_{CHN}点）；同样，自由贸易虽然减少了美国的大米生产，但并不消灭美国的大米产业（图3-9中的E_{USA}点）。各国大米产业和钢铁产业并存，我们称这种情况为生产的不完全专业化。

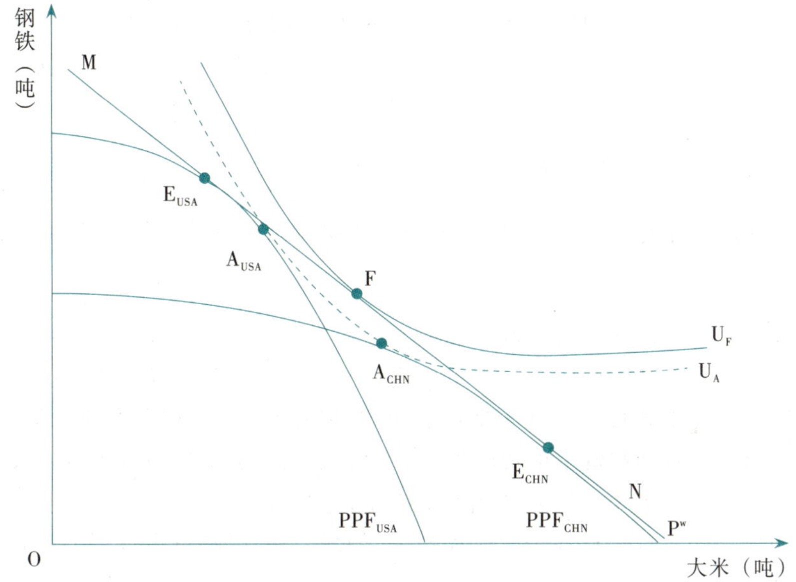

图3-9　自由贸易条件下的国际市场均衡

为什么李嘉图模型和H-O模型关于生产专业化的结论不同呢？原因在于要素的假定不同。李嘉图模型假定只有劳动力一种要素，而且劳动力的边际产出相等。因此，自由贸易时，出口商品价格的上升导致劳动力在出口行业的边际收益大于进口行业，因此劳动力所有者会一边倒地转移到出口行业，从而实现生产的完全专业化。而H-O模型假定有劳动力和资本两种要素，劳动力的边际产出会随着与之配合的资本量的变化而变化。因此，当自由贸易提升了出口商品的价格时，劳动力和资本同样会从进口行业向出口行业转移。但由于边际产出递减规律的作用，进口行业剩下的越来越少的要素的边际产出会越来越高。只要进口商品的价格不是太低，自由贸易条件下一个国家的进口替代行业就是可以生存下来的。在这点上，H-O模型克服了李嘉图模型中自由贸易条件下生产只能完全专业化这个与现实相悖的结论。

在自由贸易条件下，中国生产均衡点为E_{CHN}，但通过国际贸易其实可以在MN线上的任意一点消费。其中使中国消费者总效用水平达到最高的是哪一点呢？在图3-9中，和

MN线相切的社会无差异曲线使中国消费者达到最高效用水平U_F，消费均衡点是F点。根据假设（6），两国消费者的消费偏好相同，所以中国和美国的社会无差异曲线相同，两国在自由贸易下的消费均衡点都是F点。显然，F点位于中美两国的生产可能性边界之外。封闭经济中，中美两国的消费者都不可能达到F点。这说明，李嘉图模型推导出的所有国家都从自由贸易中获益的结论，在H-O模型中同样成立。所以，通过国际贸易两国的贸易利益都增加了。

拓展阅读 3-1

总结以上讨论，可以得出如下重要结论：一国出口密集使用其丰裕要素的产品，进口密集使用其稀缺要素的产品。这一重要结论便是H-O理论。

3.2 要素禀赋理论的扩展与应用

前文介绍了2×2×2结构的H-O模型，在应用H-O理论时，后来的国际贸易学家们发展出了多种不同类型的H-O模型，我们称之为H-O模型的变形。广义而言，这些模型都属于H-O理论的范畴。

3.2.1 国际贸易对本国要素收益的影响①

国际贸易会推动各要素在部门间进行流动，根据要素的流动性将该影响分为以下三类。

1. 短期影响

在短期内，我们假设要素不会在各部门之间流动。尽管各行业的工资率和利润率会因为贸易而产生变化，但劳动力和资本还没有足够的时间来转换工作和重新投资。在短期内，由于各行业劳动力和资本的数量都没有改变，因此，劳动和资本的边际生产率没有变动，劳动价格（工资率W）和资本价格（利润率R）主要由产品价格的变动决定。

微课　贸易对收入的短期影响

以中国为例，产品价格对各个行业和各种要素收益的影响可由以下关系式说明：

农业（生产大米）：

W_r（上升）= P_r（上升）×MPL_r（不变）

R_r（上升）= P_r（上升）×MPK_r（不变）

工业（生产钢铁）：

W_I（下降）= P_I（下降）×MPL_I（不变）

R_I（下降）= P_I（下降）×MPK_I（不变）

由于中国出口大米、进口钢铁而造成大米价格P_r上升，钢铁价格P_I下跌，中国农业（生产大米）的工资率和利润率都会增加，工业（生产钢铁）的工资率和利润率都会下降。因此，在短期内，价格上升行业（出口工业）中的所有要素都会获益，而价格下降行业（进口替代工业）中的所有要素都会受损。

2. 中期影响

在短期要素不流动和长期要素完全流动之间，还存在一种中间状态。在这一阶段，一部分要素可在各行业之间流动，其余的要素仍然被原有的行业雇用。我们可称之为“中

① 海闻，林德特，王新奎. 国际贸易［M］. 上海：上海人民出版社，2003：119-123.

期”。一般来说，劳动力的流动速度快于资本（厂房、机器等设备），所以我们假设在中期劳动力可以在行业间流动，而资本还来不及转移。

首先，我们根据行业对要素的需求变化来看劳动力的流动方向。由于贸易使产品价格发生了变化，各行业的生产也会因此而调整。出口行业产品的价格上升，生产会扩大，进口替代行业产品的价格下降，生产会缩减。各行业所需要的劳动量也会因此变动：出口行业的劳动需求增加，而进口行业的劳动需求减少。

其次，我们从对各行业要素的供给变化来看劳动力的流动方向。一般来说，要素都会向收益高的行业流动。根据前面的分析，在短期内，自由贸易使出口行业所有要素的收益都增加，而进口替代行业所有要素的收益都下降。因此，在中期内，劳动力会从进口替代行业向出口行业转移。在我们的例子中，劳动力会从生产钢铁的工业部门转向生产大米的粮食部门。

资本不流动而劳动力流动的结果使得各行业的资本-劳动比发生变化。由于我们假设各国经济都处于充分就业状态，没有闲置要素存在，因此，一个行业使用的劳动力增加，另一个行业所使用的劳动力必定减少。在充分就业且要素之间可以互相替代的情况下，各行业生产中的资本-劳动比也会发生变化。在我们的例子中，中国的进口替代行业（生产钢铁的工业部门）由于劳动力减少而出现资本相对过剩的状况，该部门不得不用更多的资本来替代相对不足的劳动力，从而使生产钢铁的资本-劳动比提高，资本的边际生产率下降，而劳动的边际生产率上升。同理，出口行业（农业部门）由于资本没变而劳动力增加，出现劳动力相对过剩的状况，该部门就会用更多的劳动力来替代相对不足的资本。结果是，生产大米的资本-劳动比下降，资本的边际生产率上升，而劳动的边际生产率下降。国际贸易对各行业工资和资本报酬的中期（包括短期）影响可以表述为：

农业（生产大米）：

W_r（不确定）= P_r（短期上升）×MPL_r（中期下降）

R_r（上升）= P_r（短期上升）×MPK_r（中期提高）

工业（生产钢铁）：

W_I（不确定）= P_I（短期下降）×MPL_I（中期提高）

R_I（下降）= P_I（短期下降）×MPK_I（中期下降）

因此，在中期，价格上升的出口行业中的不流动要素会继续受益，而价格下降的进口替代行业中的不流动要素会进一步受损。流动要素（劳动力）的收益不确定。

3. 长期影响：斯托尔珀-萨缪尔森定理（SS定理）

（1）定理内容

H-O模型中有劳动力和资本两种要素，自由贸易如何影响劳动力和资本所有者之间的收入分配？美国经济学家沃尔夫冈·斯托尔珀（Wolfgang Stolper）和萨缪尔森在1941年发表的一篇论文中回答了这个问题。他们的结论被称为斯托尔珀-萨缪尔森定理（Stolper-Samuelson Theorem，简称SS定理）。

SS定理内容如下：在2×2×2结构的H-O模型中，自由贸易必定提高一个国家丰裕要素所有者的实际收入，同时必定降低一个国家稀缺要素所有者的实际收入。

SS定理的结论极具震撼力。该定理告诉我们，国际贸易带给一个国家的贸易收益不仅不会分摊给这个国家的每个人，而且其分配非常不均，以至于自由贸易后必定有一部分人生活水平下降。SS定理明确无误地告诉我们谁会因自由贸易而获益，谁会因自由贸易而受损。中国的丰裕要素是劳动力，稀缺要素是资本。按照SS定理，自由贸易后中国劳动力的实际收入会上升（即中国劳动力的工资在自由贸易后能够买到更多的大米或钢铁），而中国资本所有者的实际收入会下降。美国则刚好相反。美国的丰裕要素是资本，稀缺要素是劳动力。按照SS定理，自由贸易后美国劳动力的实际收入会下降，而美国资本所有者的实际收入会上升。因此，自由贸易对收入分配的影响和劳动力所在行业无关。无论是在大米产业工作还是在钢铁产业工作，自由贸易都使中国的劳动力受益，而使美国的劳动力受损。同样，无论资本是投在大米产业还是钢铁产业，自由贸易都使中国的资本所有者受损，而使美国的资本所有者受益。这个看似偏颇的结论在H-O模型的假定之下完全合乎逻辑。至于这个结论是否符合现实，那是实证问题，而不是理论逻辑问题。

（2）理论逻辑

接着我们来厘清SS定理的理论逻辑，涉及实际收入的分配问题。实际收入就是名义收入能够购买到的实物量。若名义工资率是W，大米价格是P_r，钢铁价格是P_I，那么用大米衡量的实际工资率为W/P_r，用钢铁衡量的实际工资率为W/P_I。同理，若名义资本利润率是R，那么用大米衡量的实际资本利润率为R/P_r，用钢铁衡量的实际资本利润率为R/P_I。

市场均衡时劳动力在大米产业获得的边际收入必然等于在钢铁产业获得的边际收入，否则劳动力会在两个行业间流动。用MPL_r和MPL_I分别代表大米产业和钢铁产业劳动的边际产出，劳动的边际收入就是劳动边际产出的市场价值，而劳动力工资就等于劳动的边际收入。因此，$W = P_r \times MPL_r = P_I \times MPL_I$。由此可见，用大米衡量的实际工资$W/P_r$等于大米产业劳动的边际产出$MPL_r$，而用钢铁衡量的实际工资$W/P_I$等于钢铁产业劳动的边际产出$MPL_I$。只要搞清楚自由贸易如何影响$MPL_r$和$MPL_I$，就可以推导出SS定理的结论。

劳动的边际产出与什么因素有关？当技术给定时，每个劳动力配备的资本（即人均资本，如机器）越多，劳动的边际产出就越高。用k_r代表大米行业的资本-劳动比，也就是资本密集度。k_r越高，MPL_r越高；同理，k_I越高，MPL_I越高。所以，只要搞清楚自由贸易对k_r和k_I的影响，就知道了自由贸易对MPL_r和MPL_I的影响，从而可以推断出自由贸易对实际工资率的影响（SS定理）。

在我们的例子中，中国是劳动丰裕的国家，美国是资本丰裕的国家。按照H-O理论，自由贸易条件下中国出口劳动密集型产品大米，美国出口资本密集型产品钢铁。自由贸易带来了美国消费者对中国大米的需求，因而P_r上升了，劳动力和资本从钢铁产业流向大米产业。由于钢铁产业是资本密集型的，而大米产业是劳动密集型的，大米产业要想完全吸收钢铁产业流出的劳动力和资本，大米产业的资本-劳动比k_r必定会上升。这个结果通过劳动力市场上的工资率变化来实现。因为大米产业的扩张需要大量劳动力，而钢铁产业的缩小不能提供这么多的劳动力，所以劳动力价格（工资率）必然上升。当劳动力价格相对于资本价格上升时，企业会选择资本替代劳动的生产工艺，大米产业和钢铁产业都会出现这种现象，即k_r和k_I都会上升。随着人均资本的上升，劳动的边际产出即MPL_r和MPL_I上升。在完全竞争市场条件下，劳动力的实际工资率就是劳动的边际产出，所以自由贸易后中国劳动力的实际工资率会上升。

上述分析揭示了SS定理背后的逻辑。自由贸易会使要素转移到一国的比较优势生产部门。如果该国的比较优势来源于丰富的劳动力（如中国），那么自由贸易导致的资源重新配置会提高劳动力的边际产出，从而提高劳动力的实际工资率。如果该国的比较优势来源于丰富的资本（如美国），那么自由贸易导致的资源重新配置会提高资本的边际产出，从而提高资本的实际利润率。资源的重新配置会使一个国家采用更密集使用稀缺要素的生产工艺，如中国会更密集地使用资本。该结论看似与常理不符，其实是竞争市场的必然结果。因为自由贸易后中国扩张了劳动密集型部门，缩小了资本密集型部门，要使现有资本（尽管是稀缺的）得到完全利用，生产工艺必须更倾向于资本密集。由于边际产出递减规律的作用，资本密集度的提高使资本的边际产出下降，从而中国资本的实际利润率下降。同理，自由贸易导致的要素重新配置使美国采用提高劳动密集度的生产工艺来吸收从大米产业转移出来的劳动力，因此劳动的边际产出下降，从而美国劳动力的实际工资率下降。

（3）总结评价

H-O模型着眼于国家之间要素禀赋差异对国际贸易的影响。在2×2×2结构的H-O模型中，关于贸易模式的结论即为H-O理论：自由贸易条件下劳动丰裕的国家出口劳动密集型产品，资本丰裕的国家出口资本密集型产品。在这里比较优势体现在要素成本的相对高低上。与李嘉图模型一样，H-O模型也认为自由贸易对所有国家都有益。此外，H-O模型还从收入角度分析了自由贸易对国内收入分配的影响，即SS定理。该定理表明自由贸易必然有赢家和输家，并且告诉我们谁是赢家，谁是输家。

SS定理进一步告诉我们，自由贸易的赢家和输家与行业无关。即使劳动力可以换工作，资本可以换行业，国际贸易依然会使某些人受损。当国家从贸易中获益时，贸易收益并非分摊给每个人。赢家的获益在数量上会超过整个国家的贸易收益，因而在自由贸易后一部分人的实际生活水平必然下降，成为自由贸易的输家。在我们的例子中，无论中国劳动力投在大米产业还是钢铁产业，根据SS定理他们都将成为自由贸易的赢家。

不过，H-O模型的假设非常极端化，就像中文的“人”字极其抽象地反映了人的形象，H-O模型也极其抽象地反映了国际贸易这个现象。更为一般地，当我们将2×2×2结构的H-O模型拓展为多个国家、多种产品和多种要素的H-O模型之后，有关贸易模式和收入分配的结论就不像H-O理论和SS理论那么简单和清晰了，更何况H-O模型还抽象掉了国家之间生产技术差异和消费偏好差异等重要方面。H-O模型也为我们理解国际贸易现象提供了一个有用的起点。

拓展阅读 3-2

拓展阅读 3-3

3.2.2　要素价格均等化理论（H-O-S模型）①

在研究了国际贸易对本国要素收益影响的同时，经济学家也探讨了国际贸易对贸易双方收入差距的影响，论证了国际贸易使不同国家的要素价格趋于一致的定理，即要素价格

① [1] 海闻，林德特，王新奎. 国际贸易[M]. 上海：上海人民出版社，2003：126-129. [2] 谢惠琳，许士春，李铁，等. 国际贸易理论与实务[M]. 徐州：中国矿业大学出版社，2009：50-52.

均等化理论（Factor Price Equalization Theorem）。

1. H-O-S模型的主要内容

关于要素价格均等化理论的最初证明出现在萨缪尔森1948年6月发表在《经济杂志》（Economic Journal）上的一篇文章中。[①]在H-O模型的基本假设下，萨缪尔森证明了以下结论：自由贸易不仅使两国的商品价格相等，而且使两国要素的价格相等，以致两国的所有工人都能获得同样的工资率，所有的资本（或土地）都能获得同样的利润率（或租金），与两国要素的供给与需求模式无关。

上述例子中的中美两国之间的贸易会最终使两国的工资率相等，利润率也相等；不仅是相对工资率相等，连绝对工资率也相等。由于这一定理是建立在H-O模型的基础上，由萨缪尔森发展的，因此，要素价格均等化理论又被称为赫克歇尔-俄林-萨缪尔森定理（H-O-S模型）。

仍然沿用上述中美贸易例子来分析要素价格均等化理论的经济学逻辑。首先，我们将劳动价格（工资率）与资本价格（利润率）定义为：

工资率（W）= 产品价格（P）×边际劳动生产率（MP_L）

利润率（R）= 产品价格（P）×边际资本生产率（MP_K）

贸易前，各国的劳动力市场与资本市场都处于均衡状态，各国国内两个部门的工资率和利润率都相等。由于中国是劳动丰裕的国家，而美国是资本丰裕的国家，在两个部门的生产中，中国都比美国使用更多的劳动，即

$$\left(\frac{L}{K}\right)_{CHN} > \left(\frac{L}{K}\right)_{USA}$$

中国两个部门的边际劳动生产率都低于美国。中国的劳动密集型产品（大米）的相对价格低于美国，即

$$\left(\frac{P_r}{P_I}\right)_{CHN} < \left(\frac{P_r}{P_I}\right)_{USA}$$

因此，中国劳动力的相对工资也低于美国劳动力的相对工资。

中美之间进行贸易，对中国的直接影响是，中国的大米价格上升、钢铁价格下跌；美国则正好相反，大米价格下跌、钢铁价格上升。产品价格的变动会在长期引起生产的调整和要素在国内各部门之间的流动。根据SS定理，这种生产调整和要素流动会最终导致中国劳动力市场上均衡工资率的上升和资本市场上均衡利润率的下降，以及美国的均衡工资率下降和均衡利润率上升，中美两国劳动力的相对工资率、资本的相对利润率的差距缩小。

产品的价格是由生产成本决定的。因此，在完全竞争市场中，产品价格被定义为：

$$P_j = a_{Lj}W + a_{Kj}R$$

式中：a_{ij}是要素i（i = L，K）和产品j（j = r，I）的投入产出比例。

在H-O模型中，两国的生产技术假设是相同的。贸易后的生产调整和要素流动又最终使两国同样产品中的投入产出比例a_{ij}趋于相同。在这种情况下，如果两国的工资率和利润率仍然存在不同，两国产品的生产成本以及产品价格之间的差别就会存在，各国都会继续出口成本低于市场价格的产品，进口成本高于市场价格的产品，贸易会继续进行，直到

① SAMUELSON P A. International trade and the equalization of factor prices [J]. The Economic Journal, 1948, 58 (230): 163-184.

两国的产品价格和要素价格完全相等。

2. 一体化 H-O 模型

H-O模型分析了两个国家从封闭走向开放前后的状况，而一体化H-O模型首先假定整个世界一开始就是一体化的，然后分析将一体化世界分割为若干个相互贸易的国家之后的情况。一体化世界是指资本和劳动力等要素可以自由流动的世界，在这个世界中每种要素的价格是唯一的。①

一体化H-O模型建立在要素价格均等化理论成立的基础上。当中美两国开展自由贸易并实现要素价格均等化时，大米和钢铁生产的资本密集度也就确定了。如图3-10所示，OA表示全世界（中国和美国）的劳动力总量，OB表示全世界的资本总量。OX表示中国大米生产的资本密集度（假定等于1/4），OY表示中国钢铁生产的资本密集度（假定等于3/4）。当要素价格均等化的情况出现时，美国和中国相同行业的资本密集度相同，所以从美国的原点O*出发的两条行业资本密集度线和从中国的原点O出发的两条行业资本密集度线相对称。在标准的H-O模型中，自由贸易后两国均为不完全专业化生产，那么什么条件下会出现这种情况呢？从图3-10中我们发现，对中国来说，只有当中国的要素禀赋点落在OX和OY之间的区域内，中国才会同时生产大米和钢铁。对美国来说，只有当美国的要素禀赋点落在O*X和O*Y之间的区域内，美国才会同时生产大米和钢铁。因此，中国和美国的要素密集度边界构成了一个菱形区域OXO*Y。只有当两国的要素禀赋点落在这个菱形区域中时（如E点），两国才会同时生产大米和钢铁，两国之间的要素价格才会均等化，世界经济的一体化才会形成。菱形区域OXO*Y被称为要素价格均等化区域。由于一体化H-O模型假定所有国家处于同一要素价格均等化区域中，它又被称为单域H-O模型。在萨缪尔森的“天使寓言”中，他认为如果要素禀赋划分点落在图3-10的菱形区域中，那么自由贸易并没有对世界经济造成任何损害。只要各国之间开展自由贸易，各国经济的运行结果和在一体化条件下世界经济的运行结果就是完全一样的。

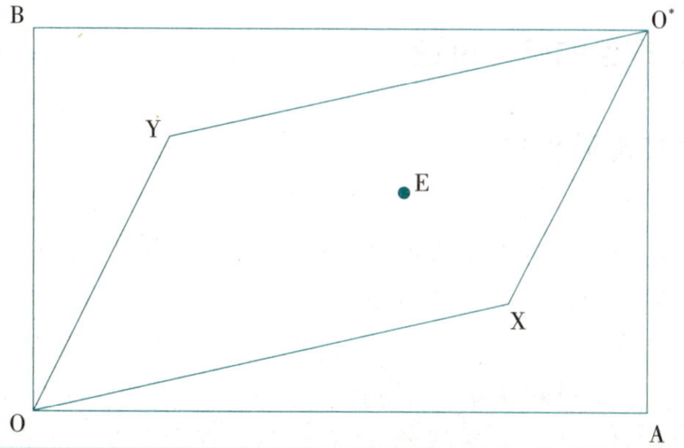

图3-10　一体化H-O模型

资料来源　许斌．国际贸易［M］．北京：北京大学出版社，2009：86.

① 许斌．国际贸易［M］．北京：北京大学出版社，2009：84.

3. 对要素价格均等化理论的评价

一般来说，要素市场价格的相等取决于要素的自由流动。但根据要素价格均等化理论，即使要素不能在各国之间自由流动，商品贸易也最终可以导致各国要素收益相同。这一结论非常令人震惊。纵观世界各国的现实，我们既不能全面否定这一定理，又不能完全肯定这一结果。一方面，自由贸易改变了一些国家的要素收益。中国四十多年的改革开放使某些行业中的中美劳动力收入差距缩小这一事实可以说明这一点。“亚洲四小龙”的发展过程也如此。另一方面，各国之间要素收益的差距巨大，相同的要素，如具有相同技能的劳动者，在各个国家不能获得相同的收入，在某些领域和国家，这种差距还有扩大的趋势。

究竟如何看待这种理论与现实的不同呢？从理论本身来说，其经济学逻辑是清晰严格的。那么问题出在什么地方呢？跟所有的经济学理论一样，要素价格均等化理论也是建立在一定的假设条件之上的，而这些假设往往将现实世界简单化、抽象化了。

回顾一下基本假设，不难发现有许多假设是在现实中不存在的。首先，国际贸易并不完全自由。各种利益集团的存在、各国和各集团的政治和经济利益之间的冲突造成许多贸易上的障碍，从而使得各国同类商品的价格不可能相同。其次，要素在各国国内也不能完全自由流动。一国国内同一要素在不同产业的收益也无法一样。最后，各国生产技术不是固定不变的。发达国家劳动力工资的不断增长更多地来自生产技术的不断革新和新产品的不断开发。因此，尽管国际贸易日益自由，但发达国家与发展中国家的工资差距仍然很大。不过，以此否定这一定理的意义也过于简单。如果我们排除技术进步的因素，就个别行业来看，贸易的确在缩短各国要素收益的差距。从动态的角度看，各国要素收益的差距由于发达国家科技的发展而一次又一次扩大，但又通过贸易不断缩小。如果没有国际贸易，则各国要素之间的差距可能更大。要素价格均等化的“化”字本身要阐明的是一种趋势，而并不是描述一种结果。从局部和静态的角度说，要素价格均等化理论仍有重要意义。

3.2.3 对H-O理论的延伸讨论

1. 国际贸易对技能溢价的影响

H-O理论是较早能够分析收入分配的国际贸易理论。按照该理论，发达国家拥有丰富的高技能劳动，而发展中国家拥有丰富的低技能劳动，国际贸易将会提高发达国家高技能密集型产品的需求和发展中国家低技能密集型产品的需求，从而发达国家高技能劳动的相对工资上升（即技能溢价上升）。但是该理论不能充分解释发达国家技能溢价的上升，阿西莫格鲁（2002）①、博斯腾和沃格尔（2012）②等学者总结了H-O模型在解释技能溢价时存在的如下缺陷：

第一，根据H-O理论，国际贸易将会降低发展中国家的技能溢价，但实际情况是，发展中国家也在同一时期经历了技能溢价的上升，所以H-O理论不能充分揭示发达国家技能

① ACEMOGLU D. Technical change, inequality, and the labor market [J]. Journal of Economic Literature, 2002, 40 (1): 7-72.
② BURSTEIN A, VOGEL J. International trade, technology, and the skill premium [J]. Journal of Political Economy, 2017, 125 (5): 1356-1412.

溢价的上升；

第二，从发达国家的对外贸易额来看，南北贸易额占总贸易额的比例很小，还不足以解释发达国家大范围的技能溢价上升；

第三，H-O理论预测，国际贸易提升了发达国家高技能产品的需求和价格，但发达国家这段时期高技能产品的价格并没有上升；

第四，H-O理论预测，国际贸易只会提高发达国家高技能密集型产业的高技能劳动的需求，但实际情况是，发达国家所有产业的技能溢价都提高了；

第五，要素再配置更多地发生在产业内而非产业间，但H-O理论表明要素配置发生在产业间。

为了弥补H-O理论在解释技能溢价上的缺陷，已有文献分别从新贸易理论、新新贸易理论①和技能偏向性技术进步理论②的角度解释了国际贸易对技能溢价上升的影响。我们可以将H-O理论、新贸易理论、新新贸易理论作为国际贸易影响技能溢价的直接渠道，将技能偏向性技术进步作为国际贸易影响技能溢价的间接渠道。

（1）新贸易理论

艾皮法尼和甘恰（2008）③为了弥补H-O理论的缺陷，构建了一个新贸易理论模型来解释发达国家技能溢价上升的机制：贸易开放扩大了产品部门的市场规模，由于高技能密集型产品部门更具有规模经济效应，所以高技能密集型部门产出增加得更多，且规模效应使得高技能密集型产品比低技能密集型产品的价格下降更多。但是由于艾皮法尼和甘恰（2008）假设高技能产品和低技能产品的替代弹性大于1，所以，高技能产品价格的下降使对高技能产品的相对需求增加，从而提高了高技能劳动的相对工资（技能溢价）。该文采用1960—1990年68个国家的跨国面板数据证实了理论推导的结果。该产业内贸易理论既弥补了H-O理论的缺陷，也能解释发达国家高技能产品价格下降和所有产业部门技能溢价上升的现象。

（2）新新贸易理论

哈里根和雷谢夫（2011）④构建了一个异质性企业的贸易模型，假设技术存在异质性且技术含量越高的企业，其技能劳动水平也越高。根据新新贸易理论，技术水平越高的企业，其出口竞争力越强，而低技术企业会面临更大的进口竞争压力，所以贸易开放或贸易成本下降将提升高技术企业的贸易额和对高技能劳动的相对需求，从而提高技能溢价。该研究表明，由于该理论基于出口企业的生产率差异而非南北国家的劳动禀赋差异，所以能够解释发达国家和发展中国家技能溢价的同时上升。

阿格因等（2005）⑤的研究也表明，处于技术前沿的企业面对进口竞争压力更加敏感，更有动力研发新技术和新产品，这会提高对高技能劳动的需求和工资，从而提高技能

① 相关理论我们将在第4章详细阐述。

② 阿西莫格鲁（2002）指出，如果技术进步更有助于提高某种要素的相对边际产出，就称之为技术进步偏向该要素。在异质劳动力的假定下，根据技术和技能的互补、替代关系，将技术进步的偏向分成两种方向。如果新技术对使用者提出更高的能力要求，或者要求使用者必须承担重新学习的成本，就是技能偏向性技术进步。

③ EPIFANI P，GANCIA G. The skill bias of world trade [J]. Economic Journal，2008，118 (530)：927-960.

④ HARRIGAN J，RESHEF A. Skill biased heterogeneous firms，trade liberalization and the skill premium [R]. NBER Working Paper，No.W17604，2011.

⑤ AGHION P，BURGESS R，REDDING S，et al. Entry liberalization and inequality in industrial performance [J]. Journal of the European Economic Association，2005，3 (2-3)：291-302.

溢价；由于产业内的企业存在技术上的异质性，从而贸易开放也提高了产业内的技能溢价。该文进一步采用印度的数据证实了这一结论。由于这一理论推导并没有建立在要素禀赋差异的基础上，所以其同时适用于发达国家和发展中国家。

博斯腾和沃格尔（2012）在H-O模型的基础上，考虑了企业生产率异质性和技术-技能互补性，在采用了65个国家的数据模拟后发现，国际贸易通过赫克歇尔-俄林机制使技能劳动向比较优势的部门配置（即高技术部门），企业生产率异质性使技能劳动向高技术企业配置，但是技能劳动在产业间配置规模较不考虑企业异质性时小，而在产业内配置规模更大。所以，该理论显示，对于发达国家而言，国际贸易通过两种机制均促进了技能溢价的上升；对于发展中国家，国际贸易通过赫克歇尔-俄林机制降低了发展中国家的技能溢价，通过企业异质性机制提高了技能溢价；但由于企业生产率异质性的经济效应更大，所以发展中国家的技能溢价也是上升的。因此，考虑了企业生产率异质性以后，国际贸易对发达国家和发展中国家技能溢价的解释力增强。

（3）技能偏向性技术进步理论

根据技能偏向性技术进步的定义，技能偏向性技术进步将必然提高技能溢价。国际贸易通过技能偏向性技术进步影响技能溢价的经济渠道有以下两个：

一是阿西莫格鲁（2002）、甘恰和邦飞利（2008）[①]等基于产权保护、价格效应和市场规模效应的分析。根据这一理论，由于发展中国家缺乏产权保护，南北贸易虽然使低技能劳动的相对供给增加，但由于市场规模效应不变，相对稀缺的高技能劳动的价格效应占据主导地位，从而促进了高技能偏向性技术进步，进而增大了技能溢价。相应地，由于发达国家拥有良好的产权保护，发达国家间贸易将会增强高技能劳动的市场规模效应，从而也会促进高技能偏向性技术进步，进而提高技能溢价。所以根据这一理论，国际贸易将会提高发达国家的技能溢价。

二是汤尼格和维迪尔（2003）[②]的防御性技能偏向性技术进步导致的技能溢价上升。企业面对外国企业的竞争，通过不断地提高产品的技术水平保持自身的竞争力，从而提高了对技能劳动的需求和技能劳动的相对工资。该机制同新新贸易理论关于技能溢价的理论相似，都强调了竞争对技术进步的影响。

2. 国际贸易对劳动力市场极化的影响[③]

国际贸易是发达国家劳动力市场就业和收入变化的重要影响因素（阿西莫格鲁，2002）。一方面，根据H-O理论，由于发达国家技能劳动相对丰裕，南北贸易将提高发达国家的技能溢价。另一方面，南北贸易会导致发达国家的技能偏向性技术进步，进而提高发达国家的技能溢价。[④]1980年以后，欧美发达国家劳动力市场就业结构出现了技能需求分化的现象，位于劳动力技能两端的高技能劳动力和低技能劳动力需求增加，而技能结构中间的中等技能劳动力需求和就业比重下降，国外学者称这一现象为劳动力极

① GANCIA G，BONFIGLIOLI A. North-south trade and directed technical change [J]. Journal of International Economics，2008，76（2）：276-295.

② THOENIG M，VERDIER T. A theory of defensive skill-biased innovation and globalization [J]. The American Economic Review，2003，93（3）：709-728.

③ 杨飞. 技能偏向性技术进步与发达国家劳动力市场极化 [M]. 北京：经济科学出版社，2018.

④ BLOOM N，DRACA M，VAN REENEN J. Trade induced technical change? The impact of Chinese imports on innovation and information technology [R]. NBER Working Paper，No.W16717，2011.

化。[①]根据H-O理论，南北贸易将提高发达国家高技能劳动的相对工资，由于高技能劳动的收入较高，增大了对低技能劳动的需求，从而导致了劳动力市场的极化。但分析国际贸易对劳动力市场极化的文献还较少，已有文献主要分析了南北贸易与劳动力市场极化之间的关系。迈克尔斯等利用经济合作与发展组织（Organization for Economic Co-operation and Development，OECD）国家的经验数据进行研究，发现在控制技能偏向性技术进步的影响后，南北贸易对发达国家劳动力市场极化的直接影响较弱，而南北贸易主要通过技能偏向性技术进步影响劳动力市场极化。[②]奥托等的研究表明，中国对美国出口显著地降低了美国制造业的就业和工资，能够解释制造业就业下降的25%。[③]布鲁姆等研究中国对欧盟出口的就业影响，也得到类似的结论。[④]

现有文献还从外包的角度研究外包、技能偏向性技术进步和劳动力市场极化间的关系。奥德斯基（2014）认为中等技能的工作更容易被外包，因此外包促进了发达国家中等技能就业和工资份额的下降。[⑤]外包对劳动力市场极化的影响有两个渠道。

首先，外包将发达国家中等技能劳动从事的工作（如制造业）转移到国外，从而直接减少了对发达国家中等技能劳动的需求。阿西莫格鲁和奥托（2010）[⑥]的研究表明，在中等技能劳动从事的工作被外包到国外后，中等技能劳动会向低技能和高技能行业流动。但由于高技能行业要求的技能水平较高，所以中等技能劳动向低技能行业流入的劳动更多。外包也将提升高技能劳动和低技能劳动的相对工资，而高技能劳动和低技能劳动的相对工资变动取决于中等技能劳动对低技能劳动和高技能劳动的替代性。奥德斯基（2014）利用2002—2008年美国的职业数据证实了这一理论。但奥托和多恩的研究表明，外包对劳动力市场的极化影响不显著。[⑦]

其次，外包通过影响技能偏向性技术进步间接影响劳动力市场极化。奥塔维亚诺等（2013）[⑧]利用2000—2007年劳动力市场数据研究了外包和移民对美国就业的影响。研究表明，外包显著地降低了对中等技能劳动的需求，而且由于外包提高了企业的生产率和企业规模，进而提高了对高技能劳动的需求。该文进一步研究表明，本土工人主要从事高技能工作，移民主要从事低技能工作，外包降低了对中等技能工人的需求，使得这些外包工人转而从事高技能工作中相对简单的工作或低技能工作中相对复杂的工作，从而促进了劳动力市场的极化。克罗格（2013）[⑨]的研究发现，20世纪70年代中期至20世纪80年代中期，中等技能劳动和低技能劳动的工资差距在扩大，此后两者的工资差距开始缩小，而中

① 张彪. 人工智能对中国劳动力极化的影响研究——基于劳动力市场李嘉图模型［D］. 昆明：云南财经大学，2021.

② MICHAELS G，NATRAJ A，VAN REENEN J. Has ICT polarized skill demand? Evidence from eleven countries over 25 years［R］. NBER Working Paper，No.W16138，2010.

③ AUTOR D H，DORN D，HANSON G H. The China syndrome: Local labor market effects of import competition in the United States［R］. NBER Working Paper，No.W18054，2012.

④ BLOOM N，DRACA M，VAN REENEN J. Trade induced technical change? The impact of Chinese imports on innovation and information technology［R］. NBER Working Paper，No.W16717，2011.

⑤ OLDENSKI L. Offshoring and the polarization of the U.S. labor market［J］. Industrial and Labor Relations Review，2014，67（3）：734-761.

⑥ ACEMOGLU D，AUTOR D. Skills，tasks and technologies: Implications for employment and earnings［R］. NBER Working Paper，No.16082，2010.

⑦ AUTOR D，DORN D. The growth of low skill service jobs and the polarization of the U.S. labor market［R］. IZA Discussion Paper，No. 7068，2012.

⑧ OTTAVIANO G I P，PERI G，WRIGHT G C. Immigration，offshoring and American jobs［J］. American Economic Review，2013，103（5）：1925-1959.

⑨ KROEGER S. The contribution of offshoring to the convexification of the U.S. wage distribution［R］. Job Market Paper，2013.

等技能劳动和高技能劳动的工资差距始终在加大。该文通过对美国1990年、2000年和2011年128个制造业和服务业的数据进行实证研究，发现服务业外包和制造业外包均使高技能劳动与中等技能劳动的工资差距加大，但制造业外包的影响更大，外包对中低技能劳动的工资差距影响不是很显著。对于外包影响工资差距的机制，该文的检验表明，选择效应是工资差距扩大的主要原因，即外包替代了中等技能劳动，使中等技能劳动的工资下降，而生产率效应对工资差距的影响不显著（外包降低了生产成本并提高了生产率，从而增加了对高技能劳动的需求）。

3.3 要素禀赋理论的验证

1933—1953年，要素禀赋理论被公认为经济学中的一颗"明珠"。之后许多经济学家对这一理论进行了实证检验，要素禀赋理论的一些不足之处逐渐暴露出来。绝大部分实证检验集中于验证H-O理论，重点是检验贸易的要素比例，其中最具代表性的检验是美国经济学家里昂惕夫的检验。他的研究对要素禀赋理论的后续发展产生了重大影响。在他之后，很多经济学家对要素禀赋理论进行了多方面的修正。

3.3.1 里昂惕夫之谜

里昂惕夫想要通过美国的数据来检验H-O理论：各个国家都应出口密集使用其丰裕要素的产品，而进口密集使用其稀缺要素的产品。更确切地说，他想要同时验证两个命题：

① H-O理论是正确的。

② 与它的贸易伙伴相比，美国是一个资本丰裕的国家，应该出口资本密集型产品，进口劳动密集型产品，美国出口行业的资本-劳动比K_x/L_x，应该高于美国进口竞争行业的资本-劳动比K_m/L_m。

里昂惕夫计算了1947年美国出口行业与进口竞争行业的资本存量与年劳动人数比率。他不仅计算出这两类行业（每个行业都有数十个产业）所使用的资本和劳动量，而且计算出各种产品所使用的购自其他产业的产品中所包含的资本和劳动量。作为投入-产出分析的主要先驱之一，里昂惕夫用资本和劳动投入、出口值和进口值的向量乘以美国经济的投入-产出矩阵，进而得出所需的出口与进口竞争行业的资本量和劳动量比率的估计值。然而，里昂惕夫的计算结果向他和其他人提供了一个令人困惑的"谜"，其测算结果如表3-2所示。

表3-2　1947年美国国内生产100万美元出口产品与进口产品所需的资本与劳动量

项 目	出口产品	进口产品
资本（1947年美元价格）	2 550 780	3 091 339
劳动（年劳动人数）	182	170
资本-劳动比（美元/人）	13 991	18 184

资料来源　LEONTIEF W. Factor proportions and the structure of American trade: Further theoretical and empirical analysis [J]. The Review of Economics and Statistics, 1956, 4 (38): 386-407.

由表3-2可知，在1947年，美国向世界其他国家出口产品的资本-劳动比为13 991美元/人，换取的进口产品的资本-劳动比为18 184美元/人，关键比率（K_x/L_x)/(K_m/L_m）只有0.77（13 991÷18 184），而根据H-O理论，它应该远大于1。因此，美国出口劳动密集型商品，进口资本密集型商品。这一结果与H-O理论恰恰相反，故被称为里昂惕夫之谜（The Leontief Paradox）或“里昂惕夫悖论”。对于这种矛盾现象，里昂惕夫本人也难以置信。他曾反思自己是否没有认真评估美国的要素禀赋，只是想当然地假设美国是资本丰裕的国家。里昂惕夫的文章在国际经济学界引起了不小的争论，有人试图重新评价H-O理论，有人则怀疑里昂惕夫的验证方法和数据有问题，他们重新收集数据进行新的验证。

3.3.2 对里昂惕夫之谜的解释

里昂惕夫之谜引起了当时经济学家们的极大关注，经济学家们就此提出了许多不同的解释，主要有两种：一是针对里昂惕夫实证结果的讨论；二是针对H-O理论的检讨。在第二种讨论中，有学者侧重对H-O理论进行补充，即在原有H-O理论的基础上加入一些里昂惕夫未曾考虑的因素；有学者则从其他途径去解释，甚至提出了新的国际贸易基础。以下就围绕里昂惕夫之谜，介绍4种有代表性的解释。

1. 人力资本

受到里昂惕夫有效劳动解释的启发，一些学者在H-O理论框架下引入人力资本因素。由于质量上的差异，可将一般劳动分为非熟练劳动（unskilled labor）和熟练劳动（skilled labor）两类。熟练劳动是指具有一定技能的劳动，这种技能不是先天具备的，而是通过后天的教育、培训等手段积累起来。[①]由于这种后天的教育和培训类似于物质资本的投资行为，所以称熟练劳动为人力资本。因此，资本的含义更加广泛，既包括有形的物质资本，又包括无形的人力资本。引入人力资本之后，里昂惕夫之谜也就可以解释了。美国经济学家彼得·凯南（Peter B. Kenen）的研究发现，美国出口的产品以物质资本加人力资本密集型为主。[②]

2. 自然资源

有人曾指出，里昂惕夫的计算仅考虑劳动力和资本两种要素，忽略了自然资源这一要素。在生产过程中，自然资源和资本往往是互补的，因此，一些自然资源密集型的产品，如能源，往往也是资本密集型的。从自然资源的角度看，美国的某些自然资源，如木材和矿产相对稀缺（自然或人为因素导致）。因此，美国的大宗进口商品很多是自然资源密集型产品。可见，要计算美国的出口产品和进口产品的要素含量，必须考虑自然资源的作用。考虑到自然资源这一因素之后，里昂惕夫之谜就得到了合理的解释：从自然资源的角度看，实际上美国进口的是其稀缺的自然资源，而不是资本。1951年里昂惕夫在分析美国的贸易结构时也指出，如果在计算中排除自然资源行业，“谜”则会消失。

3. 要素密集度逆转

H-O理论对要素密集度的基本假定是，如果按要素价格的某一比率，某一产品的资本密集度高于另一产品，那么在所有的要素价格比率下，这一产品的资本密集度都高于另一产品。也就是说，在任何情况下，X与Y产品的要素密集度之间的关系都是不会改变的，

① 李坤望．国际经济学［M］．4版．北京：高等教育出版社，2017：63．
② KENEN P B. Nature, capital and trade［J］. Journal of Political Economy, 1965, 73（5）: 437-460.

即对任何一组要素价格，X永远都是资本密集型产品，Y也永远都是劳动密集型产品。比如，在中国的相对工资下，玩具总是用劳动密集型方法生产的，那么在美国的相对工资下，玩具也是用劳动密集型方法生产的，尽管美国的相对工资高于中国。但是这种论断不一定正确。某些产品在某个国家既定的要素价格下是劳动密集型的，但在另外一个国家既定的要素价格下可能是资本密集型的。比如，玩具在美国其实可能是资本密集型产品。这种现象被称为要素密集度逆转（factor intensity reversal）。

如图3-11所示，X产品的要素替代弹性远远大于Y产品的要素替代弹性，表现为X产品等产量曲线的弯曲程度小于Y产品等产量曲线的弯曲程度，所以X、Y产品的等产量曲线相交于两个点。当劳动的相对价格为ω_1时，$k_X > k_Y$，即X产品的要素密集度大于Y，X产品为资本密集型产品；但当劳动的相对价格为ω_2时，$k'_X < k'_Y$，即X产品的要素密集度小于Y，X产品则变为劳动密集型产品。所以当要素相对价格从ω_1变为ω_2时，两种产品的要素密集度发生了逆转。

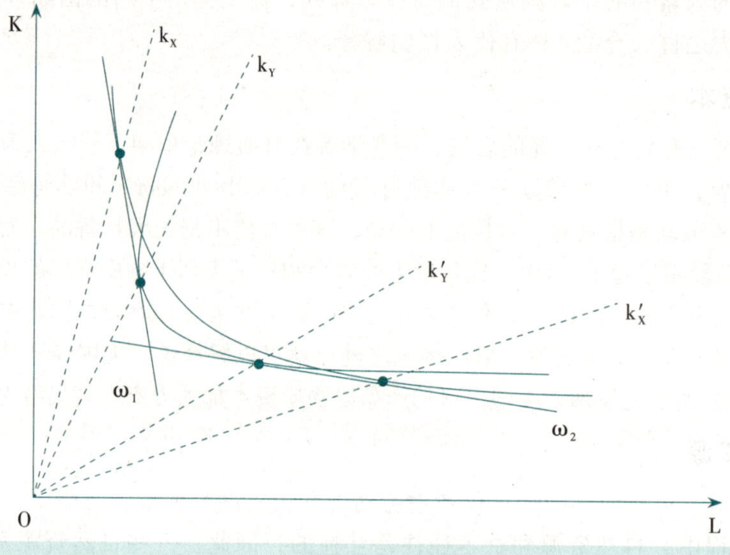

图3-11　要素密集度逆转的图示

资料来源　李坤望．国际经济学［M］．4版．北京：高等教育出版社，2017：64.

比如，假定美国由于资本丰裕而劳动相对稀缺，资本便宜而劳动力昂贵，美国可能在玩具生产中使用更多的资本而非劳动。这样的话，玩具在美国变成资本密集型产品，而在世界其余国家，由于资本较贵，劳动力比较便宜，玩具仍然是劳动密集型产品。这就是要素密集度逆转的一种情况。在这种情况下，结果可能是：美国出口A产品，该产品在别的国家是资本密集型的，但在美国是劳动密集型的；同时，美国进口B产品，该产品在别的国家是劳动密集型的，而在美国是资本密集型的。

里昂惕夫在计算美国出口产品的资本-劳动比时，用的都是美国的投入产出数据。对于美国进口的产品，他用的也是美国生产同类产品所需的资本-劳动比，而不是这一产品在出口国国内生产时实际使用的资本-劳动比。这样一来，就有可能出现美国进口资本密集型产品、出口劳动密集型产品的情况。但是，这里的产品要素密集度定义与世界其他国家的定义有可能不同。

要素密集度逆转在现实中出现的概率有多大？这又是一个实证检验的问题。最早对要素密集度逆转进行实证检验的是明哈斯（B. S. Minhas）。[①]他在1962年发表的研究结果中发现，有大约1/3的研究样本中出现了要素密集度逆转的情况。明哈斯的研究结果受到了里昂惕夫的质疑，他认为明哈斯的数据来源有偏差，在纠正了这些偏差之后，出现要素密集度逆转的情况只剩下8%。另一位经济学家鲍尔（D. P. S. Ball）也对明哈斯的研究结果重新进行了检验，其结果也认为要素密集度逆转的情况在现实中鲜有发生。由此可见，将要素密集度逆转用于解释里昂惕夫之谜在理论上可行，但在实践中并不有力。

4. 贸易壁垒

里昂惕夫之谜的产生也有可能是美国贸易保护的结果。在H-O模型中，贸易被假定为自由的，而在现实中几乎所有的国家（包括美国）都或多或少实行一定程度的贸易保护，尤其在第二次世界大战后初期。对于美国来说，保护程度较高的是劳动密集型产品。

贸易政策的制定会受到许多利益集团的影响。在美国，各个利益集团会通过院外游说影响国会的经济政策，而代表美国非熟练的和半熟练工人的工会组织——美国劳工联合会-产业工会联合会，就是这样一个强大的游说集团。克拉维斯（I. B. Kravis）1956年的一项研究指出，美国进口产品中的劳动密集型产品的确要比劳动密集度低的产品受到更高的进口壁垒的限制。罗伯特·鲍德温（Robert Baldwin，1971）为美国劳工部所作的研究也表明，美国对产值中劳动力含量（或称就业含量）高于平均水平的产品，尤其是对包含非农业非熟练劳动的产品的进口限制是最多的。

此外，别的国家也可能对它们缺乏竞争力的资本密集型产品进行较高的贸易保护，从而使得美国资本密集型产品的出口受到了一定程度的影响。因此，有人认为，如果是自由贸易，美国就会进口比现在更多的劳动密集型产品，或出口更多的资本密集型产品，里昂惕夫之谜就有可能消失。

学思践悟

“一带一路”的经济影响和减贫效应

消除贫困是人类发展的共同目标。过去几十年，我国减贫工作取得了显著进展，极端贫困率从1990年的近36%下降到2015年的10%，平均每年下降1个百分点。而2008年全球金融危机之后，世界经济增速缓慢，受国际贸易争端加剧，发达国家贸易保护主义、民粹主义倾向加剧的影响，世界贫困率下降趋势减缓，许多发展中国家减贫进程停滞甚至出现倒退，消除贫困面临着更加严峻的挑战。

中国提出的“一带一路”倡议，旨在为亚欧非地区的国际贸易和投资搭建新平台，通过“一带一路”互联互通项目对接沿线各国发展战略，发掘区域内市场潜力，促进投资和消费，创造需求和就业，促使沿线国家获得更多分工和投资机会，实现经济增长。

① MINHAS B S. The homohypallagic production function, factor-intensity reversals and the Heckscher-Ohlin Theorem [J]. Journal of Political Economy, 1962, 70 (2): 138-156.

“一带一路”倡议主要通过以下几个方面帮助沿线国家减贫：

一是贸易渠道。贸易合作是“一带一路”建设的重点内容。长期以来，受政治环境、地缘因素等影响，亚欧非区域在以发达国家主导的贸易分工体系中处于边缘位置，贸易参与度不高。2008年全球金融危机后，发达国家经济复苏有限，新的贸易规则和协定不断衍生，这些都深刻影响了发展中国家的对外出口贸易。“一带一路”建设旨在提供促进发展中国家之间功能性互补与发展型合作的平台，促进沿线各国经济增长，增加财政收入和就业机会，从而减轻贫困。

二是资金融通渠道。产业扶贫是减贫的重要渠道。资金融通在产业发展初期至成熟期的各个阶段都发挥着积极作用。“一带一路”沿线各国由于经济发展水平滞后以及地缘因素的制约，受国际直接投资青睐的机会有限。“一带一路”倡议通过深化金融合作，推进亚洲货币稳定体系、投融资体系和信用体系建设，为沿线各国资金融通提供新思路，对沿线各国产业发展起到了重要支撑作用。

三是技术渠道。“一带一路”倡议通过建设贸易畅通和资金融通平台，通过对外贸易和外商直接投资促进技术向“一带一路”沿线国家流通，提升劳动者的人力资本，进而提高其工资水平，有效减少了贫困。

四是基础设施渠道。交通基础设施建设与地区社会经济的发展紧密相联。“一带一路”背景下的基础设施建设合作，也是“一带一路”减贫的重要方面。“一带一路”建设通过搭建和疏通高效陆路交通网络，实现跨区域联通，有效降低了“一带一路”沿线各国参与全球化的交易成本，使其在全球化浪潮中更好地参与全球分工体系。此外，基础设施的改善，有利于更多外资企业进入这些沿线国家投资，推进贸易与经济发展，促进人员流动，创造就业机会，产生持续减贫效果。

自“一带一路”倡议提出以来，中国与“一带一路”沿线国家在贸易、投资、基础建设等领域达成了多项经济合作协议，推进了贸易与投资自由化，促进了沿线国家经济增长，推动了世界减贫事业发展。

在贸易方面，中国与“一带一路”沿线国家的贸易额占整个对外贸易的比重不断上升。2013—2021年，中国与沿线国家货物贸易进出口总额已超过6万亿美元；中国与沿线国家贸易额占外贸总额的比重不断提升，由2013年的25%提高到2021年的29.7%。世界银行研究组分析了共建“一带一路”倡议对71个潜在参与国的贸易影响，发现倡议将使参与国之间的贸易往来增加4.1%。此外，已有研究表明，“一带一路”建设带来的贸易成本降低，有效加深了沿线国家部分行业的专业化分工，提高了行业生产效率。

在投资方面，中国与沿线50多个国家签署了双边投资协定，促进双向投资升级。中国对“一带一路”沿线国家的直接投资也在持续增加。目前，中国已在铁路、公路、港口、航空、能源设施建设领域与沿线国家展开了广泛合作，积极改善沿线国家的基础设施。

“一带一路”建设有效推动了沿线国家贸易与投资的持续增加，沿线各国贫困率不断下降。世界银行给予“一带一路”倡议所发挥的推动经济发展和减贫的作用以积极评价。其在2019年发布的题为《“一带一路”经济学：交通走廊的机遇与风险》的报告中指出，“一带一路”倡议可加快数十个发展中国家的经济发展与减贫，全面实施倡议可使3 200万人摆脱中度贫困。在就业方面，沿线各国就业人口持续上升。据中国商务部统计，截至2021年9月，“一带一路”建设通过贸易、投资等方式为参与国创造23万个就业岗位。在国内生产总值方面，贸易与投资促进沿线各国国内生产总值持续上升。世界银行的研究结果显示，“一带一路”平台使“一带一路”沿线国家的国内生产总值平均增加2.6%~3.9%。

中国在致力于消除自身贫困的同时，将扶助沿线国家的减贫工作纳入共建“一带一路”范畴，积极支持和帮助广大发展中国家特别是最不发达国家消除贫困。自首届“一带一路”国际合作高峰论坛以来，中国开展了中非减贫惠民合作计划、东亚减贫合作示范等活动，在沿线国家实施“幸福家园”“爱心助困”“康复助医”等项目各100个，大力推进了相关地区的减贫工作。

资料来源　白婧.“一带一路”的经济影响和减贫效应［N］. 中国社会科学报，2020-01-07（1）.

本章小结

本章主要介绍了要素禀赋理论及其扩展和应用，并对该理论进行了实践检验，提出了里昂惕夫之谜，并从不同角度进行了解释。

要素禀赋理论最初由赫克歇尔和俄林提出，后经萨缪尔森等人的不断完善，至今仍占据十分重要的地位。这一理论由H-O理论、SS定理、要素价格均等化理论等相关理论构成。

H-O理论从要素禀赋相对差异出发，解释国际贸易的起因与贸易模式的决定，认为根据比较优势，一国应出口密集使用其相对丰裕要素的产品，进口密集使用其相对稀缺要素的产品。

国际贸易对本国要素的收益也会产生影响。从短期来看，价格上升行业中的所有要素都会获益，而价格下降行业中的所有要素都会受损。从中期来看，价格上升的出口行业中的不流动要素会继续受益，而价格下降的进口行业中的不流动要素会进一步受损。流动要素（劳动力）的收益不确定。从长期来看（SS定理），贸易开放必定提高一个国家丰裕要素所有者的实际收入，同时必定降低一个国家稀缺要素所有者的实际收入。

国际贸易在对本国要素收益产生影响的同时，也影响贸易双方的收入差距。要素价格均等化理论指出，国际贸易通过产品价格的均等化，会导致要素价格的均等化，从而在世界范围实现资源的最佳配置。同时，由于要素价格的变动，国际贸易会影响一国收入的分配格局，即相对丰富要素的所有者会从国际贸易中获利，而相对稀缺要素的所有者会因贸易而受损。从技能溢价的角度来看，H-O理论认为发达国家拥有丰富的高技能劳动，而发展中国家拥有丰富的低技能劳动，国际贸易将会提高对发达国家高技能密集型产品的需求和对发展中国家低技能密集型产品的需求，从而发达国家高技能劳动者的相对工资上升。

美国经济学家里昂惕夫对要素禀赋理论的适用性进行检验，提出了里昂惕夫之谜。许多学者从人力资本、自然资源、要素密集度逆转和贸易壁垒的角度进行了解释。

关键术语

新古典国际贸易理论（Neoclassical International Trade Theory） 要素禀赋（factor endowment） 要素密集度（factor intensity） 资本密集型（capital-intensive） 劳动密集型（labor-intensive） 要素禀赋理论（Theory of Factor Endowment） 斯托尔珀-萨缪尔森定理（Stolper-Samuelson Theorem） 要素价格均等化理论（Factor Price Equalization Theorem） 里昂惕夫之谜（The Leontief Paradox） 非熟练劳动（unskilled labor） 熟练劳动（skilled labor） 要素密集度逆转（factor intensity reversal） 劳动力市场极化（labor market polarization）

基础训练

第3章即测即评

1. 根据表3-3与表3-4，试判断：

（1）哪个国家是资本相对丰裕的？

（2）哪个国家是劳动相对丰裕的？

（3）如果X是资本密集型产品，Y是劳动密集型产品，那么两国的比较优势如何？

表3-3 A国和B国的要素禀赋（一）

要素禀赋	A国	B国
劳动	45	20
资本	15	10

表3-4 A国和B国的要素禀赋（二）

要素禀赋	A国	B国
劳动	12	30
资本	48	60

2. 简述H-O模型的假设条件以及每个假设条件的含义。

3. 假设A、B两国生产技术相同且在短期内不变：生产1单位衣服需要的资本为1，需要的劳动力为3；生产1单位食品需要的资本和劳动力均为2。A国拥有160单位劳动和100单位资本；B国拥有120单位劳动和80单位资本。要求：

（1）哪个国家为资本丰裕的国家？

（2）哪种产品为劳动密集型产品？

（3）假设所有要素都被充分利用，计算各国各自最多能生产多少衣服或食品？

（4）假设两国偏好相同，两国间进行贸易，哪个国家出口衣服？哪个国家出口食品？

4. 对国际贸易模式的解释，李嘉图模型和H-O模型有何区别？

5. 中国大米和钢铁的投入成本份额见表3-5。假设随着世界其他国家需求状况的变化，大米相对于钢铁的价格上升，中国大米生产者为增加大米出口而扩大了大米的生产。要求：

表3-5 中国大米和钢铁投入成本份额

项　目	大米产出	钢铁产出	总GDP
总劳动投入	0.60	0.59	0.60
总土地投入	0.15	0.06	0.10
总资本投入	0.25	0.35	0.30
合　计	1.00	1.00	1.00

（1）如果大米和钢铁产业间的要素不能流动，谁受益？谁受损？

（2）如果大米和钢铁产业间的要素可以流动，谁受益？谁受损？

6. 按照要素价格均等化理论，自由贸易条件下的工人实际工资收入将与资本所有者的利息收入相等，请辨析是否正确，并说明理由。

案例分析

大力弘扬新时代北斗精神

2020年，北斗三号全球卫星导航系统正式开通，标志着我国建成了独立自主、开放兼容的全球卫星导航系统。习近平总书记指出："26年来，参与北斗系统研制建设的全体人员迎难而上、敢打硬仗、接续奋斗，发扬'两弹一星'精神，培育了新时代北斗精神，要传承好、弘扬好。"

新时代北斗精神的基本内涵是自主创新、开放融合、万众一心、追求卓越。作为我国自主创新的结晶，北斗系统的发展浓缩着我国科技创新的不凡之路。面对缺乏频率资源、没有自己的原子钟和芯片等难关，广大科技人员集智攻关，首获占"频"之胜、攻克无"钟"之困、消除缺"芯"之忧、破解布"站"之难，走出一条自主创新的发展道路。特别是北斗三号工程建设，攻克星间链路等160余项关键核心技术，推进500余种器部件国产化研制，实现核心器部件国产化率100%。关键核心技术是要不来、买不来、讨不来的，只有把关键核心技术牢牢掌握在自己手中，才能真正掌握竞争和发展的主动权，才能为发展自己、造福人类奠定坚实的技术基础。

北斗系统的发展既立足中国，又放眼世界。习近平总书记指出：中国愿同各国共享北斗系统建设发展成果，共促全球卫星导航事业蓬勃发展。中国北斗秉持和践行"世界北斗”的发展理念，在覆盖全球的基础上积极融入全球、用于全球。目前，北斗基础产品已出口120余个国家和地区，基于北斗的土地确权、精准农业、数字施工、智慧港口等在东盟、南亚、东欧、西亚、非洲等地区得到成功应用。坚持开放融合、协调合作、兼容互补、资源共享，从建成北斗一号系统向中国提供服务，到建成北斗二号系统向亚太地区提供服务，再到建成北斗三号系统向全球提供服务，中国北斗不断走向世界舞台。

北斗系统是党中央决策实施的国家重大科技工程，是我国迄今规模最大、覆盖范围最广、服务性能最高、与百姓生活关联最紧密的巨型复杂航天系统。完成这项世界级工程，必须充分发挥集中力量办大事的制度优势。“积力之所举，则无不胜也；众智之所为，则无不成也。”400多家单位、30余万名科研人员参与研制建设，广大人民群众鼎力支持，从总体层到系统层，从管理线到技术线，从建设口到应用口，从设计方到施工方，不同类型、不同隶属的单位有机融为一体，汇聚起万众一心的磅礴力量。

干惊天动地伟业，既需要敢为人先的凌云壮志，又需要精雕细刻的“绣花”精神。北斗系统正式开通，彰显出中国速度、中国精度、中国气度，这离不开北斗人追求卓越的精气神。航天工程牵一发而动全身，一个小问题就有可能影响甚至决定整个大工程。在第九颗北斗三号卫星某关键单机测试中，发现一个关键指标超标。超标值虽小于1纳秒，即小于十亿分之一秒，但为了消除这个误差，整个团队停了下来，认真研究攻关，直至问题解决。正是这种精益求精、追求极致的精神，确保北斗系统建设取得成功。

精神无形，却能激发出无穷的力量。我们要大力弘扬新时代北斗精神，以奋发有为的精神状态、不负韶华的时代担当、实干兴邦的决心意志，不断书写中国特色社会主义事业新的辉煌。

资料来源　王玉鹏. 大力弘扬新时代北斗精神［N］. 人民日报，2020-08-21（9）.

问题：结合新时代北斗精神讨论核心技术对国际贸易分工的影响。

第 4 章
现代贸易理论

学习目标

通过本章的学习，你应该：了解现代贸易理论与传统国际贸易理论的不同之处；掌握产业内贸易、重叠需求、规模经济等主要概念；掌握不完全竞争和规模经济的核心内容，熟悉其分析逻辑；了解IIT指数及相关计算；熟悉国家竞争优势理论、产品生命周期理论和新新贸易理论。

引例

形成创新网络　优化资源配置　不断提升产业集群竞争力

产业集群是现代产业发展的重要组织形式，不仅是地区经济发展的主导力量，而且是国际经济竞争的战略性力量。习近平同志在党的二十大报告中强调："推动战略性新兴产业融合集群发展，构建新一代信息技术、人工智能、生物技术、新能源、新材料、高端装备、绿色环保等一批新的增长引擎。""加快发展数字经济，促进数字经济和实体经济深度融合，打造具有国际竞争力的数字产业集群。"为此，必须深化对产业集群的认识，把握我国产业集群发展的阶段性特征，不断提升我国产业集群竞争力。

历史上，产业集群曾为各国经济发展作出过巨大贡献。现代经济学认为，产业集群是指在一定区域范围内，以市场为导向，以中小企业为主体，产品集中生产、专业化协作配套的企业以及各种相关机构、组织等集聚发展的经济现象。与分散的产业发展模式相比，产业集群能够实现规模效应、集聚效应，降低生产成本和交易成本，从而形成竞争优势。不仅如此，产业集群内各企业之间的竞争合作还能激发创新活力，推动企业技术创新、组织创新和制度创新。产业集群通过空间集聚而形成的持续竞争优势，成为很多地区和国家经济发展的强大支撑。

改革开放以来，依靠低成本、低价格等比较优势，我国产业集群在世界产业发展格局中成功实现了由弱到强的历史性飞跃。但也应看到，2008年全球金融危机爆发后，国际产业竞争形势发生重大变化，加上我国劳动力、土地以及资源环境成本快速上升，传统产业集群赖以生存发展的低成本优势被严重削弱。同时，美国、德国等老牌工业强国先后提出再工业化、工业4.0战略，纷纷在先进制造业上发力。这些因素使我国产业集群竞争力面临严峻挑战：一方面，传统产业深度调整，产业集群竞争力有所下降；另一方面，现代产业集群竞争力源泉尚未充分激活，新的竞争优势还未形成。综合分析国内、国际形势，增强我国产业集群竞争优势，亟须实现产业集群竞争力源泉从以低成本投入为主转变为以创新驱动和优化资源配置为主。

形成创新网络，推动产业集群发展动力变革。创新是引领发展的第一动力，是提升产业集群竞争力的根本途径。目前，以资源高投入和高消耗、标准化大规模生产、效率至上为特征的传统产业体系呈现向更节约、更高效、更清洁、更惠民的现代产业体系转变的发展态势，提升产业集群竞争力必须依靠创新驱动。应建立以企业为主体、以市场为导向、产学研深度融合的技术创新体系，特别是充分发挥产业集群集聚发展、协力创新的优势，加快形成创新网络。加强对技术研发潜力大的产业集群的支持，依托重点骨干企业建立产业共性技术平台，加强核心领域关键技术攻关，不断促进技术外溢与转移，既提升产业技术水平，又增强协同创新能力。积极参与或主导标准制定，加强知识产权保护，提升产业集群整体创新能力，推动中国创造向全球产业链、价值链高端跃升。

优化资源配置，营造产业集群创新发展良好环境。进一步深化经济体制改革，完善市场运行机制和价格机制，健全产权制度，规范市场秩序，充分发挥市场在资源配置中的决定性作用，着力营造公平竞争、优胜劣汰的市场环境。遵循产业发展规律，科学制定区域产业发展规划，创新产业组织制度，优化产业结构和空间布局，避免区域产业趋同和重复建设。吸引企业向园区集中，扩大集群规模，加强产业集群内企业和相关机构、组织的经济联系和技术合作，着力培育和发挥产业集群的核心优势。

资料来源 董珍. 不断提升产业集群竞争力［N］. 人民日报，2018-04-02（7）.

第2章和第3章介绍了曾占主流地位的古典国际贸易理论与新古典国际贸易理论，二者被统称为传统国际贸易理论。其主要假设是市场结构为完全竞争市场、规模报酬不变、企业和产品是同质的，并且认为各国按照资源禀赋差异形成的不同比较优势进行贸易。该理论很好地解释了国家间和产业间贸易。20世纪六七十年代，国际贸易理论的发展进入一个相对平缓的时期，要素禀赋理论已经日臻完善，在国际贸易理论中占据绝对统治地位。同时，要素禀赋相似的发达国家之间的贸易量大大增加，并逐渐成为占主体的国际贸易形式。同时，国际贸易出现了许多新的现象：①同类产品之间的贸易量大大增加；②产业领先地位不断转移；③发达工业国家间的贸易量大大增加。以上现象在传统国际贸易理论框架下难以得到解释，迫使一些学者脱离贸易理论发展的“主航道”，从其他方面来探讨国际贸易的新基础。20世纪60年代以来，围绕战后国际贸易的新特点，经济学家们提出来一些新的学说用以解释这个现象，并逐渐形成了与古典和新古典贸易理论不同的现代贸易理论，包括产业内贸易理论、林德（S. B. Linder）的需求偏好相似理论、保罗·克鲁格曼（Paul R. Krugman）的规模经济理论等。

现代贸易理论对传统国际贸易理论假设的改进主要体现在两个方面：①放宽企业规模报酬不变的假设，假定企业是规模报酬递增的；②放宽市场结构是完全竞争市场的假设，假定市场结构为垄断竞争市场。在建立现代贸易理论体系方面有主要贡献的经济学家有克鲁格曼、格鲁贝尔（H. G. Grubel）、劳埃德（P. J. Lloyd）和林德等人。他们分别从需求和技术变化等不同角度探讨了当代国际贸易中产生的新现象。

4.1 产业内贸易理论

4.1.1 概念和分类

传统国际贸易理论认为贸易的基础是各国或地区之间产品生产的比较优势，即国际贸易的根源在于各国不同产品生产方面的差异，包括技术的差异（李嘉图模型）或固有的资源禀赋的差异（H-O模型）。根据比较优势理论，如果一国或地区参与国际贸易，通常出口其相对生产成本较低的产品，而进口其相对生产成本较高的产品。根据这一理论，我们只会在现实生活中看到产业间贸易（inter-industry trade），即一国或地区出口某些产品是为了进口其他一些完全不同的产品。

诚然，许多贸易属于产业间贸易，比如农产品和制成品，但也存在大量的产业内贸易（intra-industry trade，IIT），即一国或地区的某种产业既出口又进口该产业的产品[①]（产品种类之间的替代性强，以至于它们被划分到同一产业）。表4-1提供了一些美国产品的产业内贸易的例子。比如，美国对香水和化妆品这两类产品的出口量与进口量相差不多。此外，由于跨国公司的兴起和快速发展，国际贸易的很大一部分贸易是在跨国公司的子公司和子公司、子公司和母公司之间进行的。这种跨国公司利用特殊优势所形成的内部化交易机制被称为内部市场；与此相对应，买卖双方独立进行交易所形成的市场被称为外部市场。由此，产业内贸易可以更精确地表述为：同一产业内的产品，主要是制成品通过外部市场与内部市场在不同的国家或地区间的双向流动。

产业内贸易主要有以下两个特点：

①进口和出口的产品具有非常高的相互替代性，从使用价值的角度考虑，进出口产品之间并没有大的差异。

②进口国和出口国在该产品的生产能力方面并无大的差别。贸易往往在生产力发展程度、人均国民收入水平等条件接近的国家之间进行。

产业内贸易首先表现为差异产品的贸易。所谓差异产品，是指相似但不完全相同，也不能完全替代的产品。差异产品一般分为三类：水平差异产品、垂直差异产品和技术差异产品。产品差异的类型不同，引起的产业内贸易的原因也不同。

1. 水平差异

水平差异（horizontal differentiation）是指同一类产品具有一些相同的属性，但这些属性的不同组合会使产品产生差异。从水平差异分析，产业内贸易产生的原因是消费者偏好，即消费者的需求是多样化的。当不同国家的消费者对彼此的同类产品的不同品种产生相互需求时，就可能出现产业内贸易。

2. 垂直差异

垂直差异（vertical differentiation）是指产品品种上的差异。从垂直差异产品看，产业内贸易产生的原因主要是消费者对产品档次需求的差异。这种差异主要取决于个人收入差

① 黄卫平，彭刚. 国际经济学简明教程［M］. 3版. 北京：中国人民大学出版社，2019：58.

异，收入高的消费者偏好高档产品，而收入低的消费者只能偏好中低档产品。为了满足不同层次的消费，就可能出现高收入国家进口高档产品和低收入国家进口中低档产品的产业内贸易。

3. 技术差异

技术差异（technical differentiation）是指技术水平提高带来的差异，也就是新产品出现带来的差异。从技术差异产品看，产业内贸易产生的原因主要是产品存在生命周期。先进工业国技术水平高，不断推出新产品，而后进国家主要生产标准化的技术含量不高的产品，因而处于不同生命周期阶段的同类产品会发生产业内贸易。①

4.1.2　产业内贸易指数

1. 产业内贸易指数的衡量

产业内贸易有多重要，可以用以下公式来量化一国某种产品产业内贸易在贸易总额中的数量：

$$X_i + M_i = \left|X_i - M_i\right| + IIT_i \tag{4-1}$$

式中：X_i为i产业的出口额；M_i为i产业的进口额；IIT_i为i产业的产业内贸易的数量。该公式将贸易总额（$X_i + M_i$）分成两部分：

第一个组成部分是$\left|X_i - M_i\right|$，是指某类产品出口价值与进口价值之差，表示净贸易（net trade）。②净贸易不是产业内贸易，净贸易额衡量的是这类产品在国家的产业间贸易的重要性，表明哪些产品是（净）出口的，而哪些产品是（净）进口的。在计算中我们约定俗成，如果该产品是净出口，则净贸易额为正值；如果该产品是净进口，则净贸易额为负值。

第二个组成部分是产业内贸易的数量，为总贸易额与净贸易额之差。

由此，公式（4-1）可调整为：

$$IIT_i = \left(X_i + M_i\right) - \left|X_i - M_i\right| \tag{4-2}$$

但是直接通过IIT_i来比较产业内贸易在不同产品或不同国家的重要性不具有可比性，因为各国总贸易额不一样，衡量一个国家的产业内贸易水平的测度方法中最具权威的是1975年美国经济学家格鲁贝尔和洛伊德提出的G-L测量方法。其公式如下：

$$GL_i = 1 - \left|X_i - M_i\right| / \left(X_i + M_i\right) \tag{4-3}$$

式中：GL_i表示i产业的产业内贸易水平指数，衡量了产业内贸易占总贸易额的比重，取值范围为[0，1]。产业内贸易指数GL_i越大，表示产业内贸易水平越高、产业间贸易水平越低。一般认为，当$GL_i > 0.5$时，产业内贸易是两国之间的主导贸易模式；反之，以产业间贸易为主导。

若需要测定统计指标的上一层级产业类别或者测定一国的产业内贸易平均水平，则有：

① 张碧琼．国际资本流动与对外贸易竞争优势［M］．北京：中国发展出版社，1999：110-112.
② 普格尔．国际贸易［M］．沈艳枝，译．17版．北京：中国人民大学出版社，2021：87.

$$GL = 1 - \sum_{i=1}^{n}\left|X_i - M_i\right| / \sum_{i=1}^{n}\left(X_i + M_i\right) \tag{4-4}$$

表4-1显示的是根据不同数据计算出的结果。2009年，在美国，7种产品类别中有6种产品（即除大型飞机以外的所有产品）的产业内贸易都超过该产品贸易总额的一半。

表4-1　2009年美国部分产品的产业内贸易　金额单位：百万美元

项　目	出口（X）	进口（M）	总贸易额（X+M）	净贸易额（X-M）	产业内贸易	GL指数
香水（55310）*	1 267	1 350	2 617	（-）83	2 534	96.8
化妆品（55320）	2 779	1 919	4 698	（+）860	3 838	81.7
家用洗衣机（77511）	159	226	385	（-）67	318	82.6
微型电路（77640）	29 165	16 486	45 651	（+）12 679	32 972	72.2
汽车（78120）	27 978	82 061	110 039	（-）54 083	55 956	50.9
大型民用飞机（79240）	27 633	5 776	33 409	（+）21 857	11 552	34.6
数码相机（88111）	279	161	440	（+）118	322	73.2

注：*圆括号中为《国际贸易标准分类》（第三版）中的5位商品编码。

资料来源　UNITED NATIONS. UN comtrade database［EB/OL］.［2022-03-15］. https://comtrade.un.org/db/.

从内部结构看，产业内贸易可细分为以产品属性差异为特征的水平型产业内贸易（horizontal intra-industry trade，HIIT）和以产品质量差异为特征的垂直型产业内贸易（vertical intra-industry trade，VIIT），汤姆和麦克杜威尔（1999）设计的如下公式可以从动态视角分别对两种产业内贸易指数进行计算：①

$$HIIT_j = \sum_{i=1}^{n}\frac{\left|\Delta X_{ij} + \Delta M_{ij}\right|}{\sum_{i=1}^{n}\left|\Delta X_{ij}\right| + \left|\Delta M_{ij}\right|} \times \left(1 - \frac{\left|\Delta X_{ij} - \Delta M_{ij}\right|}{\left|\Delta X_{ij}\right| + \left|\Delta M_{ij}\right|}\right) \tag{4-5}$$

$$VIIT_j = 1 - \frac{\left|\sum_{i=1}^{n}\Delta X_{ij} - \sum_{i=1}^{n}\Delta M_{ij}\right|}{\sum_{i=1}^{n}\left|\Delta X_{ij}\right| + \sum_{i=1}^{n}\left|\Delta M_{ij}\right|} - HIIT \tag{4-6}$$

式中：$HIIT_j$和$VIIT_j$分别为一国与j国之间的水平型产业内贸易指数和垂直型产业内贸易指数；ΔM_{ij}表示i产品的进口额变化量；ΔX_{ij}为i产品的出口额变化量。当$HIIT_j$指数高于$VIIT_j$指数时，产业内贸易额的增长主要由水平型产业内贸易引起；反之，由垂直型产业内贸易引起。

① THOM R，MCDOWELL M. Measuring marginal intra-industry trade［J］. Review of World Economics（Weltwirtschaftliches Archiv），1999，135（1）：48-61.

2. 产业内贸易指数的实践

下面通过罗列中国与“一带一路”沿线国家的农产品产业内贸易指数，来观测近年来我国产业内贸易的大体特征。

根据GL指数测算公式和《商品名称及编码协调制度》各章的农产品分类标准，分别计算出2006—2018年中国与“一带一路”沿线国家农产品产业内贸易指数和2018年中国与“一带一路”沿线国家分类别农产品产业内贸易指数，具体见表4-2和表4-3。

表4-2　2006—2018年中国与“一带一路”沿线国家农产品产业内贸易指数

国家	2006	2007	2008	2009	2010	2011	2012	2013	2014	2015	2016	2017	2018
泰国	0.28	0.32	0.45	0.29	0.49	0.54	0.43	0.51	0.45	0.53	0.55	0.53	0.51
马来西亚	0.05	0.04	0.05	0.07	0.08	0.06	0.08	0.09	0.12	0.18	0.20	0.19	0.27
菲律宾	0.26	0.28	0.36	0.36	0.29	0.28	0.39	0.38	0.27	0.26	0.29	0.29	0.30
印度尼西亚	0.08	0.06	0.07	0.10	0.09	0.10	0.12	0.13	0.15	0.13	0.12	0.16	0.17
越南	0.44	0.45	0.64	0.66	0.61	0.55	0.56	0.54	0.48	0.56	0.49	0.41	0.47
新加坡	0.20	0.22	0.19	0.16	0.20	0.21	0.25	0.26	0.23	0.21	0.24	0.26	0.33
韩国	0.13	0.14	0.19	0.20	0.20	0.23	0.21	0.24	0.24	0.27	0.30	0.29	0.27
蒙古国	0.11	0.13	0.07	0.04	0.06	0.10	0.12	0.12	0.15	0.13	0.18	0.16	0.22
巴基斯坦	0.06	0.10	0.22	0.16	0.18	0.30	0.38	0.36	0.33	0.18	0.23	0.39	0.27
孟加拉国	0.01	0.01	0.03	0.01	0.02	0.02	0.04	0.03	0.03	0.02	0.02	0.03	0.04
哈萨克斯坦	0.01	0.04	0.01	0.03	0.12	0.04	0.06	0.02	0.16	0.14	0.04	0.03	0.03
土耳其	0.27	0.22	0.20	0.22	0.21	0.30	0.26	0.28	0.30	0.31	0.31	0.36	0.38
白俄罗斯	0.02	0.15	0.01	0.22	0.03	0.01	0.02	0.02	0.02	0.04	0.02	0.01	0.01
俄罗斯	0.08	0.08	0.08	0.16	0.15	0.13	0.20	0.22	0.31	0.17	0.19	0.33	0.25
乌克兰	0.03	0.03	0.10	0.11	0.07	0.05	0.06	0.03	0.02	0.01	0.01	0.02	0.06
波兰	0.12	0.12	0.11	0.13	0.18	0.19	0.17	0.12	0.12	0.16	0.18	0.22	0.26
匈牙利	0.04	0.10	0.13	0.06	0.09	0.12	0.16	0.15	0.21	0.10	0.08	0.17	0.34
罗马尼亚	0.01	0.00	0.01	0.01	0.04	0.02	0.13	0.05	0.02	0.16	0.12	0.10	0.14
南非	0.24	0.23	0.19	0.24	0.21	0.23	0.23	0.20	0.21	0.19	0.16	0.22	0.23
新西兰	0.12	0.10	0.09	0.06	0.06	0.05	0.05	0.03	0.03	0.05	0.05	0.05	0.05

资料来源　李豫新，王昱心．中国与“一带一路”沿线国家农产品产业内贸易影响因素实证分析［J］．价格月刊，2021（2）：21-29.

表4-3　2018年中国与“一带一路”沿线国家分类别农产品产业内贸易指数

国　家	第一类	第二类	第三类	第四类
泰国	0.39	0.49	0.65	0.68
马来西亚	0.36	0.16	0.12	0.48
菲律宾	0.12	0.45	0.14	0.24
印度尼西亚	0.36	0.26	0.01	0.34
越南	0.34	0.43	0.82	0.75
新加坡	0.16	0.02	0.88	0.43
韩国	0.13	0.11	0.34	0.41
蒙古国	0.62	0.08	0.07	0.07
巴基斯坦	0.00	0.10	0.00	0.30
哈萨克斯坦	0.23	0.01	0.00	0.08
孟加拉国	0.07	0.00	0.00	0.00
土耳其	0.62	0.16	0.44	0.72
白俄罗斯	0.00	0.05	0.01	0.01
俄罗斯	0.21	0.09	0.03	0.55
乌克兰	0.27	0.02	0.00	0.22
波兰	0.26	0.31	0.16	0.25
匈牙利	0.00	0.07	0.77	0.29
罗马尼亚	0.04	0.14	0.18	0.22
南非	0.39	0.02	0.26	0.37
新西兰	0.01	0.10	0.23	0.15

资料来源　李豫新，王昱心．中国与“一带一路”沿线国家农产品产业内贸易影响因素实证分析［J］．价格月刊，2021（2）：21-29.

从表4-3中可以看出，中国与“一带一路”沿线国家的农产品产业内贸易水平呈现出以下特征：

（1）农产品产业内贸易水平总体较低

由表4-2可知，中国与泰国、越南两国的农产品产业内贸易指数的最低值分别为0.28和0.41，峰值则分别达到0.55和0.66，表明中国与这两个国家的农产品贸易模式在产业间贸易和产业内贸易中交替变化。中国与俄罗斯、南非等其余18个“一带一路”沿线国家各年的农产品产业内贸易指数均低于或显著低于0.5，说明中国与这些国家的农产品产业内贸易的发展还处于较为滞后的状态。特别是中国与孟加拉国的农产品产业内贸易指数最高仅为0.04，产业内贸易水平很低，未来还存在巨大的提升空间。当前，中国与“一带一路”沿线国家的农产品贸易更多地还是依据资源优势而开展，主要目的在于取长补短、各取所需，并未在充分考虑贸易持久性的基础上有意识地进行同类产品的双向贸易，这就导致了双边农产品产业内贸易水平整体较低的情况。①

（2）农产品产业内贸易水平呈上升趋势

从表4-2中可看出，2006—2018年，除了与白俄罗斯、南非以及新西兰的农产品产业内贸易指数分别降低了0.01、0.01和0.07之外，中国与其余17个“一带一路”沿线国家的农产品产业内贸易指数均有小幅度的提升或较为明显的提升，农产品产业内贸易水平总体呈现出波动上升的趋势。其中，中国与泰国的农产品产业内贸易指数由2006年的0.28逐步提升至2018年的0.51，完成了由以产业间贸易为主导向以产业内贸易为主导的转变，农产品产业内贸易水平提升最为显著。在“一带一路”框架下，中国与沿线国家的互联互通水平不断提升，各种贸易壁垒被逐渐打破，开展农产品贸易往来有着日益便利的条件，一定程度上提升了双边农产品的产业内贸易水平。

（3）分类别农产品的产业内贸易水平整体上低于产业间贸易

由表4-3可知，2018年中国与蒙古国、土耳其第一类农产品（活动物；动物产品）的产业内贸易指数达到0.62，有较高的产业内贸易水平，而与其余18个沿线国家该类产品的产业内贸易指数都处在0.5以下，产业内贸易发展还较为滞后；在第二类农产品（植物产品）的贸易中，中国与20个“一带一路”沿线国家的产业内贸易指数均低于或远低于0.5，表现为单向的产业间贸易；在第三类农产品（动、植物油、脂及其分解产品；精制的食用油脂；动、植物蜡）的贸易中，中国与泰国、越南、新加坡及匈牙利的产业内贸易指数分别达到了0.65、0.82、0.88和0.77，以产业内贸易为主导贸易模式，而与其余16个国家均是以产业间贸易为主；从第四类农产品（食品；饮料、酒及醋；烟草、烟草及烟草代用品的制品）的贸易看，中国仍仅与少数沿线国家（泰国、越南、土耳其、俄罗斯）的产业内贸易指数超过了0.5的分界点，而与多数国家并未表现出明显的产业内贸易特征。整体来看，表中的测度结果在一定程度上反映了中国与“一带一路”沿线国家农产品资源上的差别，未来中国有必要进一步通过加强农业政策补贴、深化与沿线各国农业交流合作等方式平衡资源，促进农产品贸易的良性发展。

表4-4根据产业内贸易HIIT指数和VIIT指数分别测算了2006—2018年中国与“一带一路”沿线国家不同时间段的农产品水平型产业内贸易指数和垂直型产业内贸易指数，用以说明产业内贸易的内部结构状况。从计算结果中可以看出，中国与泰国、菲律宾、越南、韩国、土耳其、波兰、匈牙利以及南非等国的农产品水平型产业内贸易指数在个别时期高于垂直型产业内贸易指数，表明这一时期水平型产业内贸易是拉动双边农产品产业内贸易额增长的主要力量，贸易中的农产品主要表现为规格、包装等属性方面的差异，而其余时期的垂直型产业内贸易指数相对更高，说明以产品质量差异为特征的垂直型产业内贸易在更大程度上带动了产业内贸易额的增长。除此之外，中国与马来西亚、印度尼西亚等12个“一带一路”沿线国家在各时间段的农产品水平型产业内贸易指数都低于同时期的垂直型产业内贸易指数，即中国与这些国家农产品产业内贸易额的增量均主要由垂直型产

① 李豫新，王昱心．中国与“一带一路”沿线国家农产品产业内贸易影响因素实证分析［J］．价格月刊，2021（2）：21-29.

业内贸易引起，所交换的农产品主要表现为品质、价格等方面的差异。

表4-4　2006—2018 年中国与“一带一路”沿线国家农产品HIIT指数和VIIT指数

国家	2006—2008		2008—2010		2010—2012		2012—2014		2014—2016		2016—2018	
	HIIT	VIIT	HIIT	VIIT	HIIT	VIIT	HIIT	VIIT	HIIT	VIIT	HIIT	VIIT
泰国	0.25	0.32	0.42	0.17	0.26	0.53	0.17	0.70	0.17	0.09	0.14	0.28
马来西亚	0.02	0.26	0.06	0.29	0.07	0.70	0.07	0.28	0.05	0.46	0.12	0.59
菲律宾	0.20	0.31	0.21	0.71	0.41	0.16	0.08	0.89	0.05	0.09	0.19	0.56
印度尼西亚	0.04	0.28	0.12	0.36	0.10	0.29	0.08	0.50	0.10	0.67	0.13	0.38
越南	0.40	0.27	0.45	0.18	0.25	0.37	0.15	0.37	0.27	0.57	0.23	0.41
新加坡	0.14	0.84	0.02	0.64	0.29	0.55	0.17	0.22	0.07	0.68	0.14	0.65
韩国	0.04	0.84	0.06	0.79	0.21	0.41	0.23	0.31	0.21	0.49	0.24	0.21
蒙古国	0.05	0.16	0.02	0.89	0.04	0.41	0.16	0.71	0.06	0.30	0.16	0.67
巴基斯坦	0.16	0.65	0.09	0.46	0.08	0.18	0.01	0.73	0.13	0.71	0.06	0.68
哈萨克斯坦	0.01	0.28	0.12	0.75	0.10	0.13	0.32	0.33	0.16	0.71	0.03	0.91
孟加拉国	0.05	0.49	0.01	0.30	0.04	0.55	0.03	0.85	0.02	0.58	0.01	0.97
土耳其	0.10	0.10	0.04	0.92	0.26	0.52	0.13	0.86	0.11	0.24	0.25	0.23
白俄罗斯	0.00	0.27	0.01	0.84	0.00	0.63	0.01	0.32	0.06	0.88	0.01	0.36
俄罗斯	0.06	0.27	0.23	0.64	0.20	0.47	0.04	0.35	0.00	0.26	0.10	0.16
乌克兰	0.01	0.20	0.06	0.58	0.03	0.72	0.00	0.03	0.00	0.06	0.08	0.88
波兰	0.05	0.03	0.03	0.82	0.08	0.72	0.09	0.47	0.04	0.62	0.21	0.70
匈牙利	0.06	0.29	0.09	0.33	0.05	0.89	0.12	0.76	0.03	0.11	0.22	0.20
罗马尼亚	0.02	0.27	0.01	0.30	0.10	0.39	0.21	0.43	0.01	0.86	0.04	0.52
南非	0.20	0.30	0.21	0.14	0.14	0.70	0.08	0.17	0.04	0.72	0.10	0.36
新西兰	0.07	0.27	0.04	0.05	0.02	0.04	0.01	0.05	0.01	0.32	0.04	0.05

资料来源　李豫新，王昱心. 中国与“一带一路”沿线国家农产品产业内贸易影响因素实证分析［J］. 价格月刊，2021（2）：21-29.

拓展阅读4-1

总体来看，垂直型产业内贸易指数在大多数时期占据上风，表明中国与20个“一带一路”沿线国家农产品产业内贸易的发展主要是借助产业内垂直分工来实现的。自然资源及经济发展水平等方面的差异决定了中国与沿线各国的农产品存在先天品质与后天加工技术上的差别，故双边交换的农产品可能在质量、价格方面呈现出差异性特征，使得垂直型产业内贸易成为双边农产品产业内贸易的主要形式。

4.2 需求偏好相似理论[①]

前文介绍了产业内贸易的相关理论与计算公式，本部分将从需求角度探讨产业内贸易产生的原因。

4.2.1 基本观点与假设条件

需求相似理论（Theory of Demand Similarity）又称偏好相似理论（Theory of Preference Similarity）或重叠需求理论（Theory of Overlapping Demand），是瑞典经济学家斯戴芬·伯伦斯坦·林德（Staffan Burenstam Linder）于1961年在其论文《论贸易的转变》中提出的。该理论的核心思想是：两国之间贸易关系的密切程度是由两国的需求结构与收入水平决定的。[②]

1. 基本观点

林德认为国际贸易是国内贸易的延伸，产品的出口结构、流向及贸易量的大小由本国的需求偏好所决定，而一国的需求偏好又由该国的平均收入水平所决定。这是因为三个方面的原因：

① 一种产品的国内需求是其能够出口的前提条件。换句话说，出口只是国内生产和销售的延伸，因为一国的厂商进行生产首先总是为了满足国内市场的代表性需求，即总是首先为自己所熟悉的国内市场而创新、生产。只有国内正在生产的（为了满足国内市场需求而生产的）产品才有可能出口，即国内的需求决定了一国的潜在出口产品。那些纯粹为了满足国际市场需求而生产的产品，大多是由外资生产的。企业不可能去生产一个国内不存在扩大需求的产品。[③]

② 影响一国需求结构的最主要因素是平均收入水平。高收入国家对技术水平高、加工程度深、价值较大的高档商品的需求较大，而低收入国家以低档商品的消费为主，以满足基本生活需求。所以，收入水平可以作为衡量两国需求结构或偏好相似程度的指标。平均收入水平越高，对消费的需求的质和量都会提高，对先进的资本设备的需求越高。因此，两国人均收入相同，需求偏好相似，两国间贸易范围可能最大。如果人均收入水平相差较大，需求偏好相异，两国贸易则会存在障碍。

③ 两国之间都有共同需求品质的情形，我们称之为存在重叠需求。两国消费偏好越相似，则其需求结构越接近，或者说需求结构重叠的部分越大。重叠需求是两国开展国际贸易的基础，需求品质处于这一范围的产品，两国均可进口和出口。若两国中一国具有某种产品的比较优势，而另一国没有对这种产品的需求，则两国无贸易发生。因此，各国应当出口那些拥有巨大国内市场的制成品，即大多数人需要的产品。一国在满足这样一个市场需求的过程中，可以从具有相似偏好和收入水平的国家获得出口该类产品所必需的经验和效率，具有相似偏好和收入水平的国家之间的贸易量是最大的。

① 薛敬孝，佟家栋，李坤望. 国际经济学［M］. 北京：高等教育出版社，2000：80-82.
② 李坤望. 国际经济学［M］. 4版. 北京：高等教育出版社，2017：78.
③ 黄卫平，彭刚. 国际经济学简明教程［M］. 3版. 北京：中国人民大学出版社，2019：63.

基于该理论，企业首先应选择国内市场巨大的产业进行出口贸易，同时最有可能发生在偏好相似的国家之间（往往是相邻国家市场），因此，国际化经营往往表现为渐进式。渐进式国际化经营的产业往往是国内外需求偏好相似的产业。根据林德的理论，国际贸易被视为国内贸易的延伸，因此，产业一开始往往表现为国内经营，待国内市场饱和后或因偶然机会（被动地）才向外延伸到国际市场，根据需求相似理论，首先选择的是相邻国家市场，而后才是全球市场。

综上，林德认为，两个国家的需求结构越相似，两国之间存在的潜在贸易规模就越大。由于人均收入与产品需求之间存在很强的相关关系，因而需求的相似性也可以用人均收入水平的相似性来代替。这样，林德的需求相似理论也可以表述为：两国人均收入水平越相似，则其需求结构越相似，从而两国发生贸易的可能性也就越大。[①]

2. 假设条件

需求相似理论有以下三个假设条件：

① 国内生产的产品有富余，有能力向国外出口产品。

② 需求结构不同（或称消费者行为假设）：假设在一国之内，需求由消费者的收入水平决定。不同收入阶层的消费者偏好不同，收入越高的消费者就越偏好奢侈品，收入越低的消费者就越偏好必需品；如果消费者收入水平相同，则其偏好也相同。一般情况下，一国对该国平均档次的产品的需求量最大，其成为代表性需求。

③ 两国需求重叠：厂商根据消费者的收入水平与需求结构来决定其生产方向与内容，而生产的必要条件是对其产品有效需求的存在。如果两国的平均收入水平相近，则两国的需求结构也必定相似；反之，如果两国的收入水平相差很大，则两国的需求结构也必定存在显著的差异。

4.2.2 重叠需求与国际贸易

根据上面的基本假设，如果两国的平均收入水平相近，则两国的需求结构必定相似，两国之间进行贸易的基础也就越雄厚。例如，若A、B两国的需求结构相同，则对任意一个国家的厂商来说，它会发现对其产品的需求，除了来自国内之外，还来自国外，那么通过贸易（出口）来扩大其产品的有效需求、获取更多的利润，是一种自然的选择。反之，如果两国的收入水平相差很大，则它们的需求结构也必然存在显著的差异。例如，欧美的一些高收入国家的收入水平比较接近，打高尔夫比较普及，因此对高尔夫球的需求量比较大。而在非洲的一些低收入国家里，虽有少数富人有能力进行这种运动，但高尔夫不是最具代表性的需求，这些国家的人民普遍大量需要的是生活必需品。

在图4-1中，横轴表示一国的人均收入水平（y），纵轴表示消费者所需的某种商品的品质等级（q）。所需的商品越高档，其品质等级就越高；人均收入水平越高，消费者所需商品的品质等级也就越高。[②]可用OP线来表示两者的关系。如图所示，假设y_A和y_B分别表示A、B两国的人均收入水平，则A国所需商品的品质等级处于以D为基点、上限点为F、下限点为C的范围内，B国所需商品的品质等级处在以G为基点、上下限点分别为H和E

① 冯德连．国际经济学［M］．4版．北京：中国人民大学出版社，2019：76.
② 冯德连．国际经济学［M］．4版．北京：中国人民大学出版社，2019：76.

的范围内。对两国来说，落在各自范围之外的物品或者太高档，或者太低劣，其不能或不愿购买。图 4-1 中，A 国的品质等级处于 C 和 E 之间的商品、B 国的品质等级处于 F 和 H 之间的商品，均只有国内需求，没有国外需求，因此不可能成为贸易品。但品质等级处于 E 和 F 之间的商品，在两国均有需求，即存在重叠需求，这种重叠需求是两国开展贸易的基础，品质等级处于这一范围内的商品，A、B 两国均可输出或输入。

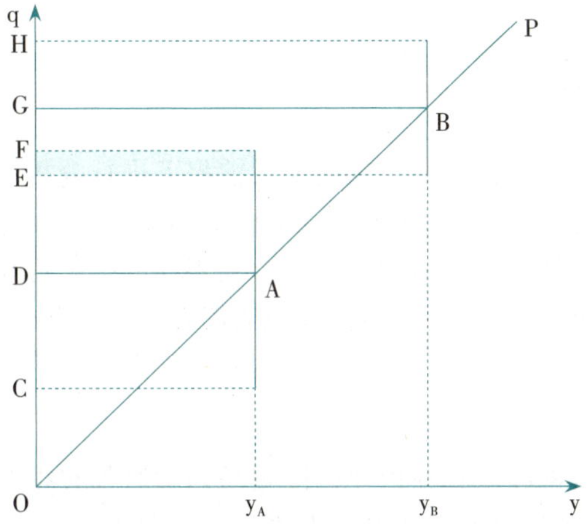

图4-1　收入水平与消费结构之间的关系

资料来源　李坤望. 国际经济学［M］. 4版. 北京：高等教育出版社，2017：78.

由以上分析可知，两国人均收入水平越接近，重叠需求的范围就越大，两国重复需要的商品都有可能成为贸易品。因此，人均收入水平越接近的国家，其之间的贸易关系也就可能越密切。反之，如果人均收入水平相差甚远，两国之间重复需要的商品可能很少，甚至不存在，因此贸易的密切程度也就很小。按照重叠需求理论，随着各国人均收入水平的不断提高，新的重复需要的商品也会不断出现，贸易随之扩大，贸易中的新品种也逐渐增多。

贸易的流程可以表述为：一国人均收入水平提高→对工业制成品尤其是奢侈品的需求增加（恩格尔定律）→带动本国工业制成品生产增加，结果产量的增加超过了需求的增加，从而有能力出口→对于这类产品，只有收入水平相近的国家才会有较多的需求，因而出口对象国是人均收入水平相近、需求相似的国家，这样就使得两国间贸易量增大。

不过，林德曾指出初级产品的贸易源于自然资源禀赋的差异，所以初级产品的需求与收入水平无关。因此，他认为重叠需求理论主要适用于解释工业品或制成品之间的贸易。即使生产国缺少国内需求，也可以成为出口国，即初级产品的贸易可以在人均收入水平相差很大的国家之间进行，所以可以用要素禀赋理论来说明初级产品的贸易。而工业品或制成品的品质差异较明显，其消费结构与一国的人均收入水平关系很密切，从需求方面看，发生在工业品或制成品之间的贸易与两国的发展水平或人均收入水平有密切关系。因此，重叠需求理论适合解释工业品或制成品贸易。另外，发达国家的人均收入水平较高，它们互相间对工业品的重复需要范围较大，因此，工业品贸易应主要发生在人均收入水平比较接近的发达国家之间。林德的理论从偏好相似和重叠需求的角度，对发达国家之间的北-

北贸易的快速发展作出了解释。他曾经认为：瑞典这样的国家应该专门生产高质量产品，并专门向世界各国少部分高收入阶层出口产品。

重叠需求理论与要素禀赋理论各有其不同的适用范围。概括而言，要素禀赋理论主要解释发生在发达国家与发展中国家之间的产业间贸易，即工业品与初级产品或资本密集型产品与劳动密集型产品之间的贸易；重叠需求理论适合解释发生在发达国家之间的产业内贸易，即制造业内部的一种水平式贸易。

4.3 规模经济理论

传统国际贸易理论是在规模经济不变的假设前提下进行分析的，在以初级产品市场为主的前工业化时代，这个假设是基本接近现实的。但是，现代社会中，尤其是工业生产中，许多产品的生产具有规模报酬递增的特点，大规模的生产反而会降低单位成本，即存在规模经济。[①]本部分我们从规模经济的角度说明国际贸易的起因和利益来源。

4.3.1 规模经济

在此之前，亚当·斯密和俄林在论述国际贸易问题时都曾提及规模经济这一因素，但将规模经济引入贸易理论模型时会带来两大难题：一是规模经济可能会导致机会成本递减，即生产可能性边界的形状可能不同于前两章的假设；二是规模经济与前面所假定的完全竞争市场结构相冲突，引入这一假设，就意味着不得不放弃完全竞争的基本假设，从而导致理论分析复杂化。[②]

1. 规模经济的含义

在不同种类的不完全竞争中，规模经济都扮演着重要的角色。什么是规模经济？它从何而来？我们正在进入全新的领域，因为原先标准的国际贸易理论假定规模报酬不变（constant returns to scale，CRS）。假设各种投入要素的调整是长期的，且投入要素价格不变，我们来思考这样一个问题：随着一家企业产量的变化，成本会发生怎样的变化？如果企业希望增大产量，总成本就会增加，所以总成本和总产量的比例变化是问题的关键。在规模报酬不变的前提下，投入和总成本随着产量的增加而同比上升。一些服饰行业的生产可能非常接近规模报酬不变。

用总成本除以产量所得到的平均成本代表什么？在规模报酬不变的情况下，总成本和总产量同比增长，所以平均成本（它们之间的比例）是恒定的。以下是一个规模报酬不变的简单例子。如果一个企业要实现产量翻番，它使用的所有投入就必须翻番；如果投入的价格是不变的，那么总成本也增加了1倍；如果总成本和产量都翻番了，那么平均成本也不变。

当然，规模报酬不变不是唯一的可能性。事实上，我们认为，许多行业中都存在规模经济，且规模报酬会在一个范围内变动。在规模经济下，随着产量的增加，单位产品的平均成本随着产量的增加而减少。[③]图 4-2 显示了规模经济是如何影响平均成本的。不同产

① 陈长民. 国际经济学［M］. 2版. 北京：中国人民大学出版社，2020：42.
② 薛敬孝，佟家栋，李春望. 国际经济学［M］. 北京：高等教育出版社，2000：86-87.
③ 假设随着产量的变化，我们可以在长期进行任何调整以改变要素投入，同时我们假设要素投入价格不变。

出水平下的总成本数据如图中的横轴所示，每一个产出水平的平均成本为总成本除以产量。如图4-2和表4-5所示，如果这个时期内产量为25 000单位，则平均成本为每单位26美元；当产量为50 000单位时，则平均成本降到每单位23美元；当产出水平上升到75 000单位时，平均成本继续下降到每单位21美元；当产出水平达到100 000单位时，平均成本降到最低，为每单位20美元。我们可以看到，在产量上升到100 000单位之前，生产出现了规模经济，即平均成本随着产量的上升而下降；当产出水平超过100 000单位时，规模报酬不变开始发生效应，平均成本呈现为一条水平线。

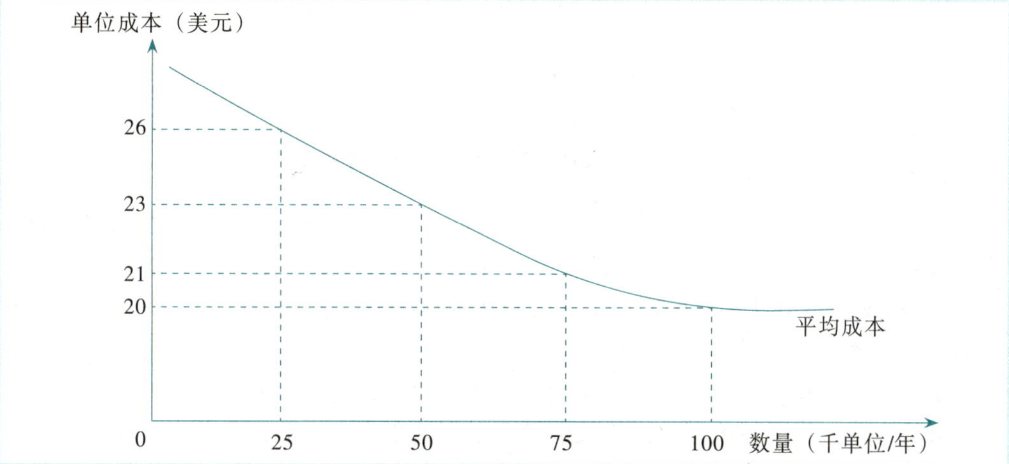

图4-2　规模经济对平均成本的影响

表4-5　规模经济

产出数量（单位）	25 000	50 000	75 000	100 000
总成本（美元）	650 000	1 150 000	1 575 000	2 000 000

注：规模经济存在于产出不超过100 000单位的区间内，在这个区间内平均成本随着产出的上升而下降。

微观经济理论将“规模报酬递增”称为规模经济。随着产量的不断增加，这种递增的规模报酬会达到顶点，即最佳规模。在最佳的生产规模中，产品的平均成本达到最低点，并且在一定范围中，平均成本不会再因产量的增加而降低。这一阶段被称为规模报酬不变。但是这种成本不变的状况不会永远保持下去。如果生产规模继续扩大，平均生产成本则会因为规模过大、管理和合作效率下降而上升。这最后阶段出现的是规模报酬递减或规模不经济。用图形来表示的话，长期平均生产成本会随着产量（规模）的扩大而下降、不变、上升，从而形成U字形（如图4-3所示）。①

2. 规模经济的分类②

（1）外部规模经济

外部规模经济（external economies of scale）主要来源于行业内企业数量的增加所引起

① 海闻. 国际贸易：理论·政策·实践［M］. 上海：上海人民出版社，智慧出版有限公司，1993：42-43.
② 海闻，林德特，王新奎. 国际贸易［M］. 上海：上海人民出版社，2003：170-172.

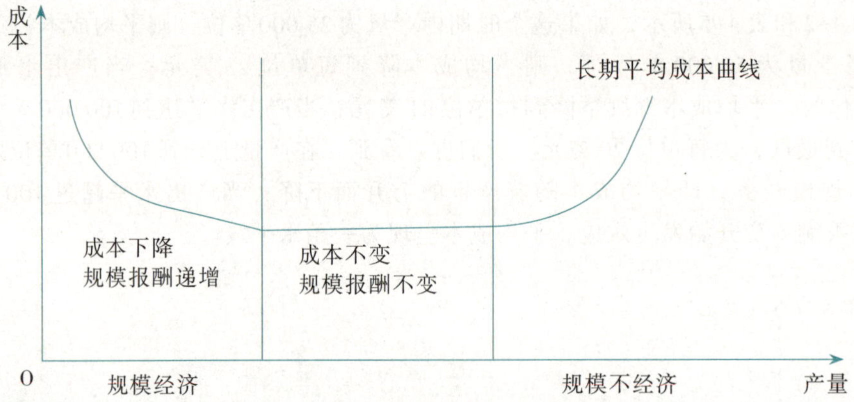

图4-3 企业的长期平均成本与规模经济

的产业规模的扩大。由于同行业内企业的增加和相对集中，在信息收集、产品销售等方面的成本会降低。因此，外部规模经济是指由行业的扩大引致企业平均成本下降的经济现象，[①]一般出现在竞争性很强的同质产品行业中。例如，美国的“硅谷”有成百上千家电脑公司，每家都不是很大，但集中在一起，形成了外部规模经济；北京的“中关村电脑城”和浙江的“纽扣城”“电器城”“小商品市场”等，也都具有外部规模经济的性质。

如果某产业的厂商在地理上的集聚能够吸引当地更多的产业需要的专业化服务以及专业化劳动力的供给，外部规模经济效应就产生了。电影制作公司在好莱坞集聚的原因之一，就是好莱坞拥有一大批在电影制作各方面都非常熟练的人员和提供电影制作需要的特殊服务的诸多公司。当产品和生产技术的新知识（或者其他有用的商业信息）通过厂商之间的直接接触或高技能劳动力的流动而在某一地区的厂商之间迅速传播时，也会产生外部规模经济。在硅谷，拥有高科技的计算机、软件、半导体的相关制造商之间，知识扩散非常迅速，公司人员不断流动；在纽约聚集了金融、银行业；在意大利聚集了时装、鞋类及饰品产业；在瑞士聚集了制表业，这些都是外部规模经济很好的例子。

拓展阅读 4-2

（2）内部规模经济

规模经济对各个厂商来说，可以是内部性的。厂商个体的行为和决策本身会导致内部规模经济（internal economies of scale）。[②]内部规模经济是指企业规模的扩大导致平均成本的下降，原因是企业使用了大型设备的规模效应、承担巨额研发投入带来的技术进步等。[③]我们举一些例子：

① 任何产品生产前经常都会发生前期费用。例如，设计和开发一个新的大型民用飞机的成本通常接近10亿美元。若生产多架这种飞机，每架飞机的平均成本会变得更低，因为前期的固定开发成本均摊到大量飞机上。

② 大型装备和使用大型的、专业化的资本设备有时会很有优势。比如，采用高速自动灌装和封口机会使得瓶装或罐装啤酒生产达到最低单位成本，但只有当它可以每分钟生

① 赵曙东．国际经济学［M］．2版．北京：中国人民大学出版社，2021：116.
② 普格尔．国际贸易［M］．沈艳枝，译．17版．北京：中国人民大学出版社，2021：84.
③ 赵曙东．国际经济学［M］．2版．北京：中国人民大学出版社，2021：116.

产超过1 000瓶（或罐）的时候，使用这种机器才是经济的。

③ 生产化学品的罐、桶和管道都是规模经济的来源。这种类型的投入成本在很大程度上由表面积决定，其对产出的贡献由它包含的体积决定。随着尺寸的增加，体积增加的比例比表面积更大。

企业内部的规模经济可以导致一个产业偏离教材中提出的完全竞争模型，因为在规模经济的带动下，个别厂商的规模比完全竞争性行业的小厂商要大得多。但这种模式到底能偏离多远？这取决于规模经济的大小或程度。一个厂商要多大才能实现全部或大部分的规模经济？例如，在图4-2中，当产量达到100 000单位时，可以达到很低的平均成本。若产量低于100 000单位，每单位需要多付出多少成本？在图4-2中，产量为50 000单位时的平均成本，比产量为100 000单位时的平均成本高出约15%（即（23-20）÷20×100%）。这些问题的答案对于判断供给市场的结构类型起着非常重要的作用。

如果规模经济是适度的，那么该产业中仍有空间容纳大量的公司。如果产品是差异化的，便产生了一个较为温和的不完全竞争，我们称之为垄断竞争（monopolistic competition）。这种市场结构的特点是：大量的厂商在某一产品不同品种的生产和销售中激烈竞争，由于各厂商的产品之间存在一定程度的差异，其可以对自己生产的产品价格有一定程度的控制。这就与标准贸易理论中的完全竞争市场形成了对比。在完全竞争市场结构中，众多小厂商中的每一个厂商都生产相同的产品，都是价格的接受者，无法控制市场价格或者对市场价格施加影响。如果大规模生产的规模经济收益巨大，则很可能导致少数厂商发展得很大，从而取得规模经济的收益。巨大的规模经济收益使少数厂商垄断了全球的某一产业，于是产生了寡头垄断（oligopoly）。处于寡头垄断地位的大厂商知道它们可以控制或影响价格。寡头垄断中的关键问题在于大厂商之间竞争的程度。如果它们的竞争不是那么激烈，则各个厂商可能获得经济利润（或纯利润），即超过资本投资正常收益的那部分超额利润。

举例来说明内部与外部规模经济。假设第一个在北京中关村开业的电脑销售公司只有一间铺面，每天出售一台电脑。设在北京郊区的电脑生产基地不得不专程开一辆车将这台电脑送到中关村，收取100元。也就是说，每台电脑的运输成本为100元。但如果该公司增加了铺面，扩大了规模，每天能够出售10台电脑，此时电脑生产基地仍然只需用一辆车将这10台电脑运送到中关村，每台电脑的运输成本就只有10元，由此产生的平均成本下降就是内部规模经济。另一方面，如果现在有10家电脑公司聚集在中关村，每家公司每天只出售1台电脑（也就是说企业的规模并没有变，但行业的规模扩大了），这些公司可以共同雇用一辆车运送电脑，每家公司为此只需支付10元就够了，由此产生的成本的下降就是外部规模经济。

4.3.2 外部规模经济与国际贸易①

直观地看，国际贸易中规模经济的意义在于，无论国家是否存在相对价格差别，规模经济的存在都会引导各国厂商专门生产部分产品，而不再独自生产所有产品，这样便可获得来自规模经济的好处。而消费者所需的产品，部分来自国内，部分来自国外。因此，规模经济可以说是有别于比较优势的另一种独立的国际贸易起因。以下通过一个简化的模型来看看外部规模经济与国际贸易之间的关系。

① [1] 王培志. 国际经济学 [M]. 北京：经济科学出版社，2004：44-47. [2] 李坤望. 国际经济学 [M]. 3版. 北京：高等教育出版社，2010：82-86.

1. 生产可能性边界

(1) 基本假设

① 2×2模型：两个国家（A和B），两个部门（X和Y）。假设两个国家完全相同，假设X和Y两个部门中至少有一个部门存在外部规模经济。为简单起见，假设X部门存在外部规模经济，而Y部门仍为规模收益不变部门。

② 市场结构仍是完全竞争的。

③ 两国相同部门的生产函数、要素禀赋、消费者偏好以及市场规模均相同。

根据以上假设，封闭条件下达到均衡时，两个完全相同的国家的相对价格完全一致，即不存在比较优势。那么在没有比较优势的情况下，两国之间还会发生贸易吗？

(2) 生产可能性边界的形状

不论是内部规模经济还是外部规模经济，生产可能性边界的形状可能会不同于前面两章出现的两种形式。生产可能性边界的形状除了受到要素密集度的影响外，还会受到规模经济的影响。一般情况下，要素密集度的差异会产生一种促使生产可能性边界向外凸（机会成本递增）的“张力”，而规模经济会产生一种促使生产可能性边界向内凹（机会成本递减）的“吸力”，最终整条生产可能性边界的形状取决于两股相反“力量”的对比。为简化模型，假设规模经济的影响超过了要素密集度差异的影响，因此，生产可能性边界线的形状如图4-4所示，是一条凸向原点的曲线TT′，即对应机会成本递减的情形。

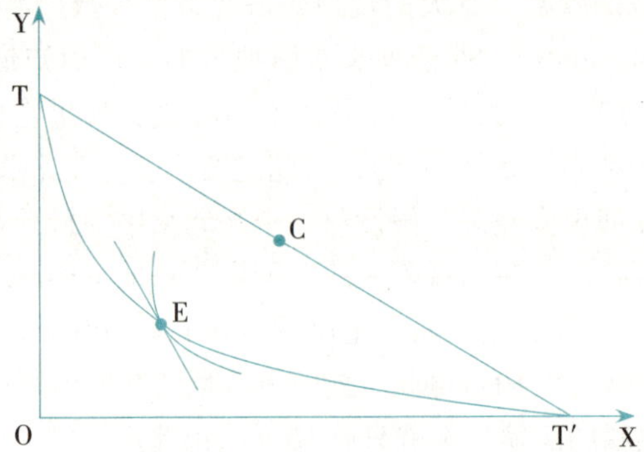

图4-4 封闭经济中的均衡

2. 贸易原因

(1) 封闭经济中的均衡

封闭经济中，两国的生产均衡点和消费均衡点均为图4-4中的E点，在E点相对价格线（$p = P_X/P_Y$）与生产可能性边界相交，而不是相切。原因是相对价格要高于机会成本（生产可能性边界上E点的切线斜率的绝对值①）。外部经济扭曲了资源配置，使得X部门

① 为简单起见，假设只有一种要素——劳动。对于单个厂商而言，在决策时只会考虑其私人边际产出。由于X部门存在正外部性，因此厂商私人边际产出（PMP）低于社会边际产出（SMP）；Y部门由于不存在外部性，所以厂商私人边际产出与社会边际产出一致。根据厂商利润最大化条件，可得$W_X = P_X \times PMP_{LX}$；$W_Y = P_Y \times PMP_{LY}$。均衡时，两个部门的工资水平相同，即$P_X \times PMP_{LX} = P_Y \times PMP_{LY}$。由此可得：$p = \frac{P_X}{P_Y} = \frac{PMP_{LY}}{PMP_{LX}} > \frac{SMP_{LY}}{SMP_{LX}} = MRT$。技术转换率MRT等于图4-4中通过E点的生产可能性曲线的切线斜率的绝对值。

的产出比社会最优水平低，资源配置效率没有达到帕累托最优。由消费均衡条件可知，社会无差异曲线与相对价格线也要相切于E点，该社会无差异曲线所对应的效用水平衡量了封闭条件下的社会福利水平。

由于两国所有条件均完全相同，所以图4-4可同时描述两国在封闭经济中的一般均衡状况。由图4-4可知，在封闭经济中，两国同时生产两种产品，两国的相对价格、福利水平均完全相同。

(2) 开放经济中的均衡

但在开放经济中，均衡点E对两国来说既不是帕累托最优，也不稳定。两国都会立即发现通过国际分工与国际贸易可以改善各自的福利水平。此时，若A国完全专业化生产X产品，B国完全专业化生产Y产品，由于X部门存在外部规模经济，对全球经济来说，X产品的产出要大于两国同时生产X产品时的产出。在此基础上，假定A、B两国用各自产出的一半与对方进行交换，那么两国的消费均衡点都会超过生产可能性边界，最后位于图4-4中直线TT′的中点C。这时，很明显，两国福利水平均上升。

为什么说开放经济中E点不稳定呢？假设A国偏离了原来的均衡点，两国X产品的产出将不同，产出高的一方由于规模经济而成本降低、价格下降，又进一步促进了专业化分工，直至一方完全专业化生产X产品，而另一方因成本原因而放弃X产品的生产，转而完全专业化生产Y产品。

由上述分析可知，即使两个国家完全相同，不存在比较优势，外部规模经济也可导致国际贸易的发生。因此，规模经济是比较优势之外的另一个独立的贸易起因。

3. 贸易利益

在上述情形中，两国开放经济中的消费均衡点完全重合，即两国从国际贸易中获得的好处是等同的。但更为一般的情形是，贸易利益在两国间的分配可能不均等，图4-4中两国消费均衡点重合可能仅仅是一种巧合，两国的社会无差异曲线并非正好都相切于直线TT′的中点。例如，如果两国一开始对X产品的需求都增加，这意味着A国X产品的出口供给就要小于B国X产品的进口需求，于是X产品的国际价格趋向于上升，Y产品的国际价格趋向于下降。随着国际价格的变化，A国X产品的出口供给会增加，B国X产品的进口需求会下降，最终两国的贸易达到均衡。此时，国际均衡价格$P^w = P_X^w / P_Y^w$要高于图4-4中的国际均衡价格（直线TT′的斜率绝对值），两国的消费均衡点如图4-5所示，A国的消费均衡点为C_A，B国的消费均衡点为C_B。在图4-5中，A国社会无差异曲线位于B国之上，这说明，A国从国际分工与贸易中获得的利益要多于B国。

4. 国际分工格局与国际贸易格局

以上分析说明外部规模经济也可引起国际贸易。但在我们所采用的这个简单模型中，两国情况完全对称，所以国际分工及国际贸易格局存在不确定性，无论生产或出口哪种产品，两国都能从国际贸易中获益。在图4-4和图4-5中，开放条件下，两国的一般均衡解并不唯一，例如即便对应于完全专业化生产，对A国来说，其生产均衡点既可以是T′点（完全生产X产品），也可以是T点（完全生产Y产品）。但对应于不同的国际分工和国际贸易格局，一国从国际贸易中获得利益则可能会有所不同，甚至相差甚远。因此，国际贸易格局如何决定？

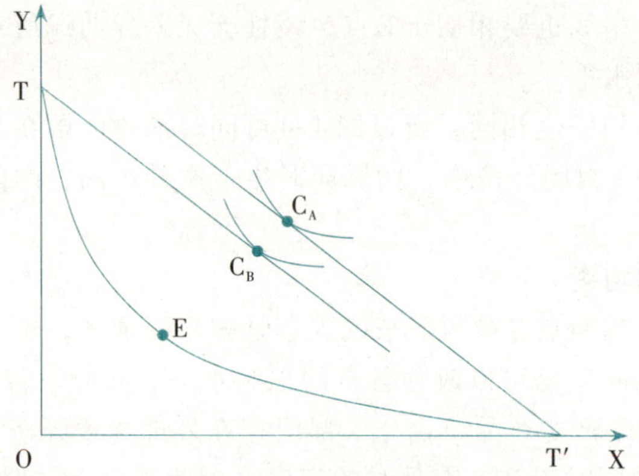

图4-5 开放经济中的均衡

(1) 偶然或历史的因素

理论上虽然存在多种均衡解，但现实中，国际分工与国际贸易格局有时可能完全是由偶然或历史的因素来决定的。比如瑞士钟表行业，18世纪的钟表行业主要是手工作坊式的，属于技能劳动密集型的，而瑞士当时恰好满足这种特点，所以早期钟表行业就率先在瑞士发展起来。随着瑞士钟表行业的日益壮大，由于规模经济的存在，这种发展初期的先行优势（first mover advantage）转化为成本优势，从而限制了后来者的进入，奠定了瑞士钟表行业在国际分工中的地位。从历史角度看，许多国家在国际分工格局中的地位都与先行优势密切相关。

可通过图4-6中的学习曲线来说明这种先行优势导致的国际分工格局。如图4-6所示，假设当X部门累积产出增加时，B国生产成本的下降比A国更显著，所以B国的平均成本曲线位于A国之下。但是，A国的生产要早于B国，当B国试图生产时，A国的生产规模已经很大了，累积产出达到Q_A。此时，A国的平均成本AC_A，要低于B国初始的平均成本AC_B，即$AC_A < AC_B$。因此，虽然B国相对于A国具有生产成本上的潜在优势，但由于A国进入较早，反倒比B国更有竞争优势。开放之后，这种竞争优势会确定两国之间的国际分工，最终形成A国生产X产品、B国生产Y产品的格局。

(2) 市场规模差异

此外，国与国之间的市场规模差异也会影响国际分工和国际贸易格局。在上述模型中，如果放弃两国完全相同这一假设，比如允许两国市场规模存在差异，就会大大降低国际分工与国际贸易格局的不确定性。一般来说，如果两国的国内市场规模不同，而其他条件完全相同，那么国内市场规模相对较大的国家将完全专业化生产具有外部规模经济的产品X，而国内市场规模较小的国家将只能完全专业化生产规模收益不变的产品Y。原因如下：在封闭经济中，大国的国内市场较大，可为X产品提供更大的市场空间，从而X产品的生产成本更低，相对价格也低于小国；在开放经济中，大国将完全专业化生产并出口X产品（因为存在规模经济）。而小国将完全专业化生产并出口Y产品，虽然因为规模收益不变，并不降低成本，但放弃X产品生产，完全从大国进口，要比自己生产X产品的代价更低。

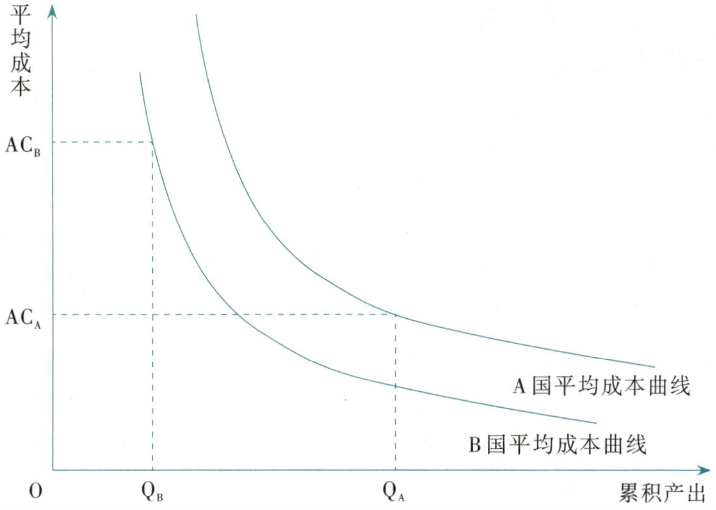

图4-6 学习曲线

最后，必须指出的是，在现实中，由于经济发展或工业化的需要，一些国家或地区也可能会通过进口保护或出口促进等政策措施，改变其在国际分工与国际贸易格局中的地位，从而在一些具有规模经济的部门中拥有竞争优势。例如，日本在经济发展初期以及“亚洲四小龙”的一些经验便是这方面的典型例子。

以中国玩具行业为例进一步分析，假设图4-7所示的是中国玩具行业的市场供求和一个典型玩具生产企业的成本收益曲线。生产玩具的每个厂商的规模都很小，生产的是同质产品，该行业是完全竞争的。在图4-7（a）中，D_1是本国的需求曲线，向下倾斜；S_1是没有贸易时或行业扩大前本国玩具行业的短期供给曲线，向上倾斜。但是，由于存在外部规模经济，该行业的长期平均成本曲线LAC是向下倾斜的。也就是说，随着行业规模的扩大，行业内各企业的平均成本下降。

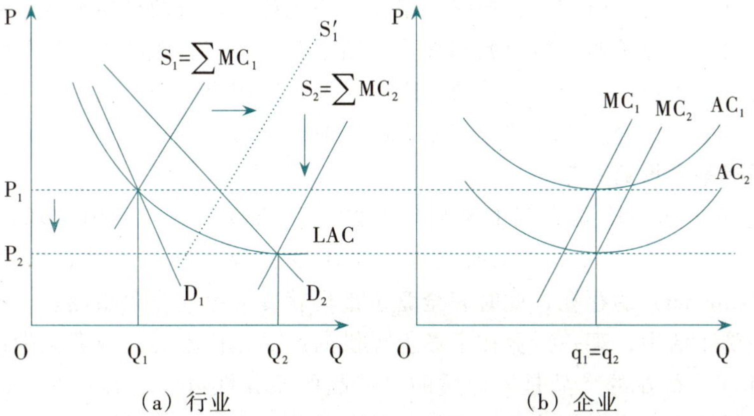

图4-7 存在外部经济时的生产和贸易

在图4-7（b）中，MC_1和AC_1分别是一个玩具生产企业在没有贸易时或行业扩大前的边际成本和平均成本曲线。在均衡时，竞争企业没有经济利润，平均成本（AC_1）等于价格（P_1），企业最优生产量是q_1。

我们先假设在最初的市场均衡点（$S_1 = D_1$）上，中国的玩具价格（P_1）在国际上没有竞争优势，没有玩具贸易。进一步假设随着该行业的规模扩大，有更多的企业进入这一行业生产玩具，行业的供给曲线移到S_1'的位置。但是，由于存在行业的规模经济，供给曲线的移动并非到此为止。该行业企业的增加，不仅使得市场的供给增加，而且使得行业内每个企业的边际成本和平均成本下降（图4-7（b）中MC_1和AC_1分别移到MC_2和AC_2的位置），从而使得整个行业的供给曲线进一步往下移动，价格随之下跌。

如果在此之前中国玩具不具有成本优势，行业规模的扩大和产品平均成本的下跌使得中国玩具在国际市场上拥有竞争力，企业就有动力出口玩具，从而产生国际贸易。由于开放贸易需求曲线移至D_2的位置，玩具市场的最终价格为P_2，在长期均衡点（$AC_2=P_2$）上，每个企业的生产量q_2仍然等于q_1。

或者假设贸易前的市场均衡价格为P_1，由于开放贸易，需求从D_1增加到D_2，相应地，更多企业进入玩具行业，使供给从S_1增加到S_1'。企业数增加后产生了外部规模效应，每个企业的成本下降，供给曲线进一步下移，新的行业和企业的均衡价格下降到P_2。

从贸易所得来看，各个企业在短期内可能会由于成本下降先于价格下降而出现利润，但长期又回到经济利润等于零的状况。对企业来说，短期可能有所得，长期则无所失。对于国内消费者来说，长期价格下降，消费量上升，消费者剩余增加。因此，整个社会由于贸易而获得净收益。[①]

4.3.3 内部规模经济与国际贸易[②]

1. 具有内部规模经济的垄断竞争企业

前面我们分析了具有外部规模经济的完全竞争行业。当引入内在规模经济时，我们的注意力将转移到不完全竞争市场结构和厂商行为上，由于不完全竞争市场结构千差万别，所以无法用一种统一的"语言"去描述。但在经济理论中，有两种典型的市场结构成为经济学家的研究对象，即垄断竞争市场和寡头垄断市场。目前，垄断竞争模型和寡头垄断模型已成为不完全竞争理论中最成熟的两个理论模型，应用也最为广泛。以下我们就在垄断竞争模型的框架下，讨论发生在差异产品上的产业内贸易。

（1）垄断竞争市场的界定

以完全竞争市场的定义为基准来界定垄断竞争市场。完全竞争市场假设产品同质（homogeneous）或标准化。现在保持其他条件不变，放宽这个条件，即允许差异产品（differentiated product）的存在，此时完全竞争市场就变为垄断竞争市场。

在现实经济生活中，某一行业在市场上提供的产品往往不同，或者至少被消费者认为是不同的，即同一行业的产品是不同质的。产品的差异性可以是客观的，也可以是主观的。客观的差异比如生产者特殊的生产工艺和产品质量引起的产品差异，主观的差异比如

① 海闻，林德特，王新奎. 国际贸易［M］. 上海：上海人民出版社，2003：172-173.
② 李坤望. 国际经济学［M］. 2版. 北京：高等教育出版社，2005：99-104.

营销手段（广告、展销、销售网点等）造成消费者感觉上的不同。

我们知道，同质产品可完全替代，产品之间的替代弹性无穷大；不同质产品不可完全替代，替代弹性介于零与无穷大之间。在差异产品存在的条件下，关于垄断竞争市场结构的分析，首先面临的一个问题就是市场或行业内产品品种的数目如何决定。

（2）产品品种数目的决定

①消费多样化、规模经济与产品数目。在需求方面，假设消费者偏爱消费多样化，即消费者认为可供选择的产品种类越多越好。另外，产品差异性导致每个厂商的消费者群体相对固定。因此，对某一单个厂商来说，如果其产品价格比市场平均价格高，那么一部分消费者会转而选择其他产品，但不会全部转移，因为其他厂商的产品不能完全替代它的产品。同样，若它的产品价格比市场平均价格低，其产品面临的需求会增加，但不会吸引全部的消费者。所以在存在差异产品的情况下，每个厂商面临的需求曲线均向右下方倾斜，这一点与完全垄断厂商是一样的。这意味着每个厂商在单个品种产品市场上都拥有一定的垄断力量，而且与其他厂商的产品差异越大，垄断力量也就越强。

由以上分析可知，基于追求垄断利润和消费者偏好，每个厂商都愿意选择与其他厂商存在差异的产品。但在规模经济存在的条件下，市场中产品品种并不会不断增加，而且由于市场规模有限，每一品种的产量都比较低，规模经济难以实现。也就是说，对于厂商而言，它既希望生产更多的品种，又希望扩大生产规模，降低生产成本。但这两种追求对厂商来说很难两全其美。因此，厂商只能在这两种追求中折中一下，既要使生产规模不能太小，又要选择与其他厂商不同的产品品种。最后，当市场均衡时，市场中的产品品种是有限的。

②市场自由进入与产品品种数目。决定市场中产品品种数目的另一个重要因素是市场可自由进入这条假设。这一假设意味着，只要市场上存在垄断利润，就会有新的厂商不断进入市场。随着市场中厂商数目的增加，每个厂商面临的可部分替代其产品的其他品种的数目越来越多，厂商之间的竞争越来越激烈，厂商的需求曲线逐渐变得越来越平坦。最终，厂商之间的竞争降低了整个行业的平均垄断利润，直到行业垄断利润为零时，不再有新厂商进入。反之，当行业利润为负时，就会有厂商退出市场。随着厂商的不断退出，竞争程度下降，亏损下降，直到重新达到零利润水平，不再有厂商退出。总之，当市场平均利润为零时，厂商数目达到均衡，差异产品的种类也随之确定。

这里，“垄断竞争”的含义可理解为每个厂商都生产不同于其他厂商的产品品种，所以每个厂商在其单个品种的产品市场上是垄断的；同时，因存在大量厂商，故市场是竞争的。垄断和竞争这两种相对立的力量同时存在。

2. 市场规模与厂商产量、厂商数目

为简单起见，假设同一行业内，所有厂商的生产技术条件和所面临的需求条件都相同，每个厂商只生产其中一个品种的产品，因此，厂商的数目与差异产品的数目相同。另外，假设该行业的要素投入总量固定不变，市场总需求与价格无关，即需求完全无弹性。

图4-8描述了垄断竞争条件下单个厂商均衡产量的决定过程。厂商面临的需求曲线D向右下方倾斜，边际收益曲线MR位于需求曲线（也是平均收益曲线）的下方。由于厂商的生产处于规模经济范围内，所以平均成本曲线AC向下方倾斜，边际成本曲线MC位于

平均成本曲线之下。

当垄断竞争市场达到长期均衡时，一方面要满足利润最大化的条件：MR=MC；另一方面要满足经济利润为零的条件：P=AC。理由如下：如果短期内厂商获得的超额利润大于零，就会不断有新厂商进入市场。新厂商的进入对原有厂商的需求曲线产生两种影响：一是原有厂商的市场占有量下降，其所面临的需求曲线向左移动；二是原有厂商面临的需求弹性越来越大，需求曲线变得更加平坦，因为差异产品的数目增加导致原有厂商的产品被其他产品替代的可能性也越来越大。最终，新厂商的进入导致行业内所有厂商的利润为零，这时市场结构达到均衡，市场中厂商的数量随之确定。

当以上两个条件满足时，即当处于如图4-8所示的均衡时，厂商所面临的需求曲线D与其平均成本曲线AC相切，并且在切点满足MR=MC这一条件，这时厂商所面临的价格等于其生产成本，均衡价格与均衡产量分别为P_E和q_E。

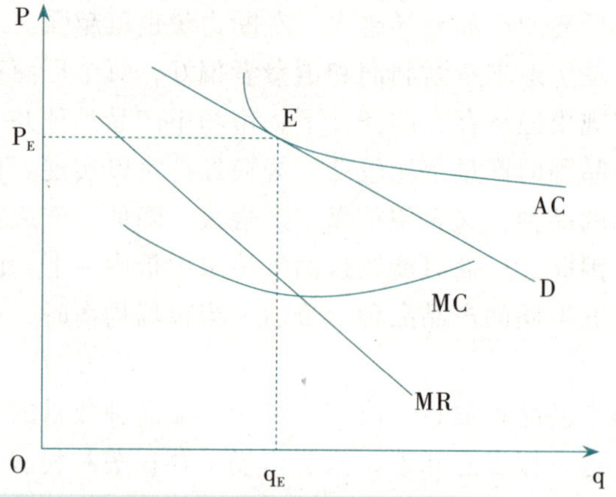

图4-8　垄断竞争市场的长期均衡

在此基础上分析市场均衡时，市场规模、厂商产量和厂商数量（或差异产品数量，用n表示）之间的关系。首先，市场规模越大，其所能容纳的厂商数量就越多；其次，厂商数量越多，与单个厂商平均成本曲线相切的需求曲线就越平坦，即在图4-8中，AC曲线的位置固定不变，D曲线越平坦，其与AC曲线的切点就越偏向于右下方。这意味着厂商的均衡产量会随着市场规模的扩大而增加。由于所有厂商的条件均完全相同，所以均衡时所有厂商的产量与产品价格也均相同。若用M表示整个市场规模，那么均衡时厂商产量、市场规模和厂商数目之间的关系可以表示为$q = M/n$。

图4-9中的曲线RC描述了不同市场规模情形下均衡时厂商数量和厂商产量之间所有可能组合的轨迹。RC曲线向右上倾斜，曲线上离原点越远的点表示市场规模M越大，因而对应的厂商数量和厂商产量就越大。

3. 开放经济中垄断竞争市场的均衡

假设世界上只有两个国家：A国（小国）和B国（大国），两个国家除了市场规模存在差异（如人口规模的差异导致了市场规模的差异）外，生产技术条件、要素禀赋及消费者偏好等都完全相同。根据这些假设，A、B两国的RC曲线完全相同，因而可以以图4-9

为例同时分析两国的情况。由于A国国内市场规模小于B国，因此封闭经济中A、B两国的市场均衡点分别为A和B。同时，A国产品的价格高于B国。那么，在开放经济的该行业中，A国会因价格高成为进口国、B国会因价格低成为出口国吗？回答是否定的。开放之后，这种情况不会出现，规模经济、差异产品的存在会导致另外一种国际分工与贸易格局。

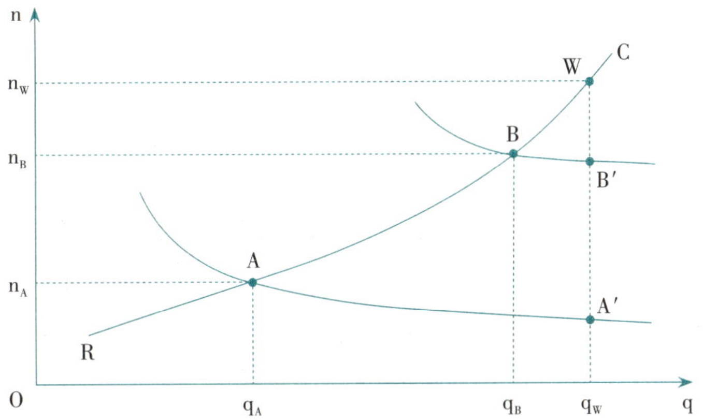

图4-9 市场规模与产品品种数量、产量之间的关系

首先，开放以后，原来处于封闭状态下的两国市场结合成统一的世界市场，市场规模扩大了，整个世界所能容纳的厂商数量和产量均扩大了。在图4-9中，开放后的世界均衡点位于W，厂商数量为n_W，A国和B国所有厂商的均衡产量均为q_W。

其次，开放以后，各国市场均衡也随之发生变化。各国厂商的均衡产量均为q_W，大于封闭情形的均衡产量q_A和q_B。但由于假设该垄断竞争行业的要素使用总量固定不变，各国厂商产量的扩大必然会导致厂商数量的减少，所以开放后两国新的市场均衡点应处于原来均衡点的右下方，如图4-9中的A′、B′两点。AA′和BB′两条向右下方倾斜的曲线分别表示A、B两国要素使用总量不变时，行业内厂商数量和厂商产量所有可能组合的点的轨迹。对应于新的均衡点，A、B两国的厂商数量之和等于n_W，即开放后两国生产的差异产品的数量之和等于n_W，很显然，$n_W > n_B > n_A$。因此，与封闭经济相比，开放后可供两国消费者选择的产品品种更多。另外，由于各厂商所生产的产品都是有差异的，因而开放后所生产的产品品种不会重复，也就是说在同一行业里，一国只生产某些品种的产品，而另一国生产其他品种的产品。这种国际分工格局的形成与价格差别无关，完全是由于规模经济的存在。但是每个国家究竟生产哪些品种的产品无法确定，所以国际分工的结果也无法确定。

开放后，两国消费者消费的产品一部分来自本国，另一部分来自国外。由于这种贸易是发生在具有差异产品的同一行业内，所以属于产业内贸易。

根据以上分析，存在规模经济时，国际贸易扩大了一国市场。市场扩大产生了两种积极效应：一是通过提高厂商产量实现了规模经济效益；二是增加了产品的品种数量。从整个社会福利提高的来源看，贸易利益体现在两个方面：一是降低了生产成本，消费者可以以更低的价格购买消费品；二是增加了产品品种，消费者可有更多的选择，获得更多的满足。①

4. 国际贸易对垄断竞争企业的影响②

那么，参与国际贸易对垄断竞争企业会带来什么影响？我们用图4-10和图4-11分别说明。

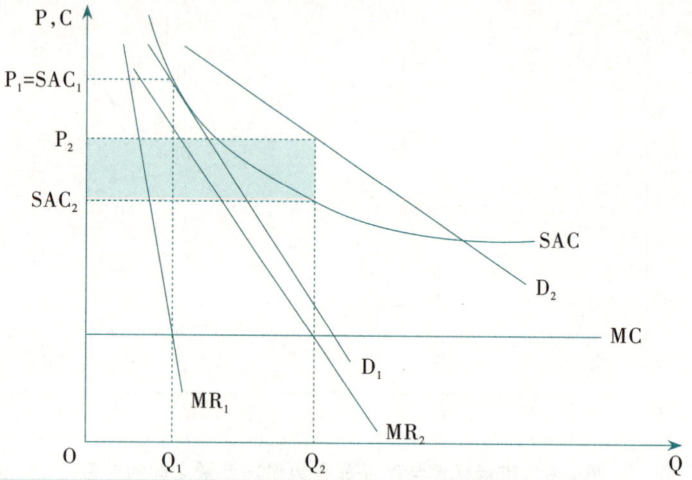

图4-10 垄断竞争企业参与国际贸易的短期影响

（1）短期影响

图4-10分析了自由贸易对垄断竞争厂商的短期影响。参与国际贸易之前，企业面临的只是国内的需求曲线D_1。按照利润最大化原则，垄断厂商的均衡产量为Q_1，即$MC = MR_1$时的产量。

参与国际贸易之后，企业同时面临国内和国外需求，从而总需求增加，市场需求由D_1增加到D_2；边际收益也从MR_1移到了MR_2。企业追求利润最大化（$MR_2 = MC$），产出从Q_1增加到Q_2，平均成本由SAC_1下降到SAC_2。短期内，需求的突然扩张使得企业的平均成本比产品价格下降得更快，图4-10中的阴影部分表示的就是短期的超额利润。

（2）长期影响

垄断竞争企业的短期利润吸引更多国内企业进入。新进入的企业虽然不会生产完全相同的产品，但其产品一定程度上可以替代原有企业的产品。此时，一部分消费者就会转向购买新产品，导致原有企业面临的需求下降，表现为需求曲线D_2向下平移，最终，长期竞争的结果是所有企业的利润消失（$P_3 = LAC_3$），企业面临的需求从D_1变到D_3，如图4-11所示。然而，由于参与国际贸易之后的需求D_3比不参与国际贸易的需求D_1更有弹性，企业的生产依然从Q_1增加到Q_3，且长期平均成本更低（由LAC_1下降到LAC_3）。同时产品的定价也由P_1下降到P_3（价格等于平均成本：$P_3 = LAC_3$）。

① 这种利益与消费者的“多样化偏好”有关，即消费产品种类的增加会提高消费者的效用水平。例如，假设某一消费者面对两种产品——录像机与DVD机，假定两种产品的价格相同。该消费者的收入可供他进行如下几种选择：购买两台录像机或两台DVD机、购买一台录像机和一台DVD机。如果该消费者认为最后一种选择优于前两种选择，那么这种偏好属于所谓的“多样化偏好”。

② 海闻，林德特，王新奎. 国际贸易［M］. 上海：上海人民出版社，2003：176-177.

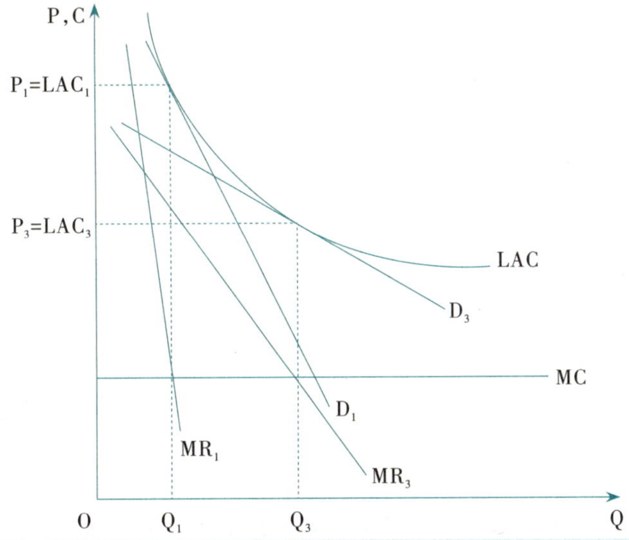

图4-11 垄断竞争企业参与国际贸易的长期影响

所以，对于垄断竞争企业来说，自由贸易的短期影响是企业产量增加，平均成本下降，出现短期利润；产品价格可能下降，从而使得本国消费者也受益，消费者剩余增加。但短期内价格也有可能上升，造成国内消费量下降，消费者受损。自由贸易的长期影响是：企业产量比没有贸易时增加，平均成本和产品价格都下降且两者相等，企业经济利润回到零；本国消费者的消费量增加，消费者剩余增加。从社会福利的角度考虑，无论短期还是长期，整个社会福利都高于封闭经济。

4.4 其他贸易理论

4.4.1 产品生命周期理论①

产品生命周期理论（Product Life Cycle Theory）是美国哈佛大学教授雷蒙德·弗农（Raymond Vernon）于1966年在其著作《产品周期中的国际投资与国际贸易》中首次提出的。该理论的基本思想是：新产品首先在最先进的国家被开发和生产出来。随后，需求向国外扩展，并且首先在源自最先进的国家的出口中得到满足。然而，由于国外需求增长，生产过程变得逐步标准化，在国外进行生产逐渐变得比较有吸引力了。后来，产品进入它的自然周期，从研究与开发、熟练劳动力密集型转入资本和（或）非熟练劳动力密集型，结果是它的主要产地转移到不太发达的国家，即产生了贸易方向逆转。弗农认为一个产品的生命周期可以分为新产品引入阶段、成熟阶段和标准化阶段。各个阶段产品的特征、要素的投入以及市场结构均不同，其与国际贸易的关系如图4-12所示。

① [1] VERNON R. International investment and international trade in the product cycle [J]. The Quarterly Journal of Economics, 1966, 80 (2): 190-207. [2] 韩玉军. 国际贸易学 [M]. 2版. 北京：中国人民大学出版社，2017：160-163.

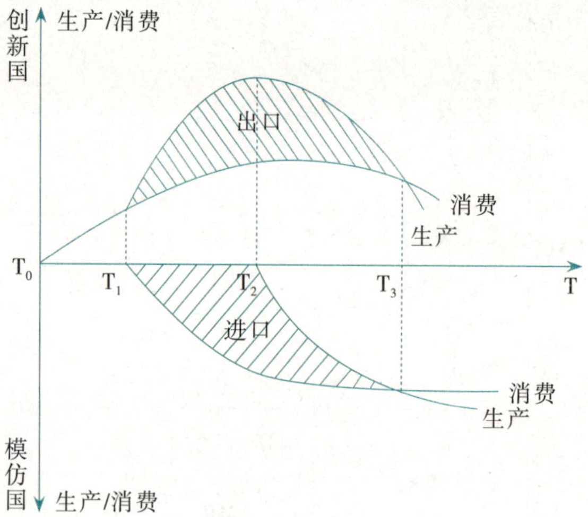

图4-12　产品生命周期与国际贸易

1.新产品引入阶段

在图4-12中，T_0T_1为新产品引入阶段。弗农假设世界上的发达国家能够获得同样的科学知识，对科学原理具有同样的理解能力，但是企业家能否意识到科学发明中蕴藏的市场机会取决于地理邻近性——生产地点与新发明诞生地、生产地点与销售市场之间的距离。根据弗农的研究，创新一般发生在美国。原因是：首先，美国的消费者平均收入水平较高，是西欧的2倍。其次，美国的单位劳动成本高，催生了工业品和消费品的创新。不过在这一阶段，生产是非标准化的，新产品的国内需求弹性较低，生产商与客户、供应商甚至竞争对手进行快速有效沟通的需求尤其高。生产主要是满足国内市场不断增加的需求，不存在国际贸易，或者只有规模非常小的国际贸易活动。由于产品需求在很大程度上依赖收入水平，所以在新产品的引入阶段，即便存在小规模的国际贸易，也主要是集中在收入水平相近的发达国家之间。

2.新产品成熟阶段

T_1T_2为新产品成熟阶段。随着国内外产品需求的扩张，生产过程的标准化程度不断提高。规模经济效应越来越明显，生产成本的重要性超过了产品特性。由此带来两个后果：一方面，国内企业不断增加产出，产出增加带动出口增加，包括向其他发达国家和发展中国家的出口。因此，创新国为出口国，其他国家为进口国，且进出口规模逐渐增加。另一方面，创新国企业开始考虑生产区位的转移。按照利润最大化原则，当美国边际生产成本加上运输成本低于进口市场的预期平均生产成本时，美国企业会选择出口；反之，美国企业会选择对外直接投资。由于西欧国家在经济发展程度、技术和消费水平等方面同美国接近，而且劳动成本相对低，因此美国把西欧作为优先选择出口和对外直接投资的对象。

3.新产品标准化阶段

T_2T_3为新产品标准化阶段。进入该阶段以后，产品的生产技术完全标准化，由于技术已凝结在标准化的机器设备中，通过购买这些标准化的机器设备就可以获得全部生产技术和工艺，产品之间无差异。在这种情况下，劳动成本成为决定竞争结果的关键因素。拥有劳动成本优势的发展中国家大规模扩张生产，并开始向发达国家出口。包括创新国在内的发达国家的国内生产不断减少，并从出口逐步转变为进口。[①]

由此，创新国逐步退出生产，该产品的生命周期在创新国基本完结，并着手研究开发新的产品。

4.4.2　国家竞争优势理论[②]

20世纪80年代，美国的国际经济地位受到日本和德国的挑战，贸易赤字和国际收支逆差不断扩大。在此背景下，哈佛大学教授迈克尔·波特（Michael E. Porter）在《国家竞争优势》一书中提出了国家竞争优势理论（Theory of Competitive Advantage of Nations）。波特认为，国际贸易不仅取决于国家间的要素禀赋等静态资源，更取决于国家间的创新能力和产业竞争力的动态变化，因此，现代的国际经济竞争是知识和技术的竞争，也是综合国力的竞争。国家竞争优势包括四个内部因素——要素条件，需求条件，相关产业和支柱产业，企业战略、组织和竞争，以及两个外部因素——机遇和政府政策（如图4-13所示）。

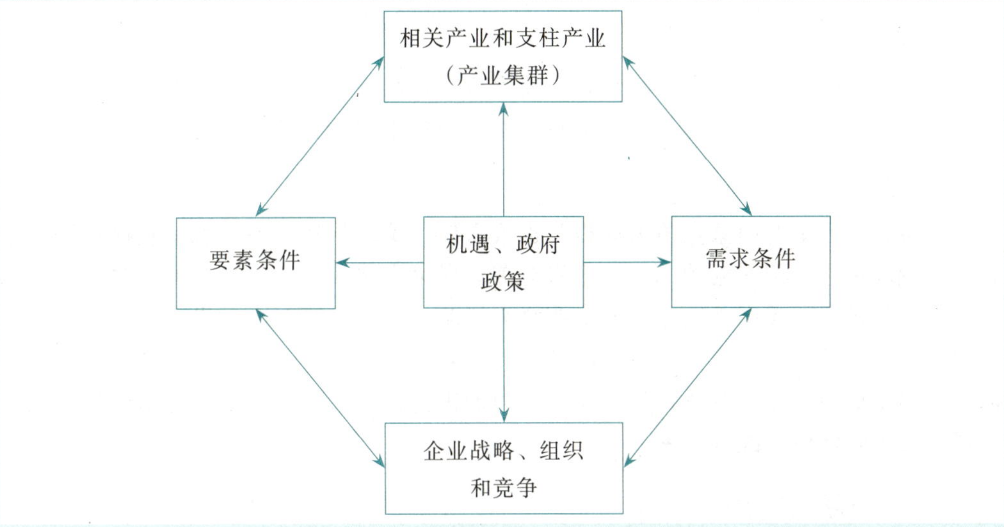

图4-13　国家竞争优势的钻石模型

1. 要素条件

要素条件是指一国在产业竞争中获取竞争优势的要素条件。其分为基本要素和推进要素两类。基本要素包括自然资源、地理环境和劳动力状况等。推进要素包括人力资本积累和基础设施投资等，可以帮助国家建立特殊优势。

2. 需求条件

需求条件不仅包括需求规模，还包括需求层次。广阔的国内市场可以为本国企业提供

① 韩玉军. 国际贸易学［M］. 2版. 北京：中国人民大学出版社，2017：163.
② 波特. 国家竞争优势［M］. 李明轩，邱如美，译. 北京：华夏出版社，2002：66-69.

广阔的市场空间，培育本国企业的市场竞争力，为走向国际市场提供基础。需求层次越高，如高层次和高品质的需求可以促进本国企业进行技术创新，提早建立国际竞争力。例如，发达国家既具有广阔的市场空间，也具有高品质的需求市场，这为发达国家的企业提供了良好的发展环境，也有利于其建立全球竞争力。

3. 相关产业和支柱产业

企业的竞争力需要相关产业和支柱产业的支持，即形成有力的产业集群对于提升企业创新能力和竞争力至关重要。产业集群能够使企业通过纵向和横向的联系以及信息交流获取最新的知识、技术，也可以使企业间形成合理的分工，进而促进生产效率的提升。美国的硅谷形成了极具竞争力的信息产业集群，使得美国成为全球信息技术的领导者。

4. 企业战略、组织和竞争

波特在书中提到“强大的国内竞争者是一项难以衡量的国家资产”，即要在国内形成良好的竞争环境，使国内企业间通过激烈的市场竞争获得效率和技术创新能力的提升，进而培育出在国际上有竞争力的企业。中国的改革开放也是市场经济建设的过程。随着市场化改革的完善，中国的综合国力得到大幅度提升，也涌现出一批在国际上有竞争力的企业，如华为、字节跳动等。

5. 机遇

机遇是指基础科学、重大技术创新、战争或国际经济环境的变化为国家和企业带来的机遇。历史上的英国、美国均是在重大基础科学和技术创新的基础上崛起的。

6. 政府政策

政府实施的政策对国家竞争力的提升也很重要。美国从建国以来就一直存在提升综合国力的产业政策，美国学派的一系列主张对美国成为全球第一大国发挥了重要作用。2008年全球金融危机后，美国又制定了制造业复兴战略。日本在第二次世界大战后也实施了力度较大的产业政策。当然，日本政府的产业政策效果依然存在争议。政府的产业政策具有两面性，实施恰当，能够有效促进产业竞争力的提升；如果产业政策制定不恰当，也可能会适得其反，降低资源配置效率。

4.4.3 新新贸易理论

传统贸易理论从国家或产业之间差异的角度来解释产业间贸易产生的原因，现代贸易理论从规模经济、需求偏好相似的角度解释产业内贸易产生的原因。这些理论均假设企业是同质的，意味着同一部门内所有企业要么都出口，要么都不出口。[①]20世纪90年代以后，许多学者发现：一国有很多企业同时生产同一种产品，但是只有少量企业有出口行为，而另一部分企业只能服务于国内市场。这说明企业之间是有差异的，需要新的理论给予解释，异质性企业贸易理论（Heterogeneous-Firm Trade Theory）应运而生，也称新新贸易理论（New-New Trade Theory）。[②]新新贸易理论打破了传统贸易理论和新贸易理论关于企业同质性的

① 周小琳，吴翔，独孤昌慧．异质性企业贸易理论关于国际贸易基本问题的回答：一个文献综述［J］．经济问题探索，2015（9）：156-163.

② BALDWIN R E，ROBERT-NICOUD F．The impact of trade on intra-industry reallocations and aggregate industry productivity：a comment［R］．NBER Working Paper，No.10718，2004.

假定，代表人物马克·梅利兹（Marc J. Melitz）①在克鲁格曼②的垄断竞争模型的基础上引入两个重要假设：一是企业存在生产率水平的差异；二是企业出口需要支付开拓市场的固定成本和“冰山”运输成本。在此基础上，系统分析企业生产率异质性对出口决策的影响，主要分析包括贸易基础、贸易模式、贸易利益和收入分配四个方面。

1. 贸易基础

从以上新新贸易理论产生的原因来看，企业是否出口的决定性因素或者说国家间贸易的基础是生产率水平的差异。生产率水平为什么会存在差异？归纳各位学者的分析如下：

（1）企业的自选择行为

自由贸易后，部分企业为了进入国际市场而不断创新产品和生产过程，提高生产率。生产率越高，企业利润水平越高，从而可以克服出口面临的较高的固定成本。

（2）生产率的门槛效应

梅利兹认为每个企业的生产技术水平是随机的，一国的平均生产率取决于生产率的门槛值，而门槛值又取决于出口企业面临的贸易障碍和世界市场的其他特征等。③

（3）学习效应

布拉洛克和格特勒认为企业因学习国外进口商的技术专长而具有较高的生产率。④进口商定制中间投入品时，需要与出口商就后续的生产进行协调，进口商强烈地需要把最新的设计规范及生产技术传播给出口商。

（4）劳动力异质性

这主要表现为劳动力市场上存在技能水平不同的工人。耶普尔认为企业的异质性源于雇佣工人所具有的异质性能力，而且贸易的自由化提升了各国之间的工资不均等水平，选择进行出口的企业规模较大，也会选择使用更先进的技术水平，雇用具有更高能力水平的工人，从而引起生产率的差异。⑤此外，企业的核心知识、能力积累、产品的多样化程度、市场对产品的需求和开放程度、企业规模的差异等也会引起生产率的差异，从而引起异质性。

2. 贸易模式

新新贸易理论关于贸易模式的解释仍然基于传统贸易理论和新贸易理论，讨论的问题包括：什么样的企业会进入国际市场？什么样的企业只服务国内市场？企业若出口，如何确定出口产品的范围、出口产品的组合及出口的目标市场？

影响贸易模式的因素有两种：

（1）出口市场进入成本和竞争淘汰效应

由于企业间存在生产率差异和出口固定成本的差异，生产率水平介于国内关门生产率

① MELITZ M J. The impact of trade on intra-industry reallocations and aggregate industry productivity [J]. Econometrica, 2003, 71 (6): 1695-1725.

② [1] KRUGMAN P R. Increasing returns, monopolistic competition and international trade [J]. Journal of International Economics, 1979, 9 (4): 469-479. [2] KRUGMAN P R. Scale economies, product differentiation and the pattern of trade [J]. American Economic Review, 1980, 70 (5): 950-959.

③ MELITZ M J, OTTAVIANO G I P. Market size, trade, and productivity [J]. The Review of Economic Studies, 2008, 75 (1): 295-316.

④ BLALOCK G, GERTLER P J. Learning from exporting revisited in a less developed setting [J]. Journal of Development Economics, 2004, 75 (2): 397-416.

⑤ YEAPLE S R. A simple model of firm heterogeneity, international trade, and wages [J]. Journal of International Economics, 2005, 65 (1): 1-20.

和出口门槛生产率水平之间的企业只服务国内市场，只有生产率高于出口门槛生产率水平的企业才能出口[①]，而生产率最低的企业被迫退出市场。

(2) 异质性企业的资源再分配效应

该效应使资源在行业内生产率不同的企业间重新配置，资源更多地流向生产率高的企业，从而使出口企业规模不断扩大，生产率不断提高，进而提高整个行业的福利。[②]

除此之外，一些实证文献从企业层面效率差异和产品层面质量差异的角度分析了企业贸易模式。例如，伊顿等[③]分析发现企业的出口存在异质性。多数企业的产品只出口到一个国家，个别企业出口到多个国家。只出口到少数国家的企业，其出口集中在最受欢迎的市场。

3. 贸易利益[④]

新新贸易理论中，贸易利益来源于三方面：

(1) 消费者消费产品的种类增加

通过国际贸易，消费者既希望增加消费数量，又希望增加消费种类。梅利兹（2003）引入商品异质性来分析消费者多样化需求偏好，不过该研究只关注了进口产品种类的增加，忽略了国内产品种类的消失。如果考虑国内消失的产品种类，那么最终产品全部种类可能增加，也可能减少，还可能保持不变。因此，产品的多样性对消费者福利的影响具有不确定性。[⑤]

(2) 产业内企业间资源的优化配置

克鲁格曼（1979）告诉我们国际贸易有利于实现资源在国家间、产业间的优化配置。新新贸易理论认为，自由贸易减少了本国企业的市场份额，迫使效率最低的企业退出市场，更多的资源配置到生产率较高的出口企业，实现了资源在企业间甚至是产品间的优化配置。1986—1979年，智利贸易自由化期间资源从低效率的生产企业流向高效率的生产企业，大约2/3的企业生产率提高了19%。[⑥]

(3) 企业的成本加成下降

对外贸易通过竞争效应降低了垄断企业的成本加成。因此，消费者可以获得价格更低的商品，从而增加消费者福利。不过，低效率的企业退出市场又倾向于降低消费者福利。就整个社会而言，梅利兹（2003）模型关于企业可以自由进入市场的假设意味着均衡时企业利润为零。因此，价格对边际成本之比下降意味着平均成本相对边际成本也下降，因而企业会扩大规模，充分发挥规模经济效应。最终，通过竞争效应，消费者因价格下降而获利。

① MELITZ M J. The impact of trade on intra-industry reallocations and aggregate industry productivity [J]. Econometrica, 2003, 71 (6): 1695-1725.

② 方虹，王旭. 马克·梅利茨对异质性企业贸易理论的贡献——科睿维安“引文桂冠奖”得主学术贡献评介 [J]. 经济学动态，2018 (4): 148-158.

③ EATON J, ESLAVA M, KUGLER M, et al. Export dynamics in Colombia: Firm-level evidence [R]. NBER Working Paper, No.13531, 2007.

④ 石良平，张晓娣，王晶晶. 国际贸易学国际理论前沿 [M]. 上海：上海社会科学院出版社，2017: 140-142.

⑤ ARKOLAKIS C, MUENDLER M. The extensive margin of exporting goods: A firm-level analysis [R]. NBER Working Paper, No.16641, 2010.

⑥ PAVCNIK N. Trade liberalization, exit, and productivity improvements: Evidence from Chilean plants [J]. Review of Economic Studies, 2002, 69 (1): 245-276.

4. 收入分配[①]

按照H-O-S理论和要素价格均等化理论，自由贸易使得丰裕要素所有者的报酬上升，稀缺要素所有者的报酬下降，各要素收入差距水平逐渐缩小，直至消失。但事实上，部分国家部门间收入差距不但没有消失，反而扩大了，为什么？新新贸易理论认为自由贸易的收入分配效应包括两点：

（1）自由贸易提高了所有企业的平均收益

一方面，自由贸易通过企业的“自我选择”机制推动了高生产率企业的出口，淘汰了低生产率企业，从而提高了所有企业的平均生产率。另一方面，自由贸易导致的成本加成下降提高了所有企业的实际收益。

（2）自由贸易扩大了收入分配差距

梅利兹（2003）和耶普尔（2005）假设劳动力市场是完全竞争的，出口企业为吸引更多优秀人才而愿意支付较高的工资水平。

学思践悟

提升“中国服务”在全球价值链中的地位

国务院下发的《关于同意全面深化服务贸易创新发展试点的批复》，原则同意商务部提出的《全面深化服务贸易创新发展试点总体方案》（以下简称《总体方案》），同意在北京、天津、上海等28个省、市（区域）全面深化服务贸易创新发展试点。这是国务院第三次批复试点地区。和之前相比，这次试点名单多了11个城市，包括大连、厦门、青岛、合肥、石家庄、长春、济南、贵阳、昆明、西安、乌鲁木齐。全面深化试点期限为3年。

2020年以来，面对新冠肺炎疫情带来的严峻挑战，我国及时推动出台一系列稳定服务贸易的政策措施并狠抓落实，大力推动服务贸易创新发展，取得积极成效。2020年上半年，我国服务贸易规模下降，总体呈现趋稳态势，贸易逆差减少。据商务部数据，2020年1—6月，我国服务进出口总额为22 272.8亿元（人民币，下同），同比下降14.7%。其中，出口9 127.9亿元，下降2.2%；进口13 144.9亿元，下降21.7%。

同时，知识密集型服务贸易占比有所提高。2020年1—6月，我国知识密集型服务进出口金额增长9.2%，占服务进出口总额的比重达到43.7%，提升9.6个百分点。出口增长较快的领域是知识产权使用费，保险服务，电信、计算机和信息服务，进口增长较快的领域是电信、计算机和信息服务，金融服务。在服贸试点的带动下，我国知识产权使用费，电信、计算机和信息服务等知识、技术密集型服务贸易逆势上扬，在稳外贸方面发挥了重要作用。

为打造服务贸易发展高地，提升“中国服务”在全球价值链中的地位，充分发挥服务贸易对稳外贸、稳外资的支撑作用，推动外贸转型升级和高质量发展，培育和提升开放型经济合作和竞争新优势，《总体方案》提出全面探索完善管理体制、全面探索扩大对外开放、全面探索提升便利水平、全面探索创新发展模式、全面探索健全促进体系等试点任务。

① 石良平，张晓娣，王晶晶. 国际贸易学国际理论前沿［M］. 上海：上海社会科学院出版社，2017：142-144.

在全面探索完善管理体制方面，从强化顶层设计、优化行业管理、强化制度支撑、推进联动协作等方面，深入推进“放管服”改革，努力形成职能更加优化、权责更加一致、统筹更加有力、服务更加到位的服务行业与贸易管理体制。

在全面探索扩大对外开放方面，坚持要素型开放与制度型开放相结合、开放与监管相协调、准入前与准入后相衔接，从制度层面和重点领域持续发力，提升开放水平。一是有序拓展开放领域。对标国际高标准，在充分竞争、有限竞争类重点服务领域和自然垄断类服务领域的竞争环节，分别以全面取消、大幅放宽、有序放开为原则，推动取消或放宽对服务贸易的限制措施。二是探索制度开放路径。在试点地区重点围绕新兴服务业开放进行压力测试，推动有序放宽或取消相关限制措施。在重点服务领域率先探索适应新形势、新需要的风险防范机制。三是提升开放发展成效。加大招商引资力度，在推动现代服务业开放发展上走在前列。

在全面探索提升便利水平方面，构建有利于服务贸易自由化、便利化的营商环境，积极促进资金、技术、人员、货物等要素跨境流动，主要向推进技术流动便利化、资金流动便利化、人员流动便利化、数字营商环境便利化方面努力。

在全面探索创新发展模式方面，拓展新业态、新模式，大力发展数字贸易，完善数字贸易政策，优化数字贸易包容审慎监管，探索数字贸易管理和促进制度。推进数字技术对产业链、价值链的协同与整合，推动产业数字化转型，促进制造业、服务业深度融合，推动生产性服务业通过服务外包等方式融入全球价值链。

在全面探索健全促进体系方面，以高质量共建“一带一路”为重点，深化服务贸易对外交流与合作，推动建立政府市场高效协同、国内和国外有机联动的服务贸易促进体系，支持和引导广大企业面向全球配置资源、拓展市场。强化促进平台，继续推进试点地区公共服务平台建设，探索建立区域性公共服务平台，提高服务效率。打造“中国服务”国家品牌，拓展贸易、投融资、生产、服务网络，创新对外投资方式，推动中国技术、中国标准、中国服务走出去。

专家表示，随着试点进一步扩围以及《总体方案》的推进，试点地区将在体制和机制创新方面斩获更多突破，为我国在服务贸易领域全面深化改革先行先试、积累经验，有利于带动全国服务贸易高质量发展，不断培育“中国服务”核心竞争优势。

资料来源　王曼. 提升“中国服务”在全球价值链地位［N］. 中国贸易报，2020-08-18（A4）.

本章小结

与传统的完全竞争下的贸易理论——比较优势理论相比，无论在理论基础和分析方法上，还是在应用上，现代贸易理论都具有独到的贡献，因此，这一理论已成为当代国际贸易理论的一个重要组成部分。本章分别以产业内贸易、重叠需求理论、规模经济、垄断竞争等理论模型为基础，探讨了产业内国际贸易的原因和影响，指出即使比较优势不存在，国际贸易仍可产生。

产业内贸易表现为差异产品的贸易，差异产品分为水平差异产品、垂直差异产品和技术差异产品。从水平差异方面分析，产业内贸易产生的原因是消费者偏好的多样化；从垂直差异方面分析，产业内贸易产生的原因主要是消费者对产品档次需求的差异；从技术差异方面看，产业内贸易产生的原因主要是产品存在生命周期。可以用产业内贸易指数来衡量产业内贸易的数量。

重叠需求理论认为两国的人均收入水平越接近，重叠需求的范围就越大，两国重复需要的商品都有可能成为贸易品。所以，收入水平越接近的国家间的贸易关系也就可能越密切；反之，如果收入水平悬殊，则两国之间重复需要的商品可能很少，甚至不存在，因此贸易的密切程度也就很小。依据重叠需求理论，如果各国的国民收入不断提高，则由于收入水平的提高，新的重复需要的商品不断地出现，贸易也相应地不断扩大，贸易中的新品种会不断出现。

除了以上因素外，规模经济亦是国际贸易的一个重要基础。在外部规模经济背景下，贸易利益在国家间的分配具有不确定性，国际分工格局也因为历史或者偶然的因素等存在不确定性。在不完全竞争条件下，国际贸易仍是互利的，贸易利益主要表现为：(1) 贸易可给消费者带来更多的消费选择；(2) 贸易可改变市场结构，促进竞争，从而改善资源配置效率和促进技术进步。

此外，产品生命周期理论、国家竞争优势理论和新新贸易理论也分别从不同角度解释了国际贸易。产品生命周期分为新产品引入、成熟和标准化阶段，可以用来解释产品随着生命周期在不同国家的生产分布和国际贸易。国家竞争优势理论认为，国际贸易不仅取决于国家间的要素禀赋等静态资源，更取决于国家间的创新能力和产业竞争力的动态变化。因此，现代的国际经济竞争是知识和技术的竞争，也是综合国力的竞争。新新贸易理论阐述了现实中只有部分企业选择出口的原因。

关键术语

现代贸易理论（Modern Trade Theory） 产业间贸易（inter-industry trade） 产业内贸易（intra-industry trade） 水平差异（horizontal differentiation） 垂直差异（vertical differentiation） 技术差异（technical differentiation） 水平型产业内贸易（horizontal intra-industry trade，HIIT） 垂直型产业内贸易（vertical intra-industry trade，VIIT） 产业内贸易指数（index of intra-industry trade） 需求相似理论（Theory of Preference Similarity） 重叠需求（overlapping demand） 不完全竞争（imperfect competition） 规模经济（economies of scale） 内部规模经济（internal economies of scale） 外部规模经济（external economies of scale） 产品生命周期（product life cycle，PLC）理论 国家竞争优势理论（Theory of Competitive Advantage of Nations） 新新贸易理论（New-New Trade Theory）

基础训练

第4章即测即评

1. 根据H-O理论，各国应积极参与产业内贸易。你是否同意该观点？为什么？

2. 给定某国某些行业的进出口数据（见表4-6），请计算该国各行业的产业内贸易指数。

表4-6 某国某行业进出口数据 单位：万美元

项　目	向其他国家的出口额	向其他国家的进口额
新鲜水果	65	54
玩具	56	680
微型面包车	700	200
电影和电视	300	97

3. 下述例子中主要显示出的是外部规模经济还是内部规模经济？

（1）云南省昆明市郊斗南镇的鲜花市场；

（2）天津的美食街；

（3）微软公司；

（4）中国香港作为亚洲的金融中心；

（5）美国的大型家庭农场。

4. 下述例子中决定贸易模式的主要是比较优势还是规模经济？

（1）加拿大是主要的新闻纸出口国；

（2）英特尔生产了世界上半数以上的CPU；

（3）美国和日本相互出口复印机；

（4）中国是主要的电视机出口国；

（5）东南亚国家大量出口运动服装和鞋。

5. 讨论以下问题：美国为什么在喷气式飞机制造方面还保留比较优势，而在钢铁制造和汽车生产方面都正在失去比较优势？

6. 长虹集团是一个生产电视机的垄断竞争企业，电视机生产具有规模经济。如果长虹能够成功地占领欧洲市场，向欧洲国家出售电视机，对长虹的短期利益和长期利益分别是什么？对本国电视机消费者是否有利？请画图说明。

案例分析

汽车行业的规模经济

中华人民共和国成立后，中国政府将汽车产业列为重点产业予以扶持。从20世纪50年代中国第一汽车集团有限公司（以下简称一汽）建成投产至今，经过几十年的发展，中国已经建成较为完整的汽车工业体系。

20世纪60年代初期，我国形成了4个汽车生产基地：南京汽车生产基地、上海汽车生产基地、北京轻型越野汽车生产基地和济南重型载货汽车生产基地。60年代中期之后，中国的城市客车、长途客车和团体客车等客车产品系列开始成长和发展起来，比较有效地丰富了我国当时的汽车产品体系。1965年开始筹划的第二汽车制造厂（以下简称二汽，现为东风汽车集团有限公司）是中国汽车业的第二个生产基地。与一汽不同的是，二汽是完全依靠我国自己的力量建成的。二汽建设中只有1%的关键设备是从国外引进的，其他均由国内自行研制生产。这表明，经过20年的发展，我国已经独立掌握了汽车生产制造技术。20世纪60年代中后期之后，中国的汽车零部件工业开始形成，如以四川汽车制造厂为核心的配套项目（重庆新建机械厂、重庆汽车配件厂、重庆油泵油嘴厂）等建成投产；南京汽车制造厂、上海汽车制造厂、济南汽车制造厂、北京汽车制造厂也进行了扩建改造，发展零部件工业。据统计，1966年中国汽车零部件企业只有520家，产值为6.9亿元；1980年，这两个数值分别增加到2 076家和28.5亿元。20世纪70年代末，中国汽车年生产能力接近20万辆，并初步形成了以载货汽车和越野汽车为主的产品体系。从中华人民共和国成立初期到20世纪70年代末，中国汽车产业处于封闭发展状态，在计划经济体制的束缚下，汽车产品的产量和销售量大幅增加，整个汽车工业体系逐步地完善。同时，汽车生产厂家规模小、技术水平低的问题日益严重。

改革开放之后，尤其是20世纪80年代以来，中国的汽车产业进入结构调整的高速发展阶段。这一时期，中国的重型汽车、中型载货汽车、轻型汽车、微型车、轿车工业都取得了重大成就。我国先后与罗马尼亚政府签订合作生产罗曼载货汽车的生产技术合作协议；与奥地利斯太尔-戴姆勒-普赫公司签订重型汽车制造技术转让合同；与德国ZF公司、美国伊顿公司等签订了技术转让合同，等等。通过这些技术引进，我国的重型汽车工业生产发展更加迅猛。20世纪80年代，北京汽车制造厂、武汉轻型汽车制造总厂等开始以生产轻型载货汽车为主，在丰富我国汽车产品体系的同时满足了当时的市场需求。我国汽车行业的主要产品在20世纪80年代以前是中型载货汽车。这一时期，一汽生产的老解放汽车实现了成功换型，二汽通过技术引进并发展系列品种生产的eq系列中型载货汽车产量大幅增加，进一步促进了我国中型汽车工业的发展。同时，我国形成了微型车制造工业。中国汽车产业从此形成了比较完整的产品系列，汽车产业的整体生产布局日益优化。80年代中后期，中国载货汽车工业基本满足了国内市场的需求，轿车产品也有了一定的发展。90年代，中国汽车生产能力大幅增强，汽车产量比70年代末增长了近10倍。

统计数据显示，1998年中国汽车产量为162.8万辆，全国商用车产量的重、中、轻型车比例为3.7∶17.8∶78.5，微型车和轻型车比重大幅度上升；全国载货年产量的重、中、轻型车比例为5.3∶27.7∶67；全国乘用车与载货车的产量比为59.4∶40.6，扭转了改革开放初期我国汽车产品结构不合理的局面。2001年以来，中国汽车企业的规模在不断增大。2001年，我国汽车年产量为233.4万辆，轿车产量达到70.4万辆。2003年这两个数字分别达到444.37万辆和201.89万辆。2007年我国汽车产销量达到888.24万辆和879.15万辆，同比分别增长22.02%和21.84%，汽车产量和销量分列世界第三位和第二位。截至2008年，我国共有1 000多家各类汽车厂，这些厂家遍布全国除西藏、宁夏以外的各个省份，它们隶属不同部门，互相分割。绝大多数企业规模小，生产批量小。据统计，2001年全国共有103家整车生产企业，超过日本、美国、西欧汽车生产企业的总和；但我国汽车年产量总和仅相当于日本丰田1家的年产量。在这103家企业中，年产5万辆以上的只有12

家，其余91家的生产规模都相当小，远未达到规模经济的要求。到了2011年，我国排名前10家汽车企业的总销售量达到了1 609万辆，接近通用汽车和大众汽车的全球销售之和。2021年，我国汽车产销分别为2 608.2万辆和2 627.5万辆，同比分别增长3.4%和3.8%。2021年，销量排名前10位的汽车企业集团销量总计为2 262.1万辆，同比增长1.7%，占全年汽车总销量的86.1%。我国汽车产销总量已经连续13年位居全球第一。

资料来源 ［1］何元贵，张捷，陈健．影响中国汽车企业规模经济因素的实证分析［J］．工业技术经济，2009（4）：66-72．［2］魏宏耀．软投入与中国汽车产业发展：布局、规模和技术［D］．兰州：兰州大学，2010．［3］汽车观察．3年负增长宣告结束，2021年中国汽车产销破2 600万辆［EB/OL］．（2022-01-14）［2022-07-06］．https://xw.qq.com/cmsid/20220114A02LSF00．

问题：结合十九大提到的“促进我国产业迈向全球价值链中高端，培育若干世界级先进制造业集群”，探讨全球价值链演进与中国角色的转变。

第 5 章
经济增长与国际贸易

学习目标

5.1
经济增长的源泉
5.2
经济增长对国际贸易的影响
5.3
国际贸易对经济增长的影响

学思践悟
本章小结
关键术语
基础训练
案例分析

学习目标

通过本章的学习，你应该掌握：经济增长的源泉包括技术进步和要素等；不同类型经济增长对国际贸易的影响。你应该熟悉：国际贸易、技术进步对经济增长的影响。

引例

中国外贸强劲增长拉动经济复苏

中国海关总署发布的数据显示，2021年前2个月，中国货物贸易进出口总值达8 344.9亿美元，同比增长41.2%。其中，货物贸易出口4 688.7亿美元，同比增长60.6%；货物贸易进口3 656.2亿美元，同比增长22.2%。外媒认为，国际市场对中国商品的需求依然强劲，拉动出口强劲巨大；同时，中国内需改善进一步拉动进口增长。

《华尔街日报》报道说，中国外贸数据出现增长在外界意料之中，但实际增幅大大超过经济学家的普遍预期。进出口韧性十足，成为中国经济复苏的关键。

英国《金融时报》报道说，全球对医疗用品和居家相关产品需求增加，中国的出口随之增加。文章表示，中国经济迅速恢复，贸易激增将进一步助推中国经济发展。

德国《世界报》报道说，中国作为德国最重要的贸易伙伴，经济呈现强劲增长势头。以美元计算，德国在2021年前2个月向中国交付的货物增加了31.1%，中国对德出口增长了71.2%。德国《法兰克福汇报》发表文章说，在世界经济遭受疫情冲击的背景下，中国外贸繁荣，德国经济也从中受益。文章说，中国采取严格措施迅速控制疫情，自2020年下半年以来，中国外贸恢复强劲增长，为中国经济复苏作出重要贡献。

英国路透社报道说，2021年前2个月，中国出口额同比大增，得益于中国在应对疫情方面取得成功，强劲的出口有利于推动经济复苏。在另一篇报道中，路透社援引专家观点表示，中国国内经济总体运行平稳，新能源汽车、装备制造业等行业发展景气，对进口需求带来较强的增量效应。

资料来源　吴乐珺，方莹馨，花放．中国外贸强劲增长拉动经济复苏［N］．人民日报，2021-03-24（16）．

古典国际贸易理论和新古典国际贸易理论的基本假设是生产技术和要素禀赋不变，在该假设前提下，借助生产可能性边界和社会无差异曲线分析了贸易的原因、贸易的模式、贸易的利益以及贸易的收入分配效应。但是现实中，随着世界经济的飞速发展，投资不断扩大、人口不断增长、劳动生产率不断提高、新能源不断被发现等，这些都改变了生产能力，这种供给方面的增长最直接的影响就是经济增长（economy growth）。随着经济的增长，贸易模式、贸易利益等也发生了变化。本章基于H-O模型分析经济增长与国际贸易的关系，侧重分析经济增长对国际贸易和国民福利的影响。

5.1　经济增长的源泉

根据经济增长理论，一国产出的增长取决于要素投入的增长和技术进步，即

$$Y = A \times F(K, L)$$

式中：Y为经济产出；A为技术进步；K为资本投入；L为劳动投入。要素投入也可能包括其他要素，如土地、能源等。劳动投入也可进一步细化为高技能劳动和低技能劳动等。因此，经济增长的源泉可分为两类：一是要素投入的增长；二是技术的进步。无论是要素投入的增长还是技术的进步，经济增长都可以表现为生产可能性边界的向外扩展。

5.1.1　要素增长对经济增长的影响

假定技术水平不变，资本和劳动力发生变动，将影响一国的供给能力和生产可能性边界。根据出口产品和进口替代品的增长比例，经济增长分为平衡型经济增长和偏向型经济增长。

1. 平衡型经济增长

平衡型经济增长（balanced economy growth）是指一国所有的要素都按照相同的比例增长，即K/L保持不变时，所有产品的产出按相同比例增加。[①]

如图5-1所示，如果资本和劳动同比例增长，则生产可能性边界按照相同的比例向外移动。在这种增长方式中，生产可能性边界的形状保持不变。给定产品的相对价格不变，经济增长将导致大米和钢铁两种产品的均衡产量也按照相同比例增长。例如，增长前，生产点位于S_1，450吨大米和100吨钢铁，产出比为4.5；增长后，生产点位于S_2，540吨大米和120吨钢铁，两种产品的产出均为增长前的1.2倍，产出比依然为4.5。

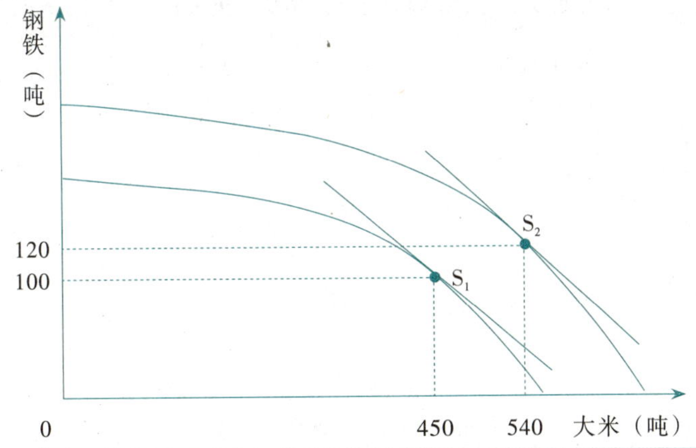

图5-1　平衡型经济增长

2. 偏向型经济增长

偏向型经济增长（biased economy growth）是指增长更大比例地偏向于生产某一种

① 普格尔．国际贸易［M］．沈艳枝，译．17版．北京：中国人民大学出版社，2021：110.

产品。其可以分为出口偏向型经济增长和进口偏向型经济增长。出口偏向型经济增长（export-biased economy growth）是指一国丰裕要素增长速度大于稀缺要素增长速度，从而导致经济增长更大比例地偏向密集使用丰裕要素的出口产品。进口偏向型经济增长（import-biased economy growth）是指一国稀缺要素增长速度大于丰裕要素增长速度，从而导致经济增长更大比例地偏向密集使用稀缺要素的进口产品。

如图 5-2 所示，中国丰裕要素劳动增长速度较快，生产可能性边界沿着横轴（大米）扩展的幅度较大。给定产品的相对价格不变，经济增长将导致劳动密集型产品大米的均衡产量增加较多，即劳动要素增长幅度较大，则劳动密集型产品的均衡产量增加较多。例如，增长前，生产点位于 S_1，450 吨大米和 100 吨钢铁，产出比为 4.5；增长后，生产点位于 S_3，570 吨大米和 105 吨钢铁，两种产品的产出分别为增长前的 1.27 倍和 1.05 倍。

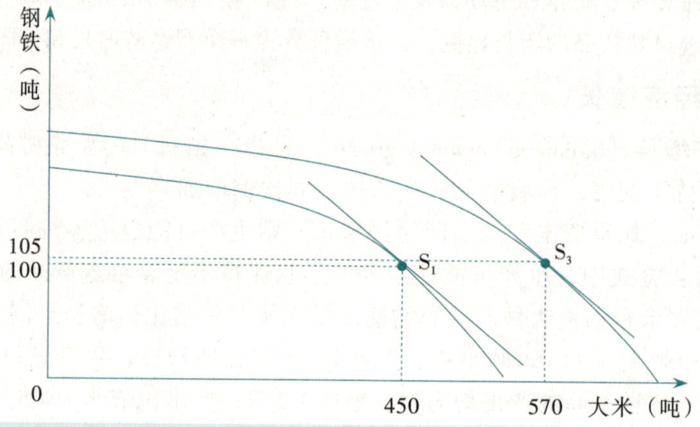

图5-2　出口偏向型经济增长（大米）

同理，图 5-3 表示资本增长幅度较大，则资本密集型产品的均衡产量增加较多。

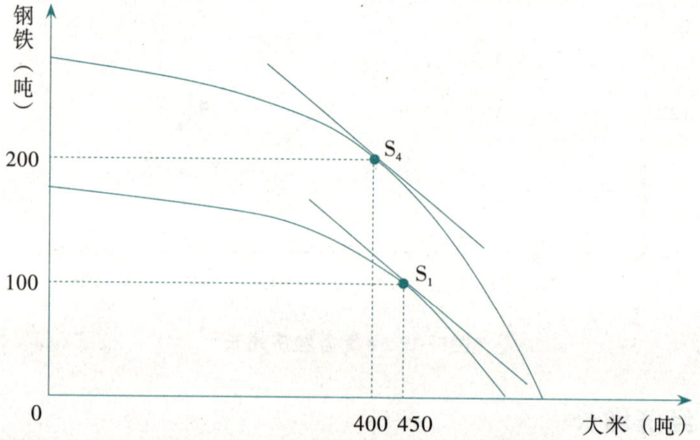

图5-3　进口偏向型经济增长（钢铁）

此外，在偏向型经济增长中存在的特例情况是其中一种要素增长，其他要素投入不变。[①]如图5-4所示，若劳动力增长，资本不变，则生产可能性边界严重偏向劳动密集型产品（大米）。

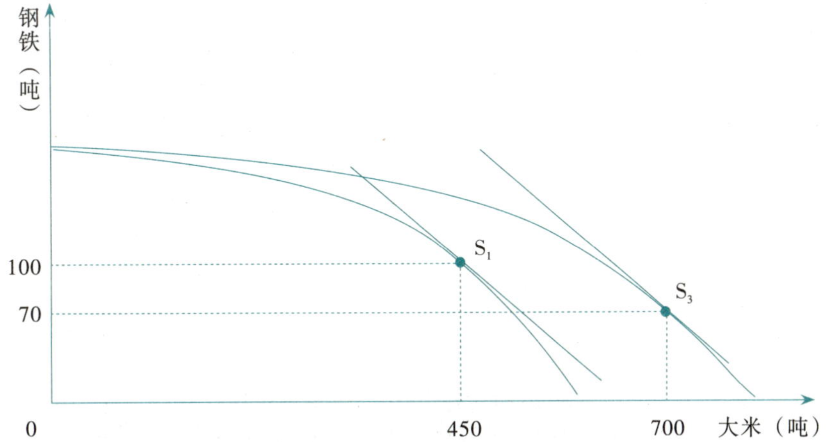

图5-4　单一要素增长的生产可能性边界

5.1.2　技术进步对经济增长的影响[②]

1. 技术进步的类型

技术进步是指在生产某种产品时，由于科学技术水平提高，要素利用率提高，生产一单位产品所需的成本降低，从而推动经济增长。[③]以单位产出来衡量，技术进步则是指生产同样一单位产品，所需的资本和劳动投入减少了，即技术进步节约了要素投入。[④]根据技术进步对要素节约的程度不同，技术进步分为中性技术进步（neutral technical progress）和偏向性技术进步；后者又可以进一步分为劳动节约型技术进步（labor saving technical progress）和资本节约型技术进步（capital saving technical progress）。[⑤]

中性技术进步是指要素相对价格不变的前提下，生产同样一单位产品所需的资本和劳动按照同一比例减少，但是产品中的要素密集度不变，即最优K/L保持不变。如果劳动投入量减少更多，相对多用资本而少用劳动，即资本代替了劳动，结果是最优K/L上升，则称劳动节约型技术进步，结果是提高了劳动密集型产品的产量。反之，如果资本投入量减少更多，即最优K/L下降，则称资本节约型技术进步，结果是提高了资本密集型产品的产量。技术进步对生产可能性边界以及经济增长的影响与要素增长类似，如图5-5所示。[⑥]

① 普格尔. 国际贸易［M］. 沈艳枝，译. 17版. 北京：中国人民大学出版社，2021：111.
② 杨飞. 技能偏向性技术进步与发达国家劳动力市场极化［M］. 北京：经济科学出版社，2018.
③ 杨全发. 新编国际贸易［M］. 广州：中山大学出版社，1995：112.
④ 韩玉军. 国际贸易学［M］. 2版. 北京：中国人民大学出版社，2017：97.
⑤ 朱晓峰. 中国农业劳动力转移与农业的持续发展［J］. 中国人口·资源与环境，1994，4（4）：49-52.
⑥ 张二震，马野青. 国际贸易学［M］. 南京：南京大学出版社，1998：151-154.

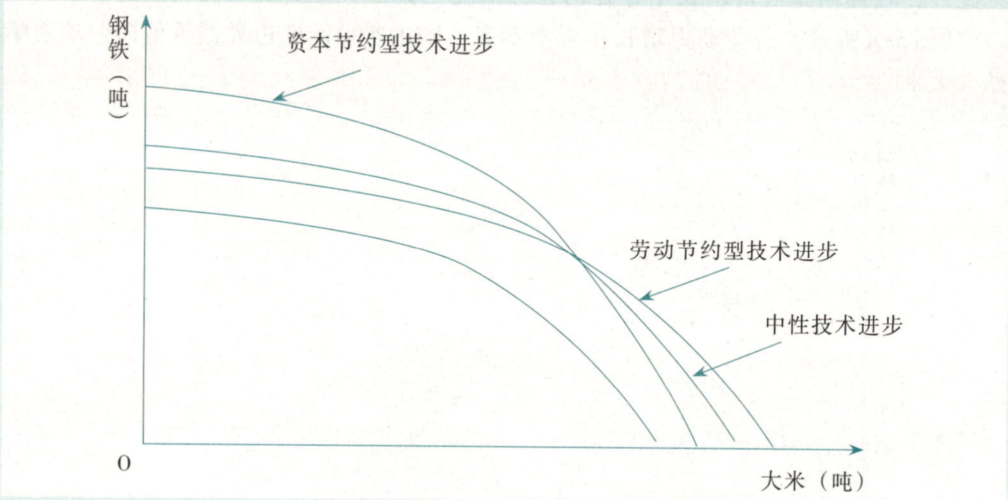

图5-5 技术进步与生产可能性边界

资料来源 张二震，等. 国际贸易学教程［M］. 北京：高等教育出版社，2019：130.

2. 技术进步与经济增长

现代经济增长理论认为技术进步是一国经济增长的核心因素，也是影响跨国经济收敛和技术收敛的主要因素，而要素投入对经济增长不具有持续性。中国劳动生产率和全要素生产率的变化主要源于改革开放以来的资源配置效率改进和技术进步。①下文对经济增长事实和经济增长理论对技术进步与经济增长的关系进行介绍。

（1）第一次工业革命时期技术进步的内容与特点

里夫金（2012）将历次工业革命的特点作了梳理，发现每次重大的经济革命都出现在新能源和新通信技术结合的时期。②他认为能源和通信的结合是经济体系重要的基础设施。其中，能源是经济体系的血液，使自然资源转换为人们需要的商品和服务。而通信技术是经济体系的中枢神经系统，对经济活动进行监督和协调。第一次工业革命时期，蒸汽机开始大规模应用，18世纪共建造了2 500台蒸汽机，其中828台被用于煤矿，209台被用于铜矿和铅矿。③这一时期主要的能源就是煤炭，煤炭为蒸汽机提供了相对廉价的燃料来源，而蒸汽机的大规模应用又促进了煤炭的开采。以蒸汽机为动力的印刷机大大降低了印刷成本，使得报纸、杂志和书籍成为主要的信息传播工具，也使得知识的扩散和人力资本积累更加容易。

能源和通信技术的结合进一步促进了其他领域的技术进步。第一次工业革命时期，冶金技术、纺织技术、工程和机床技术、化工技术在“煤炭+蒸汽机”的推动下有了显著的进展，而且这些技术相互利用，推动了相应产业的快速发展。第一次工业革命时期的信息传播效率虽然没有今天那么高，但也促进了技术的扩散和模仿。

关于第一次工业革命时期技术进步对人力资本积累的影响，现有文献有两种观点：

① 刘伟，张辉. 中国经济增长中的产业结构变迁和技术进步［J］. 经济研究，2008，43（11）：4-15.
② 里夫金. 第三次工业革命：新经济模式如何改变世界［M］. 张体伟，孙豫宁，译. 北京：中信出版社，2012：131.
③ 莫基尔. 富裕的杠杆：技术革新与经济进步［M］. 陈小白，译. 北京：华夏出版社，2008：95.

阿西莫格鲁（2002）认为，英国当时有大量的农民和爱尔兰移民，一方面这些低技能工人的工资低，另一方面这些低技能工人的规模大，所以开发低技能偏向性的技术是有利可图的。事实上，第一次工业革命时期发明的纺纱机等机械只需低技能劳动就可操作，所以第一次工业革命时期的技术进步是低技能偏向性的。

艾伦（2009）的研究发现第一次工业革命时期的技术进步是劳动节约型的。[①]该文发现，当时英国的工资和生活标准是全世界最高的，而且由于殖民地贸易，英国拥有廉价的煤炭。该文进一步认为高工资和廉价煤炭刺激了那些替代劳动并多用资本和煤炭的技术的发展。例如，蒸汽机为了提高劳动生产率而增加了对资本和煤炭的利用，纺织厂利用机器替代人工纺纱织布，锻铁厂利用煤炭替代木炭锻铁等。该文认为是高工资促使第一次工业革命新技术的出现和大范围的应用，即要素的稀缺或高价格诱发了技术进步。

（2）第二次工业革命时期技术进步的内容与特点

第二次工业革命以电力、内燃机为标志。电力最早用于电信技术，对19世纪及以后产生了巨大的影响。内燃机使得汽车大量生产，成为经济生活中重要的交通工具。与此同时，作为内燃机燃料的石油作为新能源变得日益重要。不过，作为电力和蒸汽机燃料的煤炭依然是经济中重要的能源来源。

第二次工业革命增加了高技能人才的人力资本积累，进而促进了经济增长。阿塔克等（2004）的研究表明，第二次工业革命早期，制造业劳动分工的细化和生产的标准化降低了对高技能劳动的需求；但是1850年以后，随着制造业资本化、机械设计复杂程度加大和电力的大规模应用，制造业对高技能劳动的需求开始上升。[②]该文中的1850—1880年的数据实证研究表明，这一时期总的来说是低技能偏向性的，即减少了对高技能劳动的需求。奇恩等（2006）研究了1892—1912年蒸汽机船对技能劳动的需求，发现蒸汽机船增加了对工程师等高技能劳动的需求，但也降低了对水手等低技能劳动的需求。[③]格雷利用美国1880—1940年的职业数据，研究发现，随着制造业的电气化，制造业对高技能劳动的需求上升，对低技能的手工劳动的需求下降，也就是说电气化是高技能偏向性的。[④]戈尔丁和卡茨的研究表明，1909—1929年，随着电动机的大范围应用，技术-技能互补的趋势更加明显。[⑤]从这些研究中可以看出，第二次工业革命中，技术进步逐步增加了对高技能人才的需求，进而促进了人力资本的积累。[⑥]

（3）第三次科技革命时期技术进步的内容与特点

第二次世界大战以后，信息技术逐渐取代电信技术成为最主要的信息传播和经济交往的工具。信息与通信技术和化石能源成就了今天的繁荣。不过，里夫金（2012）认为信息与通

① ALLEN R C. The British industrial revolution in global perspective [M]. New York: Cambridge University Press, 2009. 该文并未区分高、低技能劳动，但由于当时英国的劳动供给大部分是低技能的，所以劳动节约型的技术也包含了低技能劳动。

② ATACK J, BATEMAN F, MARGO R. Skill intensity and rising wage dispersion in nineteenth-century American manufacturing [J]. The Journal of Economic History, 2004, 64 (1): 172-192.

③ CHIN A, JUHN C, THOMPSON P. Technical change and the demand for skills during the second industrial revolution: Evidence from the merchant marine, 1891-1912 [J]. The Review of Economics and Statistics, 2006, 88 (3): 572-578.

④ GRAY R. Taking technology to task: The skill content of technological change in early twentieth century United States [J]. Explorations in Economic History, 2013, 50 (3): 351-367.

⑤ GOLDIN C, KATZ L F. The origins of technology-skill complementarity [J]. The Quarterly Journal of Economics, 1998, 113 (3): 693-732.

⑥ 从现今的角度看，制造业工人是中等技能劳动，但在第二次工业革命时期，制造业劳动工人是高技能的。

信技术和化石能源的融合已经完成，其对经济的推动潜力将要走到尽头：一方面，化石能源作为不可再生能源，开采高峰已经过去，迟早有枯竭的那一天；另一方面，工业化造成了全球温室效应，而且根据科学家的预测，全球气温到21世纪末将至少上升3度，这意味着全球70%的物种可能灭绝。因此，他认为未来的“第三次工业革命”将是信息技术和可再生能源的结合[①]，这种结合将会使今天集中层级式的经济模式向分散合作式的经济模式转变。

第三次工业革命中的信息技术增加了对高技能劳动的需求，即向高技能偏向性技术进步，这一点得到学者的普遍认同。梅钦和范里宁利用OECD 7个国家1973—1989年的数据研究说明，以计算机使用率衡量的高技能偏向性技术进步在这7个国家中普遍存在，且是高技能劳动需求上升的显著因素。[②]福尔克利用德国2000年的跨行业数据研究表明，工人人均计算机拥有率、工人中互联网和软件用户使用比例越高的企业，雇佣的高技能劳动越多；相反，信息与通信技术渗透率与中等技能和低技能劳动显著负相关。[③]奥托和莫内恩利用美国1960—1998年的数据研究说明，技术进步减少了对标准化操作的工作需求，而增加了对高技能劳动的工作需求，这表明这种技术进步是高技能偏向性的。[④]多数研究表明，20世纪初以来，技术进步表现出高技能偏向性。

5.1.3 市场化改革对经济增长的影响[⑤]

内生增长理论表明技术创新是经济增长的决定性因素（阿格因和霍伊特，2009），而制度质量对经济增长的重要作用也得到许多研究的肯定。例如，诺斯从制度变迁的角度解释了不同制度背景下的经济增长绩效。[⑥]波特等研究了法律体系对经济增长的影响，相对于大陆法体系，普通法体系能够更好地执行合约和保护产权，因而能够更好地促进经济增长。[⑦]阿西莫格鲁等（2002）研究了殖民地起源对制度变迁和经济增长的影响。欧洲殖民者愿意在较为贫穷的殖民地建立包容性制度，在较为富裕的殖民地建立掠夺性制度，从而形成了殖民地不同的经济发展路径。[⑧]中国经历了较为深刻的制度转型，制度改革对中国经济增长的重要贡献以及技术创新对经济增长的重要性也得到我国学术界的肯定。可见，技术创新和制度对经济增长的重要性已得到普遍的认同。

制度或市场化改革还会促进技术进步，进而促进经济增长。苔巴尔迪和埃尔姆斯利（2008）的研究表明，制度会影响新技术的开发和应用，好的制度能够促进技术创新；但当制度对新技术的开发和应用形成约束时，技术创新便会趋于停滞。[⑨]因此，制度演进是

① 里夫金（2012）认为之前的信息技术革命为第二次工业革命的成熟阶段。

② MACHIN S, VAN REENEN J. Technology and changes in skill structure: Evidence from seven OECD countries [J]. The Quarterly Journal of Economics, 1998, 113 (4): 1215-1244.

③ FALK M. Diffusion of information technology, internet use and the demand of heterogeneous labor [R]. ZEW Discussion Paper, No.01-48, 2001.

④ AUTOR D H, MURNANE L R J. The skill content of recent technological change: An empirical exploration [J]. The Quarterly Journal of Economics, 2003, 118 (4): 1279-1333.

⑤ 杨飞. 技能偏向性技术进步与发达国家劳动力市场极化 [M]. 北京：经济科学出版社，2018.

⑥ NORTH D C. Institutions, institutional change and economic performance [M]. Cambridge: Cambridge University Press, 1990.

⑦ LA PORTA R, LOPEZ-DE-SILANES F, SHLEIFER A. The economic consequences of legal origins [J]. Journal of Economic Literature, 2008, 46 (2): 285-332.

⑧ 阿西莫格鲁等（2002）的进一步研究表明，由于较为富裕的殖民地人口较多，殖民者不容易定居，他们更愿意在这些地区建立掠夺性制度。相反，在较为贫穷的殖民地，殖民者能够大量地定居，因而更愿意保护产权。

⑨ TEBALDI E, ELMSLIE B. Institutions, innovation and economic growth [J]. Journal of Economic Development, 2008, 33 (2): 27-53.

技术创新的前提。此外，赫尔普曼研究认为，严格的产权保护会降低发展中国家的技术创新和技术扩散。[①]国内一些研究表明，产权保护和良好的金融制度对我国制造业技术创新存在显著的正向影响。

20世纪90年代以来，欧洲一些发达国家和日本同美国的技术差距扩大。从全世界范围内技术进步和生产率变化的趋势来看，伯杰德等（2016）的研究发现，1890—2012年，发达国家经历了两次较大的生产率波动（包括劳动生产率和全要素生产率），美国始终处于生产率前沿。[②]由内燃机、电气技术和化学等为代表的第二次科技革命带来了第一次生产率波动，这些技术直到第二次世界大战后才在欧洲大陆和日本完全扩散开。第二次世界大战后的信息与通信技术革命带来了第二次生产率波动，而且发达国家间生产率的收敛趋势存在不规则性。由于市场僵化和教育质量等因素的影响，信息与通信技术目前还没有在欧洲大陆和日本完全扩散，导致1990年以来这些国家与美国的生产率差距呈现扩大的趋势。[③]

5.2　经济增长对国际贸易的影响[④]

经济增长也会促进国际贸易的发展。经济发展的事实表明，全球贸易额主要来源于发达经济体和东亚等经济发展较为成功的发展经济体，而全球经济增长的主要贡献者也是这些经济体。从经济增长和贸易方式的关系看，经济增长可以分为平衡型经济增长、出口偏向型经济增长和进口偏向型经济增长。发达经济体是平衡型经济增长的代表，东亚经济体是出口偏向型经济增长的代表，而南美洲是进口偏向型经济增长的代表。

5.2.1　平衡型经济增长

在国际市场上，大国和小国的贸易行为有根本差别。如对国际贸易商品的相对价格影响不同，因此，依据各国贸易量在世界市场上所占份额将国家分为贸易大国和贸易小国。贸易小国的特点是该国的贸易量在世界市场上所占份额较小，其进出口的变动不会影响整个世界的供给和需求，本质上是价格的接受者。贸易大国则相反，该国的贸易量在世界市场上所占份额较大，其供求的变动会影响世界市场上的贸易量和贸易价格。为此，我们有必要分贸易小国和贸易大国两种情况进行分析。

1. 贸易小国

在图5-1的基础上进一步分析，如图5-6所示，贸易小国的初始生产均衡点为S_1，消费均衡点为C_1，当经济增长后，由于贸易小国对全球商品价格没有影响，所以两种商品的相对价格不变，生产均衡点为S_2，消费均衡点为C_2。可知，经济增长后，小国两种商品的生产量和消费量都增加，[⑤]消费者福利上升。从国际贸易规模（贸易三角形的面积）来

① HELPMAN E. Innovation, imitation and intellectual property rights [J]. Econometrica, 1993, 61 (6): 1247-1280.
② BERGEAUD A, CETTE G, LECAT R. Productivity trends in advanced countries between 1890 and 2012 [J]. Review of Income and Wealth, 2016, 62 (3): 420-444.
③ 杨飞. 中美制造业技术差距及其影响因素研究 [J]. 世界经济研究，2017 (8): 124-134; 137.
④ 普格尔，林德特. 国际经济学 [M]. 李克宁，等译. 11版. 北京：经济科学出版社，2001: 67-70.
⑤ 这里有一个隐含的前提是商品均为正常品，即对商品的需求会随着收入的上升而增加。

看，贸易意愿增强。[①]

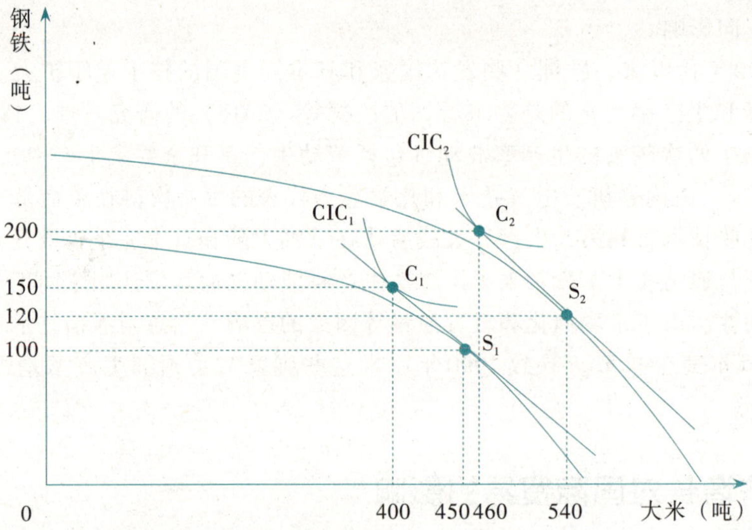

图5-6　贸易小国的平衡型经济增长

2. 贸易大国

如图5-7所示，若为贸易大国，当经济增长后，由于贸易大国对全球商品价格具有影响，新的生产均衡点变为S_2'，消费均衡点变为C_2'。可知，贸易大国出口大米，进口钢铁。由于贸易大国对钢铁的需求增加，对大米的供给也增加，所以大米的相对价格下降，即大国贸易条件恶化，福利损失。与此同时，大国的社会无差异曲线向外移动，福利上升。最终，由于经济增长带来的福利增加大于贸易条件恶化带来的福利损失，所以消费者效用增加。

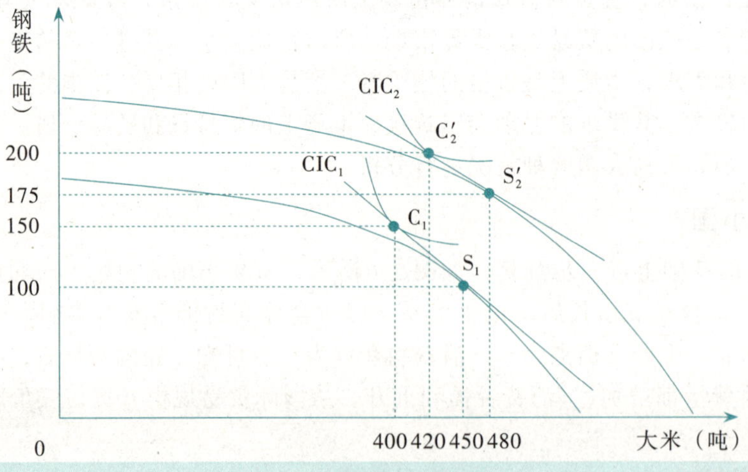

图5-7　贸易大国的平衡型经济增长

① 贸易意愿是否增强取决于两个方面：一是均衡生产量的变动；二是均衡消费量的变动。以大米为例，在本例中，大米的均衡生产量增加了90吨，均衡消费量增加了60吨，从而可供出口的大米的数量就增加了，因此，贸易三角形的面积增大，国家的贸易意愿增强。

5.2.2 出口偏向型经济增长

1. 贸易小国

(1) 理论分析

在图5-2的基础上进一步分析，如图5-8所示，当经济增长后，生产均衡点变为S_3，消费均衡点变为C_3，贸易小国对劳动密集型产品大米的出口增加。由于是贸易小国，钢铁和大米的相对价格不发生变化。经济增长后，两种产品的产量、消费量和贸易量均增加，消费者福利水平上升。从国际贸易规模来看，贸易意愿增强。例如，东亚经济体从第二次世界大战结束以后利用劳动力丰富的优势采用出口导向型战略促进经济增长。

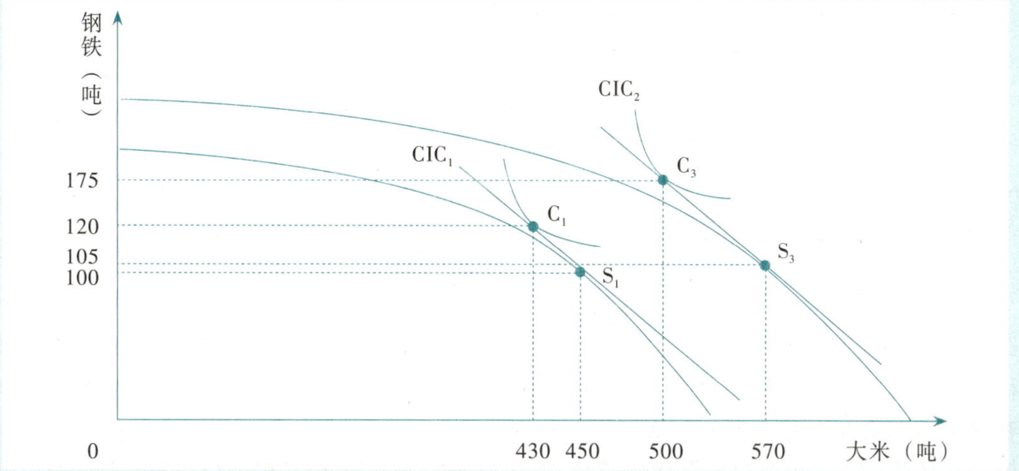

图5-8 贸易小国的出口偏向型经济增长（大米）

(2) 罗伯津斯基定理

如果仅有劳动力增长，会发生什么？罗伯津斯基定理（Rybczynski Theorem）告诉我们：在一个存在两种产品的世界里，假设产品价格保持不变，一国的某一种要素数量增加而另一种要素数量保持不变时，密集使用数量增加要素的产品的产出将增加，另一类产品的产出将下降。其中的逻辑是什么？

继续以上述大米和钢铁为例进行分析。考虑只有劳动力增加的情况。劳动力增加显然会导致劳动密集型产品大米的产出增加，在技术水平不变的前提下，增加大米的产出除了要增加对劳动力的需求以外，对资本的需求也会增加，但是该国的资本总量并没有增加。因此，大米部门必然从钢铁部门来获取额外的资本投入，这样，由于用于生产钢铁的资本减少，所以钢铁的产量下降。此外，由于在钢铁产出下降的同时会释放出劳动力，这些被释放出的劳动力必然为大米部门所用，实际上大米生产扩张的比例会大于劳动力增长的比例。

在图5-4的基础上进一步分析，图5-9描绘了劳动力增加带来的影响。增加的结果是生产可能性边界严重偏向大米的生产。由于相对价格保持不变，增加使得生产均衡点从S_1移动到S_3，即大米的产出从450吨增加到700吨，钢铁的产出则从100吨下降到70吨。该定理告诉我们，当一种资源大幅度增加时，如荷兰天然气的开发，会阻碍其他行业比如制造业的发展（见实践窗 5-1）。

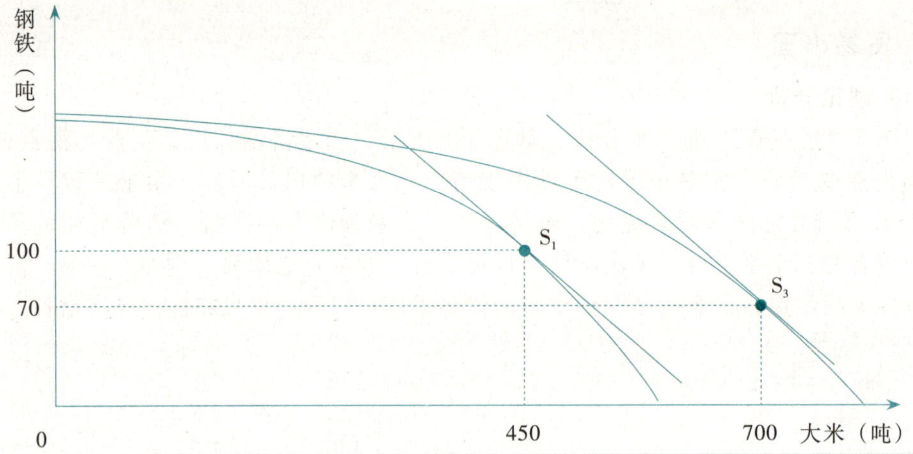

图5-9 单一要素的增长：罗伯津斯基定理

实践窗 5-1

“荷兰病”和去工业化

开发一种新的可以出口的自然资源会带来一些问题。其中一个问题是稍后本章将讨论的“贫困化增长”：如果一国已经在出口，并且出口的扩张降低了出口产品的全球价格，结果可能使该国的福利变得更差。第二个明显的问题是“荷兰病”：自然资源的扩张导致了制造业产品产量的下降（去工业化）。

在荷兰，这种现象源于在北海开发了新的天然气田。人们发现，荷兰开发的天然气越多，其制造业中的贸易品的生产越衰落。甚至两次石油冲击（所有的燃料（包括天然气）价格飙升）带来石油价格的上涨，都加重了荷兰工业的衰退。人们认为这种“荷兰病”也曾蔓延到英国、挪威、澳大利亚、墨西哥以及其他一些有新自然资源开发出来的国家。

这种担忧是正确的：在很多现实情况中，意外发现与开发新自然资源确实会侵蚀制造业的生产和利润。去工业化的发生恰好证明了本章介绍的罗伯津斯基定理：新兴产业的发展从制造产业转移了部分资源。具体来说，为了新的自然资源的生产，必须雇用原来在制造业的劳动力，还需要得到本来可以投资于制造业生产的资本，于是导致制造业生产水平下降。

新闻媒体对自然资源开发与去工业化的联系的报道，用一种不同的方式诠释了罗伯津斯基定理的基本效应。媒体倾向于关注可出口的自然资源的开发，使本币在外汇市场上升值。这是由于外国对本国资源购买的支付导致对本币需求上升。本币升值使得国内厂商更难与外国产品竞争，因为外国产品的相对价格更低。对制造业部门来说，这就类似于需求下降，产业萎缩。而在外汇市场，为了恢复到起初的贸易平衡，会产生与易货贸易相同的结果：如果一国出口更多的某种产品，那么该国必须或者减少对另一种产品的出口，或者增加进口。贸易要恢复到期初的平衡，必须有所放弃。

尽管“荷兰病”确实引起了一些去工业化，但这会不会是个国家性的问题还不清楚。仅仅将资源从制造业部门转移到自然资源产业，不一定就是坏事，尽管人们普遍觉得工业的扩张是决定经济繁荣的关键。只要经济增长不陷入贫困化陷阱，一国一般就会从发展自然资源的生产中获益。

资料来源 普格尔. 国际贸易［M］. 沈艳枝，译. 17版. 北京：中国人民大学出版社，2021：112-113.

2. 贸易大国

（1）理论分析

如图5-10所示，当经济增长后，生产均衡点变为S_3'，消费均衡点变为C_3'，贸易大国对劳动密集型产品大米的出口增加。由于是贸易大国，钢铁和大米的相对价格发生变化，大米的相对价格下降，钢铁的相对价格上升，即贸易条件恶化。由于经济增长带来的福利增加大于贸易条件恶化带来的福利损失，消费者效用增加。

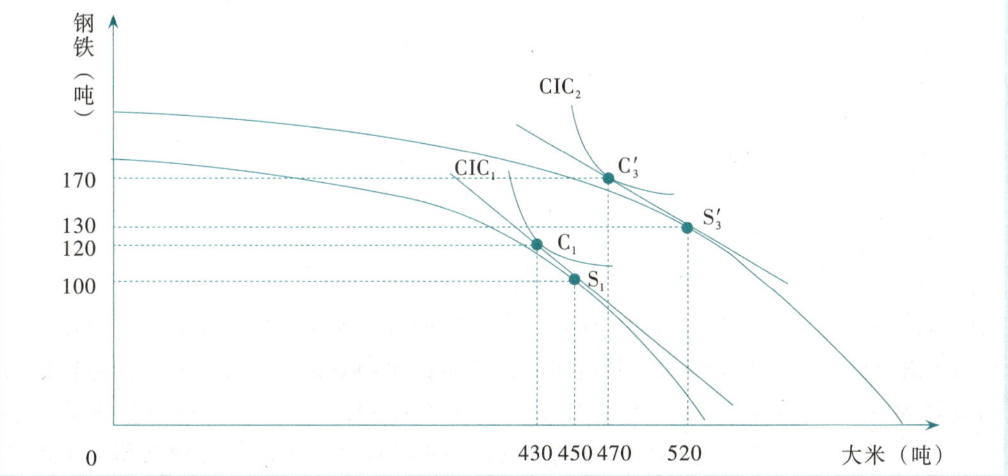

图5-10 贸易大国的出口偏向型经济增长（大米）

（2）贫困化增长[①]

由图5-10可知，尽管贸易大国的贸易条件恶化了，但是净福利水平提高了。如果贸易条件大幅度恶化，净福利水平依然会提高吗？杰格迪什·巴格瓦蒂（Jagdish Bhagwati）对该情况进行了详细分析之后提出了贫困化增长（immiserizing growth）理论。该理论认为：在其他条件不变的情况下，当一个贸易大国或出口产品单一的国家（通常是发展中国家），经济增长导致传统出口产品的供给量大幅度增加时，贸易条件会严重恶化，甚至恶化到使该国受损的地步，表现为国民福利的绝对下降。赞比亚作为铜矿的出口大国，其发展状况可以清楚地解释贫困化增长的问题（如图5-11所示）。

微课 贫困化增长（或称悲惨增长）

经济增长前，赞比亚的生产可能性曲线为TT，P为铜矿的国际价格，生产均衡点为S_1，消费均衡点为C_1，铜矿的出口量为MS_1，制成品的进口量为MC_1。现假设该国要素大

① 林德特. 国际经济学［M］. 范国鹰，陆生军，陈捷，译. 9版. 北京：经济科学出版社，1992：79-81.

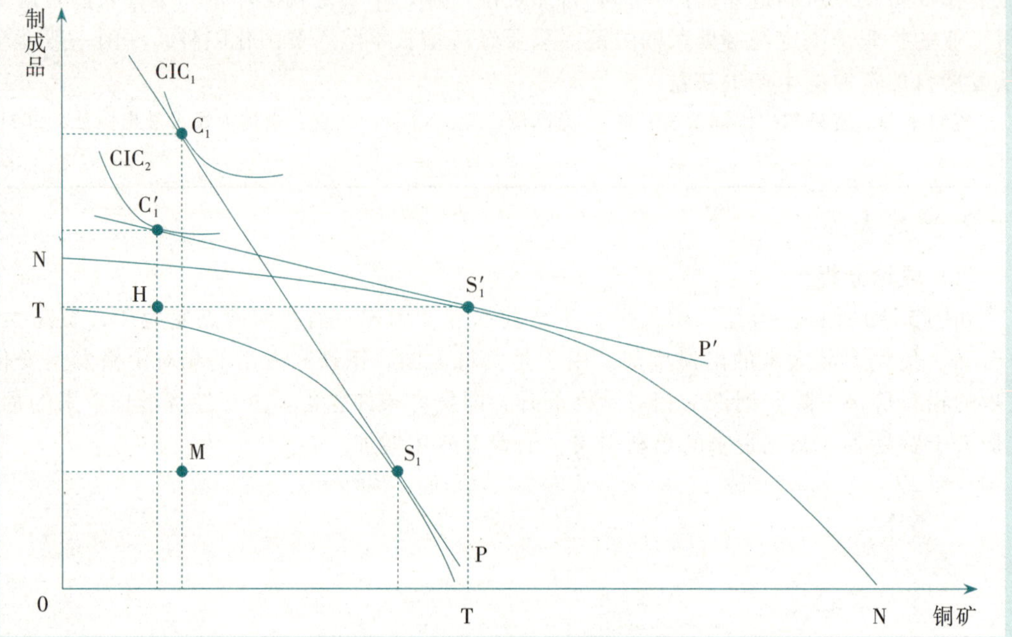

图5-11 贫困化增长

幅度增加，尤其是生产铜矿的要素大幅度增加，从而生产可能性曲线向外扩张为NN，且偏向铜矿的生产。该国铜矿的生产能力和供给能力增强（贸易意愿增强），使得世界市场上铜矿的相对价格大幅度下降为P′。此时，生产均衡点变为S_1'，消费均衡点变为C_1'，两种产品的产出都增加了，但是铜矿增长得更快。由于铜矿相对价格下降较多，能够换回的制成品的数量反而变少了，表现为出口量增长至HS_1'（$HS_1' > MS_1$），进口量下降至HC_1'（$HC_1' < MC_1$）。总体来看，贸易条件的严重恶化带来的福利水平的下降幅度超过了新增生产能力带来的福利水平的上升幅度，最终，增长后净福利反而下降。因此，贫困化增长又被称为福利恶化型增长。

部分西方经济学家认为，贫困化增长的发生需同时满足以下条件：

① 经济增长偏向于增加该国的出口供给，且出口供给的增加会影响到该出口产品的国际价格。

② 国外对本国出口产品的需求缺乏弹性。

③ 单一经济，极端缺乏产业结构调整能力，导致新增资源只能进入出口部门。

不过这些条件几乎很难同时满足，因此，贫困化增长发生的概率较小。

5.2.3 进口偏向型经济增长

1. 贸易小国

在图5-3的基础上进一步分析，如图5-12所示，当经济增长后，生产均衡点变为S_4，消费均衡点变为C_4，贸易小国对资本密集型产品钢铁的进口减少，实现了贸易小国进口替代的战略。由于是贸易小国，钢铁和大米的相对价格不发生变化，贸易条件不变。由于经济增长带来的福利增加，消费者效用也增加。从国际贸易规模来看，贸易意愿下降。

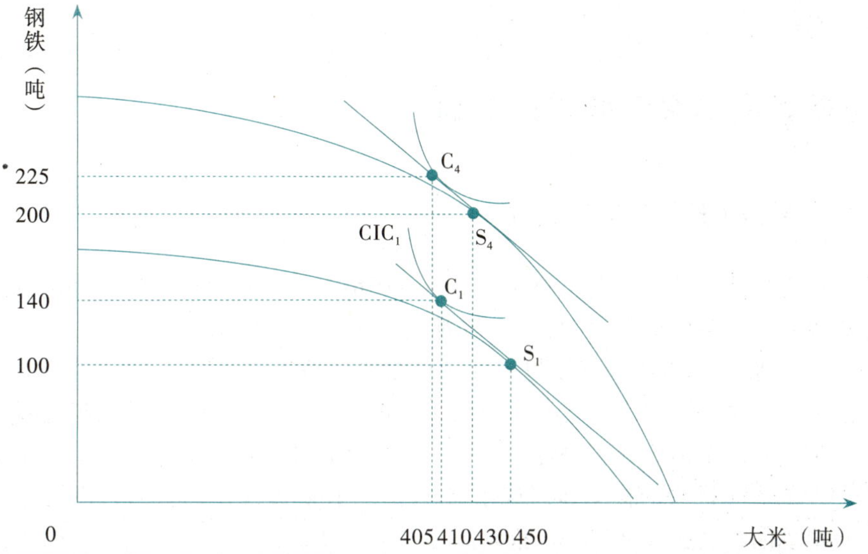

图5-12　贸易小国的进口偏向型经济增长（钢铁）

2. 贸易大国

如图5-13所示，当经济增长后，生产均衡点变为S_4'，消费均衡点变为C_4'，贸易大国对资本密集型产品钢铁的进口减少。由于是贸易大国，钢铁和大米的相对价格发生变化，钢铁的相对价格下降，大米的相对价格上升，贸易条件改善。由于经济增长带来的福利增加，消费者效用增加。

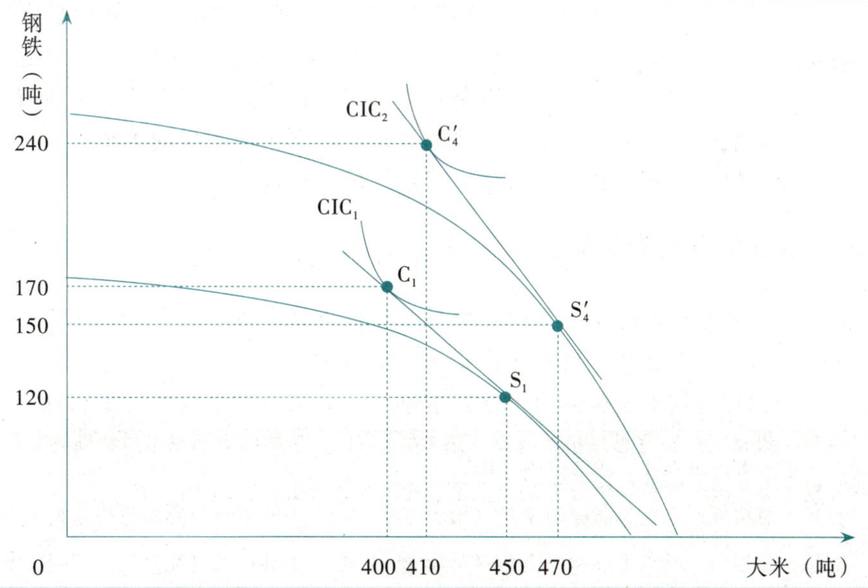

图5-13　贸易大国的进口偏向型经济增长（钢铁）

虽然理论上如此，但如果考虑进口替代的动态效应，进口替代可能会降低本经济体的生产效率和贸易保护程度，从而会损害该经济体的长远利益。南美洲各国的经济发展事实说明了这一点。

5.3 国际贸易对经济增长的影响

5.3.1 马克思主义的相关论述

按照马克思主义的基本观点，国际贸易与经济增长的关系归根结底是交换与生产的关系。马克思说："交换的深度、广度和方式都是由生产的发展和结构决定的……可见，交换就其一切要素来说，或者是直接包含在生产之中，或者是由生产决定。"[①]一方面，从最本质的意义上来说，生产决定交换，但如果从再生产过程看，作为再生产过程的一个阶段的交换，不仅是一个消极的被决定的东西，在一定条件下也能对生产产生反作用，有时会对生产的发展产生巨大的推动作用或阻碍作用。[②]伴随着生产的扩大，市场也要不断扩大；反之，市场的不断扩大又进一步推动了生产的不断扩大。另一方面，交换的发展具有自身的特点和规律。马克思说："生产归根到底是决定性的东西。但是产品贸易一旦离开生产本身而独立起来，它就循着本身的运动方向进行。"[③]可见，生产和交换相互制约、相互影响。

此外，马克思主义者们从资本主义生产方式的角度分析了对外贸易对资本主义发展的重要作用。马克思指出："对外贸易的扩大，虽然在资本主义生产方式的幼年时期是这种生产方式的基础，但在资本主义生产方式的发展中，由于这种生产方式的内在必然性，由于这种生产方式要求不断扩大市场，它成为这种生产方式本身的产物。"[④]马克思的论断深刻揭示了对外贸易和资本主义生产方式的本质联系。两者的关系在第1章已经被深入分析。除了马克思以外，列宁也重视对外贸易的作用。他说"没有对外贸易在资本主义国家是不能设想的，而且的确没有这样的国家"，并且进一步分析了原因："彼此互为市场的各种工业部门，不是均衡地发展的，而是互相超越着，因此较为发达的工业就需要国外市场……资本主义生产的规律，是生产方式的经常改造和生产规模的无限扩大……所以每个资本主义工业部门的自然趋势使它需要'寻求'国外市场。"[⑤]

5.3.2 西方学者的相关研究

经济增长的源泉是技术进步，而国际贸易对于促进技术进步具有重要作用。为此，本部分介绍国际贸易通过促进技术进步从而影响经济增长。

希克斯（1932）将技术进步分为中性技术进步、劳动节约型技术进步和资本节约型技

① 马克思，恩格斯．马克思恩格斯选集（第2卷）［M］．中共中央马克思恩格斯列宁斯大林著作编译局，译．北京：人民出版社，1972：101-102.

② 张二震，等．国际贸易学教程［M］．北京：高等教育出版社，2019：303.

③ 马克思，恩格斯．马克思恩格斯全集（第37卷）［M］．中共中央马克思恩格斯列宁斯大林著作编译局，译．北京：人民出版社，1971：485.

④ 马克思，恩格斯．马克思恩格斯全集（第46卷）［M］．中共中央马克思恩格斯列宁斯大林著作编译局，译．北京：人民出版社，2003：264.

⑤ 列宁．列宁选集（第1卷）［M］．中共中央马克思恩格斯列宁斯大林著作编译局，译．北京：人民出版社，1972：186-187.

术进步。技术进步具体偏向劳动或资本取决于要素的相对价格，被称为诱致性技术进步。[①]哈巴谷假设（Habakkuk Hypothesis）认为技术进步倾向于节约更加稀缺的要素，因为稀缺要素的相对价格更高。例如，19世纪美国的技术进步快于英国，就是因为美国的劳动更加稀缺，进而诱发了劳动节约型技术进步。诱致性技术进步近些年来也得到不断深入的研究。艾伦（2009）研究了英国工业革命的原因，认为由于当时英国劳动力价格高昂，而能源价格较低，因而发明者发明机器来替代劳动，即诱发了劳动节约型技术进步。由于英国的市场规模较大，创新所获得的利润高于创新成本，这种劳动节约型技术进步获得了长足增长空间。但并不是在所有条件下要素稀缺或高价格都可以诱发偏向性技术进步。阿西莫格鲁（2010）通过数理模型形式化了价格诱导的技术进步的条件。如果技术进步导致劳动的边际产品下降，即技术进步是劳动节约的，那么劳动稀缺或劳动价格上涨将诱发技术进步；相反，如果技术进步是劳动互补的，劳动稀缺就会阻碍技术进步。但是这些条件是否成立，即劳动稀缺能否促进技术进步是一个经验问题。

早期的诱致性偏向性技术进步理论只考虑了价格效应。但是价格上升或资源稀缺未必一定能诱发技术进步，反而可能因为成本高昂，降低利润，并阻碍技术进步（阿西莫格鲁，2010）。所以，仅用价格效应不足以完全解释偏向性技术进步。与价格效应对技术进步作用方向相反，施莫克勒（1966）较早注意到市场规模对技术进步的影响，他认为市场规模是技术进步的关键，因为某一要素或产品的市场规模越大，基于该要素或产品进行创新的利润也越高，从而技术进步越快。[②]阿格因和霍伊特（2009）根据产品多样化或质量改进的形式将技术进步内生化，并赋予技术进步丰富的微观基础，使得内生技术进步理论在此后的20年获得了长足的发展。上述文献所建模型的一个显著特点是"规模效应（scale effect）"的存在，即劳动力的增加不仅能提高人均收入水平和间接增长率，而且能促进技术进步。[③]这些理论的发展都为偏向性技术进步形式化的发展奠定了理论基础。

汉隆（2015）写了较早的一篇验证阿西莫格鲁偏向性技术进步理论的实证论文，该文检验了市场规模效应对英国纺织技术偏向性的影响。[④]该文研究表明，第一次工业革命时期，由于美国内战减少了其对英国的棉花供给，取而代之的是印度棉花大量出口到英国，因此，基于利用和提高印度棉花生产率的技术开始大量出现。这表明印度棉花的市场规模效应促进了英国棉纺织业的技术进步。[⑤]

拓展阅读 5-1

1. 南北贸易对技术进步、经济增长的影响

阿西莫格鲁（2002）在其偏向性技术进步理论的基础上，进一步分析了国际贸易对技

① HICKS J R. The theory of wages [M]. 2nd ed. London: Macmillan, 1963.

② SCHMOOKLER J. Invention and economic growth [M]. Cambridge, Mass.: Harvard University Press, 1966.

③ 这里的"规模效应"同偏向性技术进步的"市场规模效应"有所区别，规模效应是指劳动力规模对技术进步率和经济增长率的影响，而市场规模效应是指两个产品的相对市场规模对技术进步的影响，因此，可以认为规模效应是市场规模效应的强形式（阿西莫格鲁，2009）。不考虑规模效应的内生技术进步理论请参见Jones（1995a，b，1998）等。

④ HANLON W W. Necessity is the mother of invention: Input supplies and directed technical change [J]. Econometrica, 2015, 83 (1): 67-100.

⑤ 由于各原产地棉花的质量不同，因而需要研发基于不同原产地棉花的技术。印度棉花的供给量庞大；美国、巴西和埃及棉花质量虽好，但其供给受到战争或供给量有限的限制。

能偏向性技术进步的影响。他的研究表明，在南北贸易过程中，技术进步的偏向性取决于发展中国家知识产权保护程度。如果发展中国家拥有良好的知识产权保护，那么低技能劳动的市场规模效应居于主导地位，将导致低技能偏向性技术进步；如果发展中国家不拥有良好的知识产权保护，那么市场规模效应不变，但高技能劳动的价格效应居于主导地位，这将导致高技能偏向性技术进步。

甘恰和邦飞利（2008）分析了在发展中国家缺乏知识产权保护的情况下，南北贸易对偏向性技术进步的影响。[①]该文研究表明，由于发展中国家缺乏知识产权保护，南北贸易将会使发达国家的技术进步发生在其拥有比较优势的部门（即高技能密集型部门），而发展中国家将会专业化于相对低生产率的部门（即低技能密集型部门），因而促进知识产权保护不仅有利于发达国家，也有利于发展中国家。该文基于这一理论框架进行的实证研究表明，贸易开放降低了美国制造业的研发投入，由于制造业属于中低技能产业，如果贸易开放降低了制造业的研发投入，则说明贸易开放促进了高技能偏向性技术进步。该文虽然是分析部门偏向性技术进步，但由于发达国家的优势部门集中于高技能产业，所以进一步验证了阿西莫格鲁的一系列分析。

2. 发达国家间贸易对技术进步、经济增长的影响

目前分析发达国家间贸易与技能偏向性技术进步关系的文献较少，阿西莫格鲁（2002）表明，由于发达国家高技能劳动相对富裕，且产权保护比较完善，高技能劳动的市场规模效应占主导地位，所以贸易开放将促进发达国家高技能偏向性技术进步。这一理论是基于赫克歇尔-俄林理论。我们还可以根据产业内贸易理论和企业异质性贸易理论得到发达国家间贸易对技能偏向性技术进步的影响。汤尼格和维迪尔（2003）分析了国际贸易对内生防御性技能偏向性技术进步的影响。[②]为了减少外国厂商的技术模仿或外溢，本国企业会增强产品的技能复杂度，因而促进了技能偏向性技术进步，增加了对技能劳动力的需求和技能溢价，并利用法国1986—1992年制造业的面板数据证实了这一点。该机制不同于阿西莫格鲁关于偏向性技术进步的价格或市场规模机制。

3. 进口和出口对技术进步、经济增长的影响

在国际贸易中，进口和出口对技术进步方向的影响可能是不同的。布鲁姆等（2011）的研究表明，发达国家在高技能产品的生产上拥有比较优势，而发展中国家在生产中低技能产品上拥有比较优势。因此，发达国家在进口发展中国家的中低技能密集型产品时，可能对本国的中低技能产业形成威胁，从而促使资源进一步向高技能部门转移，并提高了高技能部门的相对技术水平。该文利用中国对欧盟的出口数据进行实证研究，表明来自中国的进口竞争降低了欧盟中等技术企业的生存率，并减少了就业机会，但来自进口的竞争效应和资源配置效应提高了存活企业的技术水平，而且这两种效应占欧盟企业技术升级的25%。[③]甘恰和邦飞利（2008）研究了发展中国家对美国出口对于美国制造业研发投入的影响，来自发展中国家的进口渗透率越高，美国制造业的研发投入越少。由于制造业属于

① GANCIA G, BONFIGLIOLI A. North-south trade and directed technical change [J]. Journal of International Economics, 2008, 76 (2): 276-295.

② THOENIG M, VERDIER T. A theory of defensive skill-biased innovation and globalization [J]. The American Economic Review, 2003, 93 (3): 709-728.

③ BLOOM N, DRACA M, VAN REENEN J. Trade induced technical change? The impact of Chinese imports on innovation and information technology [R]. NBER Working Paper, No.W16717, 2011.

中等技能产业，美国并不拥有比较优势，所以他们的经验结果证实了偏向性技术进步理论模型的预测。进口对技能偏向性技术进步产生影响的途径还包括：来自发展中国家技术模仿的威胁；进口更多新中间品所带来的生产率的提升效应（布鲁姆等，2011）。博斯腾等（2013）基于资本-技能互补假设，发现贸易开放会促使本国进口更多的资本品，所以，资本品的积累会增加对本国技能劳动的需求，进口资本品将会促进本国的技能偏向性技术进步。[①]

费胡根（2008）提出了一个分析发展中国家向发达国家出口产品，并提高出口国技术水平的理论：首先，出口国企业存在生产率的异质性，而且进入出口市场的成本是固定的，因此，只有那些最具生产力的企业才会选择出口。其次，出口企业生产的产品具有异质性，而消费者的收入水平越高，所需求的消费品质量也越高，因此，发展中国家的企业向发达国家出口产品的质量要高于国内产品的质量。最后，生产更高质量水平的产品要求更高技能水平的工人。基于这三个原因，出口刺激了出口国技能水平的升级。[②]如果考虑发达国家出口市场竞争，那么可以设想，费胡根（2008）的理论同样适用于发达国家向发达国家出口产品，并提高发达国家的技能水平。[③]

松山（2007）提出了一个出口提升技能水平的机制——技能偏向性的全球化（skill-biased globalization）。相对于国内市场，出口所需的要素投入所包含的技能水平更高，如国际商务、语言技能、海洋运输保险、越洋运输和分销体系，这些都需要高技能人才来满足出口的需要。[④]布兰比拉等（2012）[⑤]进一步认为，如果发展中国家出口的目的地是发达国家，那么发展中国家需要更多的技能劳动来满足出口。如果发达国家向发达国家出口产品，面对激烈的国际市场竞争，发达国家出口企业所需的技能劳动就会更多。

学思践悟

发挥社会主义基本经济制度优势，推动经济高质量发展

2020年是全面建成小康社会和“十三五”规划收官之年。新冠肺炎疫情的冲击没有改变我国经济稳中向好、长期向好的基本面。全面建成小康社会，并乘势而上开启全面建设社会主义现代化国家的新征程，这对推动经济高质量发展提出新的更高要求。党的十九届四中全会通过的《中共中央关于坚持和完善中国特色社会主义制度、推进国家治理体系和治理能力现代化若干重大问题的决定》对社会主义基本经济制度作出新概括，部署推动社会主义基本经济制度与时俱进、完善发展，必将为经济高质量发展奠定更为坚实的制度基础。党的二十大报告指出：“高质量发展是全面建设社会主义现代化国家的首要任务。”我们要进一步发挥社会主义基本经济制度优势，努力实现经济高质量发展。

① BURSTEIN A，CRAVINO J，VOGEL J. Importing skill-biased technology [J]. American Economic Journal: Macroeconomics，2013，5（2）：32-71.

② 因此，该理论不适用于发达国家向发展中国家出口产品的情况。布鲁姆等（2011）的经验研究也表明，欧盟向中国出口产品对欧盟企业技术升级的作用不显著。

③ VERHOOGEN E A. Trade，quality upgrading，and wage inequality in the Mexican manufacturing sector [J]. The Quarterly Journal of Economics，2008，123（2）：489-530.

④ MATSUYAMA K. Beyond icebergs: towards a theory of biased globalization [J]. The Review of Economic Studies，2007，74（1）：237-253.

⑤ BRAMBILLA I，LEDERMAN D，PORTO G. Exports，export destinations，and skills [J]. American Economic Review，2012，102（7）：3406-3438.

一、坚持党中央集中统一领导

中国经济是一艘巨轮，体量越大，掌舵领航就越重要。越是形势复杂、挑战严峻，越要发挥党中央集中统一领导的定海神针作用。当前，国内外形势发生深刻复杂变化，新情况、新问题层出不穷。形势越是复杂，越要听从党中央号令，增强“四个意识”、坚定“四个自信”、做到“两个维护”，认真贯彻党中央重大决策部署，做到令行禁止；在推动经济高质量发展中敢作为、善作为，注重激发和保护企业家精神，让更多社会主体投身创新创业，充分调动各方面的积极性。

二、坚持以人民为中心的发展思想

围绕解决好人民日益增长的美好生活需要和不平衡不充分的发展之间的矛盾这个社会主要矛盾，把推进供给侧结构性改革作为经济工作的主线，使供给体系更适应需求结构的变化，使供给能力更能满足人民日益增长的美好生活需要。坚持以人民为中心的发展思想，坚决贯彻创新、协调、绿色、开放、共享的新发展理念，推动新型工业化、信息化、城镇化、农业现代化同步发展，加快建设现代化经济体系，努力实现更高质量、更有效率、更加公平、更可持续的发展，不断增强人民的获得感、幸福感、安全感。

三、坚持不断解放和发展社会生产力

在重要领域继续深化改革，在更深层次、更广领域解放和发展社会生产力。探索公有制多种实现形式，鼓励发展混合所有制经济，实现各种所有制资本取长补短、相互促进、共同发展，使我国基本经济制度发挥出更大优越性。完善初次分配制度、健全再分配调节机制、规范收入分配秩序，弘扬勤劳致富精神，激励人们通过劳动创造美好生活。加快完善社会主义市场经济体制，建设高标准市场体系。构建社会主义市场经济条件下关键核心技术攻关新型举国体制，建立以企业为主体、以市场为导向、产学研深度融合的技术创新体系，为高质量发展插上科技创新的翅膀。

资料来源　刘伟. 为经济高质量发展奠定坚实制度基础［N］. 人民日报，2020-04-17（9）.

本章小结

本章首先分析了经济增长的源泉，其次分析了国际贸易与经济增长的相互关系。

经济发展过程中，技术进步、劳动和资本等要素的增长都会影响一国的生产和贸易。而制度或市场化改革会通过促进技术进步，进而促进经济增长。

经济增长有利于促进国际贸易的发展。从经济增长和贸易方式的关系看，经济增长可以分为平衡型经济增长、出口偏向型经济增长和进口偏向型经济增长。其代表性国家分别为发达国家、东亚经济体和南美洲。

反过来，国际贸易也会影响经济增长。马克思主义者认为国际贸易与经济增长的关系，归根结底是交换与生产的关系。西方学者从技术进步的角度分析了国际贸易对经济增长的影响。

关键术语

经济增长（economy growth）　技术进步（technology progress）　市场化改革（market-oriented reform）平衡型经济增长（balanced economy growth）偏向型经济增长（biased economy growth）出口偏向型经济增长（export-biased economy growth）进口偏向型经济增长（import-biased economy growth）中性技术进步（neutral technical progress）劳动节约型技术进步（labor saving technical progress）资本节约型技术进步（capital saving technical progress）罗伯津斯基定理（Rybczynski Theorem）贫困化增长（immiserizing growth）

基础训练

第5章即测即评

1. 简述不同经济增长类型对生产可能性边界的影响。

2. "一国资本数量的增长将导致该国资本密集型产品产量的增长，而其他产品的产量保持不变。"该观点正确吗？为什么？请根据罗伯津斯基定理来分析。

3. 根据不同经济增长类型解释经济增长对国际贸易的影响。

4. 假设在一个开放经济均衡中，中国出口大米到世界其他国家，并从世界其他国家进口钢铁。这两种产品的生产使用资本和劳动力两种要素，其贸易模式与H-O理论的预测相一致。现在，中国的丰裕要素——劳动力增加，请分析：

（1）这对中国的生产可能性边界的形状和位置有何影响？

（2）如果产品相对价格保持不变，对中国这两种产品的生产数量有什么影响？请解释。

（3）这对中国的贸易意愿有何影响？

（4）假设中国的劳动力增加会影响国际均衡价格，价格如何变化？

（5）中国的福利会下降吗？请解释。

5. 一国对国际价格几乎没有影响，那么该国会面临贫困化增长后的风险。你赞成这种观点吗？为什么？

6. 请分析外资流入对东道国贸易条件和比较优势的影响。

案例分析

为经济增长提供强劲动力

距离海洋路途遥远的哈萨克斯坦努尔肯特，为何成了"全球贸易的新前沿"？巴基斯坦瓜德尔港为何能成为新的投资热土？一个重要原因就在于，"一带一路"建设顺应了经济全球化的历史潮流，顺应了全球治理体系变革的时代要求，为经济增长铺设出连接各国各地区的合作桥梁。

习近平主席在第二届"一带一路"国际合作高峰论坛开幕式上强调："商品、资金、技术、人员流通，可以为经济增长提供强劲动力和广阔空间。"在共建"一带一路"的过程中，贸易畅通是重要内容，资金融通是重要支撑，民心相通是重要保障。互联互通的目的，正是要使经济血脉更加通畅，从而提升发展潜力。共建“一带一路”之所以能成为当今世界广泛参与的国际合作平台和广受欢迎的全球公共产品，原因正在于其大大降低了区域间商品、资金、信息、技术等交易成本，有效促进了跨区域资源要素的有序流动和优化配置，实现了互利合作、共赢发展。

“河海不择细流，故能就其深。”以世界视野观之，经济全球化是历史大势。正如习近平主席所指出的：“世界经济的大海，你要还是不要，都在那儿，是回避不了的。想人为切断各国经济的资金流、技术流、产品流、产业流、人员流，让世界经济的大海退回到一个一个孤立的小湖泊、小河流，是不可能的，也是不符合历史潮流的。”共建“一带一路”，着力实现贸易大繁荣、投资大便利、人员大流动、技术大发展，不仅为中国改革开放打开了新天地，更为世界各国提供了新机遇，把沿线国家的前途和命运紧紧联系在一起。

“一带一路”是一条开放之路。打造开放型合作平台，维护和发展开放型世界经济，共同创造有利于开放发展的环境，才能促进要素有序流动、资源高效配置、市场深度融合。更广领域扩大外资市场准入、更大力度加强知识产权保护国际合作、更大规模增加商品和服务进口……习近平主席在第二届“一带一路”国际合作高峰论坛开幕式上宣示的一系列改革开放重大举措，充分彰显出中国扩大开放的坚定决心。在共建“一带一路”过程中，中国愿为世界各国带来共同发展新机遇，与各国积极发展符合自身国情的开放型经济。以开放谋共赢、以融合促繁荣，我们就能为推动实现互联互通作出新的更大贡献。

“一带一路”倡议源自中国，属于世界。在贸易保护主义和“逆全球化”思潮抬头的背景下，“一带一路”倡议以脚踏实地的努力，推动各国的资金、技术、产品、人员流动畅通起来，汇聚了新智慧，拓展了新实践。通过搭建开放性合作平台，积极推进跨国、跨区域的互联互通；通过构建自贸区网络，倡导更具包容性的国际贸易，推动贸易自由化和便利化；通过鼓励有能力、有意愿的经济体开展第三方市场合作，促成优势资源和开发能力的聚合……近年来，共建“一带一路”成为改善全球经济治理体系、促进全球共同发展繁荣的重要引擎。有经济学家感慨：“‘一带一路’是经济全球化时代包含创新思想的世纪大工程。”

万物得其本者生，百事得其道者成。回望历史，在古丝绸之路这条大动脉上，资金、技术、人员等要素自由流动，商品、资源、成果等实现共享，创造了地区大发展、大繁荣。深化商品、资金、技术、人员流通，扩大各国利益交汇点，开拓发展新空间，“一带一路”所承载的共同繁荣愿景必将实现。

资料来源　李洪兴. 为经济增长提供强劲动力——聚焦互联互通　共建“一带一路”[N]. 人民日报，2019-05-10（5）.

问题：

（1）分析“一带一路”倡议带动经济增长的路径。

（2）“一带一路”倡议对经济增长的影响路径与发达国家间贸易对经济增长的影响路径有何不同？

第 6 章
保护贸易理论

学习目标

6.1
马克思主义关于保护贸易的思想
6.2
幼稚产业保护理论
6.3
战略性贸易政策
6.4
保护贸易政策的政治经济学分析

学思践悟
本章小结
关键术语
基础训练
案例分析

学习目标

通过本章的学习，你应该掌握：幼稚产业保护理论的核心观点；战略性贸易政策的博弈分析和评价；贸易保护的政治经济学分析的要点。

引例

美国贸易保护政策对全球化的影响探究

一、奥巴马政府的贸易保护政策

为推动危机后的经济复苏，合作仍然是美国应对发展中国家崛起的主流选择。然而，技术进步和国际分工格局的形成使美国制造业就业岗位大幅减少，金融危机进一步加剧制造业外迁对劳动力就业的负面冲击。经济复苏的国际合作需求和“保护劳工”的国内呼声，要求奥巴马政府在自由贸易和保护主义之间寻找平衡，成为其贸易保护政策制定的起点。一方面，提出“购买美国货”的口号保护国内市场，回应制造业工人群体的诉求；另一方面，积极参与地区性自由贸易协定（FTA）的谈判，是一种隐藏在自由主义“外衣”下的隐形保护主义。反倾销、反补贴和保障措施是奥巴马政府时期美国贸易保护的主要手段。

二、特朗普政府的贸易保护政策

从奥巴马到特朗普，两届政府在“以保护主义政策对待传统制造业及产业工人”方面达成共识。奥巴马政府积极推进TPP、TTIP等贸易协定的谈判，在看似“自由主义”的框架下推动建立更高标准的高技术和服务贸易领域新规则；特朗普政府则彻底抛开自由主义的掩饰，从范围和强度层面推动贸易保护主义达到更高水平。特朗普政府充分运用反倾销、反补贴等传统手段敲打中国、日本、韩国、德国等制造业大国。

三、拜登政府的贸易保护政策

总统权力、政党属性共同影响拜登政府的贸易政策。首先，受国内经济波动、疫情防控不足等系列事件的影响，拜登政府的国内支持率较低，无力彻底扭转特朗普政府“大国竞争”的战略目标。加上国内劳工集团的政治压力，拜登政府只能依循经贸领域保护主义的主基调。其次，拜登既是美国的总统，也是民主党的总统，其贸易政策势必受到党内意识形态的影响。因此，拜登政府延续“奥巴马政府的一些重要理念和行动”，努力平衡“恢复美国在国际贸易体制中的领导力与减少全球化对美国工人的不利影响”。

如果将2008年后的逆全球化趋势视作各国应对经济危机的基本战略，是推动世界经济走出低迷的必要之举，那么2017年后特朗普政府的贸易保护政策，则是将国家利益凌驾于全球利益之上，不惜以破坏现有秩序为代价来达到其经济目的的自利行为，加速了逆全球化进程。拜登政府虽然尝试重新回到多边框架，但保护主义政策基调仍没有发生实质性改变。首先，作为全球价值链上的重要一环，美国贸易保护政策的实施是对价值链存在基础的根本挑战，损害了贸易伙伴的利益。

其次，美国在自由贸易问题上的“公然反水”必然会影响其他国家的经济决策。一方面，受害国家将采取相应的反制措施予以对抗，贸易壁垒不断加码，全球价值链遭受反复破坏；另一方面，美国的做法助长“以贸易施压来谋求其他目的”的不良行为，使“政治问题经济化、经济问题贸易化”，扰乱正常的国际秩序。在这样的直接和间接影响下，全球贸易、投资活动的风险与不确定性急剧上升，企业对全球化经营持悲观预期；国家间的信任程度也大大降低，全球治理将变得更加困难。但正所谓“不破不立”，美国对现有全球化体系的挑战为新模式、新规则的出现创造了条件，生产全球化、贸易投资全球化、全球治理体系都将发生巨大改变。

资料来源　王孝松，张瑜．美国贸易保护政策对全球化的影响探究［J］．经济学家，2022（5）：107-116．

从前面几章对国际贸易理论的介绍中我们可以看到，主张自由贸易是贸易理论的主流。自由贸易的实践在历史上给世界经济的发展确实带来了巨大利益，但是贸易保护措施在很多国家经济腾飞的历史阶段中也扮演过重要的角色。从1890年的《麦金莱关税法案》到1930年的《斯姆特·霍利关税法案》，到后疫情时代各国的贸易保护措施，贸易保护思想从来不曾退出国际贸易政策的舞台。

贸易保护主义从古至今有各种各样的形式，有些符合一定的经济学理论，有些则毫无经济学根据，完全是出于非经济的各种原因，但是出于非经济原因的贸易保护主义未必都是不合理的。

本章将介绍幼稚产业保护理论、战略性贸易政策等具有影响力的保护贸易理论，并试图从贸易保护的政治经济学角度分析贸易保护主义产生的原因。

6.1　马克思主义关于保护贸易的思想

在马克思所处的时代，保护贸易政策措施基本以关税为主，被称为保护关税制度。当时保护关税制度的实施分为两个阶段：一是自由资本主义时期，为保护新兴工业，各国不约而同地实施了高关税政策。二是垄断资本主义时期，为保护本国先进集团对国内市场的垄断，各国竞相采取了保护贸易政策。马克思运用辩证唯物主义和历史唯物主义的观点和方法分析了保护贸易政策的本质和影响。

6.1.1　保护关税制度的本质

马克思指出：“他们要求实行保护关税，不过是为了用机器挤掉手工劳动，用现代的生产代替宗法式的生产。一句话，他们是想扩大资产阶级的统治，特别是大工业资本家的统治。”“保护关税制度不过是为了在某个国家建立大工业的手段”，“普鲁士的工厂工业就是在对法战争和禁止英国工业品向大陆市场输入的情况下建立起来的”。[①]因此，保护关

① 马克思，恩格斯．马克思恩格斯全集（第4卷）［M］．中共中央马克思恩格斯列宁斯大林著作编译局，译．北京：人民出版社，1958：282，458，34．

税制度是为了巩固资产阶级的统治。“事实上，资产阶级如不采取一些硬性措施来维护和鼓励自己的工商业，他们就不能保住自己的阵地，巩固起来并取得绝对权力。”①

6.1.2 保护关税制度的影响②

1. 保护关税制度易陷入恶性循环

当对某个行业实行关税保护时，可能会损害其他行业，对其他行业不公平，因而其他行业也会要求关税保护，有可能陷入恶性循环。恩格斯指出：“保护关税制度再好也不过是一种无穷螺旋，你永远不知道什么时候才把它转到头。你保护一个工业部门，同时也就直接或间接地损害了其他一切工业部门，因此你就必须把它们也保护起来。这样一来你又会给你原先保护的那个工业部门造成损失，你就必须补偿它的亏损，这一补偿又会像前面的情况一样，影响到其他一切部门，并且使它们也有权利要求补偿，就这样继续下去，没有尽头。”③

2. 不恰当的保护关税制度易扼杀本国竞争力

恩格斯以美国造船业为例，例证了保护贸易对行业成长造成的负面影响。虽然以帆船为主要工具，美国的航运业在内战前仍然具有相当的竞争能力。内战爆发后，美国对造船业实行了保护关税制度，但结果是“既扼杀了航运业，又扼杀了造船业”④，不仅造船业没有发展起来，航运业也丧失了国际竞争力，损害了相关造船业的发展，致使美国经济陷入萧条。保护贸易导致产业丧失竞争力，在现代产业发展中不乏其例。

3. 保护关税制度有利于本国幼稚工业的发展

英国和美国先后实行了保护关税制度。恩格斯分别评价了这两个国家的保护关税制度的效果。“现代工业体系即依靠用蒸汽发动的机器的生产，就是在保护关税制度的卵翼之下于十八世纪最后三十多年中在英国发展起来的。”“英国在国内市场上实行的保护关税制度，又用在国外对它的商品的一切可能的消费者实行自由贸易作了补充。由于两种制度的这样巧合地结合，到战争终了时，即1815年，英国就已经成了一切最重要的工业部门的世界贸易的实际垄断者。”⑤可见，英国工业的发展也经历了一段必要的保护关税制度的庇护。

美国在战争结束后必须建立自己的现代工业来抵抗同英国的竞争。而要成为一个工业国，或者实行自由贸易，或者实行保护关税。显然，后一条道路更为经济和便捷。正如马克思所说：“保护关税制度把一个国家的资本武装起来和别国的资本做斗争。”⑥

① 马克思，恩格斯．马克思恩格斯全集（第4卷）[M]．中共中央马克思恩格斯列宁斯大林著作编译局，译．北京：人民出版社，1958：67.
② 马慧敏．当代中国对外贸易思想研究［M］．上海：立信会计出版社，2008：32-34.
③ 马克思，恩格斯．马克思恩格斯全集（第21卷）[M]．中共中央马克思恩格斯列宁斯大林著作编译局，译．北京：人民出版社，1965：413-414.
④ 马克思，恩格斯．马克思恩格斯全集（第21卷）[M]．中共中央马克思恩格斯列宁斯大林著作编译局，译．北京：人民出版社，1965：420.
⑤ 马克思，恩格斯．马克思恩格斯全集（第21卷）[M]．中共中央马克思恩格斯列宁斯大林著作编译局，译．北京：人民出版社，1965：414.
⑥ 马克思，恩格斯．马克思恩格斯全集（第4卷）[M]．中共中央马克思恩格斯列宁斯大林著作编译局，译．北京：人民出版社，1958：284.

6.2 幼稚产业保护理论

继亚当·斯密质疑重商主义，李嘉图提出比较优势理论之后，很长一段时期内自由贸易思想成为主流，直至幼稚产业保护理论（Theory of Infant-Industry Protection）的出现。

6.2.1 汉密尔顿的幼稚产业保护思想①

幼稚产业保护思想最初由美国第一任财政部部长亚历山大·汉密尔顿（Alexander Hamilton）提出。

1776年，美国宣告独立，当时摆在美国面前有两条路：一是实行自由贸易政策，继续向英、法等国出口农产品，换回它们的工业品。这种贸易格局有利于美国南方种植园主，但不利于美国北方制造业的发展。二是实行保护关税政策，独立自主地发展自己的工业，减少对外国工业品的依赖，这是美国北方工业资本家的要求。

双方势力就是否征收关税展开了激烈的论辩，但在英国对美国实施技术限制和军事威胁的情形下，两派达成征收关税的共识，并于1789年由国会通过了《1789年关税法》（Tariff Act of 1789），对所有进口货物征收关税，但征收的平均税率不足10%。

1791年，汉密尔顿向国会提交了《关于制造业的报告》，该报告被视为保护贸易理论的第一份重要的经典文献。汉密尔顿在报告中明确表达了他的保护贸易的理论观点。他写道："与制造业繁荣休戚相关的不仅仅是一个国家的财富，甚至还有这个国家的独立。每一个为实现其伟大目标的国家，都应拥有满足本国需求的所有基本市场要素。"②汉密尔顿认为如果美国实行自由贸易政策，美国基础薄弱的制造业必然会被冲击，而美国的产业只能被限制在农业范畴。因此，他认为政府可以通过征收高额进口关税，极端情况下可以禁止进口，来保护国内刚起步的制造业。具体措施包括：保护关税（对作为国内产品竞争对手的国外产品征收）；禁止进口来自竞争对手的产品（或者征收能达成相同效果的关税）；禁止原材料出口；金钱奖赏（作用积极直接、用起来方便、效果快捷、具有灵活性）；出口奖励；原材料关税豁免；原材料退税；对国内新想法、新发现以及机器引入等进行鼓励；制造品检验规制；便利汇款；便利商品运输。

1812年，英美战争（1812—1815年）爆发，为满足战时支出增加的需要，美国将关税税率提高了1倍，大概为20%。战时形成的关税保护，虽然使美国的经济受到影响，却使美国大量的商业资本转换为产业资本，促进了美国制造业的初步发展。意识到高关税对本国工业发展的保护效应后，美国政府进一步提高了关税壁垒，在《1816年关税法》中，将关税税率提高到35%左右。此后，美国南北双方围绕着高额关税展开了激烈斗争，关税税率在40%上下波动。关税冲突也是导致南北战争（1861—1865年）的重要原因之一。南北战争后，汉密尔顿的思想得到了采纳，美国从此走上了高关税保护工业的道路（直至第二次世界大战）。1890年的《麦金利关税法》将整体关税率从38%提高到49.5%。

① 吴百福，俞敦仁．国际贸易政策措施与实务（下册）[M]．成都：成都科技大学出版社，1993：39-40.

② HAMILTON A．Report on manufactures [M]．Charleston：Nabu Press，2010.

高关税有力地保护了美国工业的发展。内战以前，美国还是个农业国，农产品占全部商品生产的一半以上；但内战结束后的不到半个世纪里，美国工业产值超过农业产值。到1900年时，美国工业总产值约占世界工业总产值的30%，一跃成为世界第一大工业国。

拓展阅读6-1

由于汉密尔顿的保护贸易学说主要是在阐述经济政策时论及的，理论体系显得比较零碎，尽管如此，它仍是落后国家进行经济自卫和与先进国家相抗衡的国际贸易学说。这一学说的提出，标志着从重商主义分离出来的资产阶级国际贸易学说的两大体系已经基本形成，同时对美国制造业的发展有较大的推动作用。

6.2.2 李斯特的幼稚产业保护思想[①]

在亚历山大·汉密尔顿之后，德裔经济学家弗里德里希·李斯特（Friedrich List，1789—1846）受到美国贸易保护实践的启发，系统地提出了一套针对落后国家的贸易保护主义理论，被后人称为"幼稚产业保护理论"。这一理论对美国以及20世纪的日本、韩国等国的经济独立和发展产生了重要影响。

李斯特在《政治经济学的国民体系》（1841）一书中提出了国家经济学论、生产力理论、保护关税论及经济发展阶段论，从而构成了其幼稚产业保护理论体系。

1. 国家经济学论

李斯特认为自由贸易理论忽视了国家利益，会使落后国家陷入灾难之中。他指出国际自由贸易的有利性是有条件的，必须以各国不同的经济发展水平和国情为出发点，为维护一国的经济利益，国家应该对经济实行强有力的干预。

2. 生产力理论

李斯特的生产力理论是其贸易保护理论的基础。李斯特认为生产力是决定一国兴衰存亡的关键，而保护民族工业就是保护本国生产力的发展。他认为，对于落后国家来说，按照比较成本学说进行分工和贸易，只能够获得短期的静态利益，从长远来看，该国生产财富的能力并没有得到很好的发展。一个国家要追求的是财富的生产力，而非仅仅是财富本身。他在《政治经济学的国民体系》一书中这样说道："财富的生产力比之财富本身，不晓得要重要多少倍；它不但可以使已有和已经创造的财富获得保障，而且可以使已经消灭的财富获得补偿。"[②]

3. 保护关税论

李斯特认为，应采用关税制度来实现贸易保护主义。该制度的设计应体现以下几点：

（1）差别关税

这是指以对幼稚产业的保护为出发点、对不同的产业征收不同的关税。比如对于与国内幼稚工业相竞争的进口产品征收高关税，同时以免税或低关税的方式来鼓励国内不能自

① 龚晓莺. 国际贸易理论与政策［M］. 北京：经济管理出版社，2008：118-119.
② 李斯特. 政治经济学的国民体系［M］. 陈万煦，译. 北京：商务印书馆，1961.

行生产的机械设备的进口。

（2）有选择性的保护

并非对所有工业都加以保护，保护是有条件的。只有那些经过保护可以成长起来的、能够获得国际竞争力的产业，才对其加以保护。对于那些通过保护也不能成长起来的产业则不予以保护。

（3）适时调整

对幼稚产业的保护不是无休止的，而是有期限的；超过了规定的期限，该产业即便没有成长起来，也要解除对它的保护。

当然，李斯特并不否认自由贸易政策的一般正确性。他认为，当一个国家解决了落后问题，即实现了工业化后，是可以选择自由贸易政策的。这是幼稚产业保护理论与重商主义及贸易乘数理论的差异所在。

4. 经济发展阶段论

为了论证保护贸易的必要性，李斯特把各国经济划分为原始未开化、畜牧业、农业、农工业和农工商业五个阶段，认为在不同经济发展阶段，一国应该采取不同的贸易政策。各国经济发展阶段不同，采取的政策也应不同。处于农业阶段的国家应实行自由贸易政策，以利于农产品的自由输出，并自由输入外国的工业产品，以促进本国农业的发展，并培育工业化的基础。处在农工业阶段的国家，由于本国已有工业发展，但并未发展到能与外国产品相竞争的地步，故应实施保护关税制度，使它不受外国产品的冲击。而农工商业阶段的国家，由于国内工业产品已具备国际竞争能力，国外产品的竞争威胁已不存在，故应实施自由贸易政策，以享受自由贸易的最大利益，刺激国内产业进一步发展。李斯特提出这些主张时，认为英国已达到最后阶段（农工商业阶段）；法国在第四阶段与第五阶段之间；德国与美国均在第四阶段；葡萄牙与西班牙则在第三阶段。因此，李斯特认为，对于当时仍处于农工业阶段的德国来说，与处于农工商业阶段的英国进行自由贸易，长期来看将损害其生产力，制约其创造财富的能力。他主张当时的德国应实行保护工业政策，促进德国工业化，以对抗英国工业产品的竞争。

拓展阅读 6-2

6.2.3　幼稚产业的选择①

那么，一国如何确定需要保护的幼稚产业呢？很多学者对此进行了分析，其中比较有影响力的主要有以下四个标准：

1. 穆勒标准（Mill's Test）

约翰·斯图亚特·穆勒（John Stuart Mill）提出了三个条件：

① 保护只限于对引进产业的学习掌握过程中，过了这个阶段就应该取消保护。

② 保护只应限于那些在取消保护后仍能生存的产业。

③ 经过一段时间保护后可以从比较劣势转为比较优势的产业。②

① 桥本博之. 国际贸易论［M］. 朱立南，译. 北京：中国展望出版社，1986：192-194.
② 张二震，等. 国际贸易学教程［M］. 北京：高等教育出版社，2019：123.

2. 巴斯塔布尔标准（Bastable's Test）

查尔斯·弗朗西斯·巴斯塔布尔（Charles Francis Bastable）认为保护幼稚产业所需的社会成本不能超过该产业将来获得利润的现值，因此又增加了两个选择条件：

① 受保护的产业在一定时期后，能够成长自立。

② 受保护产业将来所能产生的利益，必须超过现有因实行保护而必然受到的损失。

3. 肯普标准（Kemp's Test）

默里·肯普（Murray C. Kemp）综合了穆勒和巴斯塔布尔的标准，又加进了产业在被保护期间所获得的学习成果应具有外部经济效应的条件。他认为，如果企业所学习的知识经验具有外部性，即企业所掌握的知识、技术可为其他企业所模仿和无偿使用，该企业便无法以未来利润来补偿投资成本，这时国家便应采取保护政策，对该产业予以保护。

4. 小岛清标准（Kojima's Test）[①]

小岛清认为应根据要素禀赋比率和比较成本的动态变化，选择一国经济发展中应予保护的幼稚产业。保护幼稚产业，具体要考虑以下三个条件：

① 有利于对潜在资源的利用。

② 有利于国民经济的动态变化。

③ 有利于要素利用率的提高。

6.2.4 幼稚产业保护理论的实践及评价

1. 幼稚产业保护理论的实践[②]

拓展阅读 6-3

对幼稚产业的保护成为过去几十年间各个国家尤其是发展中国家通行的做法，但是，学术界对幼稚产业保护问题的争论从未停息过，到今天争论仍在继续。幼稚产业保护理论具有其现实合理性，但在实践中也不乏失败案例（见拓展阅读6-3）。

尽管对幼稚产业的保护已经成为发展中国家通行的做法，对幼稚产业进行一定的保护并不违背WTO的有关规则，但还是有许多人对这种做法提出了如下疑问：

（1）幼稚产业选择问题

虽然从理论上讲，幼稚产业保护理论有其合理性，对本国经济有积极的一面，但在现实中难以实施。试想，为了成功运用保护政策，政府要确定哪个行业最终是有利的，并权衡保护该行业的利弊，这项任务谈何容易。通过政治程序来挑选被保护的幼稚产业更加困难，因为这种做法往往是在保护那些在政治上强有力的行业，而且一旦这样的行业得到免除外国竞争的保护，"暂时性"的保护政策很难取消。

（2）被保护产业无效率问题

对幼稚产业的保护之所以有效，就在于这种保护能帮助该产业提高效率，增强市场竞争力。但很多情况下，我们是在为产业的无效率发展提供便利；一旦保护不复存在，它们就会在国外同类产业的竞争下走向灭亡。

① 小岛清. 对外贸易论［M］. 周宝廉，译. 天津：南开大学出版社，1987：305-307.
② 王新. 国际经济学［M］. 长春：吉林大学出版社，2015：109-110.

(3) 国际资本市场融资

幼稚产业保护理论要求政府对幼稚产业的发展提供便利条件，其中很重要的一个方面就是便利的融资条件，甚至由财政对其进行直接补贴。这样做的一个假设前提就是该产业没有能力在国内或国际资本市场上融资。

因此，不少学者提出，在当今这样一个经济全球化的时代，政府要有效实施对幼稚产业的保护，必须注意以下几点：[①]

① 保护期限的确定。保护幼稚产业的最终目的是增强其国际竞争力，一旦达到目的，就应该撤销保护政策。设定适当的保护期限，可以激励被保护产业充分利用保护期内的优惠条件提高生产效率，增强竞争力，有效避免了“老态龙钟的幼稚产业”的出现。

② 加强保护过程中的监管。政府需要对处于保护期内的幼稚产业实行必要监管，督促其在政府的帮助下正当利用优惠政策，努力提高生产效率。

③ 鼓励国内竞争。制定有关法律和法规，以强化保护政策的规范性和严肃性。

2. 幼稚产业保护理论的价值与局限[②]

从幼稚产业保护理论的理论价值来看，李斯特用民族主义代替古典学派世界主义。他看到了不同国家在国际贸易中的利益冲突，并分析了关税政策对国内产业的影响；不仅着眼于国际分工静态利益，还注意到贸易对一国产业结构动态调整的影响。李斯特的幼稚产业保护理论成为后来各种贸易保护主义的重要理论基础。

李斯特详尽地探讨了实行保护贸易或自由贸易的不同的约束条件及步骤，并强调各国应依据本国国情，把握时机，实行正确的贸易政策。他有关实行多样化的、有节制的、适度的保护税率的想法，以及强调应对处于发展时期的制造业部门实行保护的观点，成为当今发展经济学贸易理论中的关税结构理论和幼稚产业保护理论的重要理论来源。事实上，李斯特被公认为贸易保护论的最早的代表人物之一。

从幼稚产业保护理论的应用价值来看，该理论对于德国制造业的发展及德国产业革命有积极影响。同时，该理论成为后来许多国家在经济发展的特殊阶段进行贸易保护的主要依据。

最后，从理论的局限性角度分析：

第一，李斯特把政治经济学归结为国家经济学，这在某种程度上忽视了经济生产客观规律的普遍意义，过分强调了国家对经济发展的决定性作用；

第二，其经济发展阶段论是按一定部门在经济发展中的地位和作用来划分的，把社会历史的发展归结为国民经济部门的变迁，而撇开了生产关系这个根本因素，不能反映社会经济形态变化的真实情况。

6.3 战略性贸易政策

传统国际贸易理论的两个层次和核心是比较优势理论与要素禀赋论。前者揭示了互利

① 冯雷钢．经济学常识全知道［M］．北京：中国工人出版社，2011：134．
② 王新哲，梅花·托哈依．国际贸易［M］．北京：北京理工大学出版社，2012：87-88．

贸易的基础及贸易得利的来源在于劳动生产率高低不同而导致的生产成本差异；后者则指出，比较成本差异的原因在于各国资源禀赋不同，并且对国际贸易的商品和要素模式作了确定性的结论。两者都认为，在完全竞争的条件下，自由竞争可以实现资源的优化配置，比较优势及资源禀赋决定的利益分配天经地义，并会惠及全球。国家干预是一种偶然现象，是国内经济扭曲的产物。[①]但是，第二次世界大战以后，产业内贸易、公司内贸易不断发展，跨国投资成为经常现象。“里昂惕夫之谜”的产生，导致了人们对传统贸易理论的反思，产生了很多新贸易理论。20世纪80年代，以克鲁格曼、埃尔赫南·赫尔普曼（Elhanan Helpman）等为代表的经济学家对各种新的贸易理论进行综合，创立了“新贸易理论”（New Trade Theory）。在新贸易理论的基础上，格罗斯曼（G. Grosman）、斯宾塞（B. Spencer）、布兰德（J. Brander）、迪克西特（A. Dixit）等人以规模经济和不完全竞争为前提，以产业组织理论和市场结构理论为研究工具，提出了战略性贸易政策（strategic trade policy）理论。[②]

6.3.1 战略性贸易政策的主要观点[③]

战略性贸易政策是指在规模收益递增和不完全竞争的条件下，市场本身的运行处于一种“次优”的境界，这种次优的境界并不能保证潜在收益一定能实现，适当的政府干预或许有可能改进市场的运行结果，[④]从而论证了政府贸易干预的合理性，提出适当运用关税、补贴等战略性贸易政策来鼓励特定产业的出口或限制其进口，以达到改善经济绩效目的的政策。战略性贸易政策的理论家们并不是一个意见一致的阵营，分析问题的视角也不相同。但他们都放松新古典经济学的假设，集中研究不完全竞争市场条件下的贸易政策。按照战略性贸易政策的观点，只要市场是不完全竞争的，政府就要干预对外贸易，干预的目的不再是贸易收支的顺差，而是使本国获取最大的经济利益。他们认为，传统的贸易理论是建立在完全竞争的市场结构上的，因而自由贸易是最佳的政策选择。但现实中，不完全竞争和规模经济普遍存在，市场结构是以寡头垄断为特征的。这种情况下，政府补贴政策对一国产业和贸易的发展具有重要的战略性意义。战略性贸易政策观点主要包括以下三点：

1. 确定最优补贴，帮助本国厂商夺取市场份额

这种论点认为，向在第三国市场上同外国竞争者进行古诺双头博弈的国内厂商提供补贴，可以帮助国内厂商扩大国际市场份额，提高本国的国民福利。这是因为，补贴可以降低国内厂商的边际成本和平均成本，使厂商有更高的反应曲线，获得更大的国际市场份额。结论是：有政府的干预是一个超优纳什均衡，因此一个理性的政府都会选择对市场进行干预。

2. 规模经济理论

由于在国际竞争的行业中存在规模经济，因此政府可帮助本国参与竞争的企业首先得到低成本所需要的规模，从而就可以以低成本的优势占领更多的市场，在竞争中赢得主动

① 邹琪，等. 反补贴与中国产业安全［M］. 上海：上海财经大学出版社，2006：5.
② 唐海燕. 国际贸易学［M］. 上海：立信会计出版社，2001：192.
③ 徐广军，崔鹏程. 战略性贸易理论与中国政策选择［J］. 北京工商大学学报（社会科学版），2002，17（3）：21-23；33.
④ 张培刚，刘建洲. 新贸易理论及其与发展中国家的关系［J］. 经济学家，1995（2）：4-16；126.

权。存在规模经济的行业会随着时间的推移提高进入壁垒，因此对外贸易保护或补贴就会使本国企业拥有“领先优势”，其成本方面的优势是后进入者所不能与之相比的。如果一个政府能够成功地实施一项贸易政策，使本国企业在贸易进行时处于这种有利地位，就会增强本国企业的国际竞争力，从而最终增加本国的国民收入和国民福利。

3. 外部效应理论

在一些高科技行业，由于外部经济作用显著，私人厂商不完全占有其研究与开发成果的收益，造成这些行业的私人投资不足，实际产出低于社会最优的产出水平，从而给政府实施政策提供了余地。新兴的高技术产业往往具有正向的外部经济效果，它们一旦成长为战略性支柱工业，其创造的知识、技术和创新产品将对全社会的科技进步与经济增长起到不可估量的推动作用。另外，高技术先行企业在创建新兴产业的过程中，面临巨额研发支出，承担巨大投资风险，而其知识贡献无偿地外溢到别的厂商，这些企业的私人成本与社会成本、私人效益与社会效益相偏离。知识产权法并不能完全克服这种偏离，需要政府出面矫正市场失灵。针对这种情况，产业政策和贸易干预的要旨就在于将那些颇具潜在竞争优势且有深远外部影响的高技术产业列为目标产业，进行适当的扶持和保护，以便从国家战略利益出发，在宏观范围内追寻和谋求可观的外部经济利益。

拓展阅读6-4

6.3.2　战略性贸易政策的模型

战略性贸易政策认为，在不完全竞争的现实社会中，在规模收益递增的情况下，要增强产业或企业在国际市场上的竞争能力，必须首先扩大生产规模，取得规模效益。而要扩大生产规模，仅靠企业自身的积累一般非常困难。对此，最有效的办法就是政府选择发展前途好且外部效应大的产业加以保护和扶持，使其迅速扩大生产规模，降低生产成本，凸显贸易优势，增强竞争能力。①

下面，我们将以博弈论的支付矩阵为分析工具，模拟波音和空客在民用航空器市场的竞争，来说明政府补贴是如何帮助本国企业获得国际市场的。

假设波音和空客争夺越南市场，但越南市场容量有限，仅能容纳一家厂商。波音和空客如果有一家企业决定生产，那么其利润将是80万美元；但如果两家企业都生产，那么它们都将损失5万美元。在这样的情况下，将有两个均衡结果：一是空客生产，波音退出；二是波音生产，空客退出。在自由竞争条件下，两种结果都有可能发生（如图6-1所示）。

		空客	
		生产	不生产
波音	生产	(−5，−5)	(80，0)
	不生产	(0，80)	(0，0)

图6-1　自由贸易下的竞争

① 吕春成. 战略性贸易政策研究［M］. 北京：中国财政经济出版社，2002：31.

此时，如果欧盟政府采取战略性贸易政策，向空客提供10万美元的生产补贴，那么从图6-2中可以看出，波音除了放弃这个市场、退出竞争外，别无选择。这样空客将稳获90万美元的利润，轻而易举地偿还补贴款。也就是说，这10万美元的补贴将在国际竞争中获得80万美元的利润。

		空客	
		生产	不生产
波音	生产	(-5, -5)	(80, 0)
	不生产	(0, 90)	(0, 0)

图6-2 空客获得补贴

拓展阅读6-5

除了补贴政策，政府还可以使用其他政策工具，如通过关税抽取外国厂商的垄断利润、以进口保护促进出口的政策，来实施战略性贸易政策，达到获取超额利润的目的。[①]

6.3.3 战略性贸易政策的实施条件[②]

战略性贸易政策的成功并不是没有条件的。

首先，它有赖于正确选择产业。鲍德温和克鲁格曼的研究认为，贸易政策扶持的战略性产业必须具有两方面条件：一方面，要有大量的“租金”存在，也就是这一产业的资本或劳动的回报率很高；另一方面，有较强的外部经济效应，一旦这个产业获得国际竞争优势，就能有自我加强的趋势。[③]因此，战略性产业的选择主要基于以下原则：

① 具有广泛外部经济效应的产业；

② 具有巨大内部规模经济的产业；

③ 具有巨大外部规模经济的产业；

④ 可能取得出口垄断地位的产业；

⑤ 重要的尖端研发产业。

从以上战略性产业的选择标准来看，战略性贸易政策保护那些影响深远的高新技术产业和重要的基础工业部门。战略性贸易政策对这些产业的扶植，不仅单纯追求这些产业自身的发展，还要利用这些产业的外部效应。

其次，战略性贸易政策要取得成功，仅靠选择的产业具有以上特征是不够的，还需要：

① 政府要有完全的信息和准确的判断，对保护成本和收益有准确预期；

② 受保护的企业要能够长期保持垄断地位，该产业具有很高的进入壁垒，能够保持寡占的市场结构；

③ 其他国家不会采取报复式的保护，等等。

① 陈红蕾. 国际贸易学［M］. 广州：暨南大学出版社，2001：169-171.
② 朱钟棣，郭羽诞，兰宜生. 国际贸易学［M］. 上海：上海财经大学出版社，2005：121-122.
③ BALDWIN R E，KRUGMAN P R. Agglomeration，integration and tax harmonization［R］. CEPR Discussion Paper，No.2630，2000.

例如，考虑图6-3的情况：欧盟和美国政府同时向各自的企业提供了10万美元的生产补贴。此时，对于波音和空客来说，无论竞争对手作出什么样的决策，自己的最优选择都是“生产”。于是，博弈的结果变成波音和空客同时生产，各自获得5万美元的利润。看上去双方都获利了，但是考虑到10万美元的补贴成本，实际上无论美国还是欧盟，其整体都是受损的。

		空客：生产	空客：不生产
波音	生产	(-5，-5)	(90，0)
波音	不生产	(0，90)	(0，0)

图6-3 波音和空客同时获得相同的生产补贴

可见，政府的保护政策可以使本国企业在国际竞争中获得占领市场的战略性优势，并使整个国家受益。但这必须有一个前提，即对手国政府不采取同样的措施，并对对方的技术、管理以至成本、市场受益预期等信息准确掌握；否则，政府的支出将大于企业所得或补贴结果，不仅达不到独占市场的目的，还会白白浪费补贴。①

6.3.4 对战略性贸易政策的评价

1. 战略性贸易政策的积极意义②

从合理性角度看，战略性贸易政策是国际贸易新理论在国际贸易政策领域的反映和体现。战略性贸易政策模型是从现实世界经济中普遍存在的不完全竞争市场情况中提炼出来的，它试图设计出适宜于产业内贸易的干预政策，以改善受到扭曲的竞争环境，使市场运行处于次优（second best）境地，因而是有一定的积极意义的。

从方法论上看，西方学者在建立战略性贸易政策的理论模型过程中，广泛借鉴和运用了产业组织理论与博弈论的分析方法和研究成果，在这方面还是收获颇丰的。

2. 战略性贸易政策的局限性③

首先，战略性贸易政策往往会成为贸易保护主义者加以曲解和滥用的口实，可能会恶化全球贸易环境。它公然藐视和背离自由贸易传统，不惜采取最富想象力和进攻性的保护措施，劫掠别国市场份额与经济利益，这使它成为新贸易保护主义的又一代名词，成为贸易保护主义者可能加以曲解、滥用的又一理论遁词和政治口实。

其次，实施战略性贸易政策容易招致贸易对象国的强烈反应乃至报复；信息的不完全也有可能导致政府决策的失误。战略性贸易政策具有一定的零和博弈色彩，如果世界各国都实施这种“以邻为壑”的保护政策，将导致世界贸易的萎缩。此外，战略性贸易政策的

① 任烈. 贸易保护理论与政策［M］. 上海：立信会计出版社，1997：151-152.
② 夏申. 论战略性贸易政策（下）［J］. 国际贸易问题，1995（9）：12-16；42.
③ 张二震，马野青. 国际贸易学［M］. 南京：南京大学出版社，1998：212-213.

实施需要确定面临的市场结构（垄断市场还是寡占市场）、选择扶植的对象、确定扶植的力度，所有这些都需要掌握完备的信息。①

此外，该政策仍然未能就贸易干预和补贴给出任何通用的解决办法，还缺乏不完全竞争条件下对政策干预效应的统计分析，尚有待于进行更多的定量分析和实证研究。

3. 战略性贸易政策与幼稚产业保护理论的比较②

战略性贸易政策与幼稚产业保护理论有相似之处，即都主张对具体产业进行保护，而不像贸易乘数理论针对的是对各产业的全面保护。但战略性贸易政策与幼稚产业保护理论有着本质的区别，具体体现为：

① 幼稚产业保护理论是建立在完全竞争的市场结构基础上，而战略性贸易政策是建立在不完全竞争的市场结构基础上；

② 幼稚产业保护理论追求的是受保护产业的成长与独立，而战略性贸易政策看重受保护企业发展所产生的外部经济效应；

③ 幼稚产业保护理论多用于解释发展中国家对其欠发展产业的保护，而战略性贸易政策更能解释发达国家对某些高新技术产业的保护。

6.4 保护贸易政策的政治经济学分析

前面我们介绍了典型的贸易保护主义理论，包括幼稚产业保护理论和战略性贸易政策理论。这些理论为政府实施贸易保护提供了依据。在一些情况下进口保护要比自由贸易有好处，比如在存在内外部规模经济需要扶持国内新生产业的时候、帮助本国企业进入国际市场获得战略性优势的时候。但是在大多数情况下，实施补贴等产业政策要比实施扭曲价格的贸易壁垒好，因为前者是政府买单，而后者是消费者买单，通常对国民总福利是损失。

既然实施进口保护的理由并不总是充分的，为什么大多数国家还会有许多进口壁垒？为什么一些产品的贸易壁垒很高，而另一些产品的贸易壁垒又很低呢？想要了解“为什么进口壁垒会存在”的答案，需要综合经济上和政治上的双重考量。

20世纪80年代以来，国际贸易政策制定中的政治和社会因素越来越受到经济学家的重视。与此相应地，经济学家们在国际经济学领域中建立了一些政治经济学模型，在这些模型中，政府的目标是成功地掌握政权和维护政权的稳定，而非社会福利最大化。③

6.4.1 中点选民模型④

中点选民模型（Median Voter Theorem）由梅耶（1984）⑤正式提出，该模型假定政策是通过多数人投票决定的。只要中点选民对政策的偏好有“单峰”，政府采取的政策就是能使中点选民效用最大化的政策。假设政府是民主产生的，任何一个政党只有得到了多数选民的支持，该政党才有可能执政。因此，政府在选择任何经济贸易政策的时候，必须考

① 周学明. 国际贸易 [M]. 北京：中国金融出版社，2013：69.
② 朱钟棣，郭羽诞，兰宜生. 国际贸易学 [M]. 上海：上海财经大学出版社，2005：122.
③ 海闻，林德特，王新奎. 国际贸易 [M]. 上海：上海人民出版社，2003：363.
④ 海闻，林德特，王新奎. 国际贸易 [M]. 上海：上海人民出版社，2003：363-364.
⑤ MAYER W. Endogenous tariff formation [J]. American Economic Review, 1984, 74 (5): 970-985.

虑如何得到多数选民的支持。在该模型中，每个选民都依据其对某项特定政策的预期成本和受益进行排序，在这一序列中处于中心位置的选民即中点选民。中点选民的意见将会代表多数选民的想法，因而政府要尽可能地选择靠近中点选民的意见的政策，越接近中点选民意见的政策越能得到大多数选民的支持。①

该模型假定有两个相互竞争的党派，将愿意承诺能使其在竞选中获胜的任何条件。每个选民按照其偏好的关税率的高低进行排列，形成一条向右上方倾斜的直线（如图6-4所示），即政治支持曲线。如果一个党派提出高关税率t_A，高于中点选民所偏好的关税率t_M，另一个党派就有可能通过提出一个较低的关税率t_B赢得大部分选票。同理，如果竞争对手提出的关税率低于t_M，另一个党派就提出稍高点的关税率，以争取大多数选民的支持。政治竞争迫使两个党派都提出接近于t_M的关税率，t_M正是中点选民所偏好的关税。

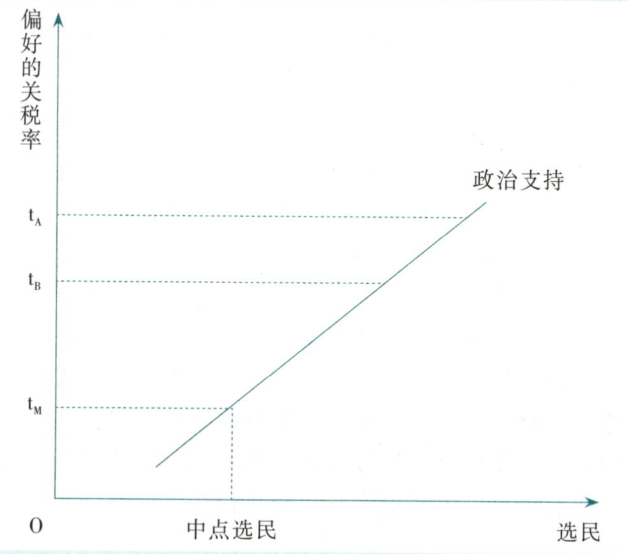

图6-4 中点选民模型

资料来源 赵曙东. 国际经济学［M］. 2版. 北京：中国人民大学出版社，2021：290.

6.4.2 集体行动理论②

研究公共政策的经济学家提出了所谓的集体行动（collective action）理论。这种理论认为一种政策是否被政府采纳并不在于受益或受损人数的多少，而在于利益集团行动是否有效。在影响政府政策的游说中，人数较少的利益集团容易统一，从而在集体行动中步调一致，在游说中取得成效。而在人多的群体中，搭便车的人越多，积极参与的人反而越少，意见也不容易统一，集体行动的效率低。

消费者虽然人数众多，但并不能抱成一团。每个消费者都有免费搭车的动机，希望其他消费者去组织反对贸易保护的活动，而自己可以坐享其成。结果是没有消费者组织这类

① 白洁. 贸易保护政治经济学研究回顾与展望——基于利益集团模型与中点选民模型两条主线［J］. 山东财政学院学报，2014（1）：50-57.
② 海闻，林德特，王新奎. 国际贸易［M］. 上海：上海人民出版社，2003：364-365.

活动。受到进口威胁的企业由于利益集中，免费搭车的动机较小，因而能够组织起强大的游说集团来争取保护贸易政策。

从这个意义上说，说服政府采取有利于自身的游说行为具有公共品的性质。这意味着：一个总体上损失巨大但是其中任何个人的损失都很小的政策不会遭到有效的反对。这就是保护贸易政策会让消费者整体蒙受巨大损失，而消费者对贸易政策的影响微乎其微的原因。

人们可能以为在贸易中受益的集团会同样尽力去说服政府放宽贸易限制。事实并非如此。美国和其他大部分国家在制定贸易政策时，想限制贸易的人比想放宽贸易的人更具影响力。一般说来，任何产业中贸易受益者的集中程度、对情况的掌握程度以及组织程度都不如那些贸易受损者。

从政府利益的角度看，尽管实行贸易保护主义损害了多数人的利益，但是当多数人的利益无法形成一种力量对其决策形成影响，而且政府迎合少数利益集团的利益而能够赢得更多的选票时，按照“理性人”追求自身利益最大化的原则，政府往往会选择总福利水平下降、大多数人利益受损而少数人受益的贸易政策。

6.4.3 次优理论

次优理论（Theory of Second Best）最早由理查德·利普塞（Richard Lipsey）和凯文·兰开斯特（Kelvin Lancaster）提出。他们的观点是：传统的贸易模型必须满足所谓均衡条件这个前提才能成立。以贸易领域为例，当所有市场因素正常发挥作用的时候，自由贸易才是最合理的政策——最优政策。而现实中，各国或多或少地都会存在市场失灵的问题，发展中国家尤甚。这样就无法最大限度地发挥自由贸易的优势。此时，若政府能够主动干预经济，引进或增强激励机制，就有可能抵消市场失灵的后果。不过，政府干预经济也许会扭曲经济信号；但如果运用得当，恰好可以平衡市场失灵的市场结构。此时，干预贸易的政策就是次优选择，它比自由贸易更实际，也更恰当。

6.4.4 新政治经济学分析

在新政治经济学家看来，国家政策在绝大多数情况下是私人集团为增进自己的利益而利用公共手段制定出来的，并非为了促进公共福利。该学派认为，经济政策是权势集团为了私利进行竞争和执行分配策略的结果。他们关于贸易保护主义的经济学文献（内生性贸易理论）就说明了这种做法，指出关税和其他阻碍自由贸易的手段完全可以被理解为特定集团的寻租行为。①

一国国际贸易政策制定的过程实质上是一个公共选择的过程，但特定的国际贸易政策不可能公平地满足和实现所有需求者的利益，必然或多或少地损害一部分利益集团和政府部门的利益，至于最后选择能在多大程度上满足和实现一个利益集团或政府部门的国际贸易政策，这要看这个利益集团或政府部门是否拥有更多的权力资源和谈判砝码。因此，国际贸易政策的形成过程就是不同利益集团和政府部门在权力资源基础上的利益表达和利益选择的结果。②

① 吉尔平．全球政治经济学：解读国际经济秩序［M］．杨宇光，杨炯，译．上海：上海人民出版社，2003：30-31.

② 兰天．贸易与跨国界环境污染［M］．北京：经济管理出版社，2004：185-186.

6.4.5 霸权稳定论

霸权稳定论（Hegemonic Stability Theory，HST）最初是由美国经济学家查尔斯·金德尔伯格（Charles P. Kindleberger）提出来的，他认为需要一个政治领导来建立和管理自由经济。金德尔伯格说，领导国建立自由世界经济既是出于自身经济利益的考虑，也是为了全世界的经济利益。而罗伯特·吉尔平（Robert Gilpin）和斯蒂芬·克拉斯纳（Stephen Krasner）认为霸主建立自由世界经济主要是为了促进自身的利益，特别是政治和安全的利益。

对霸权稳定论进行最详尽、最系统实证性评论的人是经济史学家巴里·艾肯格林（Barry Eichengreen，1989），他说霸权和贸易自由化之间存在积极的联系。在比较19世纪的历史和第二次世界大战以后的历史之后，艾肯格林得出结论：在历史记载中，多边主义取得成功的唯一例子恰恰与某一个大国在经济上占支配地位发生在同一个时期。《关税及贸易总协定》运作越来越困难恰巧与美国经济相对衰落发生在同一时期。①

根据霸权稳定论，当国际体系中具有超群的军事力量、政治力量和经济力量的某一突出国家即所谓霸权国家出现的时候，它必然要求并试图建立开放的国际贸易体系，这是因为自由贸易体系能够增加其全体国民之所得，提高其经济增长率，增进其在全球的政治影响力。但是一旦霸权国家的政治和经济实力被削弱从而失去盟主地位，它就可能转向保护主义，以维护自己国家的利益，这时稳定的国际经济关系或自由贸易体系将受到挑战，保护主义可能成为一些国家的选择。②

总之，在进行贸易政策的政治经济学分析时，要考虑很多关键因素：

第一，既要考虑贸易保护中受益者得到的利益大小以及受益集团的大小，也要考虑受害者的损失大小以及受害集团的大小。

第二，政治行为的类型和成本。假定这个国家实行选举或者公民投票制度，那么个人会参与游说他们的政府官员或者提供竞选活动捐款，以试图获得政府官员的支持。这些不同类型政治活动的成本包括货币成本以及在这些活动中所花费的时间和精力的机会成本，也是贸易的政治经济学分析关注的。

第三，政治制度和政治程序的影响。③

学思践悟

中国开放之门越来越大

对外开放是我国的基本国策，开放是国家繁荣发展的必由之路。开着门，世界能够进入中国，中国也才能走向世界。

习近平主席在第二届“一带一路”国际合作高峰论坛开幕式上发表主旨演讲，为我国扩大新一轮高水平对外开放指明了前进方向。习近平主席强调，我国将在更广领域扩大外资市场准入，继续大幅缩减负面清单，推动现代服务业、制造业、农业全方位对外开放，并在更

① 吉尔平. 全球政治经济学：解读国际经济秩序［M］. 杨宇光，杨炯，译. 上海：上海人民出版社，2003：101-102.

② 朱彤. 发展中国家在WTO中的地位和利益［M］. 北京：经济科学出版社，2001：7.

③ 普格尔. 国际贸易［M］. 沈艳枝，译. 17版. 北京：中国人民大学出版社，2021：198.

多领域允许外资控股或独资经营。这是党中央着眼我国现代化事业全局、着眼推动高质量发展和建设现代化经济体系，高瞻远瞩作出的重大决策，是我国对世界作出的庄严承诺。

开放带来机遇，竞争促进发展。这是我国改革开放40多年来的一条重要经验。从1978年实行改革开放，到2001年加入世贸组织，再到党的十八大以来更大力度实施对外开放，我国的开放大门越开越大，经济也越来越强。通过不断开放市场，扩大准入，引入外资企业参与国内市场竞争，我国产业体系日益完备，企业竞争力不断增强，经济体系效率和质量持续提升，人民群众享受到更多、更好的产品和服务。实践充分证明，开放竞争是我国经济发展壮大的有效途径，是建设社会主义现代化强国的必由之路。

从历史上看，通过一定的市场准入限制保护国内幼稚产业和维护国家经济安全，是广大发展中国家和部分发达国家通行的做法。今天，我国经济总体上已经超越了依靠市场准入限制保护国内幼稚产业的阶段。经过几十年快速发展，我国已经拥有全球最完备的产业体系，建立起全球规模最大的制造业体系，涌现出一大批高水平企业，我国企业家的才能得到世界公认，我国企业总体上已经具备了与国际强手同台竞技的能力。只有扩大对外资开放，创造更加充分竞争的市场环境，引入国际高水平的市场竞争者，才能使我国产业和企业更好地经风雨、见世面，成长为真正具有国际竞争力的强大市场主体。

开放竞争必然带来挑战和压力，没有挑战不能超越自我，没有压力就没有前进动力。过去一些“僵尸企业”僵而不死，大量过剩产能无法淘汰，占用和浪费了大量宝贵资源。扩大开放竞争，将加速低效企业和过剩落后产能退出市场。从局部看，这是一种阵痛，但从国民经济整体看，这有利于推动国内供给侧结构性改革，促进市场出清，提高供给体系的整体质量和效率，增加优质高效供给。

公平竞争能够提高效率，带来繁荣。外资企业进入我国后，同内资企业一样都是平等竞争的市场主体，是国家总体社会生产力的有机组成部分。我们要严格实施《中华人民共和国外商投资法》，实施好准入前国民待遇加负面清单管理模式，继续大幅缩减负面清单，加快制定配套法规和措施，一视同仁地对待外资企业，为包括外资企业在内的所有在我国境内合法经营的市场主体创造市场化、法治化、便利化的营商环境。

当前，贸易和投资保护主义在一些国家兴风作浪，经济全球化遭遇逆流。当此之际，是开放还是封闭，是前进还是后退，考验着胸襟、眼界、智慧。我国作为世界第二大经济体，作为世界经济增长的最大贡献者，进一步扩大开放、欢迎外资的举措一波胜过一波。这向全世界展示了中国共产党和中国人民的自信，意味着我国将在改革开放道路上继续阔步前进，也将为全球合作共赢和繁荣发展作出更大贡献。我国改革开放已经走过光辉的40多年，更多精彩还在后面。让我们共同见证这个伟大时代的到来。

资料来源　本报评论员. 中国开放之门越开越大——论学习领会习近平主席在第二届“一带一路”国际合作高峰论坛开幕式上关于扩大对外开放的重要讲话精神［N］. 人民日报，2019-04-27（3）.

本章小结

本章介绍了贸易保护主义的主流理论，并对这些理论在实践中存在的问题进行了评论。

幼稚产业保护理论考虑一国长期生产力的培育，其基本内容是：某个国家的一个新兴产业，当其还处于初创时期时，可能无法抵御外国成熟产业的竞争。如果运用关税保护之类的手段对该产业采取适当的保护，增强其竞争能力，那么将来可以具有比较优势，能够出口并有利于国民经济发展。这一理论在实施中有两个不易克服的困难——如何选择保护对象和如何选择保护手段。因此，实践结果并不总尽如人意。

战略性贸易政策理论认为政府应当干预战略性行业的贸易，创造和培育本国企业在该产业的国际战略优势，以免遭到外国垄断企业的严重损害；同时，谋取规模经济效益，并借机争夺竞争对手的市场份额和利润。然而，如何区分战略性和非战略性行业是个棘手的问题，而且战略性贸易政策的实施容易引发贸易争端。

贸易政策的政治经济学分析起源于对纯贸易理论无力解释现实中贸易干预政策的困惑，将公共选择的政治经济方法引入贸易理论，抓住贸易政策作为“公共物品”这一非市场集体决策的特征，在纯贸易理论和政治学构架之间搭起桥梁来分析贸易政策决策的过程和结果，使一般均衡模型中的政府政策内生化。

关键术语

幼稚产业保护理论（Infant Industry Protection Theory） 战略性贸易政策（strategic trade policy） 穆勒标准（Mill's Test） 巴斯塔布尔标准（Bastable's Test） 肯普标准（Kemp's Test） 小岛清标准（Kojima's Test） 集体行动理论（Collective Action Theory） 中点选民模型（Median Voter Theorem） 次优理论（Theory of Second Best） 霸权稳定论（Hegemonic Stability Theory，HST）

基础训练

第6章即测即评

1. 简述汉密尔顿幼稚产业保护理论的思想。

2. 试评价幼稚产业的4种判断标准。

3. 根据幼稚产业保护理论，新兴产业在成长壮大之后应取消保护，但为什么现实中一些产业在成长之后仍然继续享受保护？

4. 既然自由贸易有保护贸易所不具有的诸多好处，为什么到目前为止没有任何一个国家实行完全的自由贸易？你预测到什么时候“自由贸易时代”会到来？

5. 请评论战略性贸易政策理论。

6. 假设两国贸易模型中，不同政策下贸易对本国经济的影响如图6-5所示。要求：

（1）如果A、B两国独立制定贸易政策，它们会选择什么政策？

（2）如何A、B两国经过谈判，互相协作，它们会制定什么政策？

		A国	
		不保护	保护
B国	不保护	（200，200）	（-300，500）
	保护	（500，-300）	（0，0）

图6-5 贸易政策与本国经济

案例分析

美国政府对待华为不公正

美国微软公司总裁兼首席法务官布拉德·史密斯对美国媒体说，美国政府对待华为的方式是不公正的，微软已要求美国监管机构对其行为作出解释。

史密斯于2019年9月8日接受美国《彭博商业周刊》采访时说，美国政府并未充分证明对这家中国公司采取的行动是合理的。美国政府在没有“坚实的事实、逻辑和法治”的情况下，不应该采取这些行动。微软已经要求美国政府对其行为作出解释，以便让其他公司自己作出决断，他说“这才是这个国家运行的方式”。

史密斯以酒店业为例说，告诉一家科技公司可以销售产品，但不能购买操作系统或芯片，就好比让一家酒店开门营业，却不准其在客房内放床，或者不能在其餐厅里提供食物一样。

“如果你不能把你的技术带到全球，你就不能成为一个全球技术领导者。”史密斯说，“管理全球化技术的唯一方法，是让各国政府真正相互合作。”

2019年5月以来，美国商务部将华为及其超过100家附属公司列入实体清单。史密斯担心，更广泛、更严格的限制可能很快到来。美国商务部正在考虑对新兴技术设置新的出口限制，包括人工智能和量子计算等，这些都是微软公司着力投资的领域。

路透社8月末援引知情人士消息说，美国商务部已收到130多份申请，要求获得许可向华为供货，其中包括谷歌、高通、英特尔等科技公司；但迄今为止，尚没有公司获得美商务部许可。

资料来源 新华社. 微软总裁：美政府对待华为不公正［EB/OL］.（2019-09-10）［2022-03-15］. https://baijiahao.baidu.com/s?id=1644260232698388635&wfr=spider&for=pc.

问题：

（1）从贸易保护主义的角度分析：“如果你不能把你的技术带到全球，你就不能成为一个全球技术领导者。”管理全球化技术的唯一方法，是让各国政府真正相互合作。

（2）结合当前形势，分析我国应该如何应对新贸易保护主义。

下篇　国际贸易政策

第 7 章
关　税

学习目标

通过本章的学习，你应该掌握：关税的作用和分类；关税对大国和小国福利的影响，结合实际案例评价关税政策的得与失；关税的名义保护率和有效保护率；有效保护率的计算。

引例

国务院关税税则委员会：对约750亿美元美国商品加征关税

2019年8月15日，美国政府宣布，对自中国进口的约3 000亿美元商品加征10%关税，分两批自2019年9月1日、12月15日起实施。美方措施导致中美经贸摩擦持续升级，极大损害中国、美国以及其他各国利益，也严重威胁多边贸易体系和自由贸易原则。

针对美方上述措施，中方被迫采取反制措施。根据《中华人民共和国海关法》《中华人民共和国对外贸易法》《中华人民共和国进出口关税条例》等法律、法规和国际法基本原则，经国务院批准，国务院关税税则委员会决定，对原产于美国的5 078个税目的约750亿美元商品，加征10%、5%不等关税，分两批自2019年9月1日12时01分、12月15日12时01分起实施。

中方采取加征关税措施，是应对美方单边主义、贸易保护主义的被迫之举。中方重申，对于中美两国，合作是唯一正确的选择，共赢才能通向更好的未来。希望中美双方以相互尊重、相互平等和言而有信、言行一致为前提，以双方都能接受的方式解决分歧，积极构建平衡、包容、共赢的中美经贸新秩序，共同维护并推动改革完善多边贸易体系，促进与世界上其他国家的互利共赢合作。

资料来源 央视新闻．国务院关税税则委员会：对约750亿美元美国商品加征关税［EB/OL］．(2019-08-23)［2022-03-15］．https://baijiahao.baidu.com/s?id=1642659193813639404&wfr=spider&for=pc.

国际贸易理论是在自由贸易的假设前提下，采用一般均衡分析法从国际贸易产生的原因、国际贸易的模式、国际贸易的利益和国际贸易的收入分配4个角度分析国际贸易活动。但在国际贸易实践中，各国政府从本国利益出发，往往都会采取各种措施来限制国际贸易活动，旨在保护本国的产业、技术和经济发展。这些措施被称为国际贸易政策措施，不仅影响了本国经济，还影响了贸易伙伴乃至整个世界经济。

国际贸易政策措施主要分为关税措施和非关税措施，其中，关税是最古老的贸易政策形式，且一直作为政府收入的重要来源。例如，美国政府在引入所得税之前，其主要收入就来源于关税。[1]但是，关税的真正目的并非增加政府收入，更重要的是保护国内的某些部门。例如，英国的《谷物法》(Corn Laws）于1815—1846年实施强制性进口关税，旨在保护英国地主和农夫免受价格低廉的进口谷物的竞争，保护土地贵族的利益。19世纪70年代以后，德国、法国和美国等资本主义国家相继放弃低关税或自由贸易政策，实行全面的保护关税政策。现代社会，依然有国家通过加征关税来保护本国制造业。本章重点分析关税措施及其经济效应，有助于回答“一国是否应该征收关税”这一问题。

7.1 关税概述

7.1.1 关税的含义

关税（tariff或custom duty）是指一国政府根据本国的海关法和海关税则，当进出口商品经过其关境时，由海关代表国家对该商品所征收的一种税赋。它是商品课税的一种形式，也是世界各国普遍征收的一个税种。现今西方国家的关税大部分都体现了较为明显的贸易保护主义的意图。[2]

关境亦称关税国境或税境，指一个国家或单独关税区的海关法律、规章实施的领土范围，是该国或地区海关权力所及的范围。国境是一国行使全部国界主权的国家空间，包括领陆、领海和领空。一般情况下，关境与国境是一致的。随着国家对外开放程度的提高和经济区域一体化的发展，关境与国境逐渐不一致已经成为较普遍的现象。当一国在国境内设立自由港、自由贸易区、保税区等免税区域时，关境小于国境。当一些国家相互之间结成关税同盟时，参加同盟的国家相互取消关税，在领土基础上合成统一的关境，则关境大于国境。[3]

7.1.2 关税的特点[4]

关税是一国财政收入的重要组成部分。其与其他税收相比，既有相通之处，又有自己的特性。

1. 共性

共性主要表现在3个方面：

(1) 强制性

强制性是指关税的征收并非自愿，而是依靠国家法律的力量进行征收，是进出口商应尽的义务。凡是《中华人民共和国进出口税则》中列举的商品在经过中华人民共和国海关时都要缴纳关税，否则将受到法律的制裁。

(2) 无偿性

无偿性是指国家在取得关税时不需要付出任何代价，不必将税款返还给进出口商。

① 克鲁格曼，奥伯斯法尔德，梅里兹．国际贸易［M］．丁凯，黄剑，李楠，等译．11版．北京：中国人民大学出版社，2021：200.
② 经济学名词审定委员会．经济学名词［M］．北京：科学出版社，2020：140.
③ 罗来仪．对外贸易业务问题集解［M］．北京：对外贸易教育出版社，1989：21.
④ 陈同仇，薛荣久．国际贸易［M］．北京：对外贸易教育出版社，1991：188-190.

(3) 预定性

预定性是指国家事先明确规定了税目、种类、税率和征收方式，在一定时期内相对稳定，不会随意更改和减免，而且征缴双方都必须严格遵守。

2. 特性

特性主要表现在4个方面：

(1) 关税是一种间接税

关税的征收对象是进出口商品，这部分税负成为进出口商品的成本从而计入价格，先由进出口商垫付，最终转嫁给买方或者消费者，因而关税属于间接税。当对进口商品加征关税时，进口商品价格上升，削弱了进口商品的竞争力，从而保护了本国产业。当对出口商品加征关税时，出口商品价格上升，国际竞争力下降，一般旨在保护本国稀缺资源。

(2) 关税具有涉外性

关税是一国专门针对进出口商品而设立的税种。关税整体水平的高低反映了该国贸易政策是自由贸易政策还是保护贸易政策。如果是自由贸易政策，则关税水平较低，甚至免征关税；如果是保护贸易政策，则关税水平较高，还可以针对不同的国家制定具体的关税政策，具有一定的歧视性。所以，关税是各国进行经济合作和贸易战的工具之一，具有明显的涉外性质。

(3) 关税的税收主体和税收客体不同于一般的税收

税收主体即纳税人，关税的税收主体是进出口商。当商品经过一国的海关时，进出口商要按照该国海关的规定缴纳关税。关税的税收客体是进出口商品。根据海关法，海关要按照税目和税率对各种进出口商品进行征税。

(4) 关税可以调节进出口贸易规模和贸易结构

各国可以通过调整关税税率和关税结构来调节贸易规模和贸易结构。对于出口，可以通过出口退税等政策鼓励商品出口，对于稀缺资源也可以通过提高出口税率来限制出口。对于进口，可以根据国内实际情况来决定是降低关税鼓励进口还是提高关税限制进口。比如，对于国内稀缺的商品，可以制定较低的关税税率。

7.1.3 关税的分类①

关税种类繁多，可以按照不同的标准进行划分。

1. 按照商品的流向或征收对象分类

(1) 进口税

进口税（import tariff）是指外国商品直接进入关境，或者从自由港、自贸区、海关保税仓库等运往进口国国内市场销售时，由进口国海关根据本国海关税则对进口商所征收的关税。一般情况下，关税就是指进口关税。进口税可以进一步分为普通关税和最惠国待遇关税。

① [1] 中国大百科全书总编辑委员会，《电子学与计算机》编辑委员会，中国大百科全书出版社编辑部. 中国大百科全书·经济学Ⅰ[M]. 北京：中国大百科全书出版社，1988：243. [2] 南开大学经济研究所《简明价格词典》编写组. 简明价格词典[M]. 天津：天津人民出版社，1982：222-224. [3] 薛荣久. 国际贸易政策与措施概论[M]. 北京：求实出版社，1989：70-77.

普通关税又称一般关税，是指一国政府对来自未建交的国家或未签订贸易协定的国家或地区的商品征收的关税。

最惠国待遇（most-favored-nation treatment，MFNT）关税简称为最惠国税，与普通关税相反，适用于来自与进口国签订了包含最惠国待遇条款的贸易协定的国家或地区的商品，如WTO成员、原产于与我国签订相互给予最惠国待遇条款的双边贸易协定的国家或地区的商品。最惠国税税率低于普通税税率，有时相差幅度较大，达几十倍，如进口黑大豆和青大豆的最惠国税税率为3%，同期普通税税率为180%。[①]第二次世界大战以后，大多数国家都加入了《关税及贸易总协定》（General Agreement on Tariffs and Trade，GATT）（简称《关贸总协定》）或签订了双边贸易条约或协定，因此最惠国税又被称为正常关税。

不过各国在制定进口税税率时，并不是对所有的进口商品征收高额关税。多数国家关税结构设计遵从以下原则：工业制成品的进口适用较高的关税税率，半制成品的进口税率次之，原料进口关税税率最低甚至免税。[②]

（2）出口税

出口税（export tariff）是指出口国海关在本国商品输往国外时对本国出口商所征收的关税。出口税的征收将提高本国商品在国外市场的销售价格，削弱本国商品的竞争力，目前大多数国家对于一般的商品出口并不征收出口税。部分国家征收出口税的目的在于限制本国资源外流，保证国内生产或生活需要，以及对付跨国公司转移价格，改善本国贸易条件。[③]如瑞典、挪威出于保护其纸浆及造纸工业的考虑，对木材出口征收出口税。《中华人民共和国进出口税则（2022）》对102项商品计征出口税，主要是鳗鱼苗、部分有色金属矿砂及其精矿等，税率为0~50%不等。

（3）过境税

过境税（transit tariff）又称通过税，是一国海关对于并不进入本国商品市场而只是通过其关境的外国商品所征收的关税。[④]为了促进世界贸易的发展，大多数国家，包括我国在内，都不征收过境关税，只征收少量的准许费、印花费和登记费等。

2. 按照征收目的分类

（1）财政关税

财政关税（revenue tariff）又称收入关税，是指以增加政府财政收入为主要目的而征收的关税，特点是税率较低。在对进口商品征收财政关税时，须具备3个条件：

① 征税的进口商品必须是国内不能生产或无代用品而必须从国外进口的商品；否则，会对国内市场造成冲击。

② 征税的进口商品在国内必须有大量的消费需求。

③ 关税税率要适中或较低；否则，将阻碍进口，无法实现增加财政收入的目的。

目前，大多数国家的关税收入在财政总收入中的重要性不断降低。1985年，关税占中国财政收入的比率为10.24%，1995年为4.68%，2010—2021年则从2.44%降为1.39%。如图7-1所示，整体来看，关税占财政收入的比重不但没有上升，反而呈现下

① 中华人民共和国海关进出口税则编委会. 中华人民共和国进出口税则（2022）[M]. 北京：经济日报出版社，2022：155.
② 张玮. 国际贸易原理［M］. 2版. 北京：中国人民大学出版社，2018：125.
③ 经济学名词审定委员会. 经济学名词［M］. 北京：科学出版社，2020：142-143.
④ 经济学名词审定委员会. 经济学名词［M］. 北京：科学出版社，2020：143.

降趋势。除2011年和2017年以外，其余年份关税的增长速度均远远低于财政收入的增长速度。①

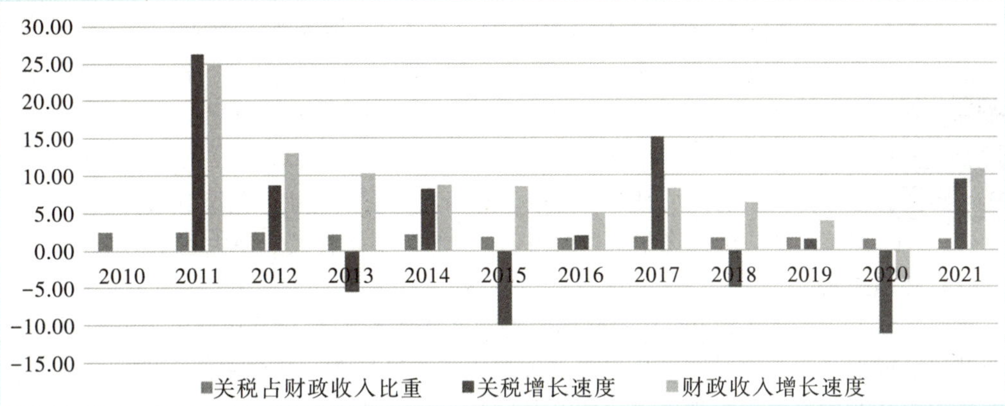

图7-1 2010—2021年关税与财政收入

资料来源 根据中华人民共和国财政部网站（http://www.mof.gov.cn/zaixianfuwu/zxcx/）数据整理。

（2）保护关税

保护关税（protective tariff）是指以保护国内工业或产业为目的而对进口货物所征收的关税。保护关税的税率较高，具有限制进口的作用。②保护关税最初的目的是保护国内的幼稚产业。但自20世纪30年代初世界经济大萧条以来，保护关税也逐步应用到一般成熟产业上。有时，保护关税的税率高达100%以上，相当于禁止进口，被称为禁止关税（prohibited duty）。

3. 按照征税待遇分类

关税按照征税待遇可以分为普通关税和优惠关税两种，优惠关税又可以进一步分为最惠国待遇关税、普遍优惠制关税和特惠关税。本书前面介绍过普通关税和最惠国待遇关税，这里主要介绍普遍优惠制关税和特惠关税。

（1）普遍优惠制关税

普遍优惠制（generalized system of preference，GSP）（以下简称“普惠制”）是联合国贸易和发展会议（United Nations Conference on Trade and Development，UNCTAD）于1968年通过建立普惠制决议之后生效的，是指发达国家承诺对从发展中国家或地区输入的产品，特别是制成品和半制成品，给予普遍的、非歧视的和非互惠的关税优惠待遇。③因此，按照普惠制征收的优惠关税被称为普惠税。普惠制的目的是：增加发展中国家或地区的外汇收入；促进发展中国家或地区的工业化；加速发展中国家或地区的经济增长等。

普惠制的基本原则是普遍的、非歧视的、非互惠的。“普遍的”是指所有发达国家应对发展中国家或地区出口的制成品和半制成品给予普遍的优惠待遇。“非歧视的”是指发达国

① 武谷云燕，吴永梅. 关税在我国当前财政收入的地位考察［J］. 现代营销（经营版），2019（7）：220-221.
② 经济学名词审定委员会. 经济学名词［M］. 北京：科学出版社，2020：165.
③ 金泽虎. 国际贸易学［M］. 3版. 北京：中国人民大学出版社，2019：135.

家应使所有发展中国家或地区都不受歧视、无例外地享受普惠制待遇。“非互惠的”是指发达国家应单方面给予发展中国家或地区关税优惠，而不要求发展中国家或地区提供相同的优惠。①给予过我国普惠制关税优惠的40个国家分别为：欧盟27国（法国、德国、意大利、荷兰、卢森堡、比利时、丹麦、爱尔兰、希腊、葡萄牙、西班牙、瑞典、芬兰、奥地利、波兰、捷克、斯洛伐克、匈牙利、马耳他、斯洛文尼亚、立陶宛、拉脱维亚、爱沙尼亚、塞浦路斯、保加利亚、罗马尼亚、克罗地亚）、英国、欧亚经济联盟3国（俄罗斯、白俄罗斯、哈萨克斯坦）、土耳其、乌克兰、加拿大、瑞士、列支敦士登、日本、挪威、新西兰、澳大利亚。截至2021年10月，仍然保留给予我国普惠制待遇的国家仅剩挪威、新西兰、澳大利亚3国。②

拓展阅读 7-1

（2）特惠关税

特惠关税（preferential duty）的全称为特定优惠关税，是指对从特定国家或地区进口的全部产品或部分产品给予特别优惠的低关税或零关税待遇。其税率低于最惠国税率，但它不适用于从非优惠国家或地区进口的产品。特惠税一般在签订了友好协定、贸易协定等国际协定或条约的国家之间实施。任何第三国不得根据最惠国待遇条款要求享受这一优惠待遇。③有的特惠税是互惠的，有的特惠税是非互惠的（单向的）。

目前，在国际上影响最大的非互惠特惠税是《科托努协定》（Cotonou Agreement），其前身是1975年2月28日由非加太集团46个成员与欧洲经济共同体9国在多哥首都洛美签订的贸易和经济协定——《洛美协定》（Lome Convention）。主要内容是欧盟向参加《科托努协定》的非洲、加勒比和太平洋地区的发展中国家提供经济援助，双方进行全面政治对话，及时解决在消除贫困和防止地区冲突方面的问题，扩大经贸合作以及进行财政援助改革等。根据该协定，非加太国家97%的产品可以免税进入欧盟市场。

我国目前的特惠税率相关规定体现在国务院关税税则委员会发布的2022年关税调整方案中的4个方面：

① 根据中华人民共和国给予同中华人民共和国建交的最不发达国家部分产品零关税待遇承诺、中华人民共和国政府与有关国家政府间换文协议，原产于东帝汶民主共和国、缅甸联邦共和国的部分进口货物，适用95%税目零关税特惠税率；

② 原产于阿富汗等42国的部分进口货物，适用97%税目零关税特惠税率；

③ 根据《亚太贸易协定》及相关协议，原产于孟加拉国、老挝的部分进口货物，适用特惠税率；

④ 根据《中华人民共和国与东南亚国家联盟全面经济合作框架协议》及相关协议，原产于柬埔寨、老挝、缅甸的部分进口货物，适用特惠税率。

互惠的特惠税不一定是对等的相同税率，主要是区域贸易协定或双边自由贸易协定成员间根据协定实行的特惠税。最具代表性的互惠的特惠税是1932年英联邦国家在渥太华会议上建立的英联邦特惠制，其他的如欧盟成员之间、中国与东盟国家之间实行的特惠税。

拓展阅读 7-2

① 李丹，崔日明．国际贸易概论［M］．2版．北京：中国人民大学出版社，2019：86．

② 中华人民共和国海关总署．政策解读：海关总署关于不再对输欧盟成员、英国、加拿大、土耳其、乌克兰和列支敦士登等国家货物签发普惠制原产地证书的公告［EB/OL］．（2021-10-25）［2021-10-27］．http://www.customs.gov.cn/customs/302249/302270/302272/3970056/index.html．

③ 金泽虎．国际贸易学［M］．3版．北京：中国人民大学出版社，2019：134．

4. 按照征收方法分类

(1) 从量税

从量税（specific tariff）是指依照进出口货物实际数量的计量单位（如“吨”“箱”“百个”等）作为标准征收的定量关税。[①]目前我国实行从量税的商品较少，根据《中华人民共和国进出口税则（2022）》，包括麦芽酿造的啤酒（普通税率7.5元/升）[②]、冷冻的鸡胗（最惠国税率为1.3元/千克）、石油原油及从沥青矿物中提取的原油（普通税率85元/吨）、部分照相及电影用品等。

早期，由于各国商品品种和规格较为简单，且同一品种商品的价格差异较小，因此从量税占主导地位。20世纪70年代以前，美国和一些发达国家大多是以从量税的形式征税；70年代以后，随着世界经济形势的变化，目前绝大多数国家以从价税为主。2006年，欧盟进口关税90%以上为从价税。瑞士是少数几个对贸易商品使用从量税的国家之一，这与瑞士的经贸特点有关，从量税对品质高、重量小的商品进口非常有利。从量税计征关税的计算公式为：

应纳税额=货物数量×单位关税税额

根据公式，如果从量税已经确定，则应纳税额与货物数量成正比，与商品价格无关。因此，当商品价格下降时，关税的保护作用更强；反之，当商品价格上升时，削弱了关税的保护作用，无到达到保护关税的目的。

从量税的优点主要包括：

第一，计税手续简便，核算简单。海关人员只需将商品按重量、数量、长度等进行分类征税即可，无须再审查进口商品的价格。

第二，单位关税税额固定，削弱了廉价倾销的保护作用。

第三，有助于消除伪报价格的违法行为。

从量税的缺点主要包括：

第一，税负不合理。同一类商品在征收从量税的条件下，价格越低的商品，关税在价格中所占的比重越高；相反，价格越高的商品，关税在价格中所占的比重越低。

第二，无法适应通货膨胀的变化。由于通货膨胀，商品的价格大幅上涨；但是税额不能随之变动，使得关税在价格中所占的比重逐渐下降，削弱了保护作用。

第三，不具有普适性。不适合一些价值高、重量轻的艺术品和贵重物品等。

(2) 从价税

从价税（ad valorem tariff）是依照进出口货物的实际完税价格作为标准而征收的关税，一般实行比例税率和累进税率。[③]从价税计征关税的计算公式为：

应纳税额=完税价格×关税税率

根据公式，在关税税率确定的前提下，应纳税额和完税价格成正比，因此，征收从价税的关键在于确定完税价格。完税价格通常由海关审定，该过程称为海关估价。产品的关税完税价格在各国采用的标准不完全相同，大体包括进口离岸价（FOB）、进口到岸价

① 经济学名词审定委员会. 经济学名词［M］. 北京：科学出版社，2020：142.
② 最惠国税率、协定税率和特惠税率均为0。
③ 经济学名词审定委员会. 经济学名词［M］. 北京：科学出版社，2020：142.

（CIF）和法定价格。[①]我国海关规定，进口货物的完税价格以该货物的成交价格以及该货物运抵中华人民共和国境内输入起点起卸前的运输及其相关费用、保险费为基础审查确定。

从价税的优点是解决了从量税的不足：

第一，税负公平。应纳税额与产品档次和价格高低相关，既不具有累进性，也不具有累退性，仅仅按照产品价格的一定比例征税。价格高，则税额多；价格低，则税额少。

第二，适应了通货膨胀的变化。在通货膨胀时期，价格上涨，关税会随着价格的上升而自动增加。可见，在通货膨胀时期，从价税有比较好的保护作用。

第三，具有普适性。除个别商品外，多数商品均适用。

从价税的缺点包括：

第一，操作困难，完税价格不易掌握。

第二，通关时间长。征纳双方往往因商品价格问题发生摩擦，延缓了通关进程。2021年以来，我国持续推进口岸营商环境的优化提升，在一定程度上减少了从价税的影响。2021年12月，进口货物整体通关时间压缩至32.97小时，比2017年压缩66.14%。[②]

第三，征税手续繁杂。海关工作人员必须审查每件进口商品的价格，不能仅仅凭提货单或发票上的价格征税，因为进口商会想尽办法低报进口商品价格，从而少缴关税。

（3）混合税

混合税（compound tariff）又称复合税，是对一种进口商品同时定出从价、从量两种税率，分别计算出税额，以两个税额之和作为该商品的应征税额的一种征收关税标准。

混合税可以分为3种：以从价税为主、从量税为辅的混合关税；以从量税为主、从价税为辅的混合关税；从价税、从量税对等的混合关税。我国目前仅对录像机、数字照相机、电视摄像机和视频摄录一体机的部分进口商品实行混合税。[③]比如，非特种用途的广播级视频摄录机的最惠国税率、协定税率和特惠税率均为0。若是按照普通税率征收，完税价格大于5 000美元/台时，其征收方法为6%+51 500元/台。

混合税计征关税的计算公式为：

应纳税额=从价税额+从量税额

=完税价格×关税税率+货物数量×单位关税税额

复合税综合了从量税和从价税的优点，取长补短，相互补充。进口商品价格波动，既可以减少对关税收入的影响，保证财政收入的稳定，又可以起到一定的保护作用，因而可以更好地平衡税负，从而达到适度、合理。其缺点在于复合税容易造成关税结构的复杂化，这在确定复合税中从价、从量部分的比例时尤其突出，而且手续繁杂，常用于本身较重的原材料或耗用原材料较多的工业制成品的进口计税。[④]

（4）选择税

选择税（alternative tariff）是对同一种商品同时制定从价关税征收标准和从量关税征收标准，由海关选择其中一种计征。在物价波动时，从价税对财政收入及关税保护作用影响不大，抑制低质低价货物进口的作用较差。从量税对质次价低的进口货物抑制作用较

① 金泽虎．国际贸易学［M］．3版．北京：中国人民大学出版社，2019：138．
② 顾阳．出口整体通关时间减至1.23小时［N］．经济日报，2022-01-26（6）．
③ 经济学名词审定委员会．经济学名词［M］．北京：科学出版社，2020：142．
④ 韩玉军．国际贸易学［M］．2版．北京：中国人民大学出版社，2017：273．

强，但货价迅速上涨时，财政收入及关税保护作用均相对降低。使用选择关税，海关可以选择其中一个有利的标准征税。近年来，国际《新估价法规》反对海关使用选择价格中较高者作为完税价格的估价制度，这种征税标准逐渐被取消。[①]为了鼓励某种商品的进口，海关往往选择其中税额较低的一种征收。比如，我国目前实行选择税的商品有天然乳胶、烟胶片和技术分类天然橡胶等。其中，2022年天然乳胶最惠国税率为10%或900元/吨，其余两种最惠国税率为20%或1 500元/吨，均选择较低的征收。

（5）滑准税

滑准税（quasi-sliding tariff）是随着进口商品价格由高到低而由低到高设置的税，可以起到稳定进口商品价格的作用。其是对进口税则中的同一种商品按市场价格标准分别制定不同档次的税率而征收的一种进口关税，高档次价格的税率低或不征税，低档次价格的税率高。[②]征收这种关税的目的是使该种进口商品，不论价格高低，其税后价格保持在一个预定的价格标准上，从而维持国内价格稳定，免受国际市场价格波动的影响，进而保护国内的生产。我国目前仅有未梳的棉花实行滑准税形式的暂定关税。按照规定，对配额外进口的一定数量棉花，当棉花完税价格高于或等于14.000元/千克时，按0.280元/千克计征从量税；当棉花完税价格低于14.000元/千克时，暂定从价税率按照$R_i = \frac{9.0}{P_i} + 2.69\% \times P_i - 1$计算。[③]

5. 按照征收的特殊目的分类

（1）进口附加税

进口附加税（import surtax）是指一国对进口商品随征收关税正税，另外附加征收的一类关税。进口附加税通常是一种特定的临时性措施或一次性措施。其目的是在财政收入或经济保护等方面补充正税不足，如应付国际收支危机，维持进出口平衡；防止外国产品低价倾销；对国外某个国家实行歧视或报复等。因此，进口附加税又称特别关税。

进口附加税主要有反补贴税和反倾销税两种形式。

① 反补贴税（countervailing duty）又称抵消税或补偿税，是指进口商品时，对那些得到政府补贴的外国供应商征收的一种超过正常关税的特殊关税。[④]反补贴税的税额一般按“补贴数额”征收。其目的在于抵消出口国对该商品所作补贴的鼓励作用，保护本国生产和市场。

② 反倾销税（anti-dumping duty）是指对于实行倾销的进口产品所征收的一种进口附加税。1979年“东京回合”规定：凡是一国商品向另一国出口时，该商品出口价格低于正常贸易中用于国内消费的类似商品可比价格，就视为倾销。一国海关可对存在倾销行为、对本国产业造成重大损害或威胁或严重阻碍本国某一产业兴建的进口商品征收高额的附加进口关税。[⑤]反倾销税的税额一般根据倾销差额征收。2020年5月18日，商务部发布

---

① 经济学名词审定委员会．经济学名词［M］．北京：科学出版社，2020：142.

② 经济学名词审定委员会．经济学名词［M］．北京：科学出版社，2020：142.

③ 其中，R_i为暂定从价税率。当按上式计算值高于40%时，R_i取值40%；P_i为关税完税价格，单位为元/千克。

④ 经济学名词审定委员会．经济学名词［M］．北京：科学出版社，2020：165-166.

⑤ 经济学名词审定委员会．经济学名词［M］．北京：科学出版社，2020：142.

2020年第14号和第15号公告，公布对原产于澳大利亚的进口大麦反倾销调查和反补贴调查的最终裁定，裁定原产于澳大利亚的进口大麦存在倾销和补贴，国内大麦产业受到了实质损害，且倾销和补贴与实质损害之间存在因果关系，决定自2020年5月19日起对上述产品征收反倾销税和反补贴税，反倾销税率为73.6%，反补贴税率为6.9%，征收期限为5年。①

(2) 差价税

差价税（variable levy）又称差额税，是指当某种本国生产的商品的国内价格高于同类的进口商品的价格时，为了保护国内生产和国内市场，按国内商品价格与进口商品价格间的差额征收的关税。②

由于差价税是随着国内外商品价格差额的变动而变动的，因此它是一种滑准关税。对于征收差价税的商品，有的规定按价格差额征收，有的规定在征收一般关税以外另行征收。例如，欧盟对冻牛肉进口首先征收20%的一般进口税，然后根据每周的进口价格与欧盟的内部价格变动情况征收变动的差价税。

7.2 关税的经济效应③

关税是一国对外贸易政策中用来限制甚至禁止外国商品流入本国的重要措施之一。征收关税必然会导致进口商品价格发生变化，进而影响进口国和出口国商品的价格。尽管目前关税的作用正逐渐减弱，但仍是非常重要的贸易政策之一，并将继续影响国际贸易。本部分以征收进口关税为例，运用局部均衡分析法和一般均衡分析法分析关税政策对进口国的生产者、消费者和政府产生的经济效应。对关税经济效应的分析是我们设计关税政策及权衡其利弊关系的基础，也是我们了解非关税壁垒政策措施及其效应的重要基础和途径。

7.2.1 关税经济效应的局部均衡分析

1. 贸易小国

贸易小国作为国际市场上价格的接受者，其商品价格由世界价格P^w决定，而世界价格由国际市场的供求均衡点来决定④，贸易小国商品的供求状况不会影响世界价格。为了分析进口关税的经济效应，本部分主要思路是比较征收关税前后社会福利的变化，采用消费者剩余和生产者剩余的变化来衡量。

(1) 自由贸易条件下的局部均衡分析

在图1-3的基础上引入国际价格P^w，如图7-2所示。假定世界价格P^w低于贸易小国封闭时的价格P^E，小国便成为按世界价格进口该商品的国家。小国对商品的需求将从封闭

① [1] 贸易救济司. 商务部公告2020年第14号关于原产于澳大利亚的进口大麦反倾销调查最终裁定的公告［EB/OL］.［2020-05-18］. http://www.mofcom.gov.cn/article/b/e/202005/20200502965862.shtml. [2] 贸易救济司. 关于原产于澳大利亚的进口大麦反补贴调查最终裁定的公告［EB/OL］.［2020-05-18］. http://www.mofcom.gov.cn/article/zcfb/zcdwmy/202005/20200502965863.shtml.

② 经济学名词审定委员会. 经济学名词［M］. 北京：科学出版社，2020：142.

③ [1] 陈汉文. 竞争中的合作——西方国际经济学导论［M］. 成都：四川人民出版社，1987：127-135. [2] 薛敬孝，佟家栋，李春望. 国际经济学［M］. 北京：高等教育出版社，2000：101-104.

④ 见第1章图1-6.

时的Q^E增加到D_1，供给将从封闭时的Q^E减少到S_1，D_1与S_1之间的差额为该商品的进口量，用S_1D_1表示。

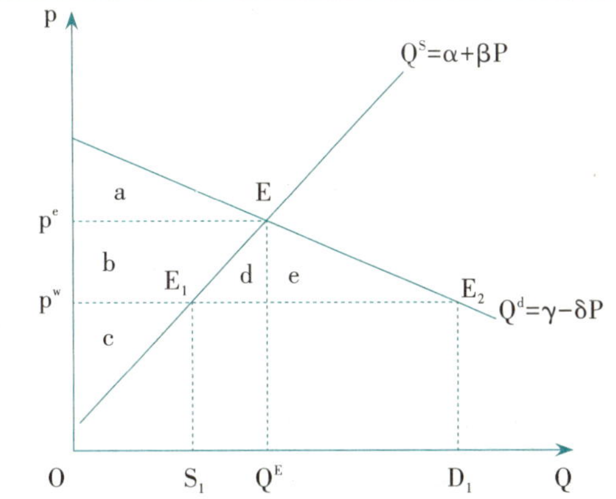

图7-2 自由贸易条件下小国的局部均衡分析

贸易前，进口国商品的价格为P^E。消费者剩余为价格P^E上方与需求曲线下方之间的区域a的面积，生产者剩余为价格P^E下方与供给曲线上方之间的区域（b+c）的面积。因此，整个社会的剩余为（a+b+c）的面积，这是没有国际贸易时进口国的总福利。

贸易后，进口国商品的价格为P^w。消费者剩余为（a+b+d+e）的面积，与封闭经济相比增加了（b+d+e）的面积，其中，b是从生产者剩余转移过来的，显然，消费者从国际贸易中获得了好处。生产者剩余为c的面积，与封闭经济相比减少了b的面积，显然，生产者因国际贸易受到了损失。将消费者获得的（b+d+e）与生产者失去的b相比，可以发现消费者获得的利益超过了生产者遭受的损失，这说明进口国福利总水平提高了，即一个小国从封闭到开放，实行自由贸易的净福利增加了（d+e），即EE_1E_2的面积。其中，d是原有消费者从过去国内的高价消费转向低价消费所获得的，e是低价进口条件下新消费者进入消费而获得的新增福利，该净福利大小等于$1/2\times(P^E-P^w)\times S_1D_1$。

拓展阅读7-3

（2）进口关税条件下的局部均衡分析

上述分析表明，自由贸易条件下生产者遭受了损失，为保护本国市场，给本国企业一定的市场份额，小国决定对该产品每单位征收t的从量税，此时进口商品的国内销售价格上升为（P^w+t），用P^t表示。可以预料，小国同样的国产商品价格也将提高至P^t。原因是，当进口商品的价格为P^t时，小国对该商品的需求量从D_1减少至D_2（如图7-3所示）；与此同时，更高的价格刺激了小国生产者提高进口替代商品的产量，供给量从S_1逐渐增加。但是随着产量的增加，边际生产成本也在不断增加。由于供给曲线反映了商品的边际生产成本，因此，进口替代商品的价格将沿着供给曲线上升，直至小国生产者的供给量达到S_2为止。此时，边际生产成本正好等于进口商品的价格P^t，从而进口替代商品的国内价格与进口价格拉平。①

① 芬斯特拉，泰勒．国际贸易［M］．张友仁，侯锦慎，杨森林，译．3版．北京：中国人民大学出版社，2017：247.

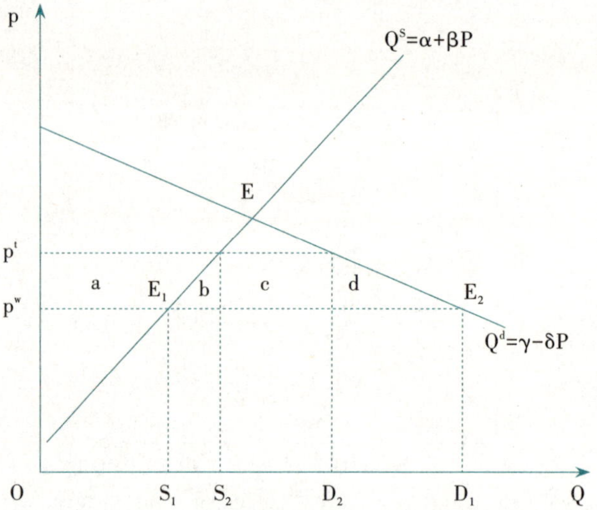

图7-3 小国关税效应的局部均衡分析

如图7-2所示，征收进口关税后，小国的需求量、供给量等发生变化，具体来说，关税的各种经济效应如下：

① 价格效应。如上分析，进口商品价格上升为P^t，该国会因进口商品的价格上涨而减少对进口商品的需求量，但由于该国为贸易小国，其需求量的变化在世界总需求中所占份额几乎可以忽略不计，因而其进口量的减少不会影响世界总需求，对世界市场价格的影响也就微不足道了。也就是说，征收关税后，国际价格仍为P^w，国际厂商仍按照P^w供给商品，但国内消费者要支付P^t的价格，关税全部由国内消费者来承担。

② 消费效应（consumption effect），是指征收关税对国内消费量和消费者剩余的影响。国内市场价格从P^w提高到P^t，相应的消费量从D_1减少到D_2。与征收关税前的消费量相比，减少了D_2D_1。消费量的下降对消费者的福利产生了不利影响，可用消费者剩余的变化来度量。征收关税前，消费者剩余为价格P^w上方与需求曲线下方之间的区域，征收关税后，消费者剩余变成了P^t上方与需求曲线下方之间的区域，减少了（a+b+c+d）的面积，所以消费者福利的损失为（a+b+c+d）的面积。

③ 生产效应（production effect），是指征收关税对国内进口替代部门生产量和生产者剩余的影响。由于国内价格提高到P^t，生产量从S_1上升到S_2，国内生产增加了S_1S_2，所以关税保护了国内生产者。生产量的上升使国内生产者获益，可用生产者剩余的变化来度量。征收关税前，生产者剩余为P^w下方与供给曲线上方的区域；征收关税后，生产者剩余变成P^t下方与供给曲线上方之间的区域，增加了a的面积，a显然来自消费者剩余的减少，这就是征收关税后生产者的福利。

④ 关税的贸易效应（trade effect of tariffs），是指进口关税对进口量的影响，即贸易效应=生产效应+消费效应。综合关税的生产效应和消费效应发现，征收关税前需求量为D_1，国内供给量为S_1，存在S_1D_1的缺口，因此进口量为S_1D_1。征收关税后需求量降为D_2，供给量升至S_2，进口量为S_2D_2。因此，进口量的变动为（S_1D_1 − S_2D_2），共减少了

（S_1S_2 + D_2D_1）。

⑤ 税收效应（revenue effect），是指政府由于征收关税而获得的财政收入。[①]征收关税的作用之一是增加财政收入，政府的关税收入等于关税乘以进口数量，即 $t \times S_2D_2$。

⑥ 净福利效应。综合上述消费效应、生产效应和税收效应可以得到关税的净福利效应：

关税的净福利效应=生产效应+消费效应+税收效应

$$=a-(a+b+c+d)+c=-(b+d)$$

因此，对小国而言，关税会降低小国的福利水平，净损失为（b+d）的面积，我们称之为无谓损失（deadweight loss），因为消费者遭受的这部分损失并未被其他人得到。从图中来看，消费者遭受的损失a转化成生产者剩余，因为关税致使消费者不得不高价消费产品，消费者多花的费用转化为生产者的收入。因此，消费者剩余也就转化为生产者剩余；同理，损失c转化为政府的收入。

为什么会产生净损失？（b+d）背后的经济学逻辑是什么？从图7-2来看，d代表进口小国消费者因价格上涨减少消费量而遭受的损失。原因是，小国消费者本来只需向出口商支付 P^w 就可以消费 D_1 的产品，而征收关税以后要支付 P^t，即征收关税人为地将部分消费者“挤出”了市场，致使消费量减少了 D_2D_1，对应的消费者剩余为d，d又没有被其他人得到，因此，d是无效率的，称之为消费扭曲（consumption distortion），表示在征收关税后消费量下降所导致的消费者满意程度的降低。b代表进口小国因边际成本高于世界价格而遭受的损失。原因是，小国生产者本来最高按照 P^w 的边际成本生产 S_1 的产品，现在由于价格提高至 P^t，供给量增加至 S_2，额外生产的 S_1S_2 的边际成本要高于 P^w，而 S_1S_2 的产品本来只需要支付 P^w 就可以得到。这种因转移到成本更高的国内生产而导致的额外成本，被称为生产扭曲（production distortion），表示在征收关税后成本较高的国内生产替代了较低的外国生产，从而导致资源配置效率下降的损失。

2. 贸易大国

大国与小国的差别在于，大国在国际贸易中的交易量较大，市场份额较高，所以大国可以利用自身的交易量优势影响价格，[②]进而改变国内产品的需求量、供给量等。如图7-4所示，具体来说，关税的各种经济效应如下：

（1）大国征收关税对本国的影响

①价格效应。如图7-4（b）所示，XS和MD仍然分别表示出口供给曲线和进口需求曲线，E点为世界均衡点。当大国决定对该产品每单位征收t的从量税时，外国厂商的生产成本比自由贸易时增加了t。因此，XS曲线向左上方移动t单位。新的出口供给曲线（XS + t）与进口需求曲线MD相交于点 E^t，该点表示进口国消费者支付的价格 P^t，外国厂商则得到了 P^w_t 的收入（P^t-t），P^w_t 为征收关税后的世界价格，该价格低于自由贸易时的世界价格 P^w。与小国相比，在征收相同关税的条件下，大国国内价格的上涨幅度要小于小国。世界价格的下降“吸收”了部分关税，减弱了关税对国内生产和消费的影响，这是关税及任何限制进口的贸易政策的正常结果。

① 金泽虎. 国际贸易学［M］. 3版. 北京：中国人民大学出版社，2019：141.
② 韩玉军. 国际贸易学［M］. 2版. 北京：中国人民大学出版社，2017：291.

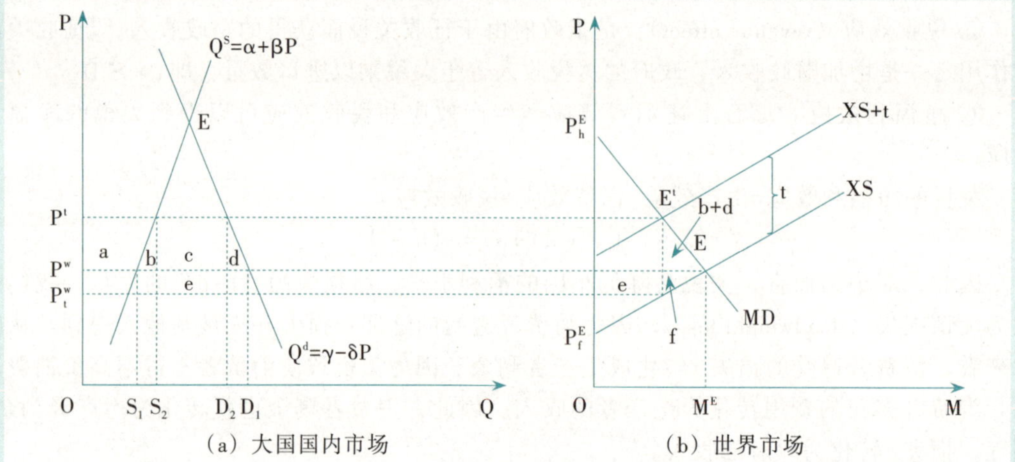

图7-4 大国关税效应的局部均衡分析

根据图 7-4（a)，3个价格的关系为 $P^t > P^w > P_t^w$，为什么？进口国为保护本国产业，征收关税后的国内价格 P^t 一定大于自由贸易时的价格 P^w，价格上升导致进口需求量下降，由于是大国，从而进一步减少了世界总进口需求量，在总供给不变的前提下，世界均衡价格下降为 P_t^w。因此，征收关税后的国内市场价格 P^t 等于征收关税后的世界市场价格 P_t^w 加上关税 t，即 $P^t = t + P_t^w$。在这种情况下，关税负担实际上是由国内消费者和国外生产商共同承担的，各自分别承担（$P^t - P^w$）和（$P^w - P_t^w$），其大小与进口需求曲线和供给曲线的斜率相关。

总之，可以将关税解释为在进口国消费者所支付的价格与外国生产商所得到的价格之间嵌入的一个楔子。①

②消费效应。征收关税后，国内消费量从 D_1 下降至 D_2，消费量减少了 D_2D_1。消费量的下降对消费者的福利产生了不利的影响，减少的消费者剩余为 P^w、P^t 和需求曲线左方之间的区域（a+b+c+d）的面积。

③生产效应。征收关税后，国内价格从 P^w 上升至 P^t，相应地，国内供给量从 S_1 上升至 S_2，国内生产量增加了 S_1S_2，改善了国内生产者的经营状况，所以关税保护了国内生产者。此外，生产者剩余也增加了，增加的剩余为 P^w、P^t 和供给曲线左方的区域 a 的面积。

④贸易效应。贸易效应与小国相同，由于价格上升，进口国国内供给量上升，需求量下降，因而进口量下降，下降的进口量可以用（$S_1S_2 + D_2D_1$）表示。

⑤税收效应。政府通过征收关税可以从贸易中获益，获益的大小等于进口量乘以从量税，即 $t \times S_2D_2$，因为 $t = P^t - P_t^w$，所以政府的收益就等于（c+e）的面积。

⑥贸易条件效应（trade terms effect），是指征收进口关税后进口国贸易条件的变化。在小国的情形下，征收关税后的进口价格不会发生变化，因此该国的贸易条件也没有变

① 芬斯特拉，泰勒. 国际贸易［M］. 张友仁，侯锦慎，杨森林，译. 3版. 北京：中国人民大学出版社，2017：247.

化。大国的情形下则不同，征收关税后，进口价格从P^w下降至P_t^w，因而大国的贸易条件改善，e就是贸易条件效应。

⑦净福利效应。综上：

关税的净福利效应=生产效应+消费效应+税收效应

$$=a-(a+b+c+d)+(c+e)$$

$$=e-(b+d)$$

关税的净损失可以表示为一个用矩形面积衡量的有抵消作用的收益与两个用三角形面积衡量的损失之间的差。其中，（b+d）与小国情形完全一样，仍然表示关税的无谓损失。但不同的是，大国多了一个福利来源——e，从而抵消了部分无谓损失。

当e>b+d时，征收关税使进口国的福利增加；当e<b+d时，征收关税使进口国的福利减少。所以，在大国情形下，关税的净福利效应不确定，取决于贸易条件效应与生产扭曲和消费扭曲两种效应的综合对比。如果进口国对世界价格的影响较小甚至没有（如图7-2所示），则贸易条件效应e较小，甚至不存在。此时，征收关税的净福利就会减少，甚至为负。

(2) 大国征收关税对贸易伙伴国及世界的影响

虽然征收关税会改善本国的贸易条件，但也意味着恶化了贸易伙伴国的贸易条件，减少了贸易伙伴国的利益。贸易伙伴国的净损失可由图7-4（b）中的-(e+f)的面积来衡量。(e+f)表示贸易伙伴国以较低的价格向进口国销售较少的产品而减少的生产者剩余。其中，e是进口国的贸易条件效应，与贸易伙伴国的贸易条件损失等价，由此看出进口国的获益是以贸易伙伴国的损失为代价的。此外，征收关税给贸易伙伴国带来了f的无谓损失。

将进口国的净损失（e-(b+d)）与贸易伙伴国的净损失-(e+f)相加，得到整个世界的净损失为（b+d+f）的面积。这部分损失本可以通过自由贸易获得，由此，进口国征收关税即使对自己是最优的，但对外国生产商和整个世界意味着损失，这也是大多数经济学家反对关税的原因之一。

7.2.2 关税经济效应的一般均衡分析

1. 贸易小国

小国征收进口关税的一般均衡分析如图7-5所示。假设小国只生产X和Y两种产品，横轴表示X产品的产出，纵轴表示Y产品的产出，TT′表示生产可能性边界，I和I_t分别为征收关税前后的社会无差异曲线。

征税前，小国国内市场相对价格与国际市场相对价格相同，为：

$$P^w=\frac{P_X}{P_Y}=\frac{P_X^w}{P_Y^w}$$

式中：P^w表示X产品的国内（国际）相对价格；P_X和P_Y分别表示X产品和Y产品的国内价格；P_X^w和P_Y^w分别表示X产品和Y产品的国际价格，且$P_X=P_X^w$，$P_Y=P_Y^w$。生产均衡点为P^w与TT′的切点A，消费均衡点为P^w与I的切点C，福利水平为I。因此，对小国来说，X产品的出口量为BA，Y产品的进口量为BC，CBA为贸易三角。

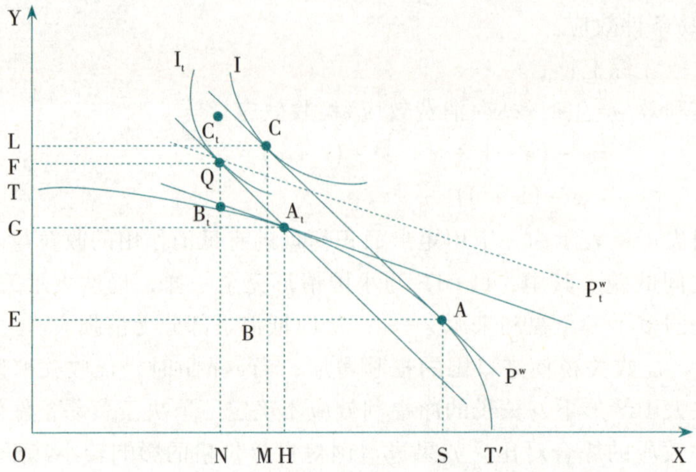

图7-5　小国关税效应的一般均衡分析

征税后（假设从量税为t），Y产品的国内市场价格上升为$P_Y^t = P_Y + t$，因此X产品的国内相对价格下降为$P_t^w = \frac{P_X}{P_Y + t}$，国内生产者将根据新的国内相对价格线$P_t^w$与TT′的切点确定生产均衡点为$A_t$，该相对价格线比自由贸易条件下的相对价格线$P^w$更平坦。同时，由于是贸易小国，所以X产品的出口价格P_X^w和Y产品的进口价格P_Y^w保持不变，因而贸易条件不变，这意味着国际贸易仍然按照P^w的国际相对价格进行。因此，新的消费均衡点应该在通过A_t且相切于与P^w平行的线上。①与自由贸易相比，消费水平由C降至C_t，社会无差异曲线由I下移至I_t，这表明进口小国的总福利水平下降了。

关税具体的经济效应如下：

第一，价格效应。国际相对价格不变，出口产品的国内相对价格下降。

第二，消费效应。X产品的消费从OM下降至ON，Y产品的消费从OL下降至OF。

第三，生产效应。X产品的生产从OS下降至OH，Y产品的生产从OE增加至OG。

第四，贸易效应。征收关税后，X产品和Y产品的贸易量均减少。X产品的出口量从BA下降到B_tA_t，Y产品的进口量从BC下降到B_tC_t。从图7-5中还可以发现，在国际市场上，进口大国用B_tA_t的X产品交换B_tC_t的Y产品，但是在国内市场上B_tA_t的X产品只能交换B_tQ的Y产品，因此QC_t为进口关税。

微课　关税的福利效应

第五，净福利效应。社会无差异曲线从I下移至I_t，社会福利水平下降。无论从局部均衡分析还是一般均衡分析来看，小国征收关税都会导致其福利的净损失。

2. 贸易大国

大国征收关税的经济效应具有不确定性，一方面，关税会减少贸易量，减少社会福

① 也有学者认为，考虑到国内消费者是按照征收关税后的国内相对价格P_t^w而不是国际相对价格P^w来决定最佳消费水平，因此I_t在消费均衡点的切线的斜率绝对值为P_t^w，即该切线应该与新的国内相对价格线平行，如图7-5中虚线所示。

利；另一方面，关税会改善贸易条件，提高社会福利。本部分可以借助提供曲线进行分析。

（1）提供曲线

提供曲线（offer curve）是指在各种贸易条件下，一国为了实现最高的福利水平所愿意进行的各种进口和出口组合。[①]如图7-6所示，假设A和B两个国家，A国专业化生产X产品，B国专业化生产Y产品。自由贸易时，A国出口X产品，进口Y产品；B国出口Y产品，进口X产品。A国的提供曲线表明在不同的贸易条件下，A国愿意出口多少X产品来交换Y产品。例如，当贸易条件为T_A时，A国出口ON的X产品来进口OM的Y产品。因此，提供曲线既可以看成一国的出口供给曲线，也可以看成一国的进口需求曲线。从此意义上说，提供曲线又常常被称为相互需求曲线（reciprocal demand curve）。

从图7-6中还可以发现，提供曲线经过某个临界点之后会向回弯曲，形成弓形。原因是，随着产出的增加，A国生产X产品的边际成本逐渐增加，而随着进口的增加，Y产品的边际效用逐渐递减，Y产品对X产品的边际替代率越来越低。因此，A国出口X产品的意愿越来越低。

同理，图7-7为B国的提供曲线，其弯曲方向与A国相反。

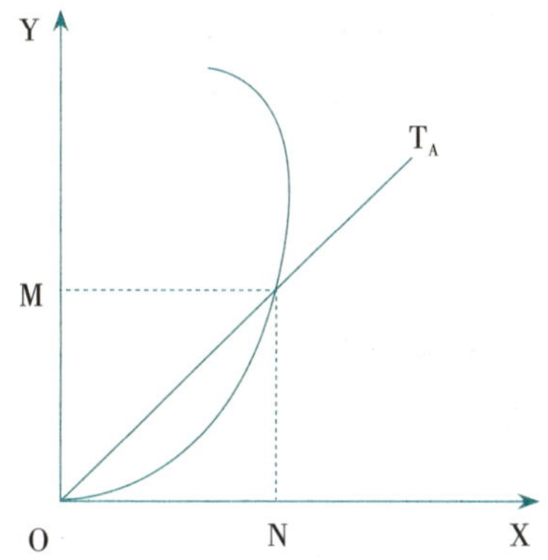

图7-6 A国的提供曲线

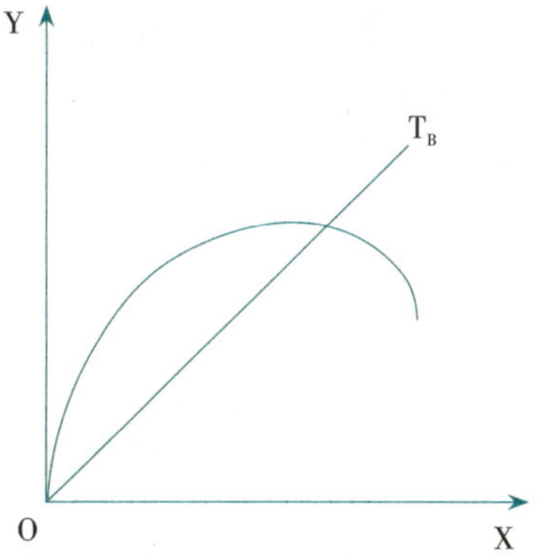

图7-7 B国的提供曲线

将图7-6和图7-7合并得到图7-8，两条曲线相交于E点。E点表示A国愿意出口的X产品的数量恰好等于B国愿意进口的数量，B国愿意出口的Y产品的数量恰好等于A国愿意进口的数量。因此，E点表示两国贸易的均衡。经过E点的贸易条件线T_E即为均衡的贸易条件，斜率为$\frac{OM}{ON}$，代表国际市场上X产品的相对价格。

（2）大国征收关税的一般均衡分析

大国征收关税后，进口产品的国内价格上升，一方面，促使进口竞争部门增加产出，进口量下降；另一方面，资源的重新配置导致出口产品的出口量下降。而进口量下降将导致进口产品的世界价格下跌，出口量下降又将导致出口产品的世界价格上涨，从而出口产品的相对价格上升，本国贸易条件改善。

① 张二震，等. 国际贸易学教程［M］. 北京：高等教育出版社，2019：123.

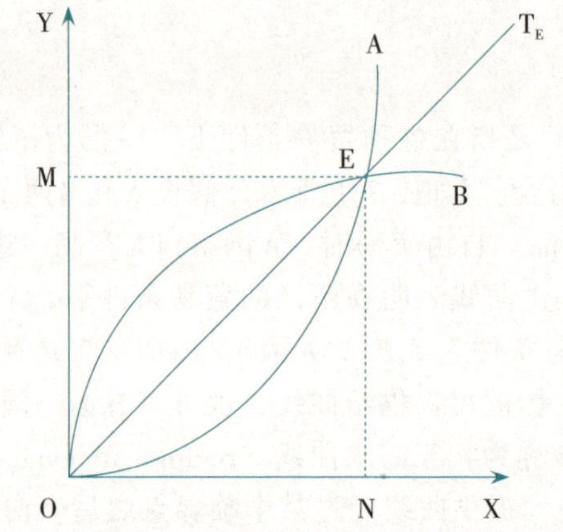

图7-8 均衡贸易条件的决定

如图7-9所示，假设A国是进口大国，征收关税前，A国以ON的X产品换取OM的Y产品。A国对Y产品征收关税后，导致Y产品的世界价格下降，同样数量的X产品可以换更多的Y产品。因此，A国的提供曲线向左上方移至OA_t。此时，X产品的供给量为OH，需求量为ON，供给小于需求。同理，Y产品的供给量为OM，需求量为OG，供给大于需求，从而X产品的相对价格上升，如果B国的提供曲线不变，A国的贸易条件得以改善，从OT上移至OT_t，最终均衡点移至E_t。

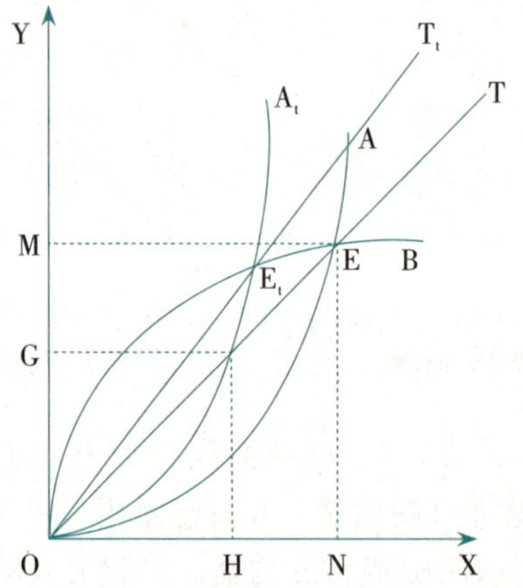

图7-9 大国关税效应的一般均衡分析

7.3 关税水平与关税保护度①

一般来说，我们用关税的保护程度来衡量一个国家对进口产品征收关税，从而给予本国经济的保护程度。其中，关税对一国整体经济的保护程度可用关税水平（tariff level）

① 薛荣久. 国际贸易政策与措施概论［M］. 北京：求实出版社，1989：77-82.

来衡量，关税对一个产业中个别产品的保护程度可用保护率来衡量。[①]

7.3.1 关税水平

目前各国一般以平均关税水平来比较各国关税水平的高低。关税水平是指一个国家进口关税的平均税率，用以衡量或比较一个国家进口关税的保护程度。在《关税及贸易总协定》以及世界贸易组织的关税减让谈判中，关税水平是削减关税的指标。我国加入世界贸易组织后，全面履行入世承诺，2010年有关降税承诺履行完毕，所有商品的平均进口关税水平从2001年的15.3%降至2010年的9.8%。经过进一步自主降税，在开放市场层面，2021年我国进口关税总水平达到7.4%，低于所有发展中成员，接近发达成员水平。[②]

关税水平有不同的计算方法，主要包括简单算术平均法和加权算术平均法两种。

1. 简单算术平均法

简单算术平均法是用一国海关税则中所有税目的最惠国税率总和[③]，除以税目总和。具体计算公式为：

$$关税水平=\frac{税率总和}{税目总和}\times 100\% \tag{7-1}$$

2021年，我国最终约束（final bound）进口关税水平为10%，其中，农产品为15.7%，非农产品为9.1%。依据最惠国税率计算的进口关税水平为7.5%，其中，农产品为13.8%，非农产品为6.5%。同年，我国进口最惠国关税税率的分布情况为：农产品中免除关税占关税税目的7.2%，0~5%占15.1%，5%~10%占28.6%，10%~15%占21.8%，15%~25%占20.0%，25%~50%占4.7%，大于50%的仅占2.5%。非农产品中免除关税占关税税目的8.6%，0~5%占24.4%，5%~10%占60.8%，10%~15%占4.7%，15%~25%占1.0%，25%~50%仅占0.4%。[④]

这种方法的缺点在于将重要税目和非重要税目同等对待，显然不合理，尤其是个别税目的税率很高，是禁止性关税，实际很少进口，但是提高了总体关税水平。此外，要将个别从量税转换成从价税才能相加，如2021年农产品和非农产品的非从价税占0.3%。

2. 加权算术平均法

按照权重的范围不同，可将加权算术平均法分为进口货值加权平均法、有税进口货值加权平均法和选择产品加权平均法。

（1）进口货值加权平均法

这种方法是把该国同时期进口产品的总价值作为权重进行计算。计算方法如下：

$$关税水平=\frac{进口关税税款总额}{进口产品总价值}\times 100\% \tag{7-2}$$

① 金泽虎. 国际贸易学［M］. 3版. 北京：中国人民大学出版社，2019：147.
② 王俊岭. 中国进口关税总水平仅为7.4%［N］. 人民日报（海外版），2021-10-29（4）.
③ 没有最惠国税率的商品则采用普通关税税率。
④ WORLD TRADE ORGANIZATION，INTERNATIONAL TRADE CENTRE，UNITED NATIONS CONFERENCE ON TRADE AND DEVELOPMENT. World tariff profiles 2022［R］. Geneva：World Trade Organization，International Trade Centre，United Nations Conference on Trade and Development，2022：72.

(2) 有税进口货值加权平均法

这种方法是把该国同时期有税进口产品的总价值作为权重进行计算。计算方法如下：

$$关税水平=\frac{进口关税税款总额}{有税进口产品总价值}\times 100\% \quad (7-3)$$

(3) 选择产品加权平均法

在对等谈判或者在特殊行业中某大类产品的产值或出口值占绝对比重时，这些产品具有代表性。计算方法为：

$$某类产品的关税水平=\frac{该类产品关税总额}{该类产品进口总价值}\times 100\% \quad (7-4)$$

与简单算术平均法相比，加权算术平均法考虑了不同产品的进口价值在总进口价值中的比重对关税水平的影响。比重大的产品对关税水平的影响程度较大；反之，则较小。相对于进口货值加权平均法来说，有税进口货值加权平均法剔除了免征进口关税产品的进口值对关税水平的影响。免税产品的进口价值在总进口价值中所占比重越大，关税水平就越低，因此，只有剔除这部分免税产品，才能更加真实地反映各国继续保留对某些进口产品设置的关税壁垒的平均水平。《世界关税概况2022》按照贸易加权平均法[①]来计算关税水平。按照这种计算方法，我国2021年的进口关税水平为3.2%，其中农业为12.8%，非农业为2.5%，[②]而简单算术平均法的计算结果分别是7.5%、13.8%和6.5%。[③]

7.3.2 关税的名义保护率

到目前为止，我们讨论的关税水平都是基于关税税则规定的税率，被称为名义税率，通过该税率可以粗略分析关税水平对进口产品的保护程度。世界银行称之为名义保护率（normal rate of protection，NRP），是指由实行保护而引起的国内市场价格超过国际市场价格的部分与国际市场价格的百分比。计算公式为：

$$名义保护率（NRP）=\frac{国内市场价格-国际市场价格}{国际市场价格}\times 100\% \quad (7-5)$$

例如，2022年我国进口鲜、冷牛杂碎的最惠国税率为12%，若进口价格为20美元，则加征2.4美元关税，实际进口价格为22.4美元，多出的2.4美元就是按12%计征的关税，这12%就是名义保护率。显然，其他条件相同时，名义关税税率越高，对本国同类产品的保护程度就越高。2021年，依据最惠国税率，运用贸易加权平均法计算的美国的进口关税水平为3.4%，其中，农产品为5.2%，非农产品为3.1%，[④]低于同期中国的进口关税水平。

采用这种方法来衡量关税的保护程度的前提是产品的全部生产过程均在一国完成，但是随着全球化的深入发展，国际分工模式发生了改变。同时，国际运费的降低以及信息技术的迅速发展，使得一件产品的生产不再局限于一个国家，而是在多个国家中进行。国际

① 该方法是将HS 6位数最惠国关税平均值与HS 6位数进口流量加权。

② WORLD TRADE ORGANIZATION. Tariff profiles [EB/OL]. [2022-06-30]. https://www.wto.org/english/res_e/statis_e/tariff_profiles_list_e.htm.

③ WORLD TRADE ORGANIZATION, INTERNATIONAL TRADE CENTRE, UNITED NATIONS CONFERENCE ON TRADE AND DEVELOPMENT. World tariff profiles 2022 [R]. Geneva: World Trade Organization, International Trade Centre, United Nations Conference on Trade and Development, 2022: 72.

④ WORLD TRADE ORGANIZATION, INTERNATIONAL TRADE CENTRE, UNITED NATIONS CONFERENCE ON TRADE AND DEVELOPMENT. World tariff profiles 2022 [R]. Geneva: World Trade Organization, Internationl Trade Centre, United Nations Conference on Trade and Development, 2022: 189.

中间产品，比如零部件和原材料的贸易，已经成为世界贸易发展的一股强劲力量。[①]为了更深入地理解进口关税对国内生产者的保护程度，需要进一步考虑产品的生产过程，同时考虑关税对产业“增加值”[②]的影响。除了主要投入要素以外，生产者在生产过程中还会投入原材料、零部件等，政府也会对原材料和零部件征收关税。因此，对最终产品征收关税时，不仅保护了进口竞争部门，还保护了为该部门提供中间产品的其他行业。比如，生产和销售自行车的企业，不仅受到对自行车征收关税的影响，还会因政府对橡胶和钢管征收进口关税而受损。因此，名义保护率仅仅反映了现行进口关税税率对国内产品提供的名义保护程度，但对于一部分生产过程在国外完成，并且这部分投入在进口时也被征收了进口关税的国内产品，名义保护率不能真实反映现行关税税率对该种产品提供的保护程度。因此，必须考虑一整套关税结构的综合影响，才能准确衡量关税对国内生产者的实际保护程度，鉴于此，经济学家提出了有效保护率的概念。

7.3.3 关税的有效保护率

1. 含义

有效保护率（effective rate of protection，ERP）最早是由加拿大经济学家巴伯（C. L. Barber，1955）提出的，到20世纪60年代才由巴拉萨（B. Balassa，1965）和科登（W. M. Corden，1966）作出理论性的阐述并被引用。1970年在日内瓦召开的关于有效保护理论的学术讨论会推动了这一理论的发展。

有效保护率是指关税对国内被保护行业每单位产出的附加值提高的百分率。[③]附加值是最终产品价格减去用来生产该产品的进口投入品的成本。因此，有效保护率计算了相对于自由贸易，整体关税制度为国内生产者带来的增加值的增长率。[④]与名义保护率相比，有效保护率更能反映关税的产业间资源配置效应，生产资源会从低有效保护率行业流向高有效保护率行业，[⑤]较高的保护率也是促进“幼稚产业”发展的有效途径。[⑥]

2. 计算

（1）单一投入要素的公式

有效保护率的计算方法很多，最传统的测算公式是由巴拉萨和科登提出的。但是，随着中间产品贸易的增加，传统方法的缺陷逐渐凸显：在核算上游关税带来的生产成本时，只考虑到产品最后生产阶段的进口中间品关税，忽视了其他更上游生产阶段的关税成本，因此在一定程度上低估上游关税成本，高估关税对最终品的保护程度。[⑦]由此，一些学者基于全球价值链（global value chain，GVC）视角提出了新的测算指标。不过，该指标尚

① 马风涛，李俊. 国际中间产品贸易的发展及其政策含义［J］. 国际贸易，2011（9）：12-17.

② 增加值是在生产中对主要投入要素进行支付的价值，包括向劳动者支付的工资、向土地所有者支付的地租、向资本所有者和提供者支付的利润或其他回报。

③ 金泽虎. 国际贸易学［M］. 3版. 北京：中国人民大学出版社，2019：148.

④ CHEN B，MA H，JACKS D S. Revisiting the effective rate of protection in the late stages of Chinese industrialization［J］. World Economy，2017，40（2）：424-438.

⑤ CORDEN W M. The structure of a tariff system and the effective protective rate［J］. Journal of political economy，1966，74（3）：221-237.

⑥ JUNGUITO A T. Tariff history lessons from the European periphery protection intensity and the infant industry argument in Spain and Italy 1870-1930［J］. Historical Social Research，2010，35（1）：340-363.

⑦ 段玉婉，刘丹阳，倪红福. 全球价值链视角下的关税有效保护率——兼评美国加征关税的影响［J］. 中国工业经济，2018（7）：62-79.

不统一，本部分仅介绍传统的测算方法，具体公式为：

$$ERP_j=\frac{V_j'-V_j}{V_j}\times 100\% \tag{7-6}$$

式中：ERP表示有效保护率；j表示某行业；V_j'表示征收关税时该行业产品的附加值；V_j表示自由贸易条件下该行业产品的附加值。

（2）举例说明

假定在自由贸易条件下，一辆汽车的国内市场价格为16万元，其中，中间投入品比如进口钢材价格为12万元，则国内汽车制造商实现的附加值是4万元（16-12）。现在政府对整车进口征收50%的名义关税，分3种情况进行讨论。

第一，中间产品免税。

在这种情况下，不考虑其他因素，国内该车的市场价格将升至24万元（16 + 16 × 50%），国内制造商的附加值从原来的4万元上升到12万元（24 - 12）。根据有效保护率的计算公式，可以计算出现行对整车进口适用的50%的关税税率对国内汽车制造商每辆汽车提供的有效保护程度为：

$$ERP=\frac{(24-12)-(16-12)}{16-12}\times 100\%=200\%$$

此时，名义保护率只有50%，但有效保护率高达200%。

第二，对中间产品征税，且税率等于最终产品。

进口国家对中间产品也开始征收进口关税，税率为50%，现在国内该汽车的附加值变为6万元（24-12×（1+50%））。此时，国内汽车的有效保护率变为：

$$ERP=\frac{24-12\times(1+50\%)-(16-12)}{16-12}\times 100\%=50\%$$

此时，有效保护率和名义保护率相同。

第三，对中间产品征税，且税率高于最终产品。

如果进口国家对中间产品征收的进口关税提高到80%，国内该汽车的附加值变为2.4万元（24-12×（1+80%）），此时，国内汽车的有效保护率变为：

$$ERP=\frac{24-12\times(1+80\%)-(16-12)}{16-12}\times 100\%=-40\%$$

此时，名义保护率为50%，但有效保护率为负。

通过对以上3种情况下有效保护率的计算，可以得到名义保护率和有效保护率的基本关系：在进口最终产品名义关税税率不变的前提下，中间产品的进口名义关税税率越高，有效保护率就越低。具体来说是：

① 当进口最终产品的名义关税税率高于中间产品的名义关税税率时，对最终产品的有效保护率高于名义保护率。

② 当进口最终产品的名义关税税率等于中间产品的名义关税税率时，对最终产品的有效保护率等于名义保护率。

③ 当进口最终产品的名义关税税率小于中间产品的名义关税税率时，对最终产品的有效保护率小于名义保护率，甚至出现负的有效保护率，即关税实际上起到了保护最终产品进口或鼓励进口的作用。

(3) 多种投入要素的公式

在现实经济中，某个部门生产过程中的投入要素是多种多样的，而且关税税率存在差异，因此，有效保护率常常采用如下公式：

$$ERP_j = \frac{t_j - \sum_{i=1}^{n} a_{ij} t_{ij}}{1 - \sum_{i=1}^{n} a_{ij}} \tag{7-7}$$

式中：t_j为j行业最终产品的名义关税税率；a_{ij}为自由贸易条件下各种进口投入品的成本占最终产品价格的比率；t_{ij}为各种进口投入品的名义关税税率。

从该公式中可以看出，有效保护率与进口国最终产品的名义关税税率、进口中间投入品的名义关税税率以及进口中间投入品在最终产品中所占比重有关。

学思践悟

持续降关税　畅通双循环

2021年伊始，中国出台了力度更大的降低进口关税措施，不仅适用的暂定税率低于最惠国税率，而且覆盖范围更广，总计涉及883项商品。在降税的同时，调整税则和税目，涉及8位税目8 580个，使税目跟中国产业发展与科技进步更加适应。这彰显了中国高水平扩大开放的新气象，也推动了新发展格局。

在全球贸易低迷的背景下，中国出口增长远超预期，2020年11月，不仅连续8个月正增长，表现出很强的韧性，增速更是达到了14.9%这个年度最高水平；但是，在进口方面，继9月单月进口额创出1.4万亿元历史新高后，11月进口额增速跌回到负增长区间。

经过40多年的改革开放，中国社会生产力、综合国力、人民生活水平实现了历史性跨越，人民对美好生活的向往更加强烈。为促进消费水平升级，更好地满足人民日益增长的美好生活需要，海关不断完善关税制度，落实扩大消费品进口举措，进一步增进人民福祉，有力提升了百姓的获得感。

此次降税涉及的产品包含多个品类。其中，对第二批抗癌药原料、特殊患儿所需食品等实行零关税，对人工心脏瓣膜、助听器等医疗器材以及乳清蛋白粉、乳铁蛋白等婴儿奶粉原料等适用更低税率。降低这些商品的进口关税，有助于减轻患者的经济负担，改善人民生活品质，推动实现需求牵引供给、供给创造需求的动态平衡。

此次降税还包括中国已经签署多双边自由贸易协定涉及的商品。由于多双边自贸协定涉及面广，协定降税范围一般基本涵盖双边贸易额90%左右的商品，降税带来的贸易促进效应尤其显著。中国已与26个国家和地区相继签署了19份自贸协定。本次降税措施有两个时间节点：

一是1月1日，对中国与新西兰、秘鲁、哥斯达黎加、瑞士、冰岛的双边贸易协定以及《亚太贸易协定》有关的商品进一步降低进口税率，并对原产于蒙古国的部分进口商品开始适用亚太自贸协定税率。对中国与毛里求斯自贸协定相关的进口商品，根据协定税率执行或者根据协定税率与最惠国税率从低适用原则进行征收。

二是7月1日，对中国与瑞士的双边贸易协定和《亚太贸易协定》相关产品实施再次降税，并对《信息技术协定》相关产品的最惠国税率实施第六步降税。

在国际市场仍然存在较大不确定性的情况下，降低进口关税有利于扩大进口，促进进口增速回稳。

从加入世贸组织到如今共建“一带一路”，中国开放胸襟、拥抱世界，为促进世界经济贸易发展、增进全球福祉作出了重大贡献，成为世界经济的主要稳定器和动力源。总的来看，此次降税有利于提升国内供给的质量和水平，满足人民对美好生活的需要，促进国内大循环；同时利用超大规模市场优势，为世界各国提供更加广阔的市场机会，更好地吸引全球资源聚集，促进进口增长持续回稳。降税进一步联通国内市场和国际市场，推动构建国内和国际双循环相互促进的新发展格局，打造中国国际合作和竞争的新优势。

资料来源　赵萍. 持续降关税　畅通双循环（开放谈）[N]. 人民日报（海外版），2021-01-12（6）.

本章小结

本章主要介绍了关税的含义及分类，分析了关税的经济效应，比较了关税的名义保护率和有效保护率。

关税可以按照不同的标准进行划分：按照商品的流向或征收对象、征收目的、征收待遇、征收方法、征收的特殊目的等。但无论是哪种形式，征收进口关税都会或多或少地引起进口商品价格上升，从而削弱进口商品的价格竞争力。不过，关税对进口商品的限制是间接的，它是通过影响进口商品在本国国内的销售价格，从而对进口产生影响。

进口关税对进口国和出口国的生产者、消费者和政府都会产生不同的经济效应。采用局部均衡分析法和一般均衡分析法分别对大国和小国进行分析，发现进口关税会降低小国整体的福利水平，对大国的净福利效应则不确定。

征收进口关税对进口国相关产业保护程度的测度有两个指标：一是名义保护率，通过一国海关税则进口税目关税税率体现出来；二是有效保护率，综合考虑到对中间产品征收进口关税及中间产品价值占最终产品价值比例不同影响了对产品的实际保护程度，反映了现有关税税率体系对相关产业产品自身增值部分提供的保护程度。

关键术语

关税（tariff）　进口税（import tariff）　出口税（export tariff）　过境税（transit tariff）　财政关税（revenue tariff）　保护关税（protective tariff）　普遍优惠制（generalized system of preferences，GSP）　特惠税（preferential duty）　从量税（specific tariff）　从价税（ad valorem tariff）　混合税（compound tariff）　选择税（alternative tariff）　滑准税（quasi-sliding tariff）　进口附加税（import surtax）　反补贴税（countervailing duty）　反倾销税（anti-dumping duty）　差价税（variable levy）　提供曲线（offer curve）　关税水平（tariff level）　名义保护率（normal rate of protection，NRP）　有效保护率（effective rate of protection，ERP）

基础训练

第7章即测即评

1. 什么是关税？其作用是什么？

2. 什么是进口附加税？反补贴税和反倾销税有何不同？

3. 用局部均衡分析说明征收进口关税对贸易大国的影响。

4. 用局部均衡分析说明征收进口关税对贸易小国的影响。

5. 考虑中国和美国两个国家（均为大国），其对汽车的需求和供给分别为：

$D_{CH}=2\ 000-0.02P$

$S_{CH}=1\ 200+0.03P$

$D_{US}=1\ 800-0.02P$

$S_{US}=1\ 400+0.03P$

要求：

（1）贸易前，中国和美国各自的均衡价格和均衡产量是多少？

（2）自由贸易时，国际市场的均衡价格和均衡的贸易量（假设无运费）分别是多少？

（3）若中国对汽车征收2 000美元的进口税，请计算：

① 此时，各国汽车市场的产量和贸易量。

② 与自由贸易相比，关税的福利效应是上升了还是下降了？

6. 设中国对汽车的进口关税税率为40%，国内一典型的汽车制造商的成本结构及关税税率结构见表7-1。要求：

（1）关税对中国汽车行业的有效保护率是多少？

（2）若钢板、发动机和轮胎的税率分别降为3%、4%和2%，请再次计算有效保护率。

（3）由以上计算可得出什么结论？

表7-1 成本结构及关税税率

成本结构	钢 板	发动机	轮 胎
占汽车价格比重	20%	30%	10%
关税税率结构	10%	15%	5%

案例分析

海关总署关于不再对部分国家货物签发普惠制原产地证书的公告

10月25日，海关总署发布2021年第84号公告，自2021年12月1日起，海关不再对输欧盟成员、英国、加拿大、土耳其、乌克兰和列支敦士登等国家货物签发普惠制原产地证书。

一、普惠制原产地证书签证措施的调整

随着我国经济的飞速发展和人民生活水平的不断提高，根据世界银行标准，我国不再属于低收入或中等偏低收入经济体。为此，欧盟等多个普惠制给惠国在近几年陆续宣布取消给予我国普惠制待遇。

在给惠国通报取消给予普惠制待遇后，我国出口商品已经不能凭借普惠制原产地证书享受关税优惠，海关的相关签证措施也将随之发生调整。此前，在日本大使馆、欧亚经济委员会通报取消给予中国普惠制待遇后，海关已分别自2019年4月1日和2021年10月12日不再对日本和欧亚经济联盟签发普惠制原产地证书。

二、解读重点

（1）本次不再签发普惠制原产地证书的国家范围除了欧盟成员以外，还包括加拿大、土耳其、乌克兰、列支敦士登，以及已经脱离欧盟的英国。

（2）对上述国家不再签发普惠制原产地证书从2021年12月1日起正式实施。

（3）截至2021年10月，仍然保留给予我国普惠制待遇的国家仅剩挪威、新西兰、澳大利亚3国，对出口至这3个国家的货物，企业仍可以申领普惠制原产地证书。

资料来源 中华人民共和国海关总署. 海关总署公告2021年第84号［EB/OL］.［2021-10-27］. http://www.customs.gov.cn/customs/302249/302270/302272/3970056/index.html.

问题：

（1）何为普惠制原产地证书？

（2）你对相关企业有何建议？

第 8 章 非关税壁垒

学习目标

学习目标

通过本章的学习，你应该能够：掌握非关税壁垒的概念与类型；识别进口配额、自愿出口限制对进出口国的影响，描述进口配额、自愿出口限制与关税政策的异同点；了解其他非关税壁垒，特别是新型非关税壁垒的内容和实际运用状况。

引例

美国对从欧盟进口钢铝产品实施关税配额制

美国商务部在2021年10月31日宣布，从2022年1月1日起，美国将以关税配额制取代在“232条款”下对欧盟输美钢铝产品征收的关税，以缓和美欧已持续3年的钢铝关税争端。

美国商务部发表声明说，根据关税配额制，美国将允许基于以往进口数据的欧盟钢铝产品豁免“232条款”关税进入美国市场，以满足美国钢铝下游行业用户需求。具体来讲，美国为欧盟钢铝产品设定的年度进口配额分别是54种钢铁产品总计330万吨和16种铝产品总计38.4万吨，超过进口配额限制的欧盟钢铝产品仍需分别缴纳25%和10%的“232条款”关税。

作为交换，欧盟方面宣布，暂停实施2018年6月因美国加征钢铝关税而出台的反制措施，同时暂停实施原定于2021年12月1日生效的进一步反制措施。此外，美欧双方同意在世界贸易组织暂停与“232条款”关税相关的贸易诉讼。

欧盟委员会执行副主席表示，美国有关钢铝关税的决定缓和了阻碍欧美贸易关系的一项棘手问题。

美国商界和制造商欢迎美欧暂缓钢铝关税争端，但对于关税配额制表达担忧。美国全国对外贸易理事会会长说，关税配额制会削弱竞争和增加供应链成本，对中小企业的不利影响更大，将继续给大西洋两岸的工人和企业带来不确定性。

美国金属制造商与用户联盟担心用关税配额取代“232条款”关税会损害美国制造商利益。该联盟表示，美国政府对原材料进口的限制和干预会造成“市场操纵”，小型制造商将更处于竞争劣势。

2018年3月，时任美国总统特朗普根据美国《1962年贸易扩展法》第232条款，以维护国家安全为由对进口钢铁和铝产品分别加征25%和10%的关税，遭到美国业界及国际社会的广泛反对，并引发美欧钢铝关税持久争端。

资料来源　高攀，许缘．美国宣布将对从欧盟进口钢铝产品实施关税配额制［EB/OL］．(2021-11-01)［2022-03-20］．http://www.xinhuanet.com/2021-11/01/c_1128018664.htm.

随着关税税率逐步下降，越来越多的国家和地区使用非关税壁垒筑起贸易保护的屏障，对全球贸易、国家福利产生了一定影响。本章将讨论各国针对国际贸易所采取的非关税措施，这些措施不仅直接对进出口进行限制，如实行进出口配额，对某些进口商品提出当地成分要求，还包括通过制定相关规定与政策，间接地将国外商品排除在外，如制定一些严格的技术与商品标准、复杂的海关程序等。更为重要的是，本章将探讨非关税壁垒引起的生产、消费以及净福利效应，进口国是否一定从中获益，以及出口国是否必将受损。

8.1 非关税壁垒概述①

8.1.1 非关税壁垒的定义

为了保护国内市场和产业的发展，本国政府还会采取很多征收关税之外的限制贸易措施，以达到贸易保护的目的，这样就引起了大量的非关税壁垒（non-tariff barrier，NTB）。换句话说，非关税壁垒是指政府对特定商品的贸易进行限制、调控、管理而采取的，除了征收关税以外的一系列政策措施的总称。非关税壁垒可以通过以下一种或几种方式来减少进口：直接限制进口商品的数量或金额（通常情况下是数量）；增加国外商品进入国内的贸易成本；对商品进口设置不确定的市场准入条件。非关税壁垒对进口的阻碍往往超过边境关税。

8.1.2 非关税壁垒的特点

与关税壁垒相比，非关税壁垒具有如下特点：

1. 非关税壁垒更具隐蔽性

相较于公开透明的关税税率，出口商难以获得与非关税壁垒相关的信息，且在GATT和WTO要求降低关税的压力下，透明性较差的非关税壁垒已经逐渐成为各国政府管制贸易的主要政策工具。

2. 非关税壁垒的保护作用更强烈和直接

非关税壁垒，如进口配额，可以通过预先规定进口数量或金额的方式，对进口规模实施限制，禁止限额之外的进口，能够快速且直接地达到目的。而征收关税主要影响商品价格和国外生产商的贸易成本，间接削弱国内市场竞争强度，形成对本国产业的保护。

3. 非关税壁垒更具灵活性和针对性

非关税壁垒的制定与实施，通常不需要正式的法律程序，而只要采取相关行政程序，就能随时针对某个国家或某类商品发起或更改进口限制，从而较快地形成贸易壁垒。

8.1.3 非关税壁垒的分类

随着全球贸易的快速发展，非关税壁垒的形式也在不断演化与升级，各国采取的措施五花八门，有较为传统的，如进出口配额、自愿出口限制、出口补贴等，也有新型的，如技术标准、绿色壁垒、蓝色壁垒等。

① 薛荣久. 国际贸易政策与措施概论［M］. 北京：求实出版社，1989：128-150.

表8-1根据非关税壁垒的作用方式，列出了一些主要使用的非关税壁垒。

表8-1 非关税壁垒的分类

非关税壁垒的种类	含 义	具体形式
直接性非关税壁垒	进口国直接规定进口商品的数量、金额或种类，或通过施加压力迫使出口国自觉限制其商品出口	进出口配额、自愿出口限制、当地成分要求、混合购买要求等
间接性非关税壁垒	进口国通过制定各种严格的规章、条例及措施，间接地影响商品进口	技术和产品标准、劳动保护、卫生检疫规定、包装要求等
溢出性非关税壁垒	进口国的政策一般来说并不是出于贸易政策上的动机，然而由于溢出效应对商品或服务的贸易产生了副作用	工业和结构政策、外汇平衡措施等

一般来讲，直接性非关税壁垒对贸易的影响十分明显，间接性非关税壁垒的影响比较隐蔽，溢出性非关税壁垒虽然并不是出于要限制贸易的政策，但事实上起到了限制的作用。

当然，除了表8-1所示的分类，还有其他分类方式。例如2013年，UNCTAD发布了一个比较完善的分类方案——《非关税措施的国际分类》(2012版本)。该分类方案将非关税壁垒分成了16类：①卫生和植物检疫措施；②技术性贸易壁垒；③装运前检验和其他手续；④条件性贸易保护措施；⑤出于非卫生和植物检疫或技术性贸易壁垒原因而实施的非自动许可、配额、禁令和数量控制措施；⑥价格控制措施；⑦财政措施；⑧影响竞争的措施；⑨与贸易有关的投资措施；⑩分销限制；⑪售后服务限制；⑫非出口补贴；⑬政府采购限制；⑭知识产权；⑮原产地规则；⑯与出口有关的措施。[①]

WTO则将非关税壁垒分为10类：①卫生和植物检疫；②技术性贸易壁垒；③反倾销；④反补贴；⑤保障措施；⑥特别保障措施；⑦关税配额；⑧出口补贴；⑨数量限制；⑩国营贸易企业。[②]

UNCTAD的报告显示，2019年，全球非关税措施已激增至5万多个，影响90%的世界贸易，已成为全球贸易谈判的中心问题。非关税壁垒之所以被越来越多的国家所使用，一个很重要的原因是，关税水平的下降使得关税壁垒越来越难以实现政策目的。在GATT和WTO的框架下，随着各种双边和多边贸易谈判、协定以及单边减税方案的实施，各国的关税水平大幅下降。根据WTO统计数据，1995—2021年，中国的平均关税税率已从23.6%降至约7.5%，美国的平均关税税率从8%降到3.3%。目前，全球范围内如火如荼地进行各种自由贸易协定谈判，势必进一步加快关税递减的速度。比如，根据2020年签订的《区域全面经济关系协定》，中国关税减让采用“国别减让”的模式。中国将对86%的日本商品和韩国商品关税最终降为零，其中，25%的日本商品关税和38.6%的韩国商品关税将在协定生效时立即降为零。中国将对东盟、澳大利亚和新西兰65%的商品关税立即降至零，最终零关税商品项目数占比将超过90%。在这种情况下，关税对贸易的调节功能日趋减弱，各国政府利用关税塑造贸易壁垒的空间越来越少，因而不得不借助非关税壁

① UNCTAD还将这些措施归类为技术性措施和非技术性措施，其中①至③属于技术性措施，④至⑮属于非技术性措施。

② WTO将这些措施归为4类：技术类（①②）、贸易防御类（③④⑤）、农业类（⑥⑦⑧）以及其他类（⑨⑩）。

垒，以达到同样的政策目标。

在非关税壁垒的使用和影响上，发达国家和发展中国家存在不同的表现。一般情况下，非关税壁垒由发达国家主动发起，主要是因为发达国家经济实力较强，科技水平较高，在国际上掌握话语权，可以通过制定高层次的商品标准阻碍其他国家的商品进入，而无须过度担心本国商品受到标准限制。相对而言，发展中国家难以利用非关税壁垒保护本国市场，而且易受发达国家非关税壁垒的影响。仅就亚太地区来说，虽然实际关税水平在过去20多年里下降了一半，但是各国采用非关税壁垒的数量在显著增加，由此引致的贸易成本更是远远超过关税贸易成本。UNCTAD称，由于非关税壁垒在当前全球贸易中的普遍性，发展中国家每年因非关税壁垒而造成的损失约占出口收入的1/10。可见，于发展中国家而言，发达国家非关税壁垒的频繁使用将是一个严峻的挑战，特别是对于部分最不发达国家，极易造成贸易不平衡。

拓展阅读8-1　　拓展阅读8-2

8.2　进口配额

8.2.1　进口配额的内涵

在非关税壁垒中，进口配额（import quota）是一种重要的且为人所熟知的限制措施。它是指进口国政府在一定的时间内，对于某些商品的进口品在数量或金额上加以限制，在配额以内准予进口；超过配额不予进口，或缴纳高关税或罚款后才能进口。①可见，进口配额是一种直接的贸易管制手段，其具体操作形式是：由政府按照多种方式向国内进口商发放一定数量的进口许可证，允许其合法进口配额内的商品，并禁止没有获得许可证的商品进口。

微课　进口配额.　　拓展阅读8-3

8.2.2　进口配额的分类②

根据限制对象的不同，进口配额可分为以下类型：

第一，全球配额，即适用于世界范围内任何国家或地区的配额，按进口商的申请先后顺序批给一定的额度，直至额满为止。

第二，国别配额，即按国家和地区进行分配的固定配额，有的由单方面强制规定，有的由双方谈判达成协议确定。

① 经济学名词审定委员会. 经济学名词［M］. 北京：科学出版社，2020：166.
② 许俊千，刘湖，施潮，等. 涉外经济管理知识手册［M］. 北京：科学技术文献出版社，1985：50.

第三，进口商配额，即按不同进口商分配一定配额。有的国家还将进口配额与征收关税结合起来，在配额以内给予低税、减税或免税待遇；超过配额，则征收较高关税或附加税，被称为关税配额。2021年1—8月，我国玉米、小麦和大米三大主粮进口比重上升，为了避免三大主粮进口过量冲击国内产业安全，我国对玉米、小麦和大米实行进口关税配额管理政策，配额内进口征收1%关税，配额外进口征收65%的关税。①

一般而言，贸易保护主义者及政府官员更加偏好采用进口配额的方式，而不太喜欢征收关税。

一是因为配额对进口数量或金额进行了严格的、具体的限制，政府拥有较大的控制权，国外商品难以打入国内市场，而在征收关税的情形下，如果外国生产者降低出口价格或者进口国的消费者需求增加，国外商品就仍有可能渗入国内市场，进口数量增加。

二是因为配额赋予政府官员更大的权力，一些官员拥有控制权，决定谁获得进口配额许可证的行政权力，他们可以利用这一职权为自己牟取私利。

因此，相比于关税壁垒，进口配额的保护措施更加严厉，也更受政府的青睐。②比如美国商务部宣布从2022年4月1日起，以关税配额制取代在“232条款”下对日本输美钢铁商品征收25%关税的安排，即允许配额内的日本钢铁豁免“232条款”关税进入美国市场。关税配额制加大了美国政府对市场干预的力度，削弱竞争和增加供应链成本，对中小企业的不利影响更大。③

8.2.3 进口配额的经济效应④

一般而言，配额所规定的进口量要小于自由贸易下的进口量，这无疑会打破供需平衡状态，对该商品的市场产生一定的影响。如果实施配额的国家是小国，那么配额只会引起国内市场价格的上涨，而对世界市场价格没有影响；如果实施配额的国家是一个大国，那么配额不但会影响国内市场价格，还会进一步导致世界市场商品价格的下跌。

1. 贸易小国

假设现在小国为了支持国内商品的发展，对某一商品Y的进口数量实施配额。如图8-1所示，在配额前，自由贸易条件下，小国（进口国）的商品供给曲线和需求曲线分别是S和D，商品的国内外价格统一为P^w。此时，消费者对商品Y的需求量为Q_2，国内生产者的供给量为Q_1，进口量为Q_1Q_2。假设该国现对Y商品的进口设置一个限额，只允许进口Q_3Q_4数量，而且$Q_3Q_4 < Q_1Q_2$。由于进口数量降低，所以该国市场上Y商品供不应求，国内商品价格上涨至P^q，国内生产增加至Q_3，国内消费减少至Q_4。

与征收进口关税非常相似，在完全竞争市场中，进口配额政策也会产生生产效应、消费效应、贸易效应和财政效应，以及同样存在生产扭曲和消费扭曲的现象。对于国内生产者来说，生产者剩余增加了a的面积，而对于消费者来说，由于更高的价格和更少的消费量，消费者剩余损失了（a+b+c+d）的面积。综合起来：

① 刘慧. 筑牢粮食进口关税配额“防火墙”[N]. 经济日报，2021-09-16（6）.
② 林德特. 国际经济学［M］. 范国鹰，陆生军，陈捷，译. 9版. 北京：经济科学出版社，1992：185-186.
③ 高攀，许缘. 美国宣布将对从日本进口钢铁产品实施关税配额制［EB/OL］.（2022-02-08）［2022-03-15］. http://world.people.com.cn/n1/2022/0208/c1002-32347876.html.
④ 韩常青. 国际贸易［M］. 北京：中国财政经济出版社，2004：163-168.

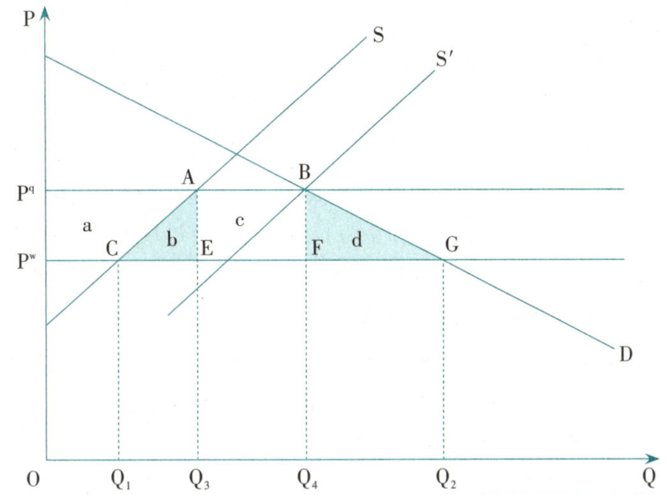

图8-1 贸易小国的进口配额效应

配额的净福利效应=生产效应+消费效应

即a-(a+b+c+d)=-(b+c+d)的面积。其中，面积b是进口国的净损失，属于生产扭曲，因为配额使国内生产者的产量由Q_1增加至Q_3，额外生产数量Q_1Q_3引起产品边际成本升至P^q（沿着S线上升至S′），但这些数量的产品只需用更少的价格P^w便能从国外买到。面积d同样是进口国的净损失，属于消费扭曲，因为配额减少了消费者的消费数量，由Q_2降至Q_4，且没有其他人获得这部分损失。至于面积c，它源于配额导致的国内价格和世界市场价格的差额，被称为配额租金（quota rent）或配额收益（quota revenue）。在征收关税的情形下，这部分是政府的关税收入，由政府获得该部分收益。

配额租金实际上是一种垄断利润，它归谁所有，主要取决于政府分配配额的方式。

现实中，进口配额许可证的主要分配方式有以下几种：①

（1）竞争性拍卖

政府通过在公开市场拍卖许可证的方式进行分配，这使得进口权本身具有价格，由出价高者最终获得该权利。那么，竞拍者愿意出多高的价格来获取进口许可证呢？一般情况下，在竞争性拍卖中，进口商愿意支付的价格非常接近配额导致的产品价格差额。此时，进口商付出的拍卖成本无限接近于配额租金，政府也以拍卖形式获得了面积c部分的利益。

（2）固定的受惠对象

它是指政府按照一定的规则或程序将进口许可证免费分配给某些进口商。普遍的做法是：政府根据实行配额前各个进口商实际进口数量占国内总进口数量的比重分配份额。这种方法操作起来比较简单，政府也几乎不耗费多余的成本。1959—1973年，美国就是采用该方式向石油进口公司发放许可证。在这种方式下，配额租金由那些有幸获得许可证的公司获得，但这也意味着可能存在“寻租”问题，使进口配额集中在某些垄断公司的手

① 普格尔，林德特．国际经济学［M］．李克宁，等译．11版．北京：经济科学出版社，2001：116-117.

里，导致社会福利损失，激化社会矛盾。

（3）资源使用申请程序

它是指进口商通过耗费大量成本的申请程序和遴选规则获得政府的进口配额许可证，包括先到先得、谈判以及需求论证。先到先得的方式要求企业递交进口配额管制商品申请书，政府根据上交顺序发放配额。谈判方式则需要企业花费时间和金钱游说政府官员，以获得进口许可证。需求论证的分配方式则是根据使用进口材料和零部件进行生产的厂商的生产能力来分配这些进口投入品的配额数量。一些企业会过度投资，以增强生产能力，获得更多的进口许可证。这种方法会导致资源的国内浪费。不管采用哪种方式，资源使用申请程序同样会鼓励“寻租”行为，造成社会福利的净损失。

从整个国家的角度来看，无论配额租金转为政府收入还是进口商的垄断利润，配额都会造成本国福利的净损失，该影响与等价关税带来的影响是相同的。但是，不管是对政府还是进口商来说，实行配额的管理费用一般会大于进口关税的管理费用，因此，配额下的福利损失很有可能比想象中的高。

2. 贸易大国

图8-2显示了进口国为大国时的配额效应。类似地，在配额前，自由贸易条件下，商品Y的世界价格为P^w，国内生产和消费分别为Q_1和Q_2，进口数量为Q_1Q_2。政府施行了进口配额后，进口数量被限制，减少到Q_3Q_4，这导致商品国内价格上涨至P^q，国内生产数量增加至Q_3，消费数量减少至Q_4。由于该国是大国，其进口商品的需求巨大，进口需求量的变化可以影响到世界价格，于是需求削减。在边际成本下降的背景下，国外出口商便会相互竞争，以打入市场。经过一番竞争后，商品Y的出口价格下降至$P^{w\prime}$（$P^q>P^w>P^{w\prime}$）。此时，配额对大国的国民福利会产生的影响是：消费者剩余减少了面积（a+b+c+d），生产者剩余增加了面积a，配额租金为（c+e）（产品国内价格与出口价格的差额乘以进口数量）。综合起来，大国进口配额下的净国民福利等于面积e的收益减去面积（b+d）的损失。

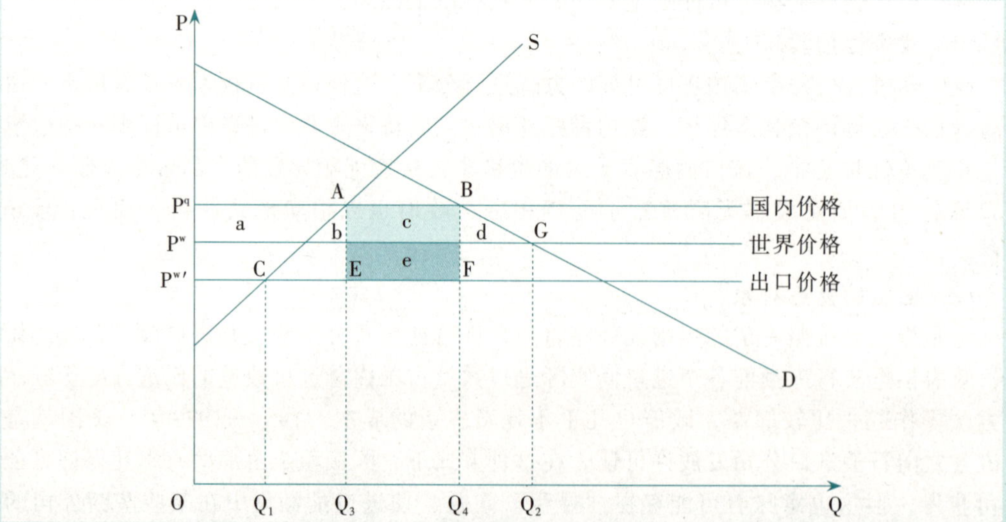

图8-2 贸易大国进口配额的效应

3. 关税与进口配额的比较

（1）相同点

对于一个完全竞争市场，等额关税与进口配额的效应在以下几个方面具有相同之处：

① 都会导致更高的国内市场价格，增加国内生产量，减少国内消费量；

② 更高的价格和更小的消费量都会使生产者剩余增加，消费者剩余减少；

③ 都会引起生产和消费扭曲，带来无谓损失。

（2）不同点

不过，除了相似的一些效应之外，等额关税和进口配额之间还存在以下区别：

① 配额租金具有不确定性。在征收关税的情况下，面积c代表了关税收入，由政府获得，而在配额的情况下，配额租金c可能成为垄断公司的利润，也可能被政府以拍卖的形式获得，或成为“行贿”使用的一种资源。

② 配额政策可能代替价格机制。配额的数量限制改变了国内供求状况，使国内价格上涨，国内生产者供给增加，而征收关税情况下发生的是进口数量的调整，因而进口配额排除了市场机制的作用。

拓展阅读8-4

8.3　自愿出口限制[1]

8.3.1　自愿出口限制的定义

与其他非关税壁垒相比，自愿出口限制（voluntary export restraint，VER）是一种看似奇怪的贸易壁垒。它是指在一定时期内，出口国或者出口商主动限制特定商品的出口数量或出口金额。事实上，自愿出口限制并非出自“自愿”，也并不像表面看上去那样温和，其通常是在进口国的压力下而实施的，使得出口商难以凭借商品的价格优势渗入进口国市场中。

20世纪七八十年代以来，自愿出口限制成为国际经贸领域解决双边贸易争端的一种优选模式。其呈现以下特点：

第一，数量逐渐增加。20世纪70年代初期，资源出口限制不到12个；到1980年已经增加至80个；如果加上著名的《多种纤维协定》，截至1993年已达200多个。[2]

第二，对象指向发展中国家，且逐渐增加。1987实施中的99份自愿出口限制协定中，有50份影响到发展中国家的出口，其中韩国为16份，巴西为4份，其他发展中国家为30份。[3]

第三，影响的产品范围从农业、纺织品和服装这些传统领域逐渐转移到钢铁、汽车等领域。

① 张本立，陈祥林. 新时期经济工作手册（上册）[M]. 北京：能源出版社，1986：588.

② 1994年达成的《保障措施协定》第11条第1款（b）项明确规定，任何成员不得寻求或维持自愿出口限制、有秩序的市场安排或任何对出口或进口的类似措施，协议第11条第2款规定了所有现存的VER在1999年之前禁止使用，因此，VER在WTO体制下已无合法性。

③ 金祥荣. 关贸总协定的“灰色区域”——自愿出口限制的保护机制及其经济效应［J］. 国际贸易问题，1993（12）：32-38.

8.3.2 自愿出口限制的形式

自愿出口限制一般采取以下两种形式：

1. 单方面自愿出口限制

单方面自愿出口限制即由出口国政府单方面规定特定商品的出口数量或金额。此种形式下，出口商需要根据政府所制定的政策，向有关机构（可能是相关政府机构，也可能是行业工会）申请配额，获得出口许可证，方可进行出口。这种情况下，出口国单方施加的出口限制并不需要与进口国签订一项协议，它可能是面临进口国保护主义的压力的结果或者为了出口国的利润最大化。对于后一种情形，出口限制的启动并不必然是政府行为，而可能是供应商自己所为，因此具有非正式的性质，采取的形式如出口预测、进口检测、价格监测、双边磋商或产业与产业的安排。①

2. 协定自愿出口限制

协定自愿出口限制即进口国和出口国通过谈判或博弈签订协定，在协定的有效期内，出口国根据协定规定的配额，自行限制商品出口，不得超过范围。自愿出口限制被冠以“自愿”的名义，使得进口国可以假装未参与决策程序，掩盖进口国将自愿出口限制作为保护主义政策。这对出口国而言是在无法实现自由贸易最大出口量时所作出的“两害相权取其轻”的无奈选择。②例如，美国在1952—1953年美日之间的金枪鱼贸易谈判中首次使用自愿出口限制，迫使日本渔业对出口到美国的金枪鱼进行自我限制。又如，1969年美国与日本达成钢铁输美的《自动限制协定》，规定日本对美国出口钢铁年增长率不得超过5%。1972年该协定再延长3年，并把出口增长率降低到2.5%。

8.3.3 自愿出口限制的动机与影响

1. 自愿出口限制的动机

那么，进口国为什么要对特定商品的进口进行限制，而出口国又为什么会“自愿”进行出口限制呢？

（1）从产业保护的视角来看

无论是进口国还是出口国，都是为了对国内产业进行贸易保护。一方面，为了使本国产业免受潮水般涌进来的外国生产者或外国商品的强大竞争，进口国利用自身的垄断力量，以“市场混乱”为由，要求出口国采取限制措施；另一方面，为了避免经济实力雄厚的进口国采取报复性贸易措施，防止进口国采取更为严格的限制或措施，出口国主动限制出口，同样可以保护本国有关产业。

（2）从配额租的视角来看

对出口国来说，接受自愿出口限制就获得了因稀缺性进口而能摄取的出口配额租的权利。尤其是当出口国预期其出口要被限制时，通过自愿出口限制协议来掌握配额，就可能

① 谭观福．自愿出口限制协议的国际法问题研究［J］．现代管理科学，2019（5）：50-52.
② 宋世方．自愿出口限制的性质与成因分析［J］．对外经济贸易大学学报（国际商务版），2007（1）：25-29.

确保来自出口限制的配额租移归自己而不是外国。进口国可能认为这部分配额租的流失转移是合算的，因为在自愿出口限制下，贸易限制是“自愿”的，贸易双方也不必作互惠性的让步。[①]

（3）从出口商品种类的视角来看

出口国接受出口限制意味着出口商掌握部分主动权，在保证出口数量不超过限额的条件下，可以调整它们出口商品的种类或者组合。通常情况下，出口商会选择边际利润更大的商品，实现出口商品升级。例如，1988年美国加利福尼亚大学教授罗伯特·芬斯阙（Robert Feenstra）建立了一个质量选择的理论模型，在比较自愿出口限制协议生效前后日本汽车质量的变化后发现：自愿限制出口后，日本汽车公司在美国市场所销售汽车转向了更高质量和价格的车型，价格上涨50%，原因可以归为质量改进。在1983年和1984年的自愿出口配额水平下，每进口一辆小汽车，美国实际支付的福利成本超过1 000美元。以丰田在美国的销售额为例，4 500~6 000美元价格范围内的新车销售份额从1981年的36.5%下降到1982年的24%，而超过12 001美元的新车销售份额从0.5%增加到12%。[②]简单来说，出口到美国的日本汽车数量是下降了，但赚到的钱比之前更多。

2. 自愿出口限制的影响

作为非关税措施之一的自愿出口限制，实际上严重阻碍了国际贸易的发展。自1986年9月开始的GATT乌拉圭回合谈判将自愿出口限制列为减少和取消非关税壁垒谈判的重要内容之一。谈判结果导致对GATT第19条的修订，以限制自愿出口限制的运用。按照修订后的有关政府影响贸易行动的条款，在正常情况下禁止出口限制；如果获准实行出口限制，它们必须是不加歧视的，而且只有通过关税、税收和费用的方式，而不是数量的方式加以实施。[③]

自愿出口限制的图形分析与进口配额十分相似，关键差异在于：对出口价格的影响以及面积c的去向。从8.2部分的分析中可知，小国实施进口配额政策后，如果国外出口供给具有竞争性，那么进口商可以按照世界价格进口产品，并且在国内以更高的价格卖出。因此，由贸易数量限制引致的价格差，即配额租金，归属于进口国内的政府或者企业。

在自愿出口限制条件下，出口国政府将出口许可证分发给国内各出口商。事实上，自愿出口限制通过控制销售量在进口国和出口国之间创造了一个“卡特尔”（指生产类似产品的企业通过集体协调，达到限产提价的目的），它们在限定出口量的情况下，共同制定一个能被市场所接受的最高价格。这样，出口商就会得到面积c这部分的额外收益。这也意味着，虽然自愿出口限制可能是一种很有吸引力的政治手段，能够保护进口国的进口产业，但对于整个进口国而言，实施自愿出口限制的经济代价是昂贵的，因为进口国的贸易条件恶化了，面积c这部分的收益转移给了出口国。这也是出口国愿意主动限制出口数量的原因之一。

拓展阅读8-5

① 金祥荣. 关贸总协定的“灰色区域”——自愿出口限制的保护机制及其经济效应［J］. 国际贸易问题，1993（12）：32-38.

② FEENSTRA C. Quality change under trade restraints in Japanese Autos［J］. Quarterly Journal of Economics，1988，103（1）：131-146.

③ 荣民. 自愿限制出口的死灰岂能复燃［N］. 中国贸易报，2017-10-12（3）.

实践窗 8-1

自愿出口限制效应的验证

对自愿出口限制的经济效应进行经验实证研究的最为著名的案例，是在1981—1984年日本对向美国出口的小汽车实行自愿出口限制。许多研究贸易政策的学者用不同方法对这一案例的福利经济效应作了分析研究，虽然每个人所估计出的福利成本及其分配效应的最后结果有差别，但都基本相近。因此，这个案例及其实证研究最能说明自愿出口限制的福利经济效应。①

日本对汽车出口的自愿限制，影响了美国市场的汽车价格、销售份额和消费结构。在出口配额下，日本汽车生产者为了实现这种限制下的利润最大化，会有提高商品价格的刺激。这种行为减少了美国和非日本汽车出口者的竞争压力，接着也能相应提高它们的汽车价格，虽然可能它们的价格提高幅度要小于日本汽车的价格。美国消费者面对大多数品牌汽车价格上升的情况，会较少地购买新而更昂贵的汽车，消费者的部分需求就会从更昂贵的日本汽车上转移出来，国内汽车和非日本汽车的进口市场份额就将提高。从表8-2中可见，自从日本实行自愿出口限制以后，非日本汽车进口的市场份额迅速增长，而通过一段时间的调整以后，美国的汽车生产也在1984年迅速回升。当然也应考虑到，对日本汽车出口的限制，会对美国汽车消费的平均质量产生重大的影响。日本生产者为了使来自每单位的销售利润达到最大化，就改变汽车的出口结构，向美国市场推出更为新型、舒适、豪华的汽车，从而提高单位销售价格，以降低出口配额导致的市场价值和利润的减少。这些行为趋向提高了日本出口汽车的平均质量。在出口限制以后，日本汽车在美国市场上平均交易价格的上升，部分反映了更高的日本汽车的平均质量。如果日本的汽车同美国国内生产的汽车是相接近的替代品，那么美国国内汽车的平均质量也会提高。

表8-2　日本汽车自愿出口限制对美国进口市场和国内生产的影响

项目		自愿出口限制之前			自愿出口限制之后		
		1979	1980	1981	1982	1983	1984
进口市场							
来自日本	数量（百万辆）	1.62	1.99	1.91	1.80	1.87	1.97
	价值（十亿美元）	6.47	8.23	9.49	9.61	10.76	12.50
所有进口	数量（百万辆）	3.01	3.11	2.86	2.93	3.69	3.56
	价值（十亿美元）	14.85	16.68	17.69	20.18	24.17	29.26
所有进口在美国的市场份额	比例（%）	15.20	22.20	22.40	22.60	20.40	18.90
国内生产	数量（百万辆）	8.41	6.39	6.26	5.07	5.98	7.77
	价值（十亿美元）	49.60	40.79	44.95	38.46	45.57	61.69
生产能力利用率	比例（%）	82.90	65.00	67.80	54.60	69.60	86.80

从表8-3中可见，日本的汽车实行了自愿出口限制，使美国的国内生产得到部分回升，国内汽车生产能力的利用率上升了21.8%，也对保护汽车工业部门的就业

① PHILIP KING. International economics and international economic policy：A reader［M］. San Francisco：San Francisco State University Press，1990：13-22.

起了一定的作用。但是，美国所付出的经济代价是巨大的。在日本汽车自愿出口限制期间（1981—1984年），消费者付出的总成本达160亿美元，因日本出口配额流失的配额租和国内生产的效率损失高达近90亿美元。从贸易限制政策的选择角度看，如果实施关税或进口配额（许可证归国内进口企业持有）的限制措施，相当于每年22亿美元的出口配额租就不会流失。

表8-3 日本汽车自愿出口限制对美国福利的影响

（1）导致进口汽车价格上升的比例（1981—1984年平均）	11.0%
（2）导致国内汽车价格上升的比例（1981—1984年平均）	4.4%
（3）贸易限制导致进口每年下降数量（百万辆）	0.7
（4）贸易限制导致进口每年下降价值（亿美元）	58
（5）贸易限制导致国内产量上升数量（百万辆）	0.7
（6）给美国消费者带来的成本（1981—1984年平均）（亿美元）	39
（7）使外国出口者获益（1984年）（亿美元）	22
（8）美国国内生产的效率损失（每年）（亿美元）	2

资料来源 金祥荣. 关贸总协定的“灰色区域”——自愿出口限制的保护机制及其经济效应［J］. 国际贸易问题，1993（12）：32-38.

8.4 其他非关税壁垒

8.4.1 当地成分要求

当地成分要求（local content requirement，LCR）又称国产化成分要求，是指本国生产和组装的商品必须含有规定的最低数量的本国生产价值，其形式包括支付给本国工人的工资或者国内生产的原材料或零部件。其目的在于通过促进外国投资者对当地原材料、当地生产的商品和当地提供的服务的购买使用带动当地企业的发展。[①]例如，2018年埃及贸工部的部长令规定在埃及从事汽车组装行业，其本土配件采购比例不得低于46%。简而言之，当地成分要求在两个层次上实施进口保护：

第一，限制那些未达到国产化要求的商品的进口。长期以来，印度都对外国投资和政府采购保留当地成分要求。单一品牌零售店的本土化成分价值必须达到30%以上，不过那些使用本土无法实现的最新技术或前沿技术的商品可以排除在外。为了达到这个要求，苹果公司备受压力，尽管它多次呼吁印度免除可豁免企业的本土化成分要求。[②]

第二，限制那些本该使用国内厂商生产的原材料和零配件的外国进口。其目的是鼓励

① 韩立余. 国际投资法［M］. 北京：中国人民大学出版社，2018：60.
② CIMINO-ISSACS C，ZILINSKY J. 当地成分要求：贸易保护主义的幌子［J］. 王鑫，译. WTO经济导刊，2018（1）：57.

外国公司更多地把其生产和研发转移到本国，防止外国公司利用成品和零部件之间的税率差别在国内进行简单装配，从而绕过关税壁垒。例如，巴西国家石油管理局（Agencia Nacional do Petrolco，ANP）自1999年首轮招标活动至今，明确将当地成分要求包含在协议中，且成为特许权获得者的一项合同义务，由ANP监督承诺的履行，对不遵守者按比例罚款。2011年，ANP首次对巴西石油巨头（大部分国有）Petrobras处以罚金。为了遵守义务，特许公司将成分要求传递到供应链。2012年8月，Petrobras宣布9个钻井船的建造需满足55%~65%的当地成分，到2020年一些设备的当地成分要求高达95%。①

当地成分要求并没有给政府带来任何的关税或者税收收入，商品涨价的收益被那些受保护的国内生产者和销售者得到。这些要求常常会带来无谓损失，因为被保护的商品并不一定受国内消费者的欢迎，国内生产成本也更高。

8.4.2 歧视性政府采购②

歧视性政府采购政策（discriminatory government procurement policies）又称购买国货政策（buy-national policies），是指一国政府根据国家有关法律制度，给予国内供应商优先获得采购订单的一种非关税壁垒措施。在很多国家，政府购买的进口商品数量相当少，购买的商品大部分是本土制造的。

在政府采购中的国内厂商优先政策往往体现在国内立法上，如英国规定政府机构使用的通信设备和电子计算机必须是英国产品；日本政府采购制度规定外商采购一般不超过采购总金额的20%；美国实行的《购买美国货法案》则规定，凡是美国联邦政府所要采购的商品，应该是美国制造的，或是用美国原料制造的。只有在美国自己生产的数量不够，或者国内价格过高，或者不买外国货就会损害美国利益的情况下，才可以购买外国货。2019年，美国政府出于“国家安全目的”，宣布禁止购买5家中国公司的设备与技术。由于发达国家政府采购的数量非常庞大，因此，这是一种相当有效的限制进口的非关税壁垒措施。

为限制各成员运用歧视性政府采购政策限制进口，GATT在东京回合多边贸易谈判中制定了《政府采购协议》，该协议现已成为世界贸易组织框架下的多边协议之一。

8.4.3 贸易救济措施③

WTO的目的在于促进全球贸易的自由化，对于其成员的要求是降低贸易壁垒和关税壁垒，同时赋予成员在特殊环境中限制国家之间的贸易往来的特权，其中之一就是贸易救济措施。该措施是为了保护本国贸易安全而制定的措施，包括反倾销、反补贴和保障措施。

1. 反倾销

倾销（dumping）是一种国际性价格歧视，是指一国出口商以低于本国国内市场价格或者生产成本的价格向国外销售商品的行为。1995—1997年，美国几个小型低成本承运人对某些航线制定较低的价格，旅客数量大幅增加。美国航空公司进而采取降价、增加航线的方式应对低成本承运人，低成本承运人只能退出该市场。而在低成本承运人停止运营

① 都亳. WTO框架下当地成分要求措施的合法性分析［J］. 国际经贸探索，2016，32（10）：71-86.
② 帅建林. 国际贸易实务（英文版）辅导用书［M］. 北京：对外经济贸易大学出版社，2008：20-21.
③ 王先林. 大学法律教程（上册）［M］. 4版. 合肥：安徽人民出版社，2000：351-354.

后，美国航空公司又恢复了竞争前的价格水平，并减少了航班次数。美国司法部就此对美国航空公司提出了诉讼，指控美国航空公司存在掠夺性定价。[①]

倾销不利于进口国同类商品的生产者，因此会招致进口国生产者的反对，要求政府采取反倾销（anti-dumping）政策措施，对倾销商品的进口进行遏制，以抵消倾销对进口国市场的强烈冲击，保护本国同类产业的发展。由于反倾销被普遍认为是合理、合法的措施，现行WTO《反倾销协定》（Anti-Dumping Agreement，ADA）自身也存在某些模糊之处和缺陷[②]，因此反倾销被一些国家和地区利用，成为削弱商品在进口国市场的竞争力而采取的限制进口的手段。

随着关税的进一步减让、非关税壁垒的进一步消除，反倾销措施作为WTO允许使用的保护国内产业的少数合法贸易救济手段之一，日益受到成员的重视。反倾销的使用者不断增多，特别是发展中国家越来越多地使用反倾销措施，使反倾销成为3种主要贸易救济措施中使用成员和数量最多的贸易救济措施。WTO网站数据显示，2022年全球启动的反倾销调查数量为89起，其中针对中国的为38起，占全球的42.70%。1995—2022年各国发起的反倾销案件共计6 582起，其中，针对中国的共有1 565起，远超第二名韩国（487起），中国已经连续28年成为全球遭遇反倾销调查最多的国家。[③]中国遭受的反倾销执行率大于全球水平。2022年，全球对华发起贸易救济调查案件中反倾销调查有144件，对中国反倾销调查最多的5个国家和地区是美国、印度、欧盟、阿根廷和巴基斯坦；涉案产品和行业较多的是化学原料及制品、金属制品工业、电气工业、通用设备、钢铁工业、专用设备、医药工业、化纤制品等。

反倾销的通常做法是对倾销产品征收反倾销税，即除了征收一般进口税外，再增加金额不超过倾销幅度的附加税，使其不能廉价销售。

2. 反补贴

补贴（subsidies）是指政府或者公共机构提供的财政捐助以及对收入或价格的支持。WTO《补贴与反补贴措施协定》（Agreement on Subsidies and Countervailing Measures）所管辖的“补贴”是指那些专项的或特定的补贴，这种补贴使补贴接受方获得利益，但只有专项补贴受WTO《补贴与反补贴措施协定》的约束。《补贴与反补贴措施协定》将补贴分为禁止性补贴、可诉补贴和不可诉补贴。禁止性补贴是无条件禁止的，又称红灯补贴；可诉补贴是有条件禁止的，又称黄灯补贴；不可诉补贴在一般情况下是允许的，又称绿灯补贴。基于出口实绩而给予的补贴属于红灯补贴，为WTO所禁止。同时，WTO禁止其成员不合理地使用补贴手段来鼓励使用本国货物。当满足“对另一成员的国内产业不造成损害”，“不使其他成员在《1994年关税及贸易总协定》（GATT 1994）项下直接或间接获得的利益丧失或减损”，“不严重损害另一成员方的利益”条件时，WTO允许其成员实施可诉补贴。不可诉补贴包括：①不属于前述专项补贴；②WTO明确规定的4种补贴行为。

① [1] 李琦．航空公司价格竞争的合法性问题——美国司法部诉美国航空公司掠夺性定价案例研究[J]．中国民用航空，2008，96（12）：68-69．[2] 胡君．国际民航动态（2007—2008）[M]．北京：中国宇航出版社，2008：121-122．

② 例如，《反倾销协定》第2条规定，如一产品自一国出口至另一国的出口价格低于在正常贸易过程中出口国供消费的同类产品的可比价格，则该产品被视为倾销。其中，“同类产品”一词被解释为相同（identical）产品或极为相似（closely resembling）产品。这赋予了各成员在同类产品判断上的自由裁量权。

③ WTO. Anti-dumping [EB/OL]. [2022-12-31]. https://www.wto.org/english/tratop_e/adp_e/adp_e.htm.

根据《补贴与反补贴措施协定》，在认定并确认出口国的出口补贴损害了进口国相关产业利益的情况下，进口国可以征收反补贴税。如果征收一个数额较小的反补贴税，就足以消除其对国内产业的损害，反补贴税额应低于补贴额。同时，要在非歧视的基础上，对已被认定接受补贴且造成损害的所有不同来源地的进口商品征收反补贴税。对特定的出口商可以适用单独的反补贴税率。一般情况下，最终反补贴税应在最终裁定生效后开始征收，并在自征收最终反补贴税之日起5年内终止，除非反补贴主管机关经复审认定终止征收反补贴税将导致补贴的继续或重新出现。自2004年加拿大对我国开启反补贴调查开始，针对我国的反补贴调查有增无减，以“反补贴”名义产生的贸易摩擦不容乐观。由于反补贴调查本身的特点，对某一种出口商品补贴的确定在一定程度上是“公共品”，这为其他国家“搭便车”提供了便利。2004—2022年，国外针对我国发起的发补贴调查案共200起，调查案件数不断创下新高，尤其是在2018年被发起调查30项，占全球比重为54.55%，最终，被征收反补贴税的有150起，尤其是2019年达到26起，占全球比重为74.29%。自2006年起，我国连续17年成为全球遭遇反补贴调查最多的国家。①

3. 保障措施

保障措施在自由贸易协定中通常被缔约方称为“全球保障措施”，又称紧急行动。WTO《保障措施协定》和GATT 1994第19条是WTO中与保障措施相关的法律和法规。其中，后者是授权条款，全称为“对特定产品进口的紧急措施”（Emergency Action on Imports of Particular Products）。该条第1款（a）项指出：如出现某相关方因受本条例中承受涵盖关税减让义务的干预或难以预知的情形，以及该相关方所进口的产品数量急剧增高并进一步对本土同类型产品或其他相关的本土生产商产生重大的利益损害或危害，则该相关方有权在一定时间限度内对该部分或全部产品相关义务作出修改减让或撤销，以补救或防止该损害。也就是说，该成员可以恢复已承诺取消的配额等限制贸易的措施，或者重新提高已经降低的关税水平。

保障措施无须证明有低于正常价格销售或者进口商品有政府补贴的事实，因此，一些国家有滥用保障措施的倾向。商务部中国贸易救济信息网的统计数据显示，截至2022年12月，全球对中国发起的贸易救济案件中，保障措施有380起，占全球保障措施案件数量的比例高达83.70%；特别保障措施案件全部针对中国，为89起。以光伏产业为例，2017年5月，美国对我国光伏电池和组件实施了为期4年的保障措施，并分别征收15%~30%不等的保障措施税。最直接的影响就是限制了中国光伏产品及其辅助材料的出口，导致出口量及出口额下降。

反倾销、反补贴和贸易保障措施在形式和作用上有相似之处，但存在差异。从最终措施来看，反倾销和反补贴的最终措施都是征收相应的抵制性关税，而保障措施是限制该相关商品的进口量或者提高关税水平。从针对对象来看，反倾销和反补贴针对的是不公平的恶意竞争行为，相关规定并未要求进口方对出口方进行补偿。而保障措施针对的是公平竞争行为中进口过量的现象。因此，《保障措施协定》要求当事国限制进口以保障其国内生

① WTO. Subsidies and countervailing measures［EB/OL］.［2022-12-31］. https://www.wto.org/english/tratop_e/scm_e/scm_e.htm.

产者时，原则上必须给予一定的补偿。从性质和本质来看，反倾销和反补贴虽然在程序规则上有许多相似之处，但是，倾销是企业个体的行为，补贴是政府行为，保障措施则是介于经济行为和政治行为之间的措施。

8.5 非关税壁垒的进展①

非关税壁垒并不是一个新鲜名词，随着时间推移，在全球化的浪潮下，非关税壁垒改头换面，以各种“看似合理”的形式，被越来越多的国家所使用。特别是随着世界各国人民生活水平的日益提高，健康环保意识空前加强，越来越重视全球气候与环境、知识产权、产品卫生等与人类生活息息相关的领域，逐步催生出新型非关税壁垒，对国际贸易的发展产生深远影响。

8.5.1 产生背景

1. 各国经济发展不平衡与国际竞争的加剧

新贸易保护主义的出现和发展与各国间经济发展的不平衡密切相关。首先，20世纪70年代独霸世界经济的美国面对欧洲、日本的日益崛起，势必寻求新贸易保护政策，以保持其竞争优势；其次，面对新兴工业化国家及以中国、印度为代表的一些发展中国家在国际贸易中的地位提高，出口贸易发展迅速，欧美发达国家为缓解贸易逆差和转移国内压力，利用其政治和经济强权，加强新的贸易保护措施，并对这些出口国进行贸易制裁。

在经济全球化的进程中，各国都力图分享经济全球化带来的经济利益，促进本国经济的快速增长，同时设法避免或减少经济全球化对本国经济发展所带来的负面影响。当本国产业和劳工群体受到进口冲击时，来自公众的呼声或其他政治压力必然使政府倾向于对这些领域实行保护，以排斥竞争的威胁。

2. 国际贸易中双边和区域经济主义的兴起

近年来，以自由贸易协定（free trade agreement，FTA）为主要形式的区域经济合作在全球呈现出蓬勃发展的势头，特别是在全球多边贸易谈判进展缓慢的国际背景下，区域经济一体化步伐明显加快。截至2022年6月，向WTO累计通报的有效区域贸易协定（regional trade agreement，RTA）达580份，其中自由贸易协定为326份，约占56.21%。②面对区域经济一体化的世界经济发展新形势，新贸易保护主义从国家保护转变为集体保护。为减少贸易摩擦，增强区域内部经济实力，成员在集团内实行统一的规则进行自由贸易，而对非成员方实行共同的贸易壁垒，限制或阻止非成员方进入本区域市场。

3. WTO制度体系的约束和缺陷

WTO在促进贸易自由化的多边贸易体系建立方面作出了巨大贡献，它明确提出了国

① 王佃凯．新贸易保护主义发展的特点、原因与趋势［J］．首都经济贸易大学学报，2008，10（4）：86-89.

② WTO. Regional trade agreements database［EB/OL］．［2022-03-15］．http://rtais.wto.org/UI/charts.aspx#inforce.

际贸易中禁止使用数量限制，要求各成员必须大幅度削减关税和非关税壁垒等。因此，各成员用于保护国内市场的传统手段必然受到了限制。为了保护国内产业和市场，各国尤其是发达国家开始寻求新的贸易保护措施和手段。可以说，不断加强的贸易自由化制度约束成为新贸易保护主义出现并发展的诱发因素之一。

WTO的各项协议是各成员利益相互妥协的产物，其制度设计并非完全刚性的，包含并反映了各利益方的诉求。这势必造成制度上的缺陷，也为各成员实施新的贸易保护提供了发展空间。WTO允许成员方利用有关协议保护本国利益、保护国内民族产业、维持国际收支平衡等，可以使用保护与限制进口措施，反击遭到的不公平待遇。因此，打着公平贸易的旗号，采取与WTO不直接冲突的各种保护措施，已成为经济全球化中新贸易保护主义的常态。

8.5.2 新型非关税壁垒概述

简而言之，新型非关税壁垒是指以技术壁垒为核心的，包括绿色壁垒和社会壁垒在内的所有限制商品自由贸易的非关税壁垒。与进口配额、反倾销等传统非关税壁垒不同，新型非关税壁垒着眼于社会利益和环境利益，更多的是考虑贸易商品对人体健康、安全、环境以及生态的影响，采取的措施不局限于边境措施，还隐藏在每个经济体内部，涉及国际和国内的政策与法规。[①]

相对于传统贸易壁垒，新型非关税壁垒具有如下特点：[②]

1. 名义上的合理性

在现代社会，人们环保意识加强，对卫生、安全、健康也提出了更高的要求，对于那些可能对环境和健康带来危害的商品和服务表现出了高度敏感性。因此，新型非关税壁垒的重心已由经济问题转向社会问题。当一国政府以保护有限资源、保护人类健康和安全、保护生态等为理由，采用非关税措施进行贸易限制时，这种合理外衣使得限制贸易的国家或其他国家难以严厉驳斥。在WTO已经存在的有关技术壁垒的协议中，实际上并没有否定世界各国以技术为名设置市场准入障碍，而是规定了“不能阻止任何成员方按其认为合适的水平采取诸如保护人类和动植物的生命与健康以及保护环境所必需的措施”。

2. 形式上的合法性

新贸易壁垒涉及的多是技术法规和标准以及国内政策、法规，由政府部门或权威机构制定和颁布，因此贸易措施实行起来也是以一系列国际和国内公开立法作为依据和基础。比如，WTO的《实施卫生与植物卫生措施协议》、国际标准化组织颁布的关于环境管理的标准体系——ISO14000，以及多个环境与资源保护公约，包括《保护臭氧层维也纳公约》《控制危险废物越境转移及其处置巴塞尔公约》《濒危野生动植物物种国际贸易公约》等。

3. 内容上的广泛性

从内容上看，新型非关税壁垒覆盖面更广，不仅包括经济因素，更包含了众多非经济因素，成员不仅要受贸易规则的约束，还将受到法律和法规、生态环境、商业模式要

① 施用海. 应对新贸易壁垒［J］. 国际技术贸易市场信息，2003（1）：3-7.
② 王耀中. 论绿色保护主义对我国外贸发展的影响及其对策［J］. 财经理论与实践，1995（5）：51-54.

求等多方约束。传统经贸规则以商品、服务或投资跨越关境时的措施为主要对象，包括关税、配额、数量限制、海关监管等，到此后非关税削减等“边境上壁垒”层面，以及越来越关注到“边境后壁垒”层面以及“跨边境互通互联”，逐步涵盖服务贸易、知识产权、竞争政策、电子商务等后边境规则，并不断提升法律可执行程度。例如，《美国-墨西哥-加拿大协定》（United States-Mexico-Canada Agreement，USMCA）（简称《美墨加协定》）的内容是《北美自由贸易协定》（North American Free Trade Agreement，NAFTA）的近3倍，覆盖范围除了货物贸易、原产地规则外，还包含知识产权、数字贸易、金融服务、劳动者权利、环境保护等内容，成为历史上涵盖面最广的贸易协定，并首次加入了宏观政策和汇率章节。

4. 影响上的双重性①

一方面，新型非关税壁垒往往以保护人类生命健康和保护生态环境为理由，其中有合理成分，这是无可厚非的，而且这些壁垒的设置在一定程度上起到了作用。比如从20世纪90年代开始，欧洲国家严禁进口含氟利昂冰箱，虽然短期导致中国的冰箱出口下降了59%，但是长期来看，激励了中国冰箱企业的技术创新与升级，研发出新型替代制冷剂的冰箱。另一方面，作为发达国家实行贸易保护主义的工具，新型非关税壁垒又往往以保护消费者、劳工和环境为名，行贸易保护之实，从而对某些国家或地区的商品进行有意刁难或歧视，给国际贸易带来不必要的障碍。例如，日本2006年对农产品和食品制定的“肯定列表制度”、欧盟2007年对化学品实施的“REACH法规”，不论是在产品生产的技术要求上，还是在对产品的检测技术、实验条件上，都给经济相对落后的发展中国家造成了很大的难度。

8.5.3　新型非关税壁垒的形式

1. 技术性贸易壁垒

技术性贸易壁垒（technical barriers to trade，TBT）是以国家或地区的技术法规、协议、标准和认证体系（合格评定程序）等形式出现，涉及的内容广泛，涵盖科学技术、卫生、检疫、安全、环保、产品质量和认证等诸多技术性指标体系。换句话说，它是商品进出口国通过颁布法律、法令、条例、规定，建立技术标准、认证制度、检验制度等方式，对外国进出口商品制定过分严格的技术标准、卫生检疫标准、商品包装和标签标准，从而提高进口商品的技术要求，增加进口难度，最终达到限制进口目的的一种非关税壁垒措施。由于这类壁垒大量地以技术面目出现，因此常常会被披上合法外衣，成为当前国际贸易中最为隐蔽、最难对付的非关税壁垒。它也是目前各国，尤其是发达国家人为设置贸易壁垒，推行贸易保护主义的最有效手段，涉及贸易的各个领域和环节，是非关税壁垒中发展最为广泛的一种形式。②

根据《技术性贸易壁垒协定》附件一的规定，技术性贸易壁垒的设置形式主要有技术法规、技术标准、合格评定程序、产品检验检疫制度、包装与标签、信息技术壁垒和绿色壁垒，其中，以技术法规与技术标准应用最为广泛。

① 孙克强，鞠华，王惠中，等．绿色贸易标准与经济发展［M］．南京：河海大学出版社，2004：302-303．

② 冯宗宪，柯大钢．开放经济下的国际贸易壁垒——变动效应·影响分析·政策研究［M］．北京：经济科学出版社，2001：82．

(1) 技术标准

技术标准是指为了通用或反复使用的目的，由公认机构批准的，规定了产品或相关工艺和生产方法的规则、指南或特性的非强制性文件。目前存在大量的技术标准，有国家标准、行业标准、国际标准等。

对世界贸易来说，标准是全球通用的“语言”，是质量判定的“准绳”；但由于世界各国经济发展不平衡，工业化水平相差较大，各国都会根据实际情况推出自己的标准。本来从质量提升和工业发展的方面来说，技术标准主要用来解决产品零部件的通用和互换问题，这种做法无可厚非，出口产品满足出口国标准要求也是国际惯例和基本要求；但是反过来，这种通行的做法也带来了国际贸易流通的不畅，出口厂家也遭遇到越来越多的进口商要求执行国际标准的要求，客观上形成了技术性贸易壁垒。比如，中国的口罩出口到美国或者欧洲，自然需要符合美国或者欧洲的标准，这种标准的差异其实还包含技术性因素，客观上就是一种技术性贸易壁垒。

欧盟是技术标准的“大户”，分为欧洲标准和各国标准。其中，各国标准包括各成员出台的国家标准，以及各国行业协会、专业团体制定的标准。目前，这类标准有10万多项。这些技术标准中，有一部分要求苛刻，有的甚至缺乏充分科学依据，直接或间接地构成了对第三国特别是发展中国家对欧盟贸易的壁垒。2002年，欧洲标准化委员会公布了要求价格低于2欧元的打火机须加装“防止儿童开启装置CR”的标准。中国是世界最大的打火机生产国之一，也是欧盟市场重要的打火机供应国，而中国对欧盟出口的打火机绝大多数价格低于2欧元。此标准在事实上构成了对中国打火机产品和产业的歧视，阻碍了中国打火机产品对欧盟的出口。

(2) 包装与标签

该措施是指通过对包装标识进行强制性规定来达到限制或者禁止进口的目的。标签是商品上必要的文字、图形和符号。为保证消费者的健康，许多国家相继颁布有关包装的法律、法令，主要内容包括：以立法的形式规定禁止使用某些包装材料；建立存储返还制度；强制再循环或再利用法律。这些法律和法令的颁布，对产品的不合理包装起到了很好的监督作用；但有时进口国会制定内外有别的双重标准或更加严格的标准来保护本国市场，使出口商不得不改换商品包装或标签，增加商品的成本，甚至引发贸易摩擦。

美国食品药品监督管理局（Food and Drug Administration，FDA）颁布的《食品过敏标示准则》，规定食品加工企业必须在食品标签上清楚准确地标明食品的成分，特别是易引起过敏反应的成分，还必须使用浅显易懂、内容详尽的文字。欧盟国家对进口商品的包装材料和容器有详细规定，且经常以此来设置外国商品的进口障碍。比如法国根据1975年12月31日颁布的第75-1349号法规，要求所有商品的标签说明书、广告传单、使用手册、保修单及其他情报材料都要强制性地使用法文。法国法律规定，食品包装上必须用法文印刷准确的产品说明书，包括厂商名称、包装者、卖主、原产国、成分含量等，有添加剂也必须注明，罐头或半成品罐头的盒外须标明日期。如果进口商品使用的包装相对于被包装商品的体积过大，则会被认作有欺诈倾向，还会因为加重进口国的环保负担而受到限制。与此同时，欧盟各国非常重视环境保护，并将环保的规定延伸到进口包装的各个层面，要求商品包装及其内装物不许对人类健康和环境带来损害。

拓展阅读8-6

2. 绿色壁垒[①]

绿色壁垒（green barrier）产生于20世纪80年代后期，主要指国家为了保护生态环境和公众健康而直接或间接采取的限制甚至禁止贸易的措施，因此也被称为环境壁垒（environmental barrier）。

（1）绿色壁垒的作用

就名义而言，绿色壁垒的设置能够避免一些贸易活动引发环境污染和生态破坏，有利于全球环境改善，人民福祉提高，实现经济的可持续性发展。但是一些国家肆意打着保护有限资源、人类健康的旗号，蓄意制定一系列繁杂的、苛刻的或不能被绝大多数国家所认同的环保公约、法律、法规和标准，将国外商品挡在国门之外，禁止这些商品进入本国市场。例如，1988年发生的“金枪鱼贸易案”，美国认为墨西哥在用大型渔网捕捞金枪鱼时，很容易捕捞到海豚。海豚在东太平洋海域处于濒危状态，需要保护起来，于是美国借此理由宣布禁止进口墨西哥金枪鱼。墨西哥对此表示，多年来美国船队捕杀的海豚远多于墨西哥，这是美国以保护环境为名而设置的贸易壁垒。

不可否认的是，绿色壁垒的设置既是机遇，也是挑战。虽然它成为某些国家贸易保护的工具，使国与国之间的贸易关系恶化，摩擦与纠纷频繁发生，但从另一层面来看，它的确唤起了各国对环境保护的重视，促进了绿色生产和绿色消费的兴起，推动了技术进步和产业结构升级。比如，《关于破坏臭氧层物质的蒙特利尔议定书》的签署，使原使用氟利昂的制冷设备、冰箱、各类化妆品等逐步退出市场。德国于1992年公布《德国包装废弃物处理法令》，日本于1991年及1992年发布并强制推行《回收条例》《废弃物清除条例修正案》，美国也规定废弃物处理的各项程序，都在一定程度上为节约能源、减少废弃物，建设可循环经济贡献了一份力量。

（2）绿色壁垒的形式

绿色壁垒的设置形式多样，主要包括国际和区域性的环保公约、国别环保法规和标准、检验和检疫要求、包装和标签要求、ISO14000环境管理体系和环境标志等自愿性措施、生产和加工方法、环境成本内在化要求等。其中大部分形式都与环境密切相关，而且在现实世界里，这些壁垒措施很容易被滥用，成为贸易保护的手段。

① 绿色标志，又称绿标制度或环境标志制度，是指国际有资质的认证机构依据有关绿色标准对商品进行认证并颁发标志和证书的一项制度。绿标图案多为天鹅、常绿树、蒲公英等，富有绿色寓意。凡没有取得绿标的进口商品，将受到数量和价格上的限制；加贴了绿标的进口商品，则被认为是一种环境质量信得过的“绿色产品”。这当中所涉及的认证标准是对包括资源利用、生产工艺及处理技术和产品循环利用、使用后处理等全过程的环境行为进行监管。涉及的产品大多为节能低耗品、清洁工艺品和低毒品等。绿标制度的实施，有利于人们环境意识的提高、价值观念的转变和防治污染能力的增强。但由于各国环境标准存在差异，发达国家更是凭借其经济和技术优势制定了较高的环境标准，使得发展中国家处于十分不利的地位，客观上为发达国家的市场设置了贸易壁垒，从而有违公平贸易的基本准则。

② 绿色包装。许多发达国家通过立法对本国商品和进口商品的包装卫生和安全提出

① WTO年会秘书处．WTO与中国［M］．北京：对外经济贸易大学出版社，2009：269.

强制性的要求，主要包括以下方面：通过改进设计，减少包装材料的使用，以节约资源；重复使用包装材料；使用再生材料制作包装；使用生物降解包装，使废弃包装在自然环境中快速腐烂。为此，一些发达国家通过产业重组和资源的重新配置形成了新的产业链，满足了包装在环境保护上的要求，促进了经济的发展。而发展中国家因技术水平、价值观念和行政管理等方面的滞后，使得绿色包装成为其进入发达国家市场的绿色屏障。

③ 环境成本。新贸易保护主义者认为任何产品都应将环境和资源费用计入成本，且应以国际环境标准为基准进行计算。如果忽视环境质量或降低环境标准，其出口产品实际上就具有了不公平的比较优势或环境补贴，形成了对按高环境标准生产产品的不公平竞争。发展中国家在出口贸易中未计算绿色成本，是在进行环境倾销，因而应通过反倾销、反补贴措施来均衡不同环境标准下的成本差异。可以看出，对于发展中国家来说，这是经过精心设计和构筑的绿色壁垒。

发达国家认为，为实现全球可持续发展，各国不仅有责任保证主权管辖或控制下的活动不至于损害本国环境，而且有责任不致损害他国的环境和属于国家管辖以外地区的环境；进而任何国家有权采取相应措施，控制、禁止污染环境或不符合环境标准的产品进入国际市场，从而减少或消除破坏环境产品的生产和销售。绿色卫生检疫制度是发达国家阻碍发展中国家产品进入的主要工具，它们对食品和药品的卫生指标十分敏感，如对食品的安全卫生指标与农药残留、放射性残留、重金属含量、细菌含量等指标的要求极为苛刻。例如，欧盟从2000年7月起提高了进口茶叶的安全及卫生标准，对其中农药残留检查极其严格，比原标准高出100~200倍。日本对进口蔬菜中农药残留量规定不得超过30.5%。日本、英国、加拿大等国要求进口花生中黄曲霉素含量不得超过20%。法国禁止含有红霉素的糖果进口等。

3. 蓝色壁垒[①]

蓝色壁垒（blue barrier）又称社会壁垒、劳动壁垒，是指以劳动者劳动环境和生存权利为理由采取的贸易保护措施。蓝色壁垒由社会条款而来，社会条款并不指一个个单独的法律文件，而是对国际公约中有关社会保障、劳动者待遇、劳工权利、劳动标准等方面规定的总称，它与公民权利和政治权利相辅相成。相关的国际公约有100多个，包括《男女工人同工同酬公约》《儿童权利公约》《经济、社会与文化权利国际公约》等。

蓝色壁垒的产生是社会、经济、科技发展的产物，也是发展中国家和发达国家在国际市场上竞争关系失衡后的一种调整。

第一，在世界贸易组织和《关税及贸易总协定》的努力下，一些传统的非关税壁垒措施越来越难以实行，不但容易遭到威胁和报复性措施，而且容易受到国际舆论的谴责。相比之下，蓝色壁垒更加隐蔽，容易激起大众认同感。

第二，发展中国家拥有丰富的劳动力资源，劳动力成本较低。在该比较优势下，发达国家的产品不再具有价格优势，使发达国家国内相关行业的工人失业或工资水平缩减，引起了工人的不满。欧美等发达国家为了保护国内市场、减轻政治压力，日益加重了对发展中国家劳工条件及劳工环境的批评指责。

① 单宝. 蓝色贸易壁垒的双重效应及两手策略［J］. 国际经贸探索，2007，23（5）：19-22；32.

第三，随着社会发展水平的日益提高，发达国家的公众越来越关注劳动者权益，他们在购买产品时不仅关注产品的质量与安全性，还开始更多地关注起产品是在哪里由什么人在什么样的劳动环境与劳动条件下生产出来的，以此决定是否购买。而“血汗工厂”的案例大量涌现，引起了许多发达国家公众的强烈不满与关注，这促使政府与企业在进口产品时加强了对劳工标准的审核。这是发达国家设置蓝色壁垒中一个不容忽视的社会因素。

蓝色壁垒最典型的代表是SA8000标准。1997年，美国的经济优先认可委员会（2001年更名为“社会责任国际组织”，简称SAI）联合欧美跨国公司和其他国际组织，根据《国际劳工组织公约》、联合国《儿童权利公约》、《世界人权宣言》的要求制定了全球第一个可用于第三方认证的社会责任国际标准——SA8000。SA8000标准一经产生就得到了发达国家的大力支持，成为最重要的认证标准之一，并成为蓝色壁垒的代名词。SA8000标准在童工、强迫性劳动、组织工会的自由，以及集体谈判的权利、歧视、惩戒性措施、工作时间、工资、健康与安全、管理系统等领域制定了最低要求。经过SA8000认证的产品，将被认为拥有严格的社会责任方面的人性化、道义化标准，贴上这个认证标签就可以在国际市场上畅通无阻。全球海鲜出口大国——泰国，由于近年来有关奴工和贩卖劳工的报道严重影响了其供应商地位，美国对此执行了制裁，宣布于2020年4月2日开始，所有泰国海鲜产品失去获得贸易优惠待遇的资格。

蓝色壁垒同样具有双重效应，既有正面影响，也有负面影响。蓝色壁垒尽管在理念上体现了人类社会文明的发展与进步，强调生产过程中对人的关注，强调企业家的社会责任与人文关怀，具有积极的意义，但目前在现实应用中更多地表现出贸易保护的弊端，特别是对发展中国家劳动密集型产业的出口来说。

拓展阅读8-7

学思践悟

在对外抗疫援助中践行人类命运共同体理念

2020年，一场突如其来的新冠肺炎疫情打破了世界原有的秩序。为了确保在疫情期间国内物资供应充足，一些国家和地区采取了断航、断贸等贸易限制措施。根据世界贸易组织的数据，世贸成员在此次疫情期间实施的贸易措施，42%具有贸易限制性。

截至2020年5月，在货物贸易方面，共有79个国家（地区）采取了相关措施。比如：北马其顿从2020年4月1日起，对小麦、混合麦以及面粉实行出口配额管理；全球大米出口大国——越南宣布将暂停签署新的大米出口合同；柬埔寨将禁止白米和稻米出口，仅允许香米出口；哈萨克斯坦将对小麦和面粉出口实行配额制。在医疗物资方面，共有79个国家（地区）采取了相关措施。比如，韩国要求口罩生产商将出口量限定在当天产量的10%以内；泰国对聚丙烯纤维（用于生产口罩）、酒精等产品实行政府管控，口罩出口数量超过500只需经政府批准；英国政府于2020年3月20日宣布禁止80多种关键药物平行出口至国外，包括胰岛素、肾上腺素和吗啡等。

全球抗疫，既是一场科研攻关战，也是一场物资保障战。毋庸置疑，在疫情暴发初期，出于国内物资供给充足、保障粮食安全、控制病毒扩散传播等目的，对特定产品采取贸易限制措施是合理的。不过，在这些贸易措施中，却隐含了一些以疫情为借口，实行非关税壁垒的行为。例如，中国作为制造业大国，在做好国内疫情防控的基础上，向其他国家出口口罩和防护服、呼吸机等物资，成为全球抗疫物资的最大供应国。其中，口罩作为防疫的必备物资，需求量极大。同时，作为一种卫生用品，口罩的标准也是复杂的，因国别不同而有所差异。美国法律规定，没有FDA的批准，口罩和大多数医疗设备都不能进入美国市场出售。2020年3月，美国FDA更新了批准口罩的紧急使用许可，中国制造的包括KN95、KP100、KN100和KP95口罩都不在紧急使用许可名单中。美国之外7个被认可标准的国家名单分别为澳大利亚、欧盟、日本、韩国、墨西哥、巴西，唯独把中国拒之门外。美国疾病控制中心（CDC）曾表示，KN95口罩的有效性与N95相同。全球最大的口罩制造商3M也表示，KN95与N95口罩等效，可以预期其功能非常相似。可见，中国标准是被认可的，美国禁止中国口罩进口的背后实际上是一种非关税壁垒。

世贸组织发布报告称，自疫情暴发以来，全球累计有80个国家禁止或者限制口罩、手套等医疗防护设备出口。但中国即便是在疫情防控形势最严峻的时候，也从来没有出台过这样的限令。相反，中国一直想方设法为世界各国的采购提供便利和支持，尽己所能不断对外输送防疫物资，为全球抗疫提供重要“战略补给”。2020年4月后，中国出口防疫物资呈明显增长态势。截至2020年10月，中国防疫物资已出口到150个国家和地区，出口口罩1 790多亿只、防护服17.3亿件、检测试剂盒5.43亿人份，为国际社会共同抗击疫情提供了巨大支持和坚强保障。为了以最快的速度将这些物资送达到其他国家，中国还全力畅通防疫物资采购渠道，比如增加中欧班列班次密度、鼓励航空公司“客改货”、开启通关“零等待”绿色通道等。

最重要的是，中国本着对各国人民生命健康高度负责的主动担当，严把产品质量关口，标准更高，检测更严，多次出台相关政策，加强对医用和非医用防疫物资的质量监管，覆盖生产、流通、出口等重点环节，确保更安全、更有效地为各国人民提供高质量的中国产品。有外媒评论：“中国以创纪录的速度生产全球所需医疗用品，帮助人们渡过难关，这将创造历史。”

可以说，中国助力全球抗疫的决心和行动，深刻诠释了构建人类命运共同体的崇高理念。早在2013年首次提出人类命运共同体理念时，习近平主席就指出：“这个世界，各国相互联系、相互依存的程度空前加深，人类生活在同一个地球村里，生活在历史和现实交汇的同一个时空里，越来越成为你中有我、我中有你的命运共同体。”因此，秉持着公开、透明、负责任的态度，在疫情暴发初期，中国毫无保留地向全世界通报疫情信息，并在取得了抗击疫情的阶段性胜利后，向全世界分享抗疫经验，提供诊疗方案，开展对外抗疫援助，派遣专家医疗团队，用实际行动展现大国担当，彰显推动构建人类命运共同体的初心。

伴随着疫情的逐步控制，“疫苗民族主义”①成为全球团结抗疫的“拦路虎”。从全球范围看，新冠病毒疫苗在高低收入国家间分配不均的现象十分明显。发达国家拥有的疫苗

① “疫苗民族主义”主要是指一些高收入国家政府与医药厂商签署协议，保证在为其他国家提供疫苗之前首先供应本国民众。

数量是其总人口的2到3倍，而贫困的发展中国家无力或没有渠道获得西方疫苗。OECD预测，一些国家可能要到2024年才能接种上疫苗。更糟糕的是，部分西方国家奉行“疫苗民族主义”和保护主义。例如，美国政府动用《国防生产法》，对疫苗生产原材料实施出口管制。

哈佛医学院流行病学专家英格丽·卡特兹联合多位医学专家在《新英格兰医学杂志》发表文章，抨击“疫苗民族主义”“短视、无效且致命”，并指出当前的不公平分配最根本的问题，出在将疫苗和关键医疗物资视为商品，而不是公共产品。

中国始终致力于构建人类卫生健康共同体。早在2020年5月举行的第73届世界卫生大会视频会议开幕式上，中国国家主席习近平就郑重承诺，中国新冠病毒疫苗研发完成并投入使用后，将作为全球公共产品，为实现疫苗在发展中国家的可及性和可担负性作出中国贡献。现实中，中国也坚定秉持疫苗公共产品的属性，用实际行动反对“疫苗民族主义”，加入了WTO“新冠病毒疫苗实施计划”，承诺首批提供1 000万剂疫苗，用于发展中国家急需。

病毒无国籍，疫情无国界。在全球化时代，机遇是全球性的，风险与挑战也是全球性的。各国一荣俱荣、一损俱损，没有国家能独善其身。大家都是全球产业链、供应链、价值链中的一环，国家小环境和国际大环境相互影响、相互激荡。联合国贸易和发展会议评估认为，疫情造成世界贸易供应链中断。因此，疫情是全人类共同的敌人，助人就是助己，污名化、指责、歧视只会搬起石头砸自己的脚；将疫情政治化、专业问题意识形态化的卑劣图谋只会阻碍世界共同战“疫”的脚步。为应对疫情下的共同挑战与考验，需要坚定人类命运共同体理念，各国携手共同努力，遵循公道的国际交往规则，平等协商，实现共赢共享。

资料来源 [1] 郑归初. 让人类命运共同体理念贯穿战“疫”始终 [N]. 人民日报，2020-03-20 (16). [2] 人民日报评论员. 中国产品助力全球抗疫——携手全球抗疫 彰显中国担当 [N]. 人民日报，2020-05-14 (2).

本章小结

随着贸易自由化进程的加快，全球关税水平呈逐渐下降的趋势，这使得利用关税形成贸易限制越来越难以操作。隐蔽性和针对性更强的非关税壁垒措施渐渐成为贸易保护主义者采取的主要手段，对世界贸易和国民福利产生了深刻影响。本章从非关税壁垒的内涵和类型入手，着重介绍了进口配额、自愿出口限制两种使用较为普遍的非关税措施，并具体分析了两种措施下的生产、消费、贸易以及福利效应。

简单来说，非关税壁垒是通过限制数量、增加成本和造成不确定性来达到贸易保护的目的。其中，进口配额的决定权掌握在进口国手中，一般由进口国对某一特定产品的进口数量或金额设置一个最大值，禁止超额进口。进口配额的实行会提高进口国国内产品价格，降低国内需求总量，增加国内总供给，使国内消费者福利受损。如果进口国属于大国，配额还会因国外需求的减少而导致产品世界价格的下降。因国内外价格差异而形成的配额租金，其去向与进口许可证的发放形式有关：如果政府将进口配额许可证免费发放给进口商，这些幸运的进口商便获得了这一数额的额外利润；如果政府拍卖或者出售这些进口许可证，政府便获得了这一数额的财政收入；如果政府通过复杂的申请程序发放进口许可证，这部分收入就会因为复杂且耗时的程序而“大打折扣”。

相比之下，自愿出口限制的控制权虽然是出口国，但背后仍离不开进口国的“建议”。出口国与进口国通过谈判、协商、博弈、签订条款的方式将出口规模限定在一定范围内。通常情况下，对进口国来说，国外出口规模的减少会降低进口水平，从而提高该产品在国内的价格，扩大国内生产。而事实上，一个奇怪的结果是，要求采取自愿出口限制的进口国，却损失了更多的国民福利，因为在实施自愿出口限制下，配额租金的分配权将掌握在出口国手中，由出口国政府或企业获得。

此外，在世界贸易组织和《关税及贸易总协定》的共同努力下，进口配额、自愿出口限制等传统非关税壁垒逐渐弱化，而更加隐蔽、复杂的新型非关税壁垒逐渐取代传统非关税壁垒，成为非关税壁垒中的主体。与传统非关税壁垒相比，新型非关税壁垒更多是考虑环境、安全、健康等与人类可持续发展有关的问题。技术性贸易壁垒是使用最为广泛的一种形式，涵盖技术标准、绿色壁垒、包装与标签等多种设置方式，是目前各国推行贸易保护主义的最有效手段之一。

关键术语

非关税壁垒（non-tariff barrier，NTB） 进口配额（import quota） 配额租金（quota rent） 自愿出口限制（voluntary export restraint，VER） 当地成分要求（local content requirement，LCR） 出口补贴（export subsidy） 倾销与反倾销（dumping and auti-dumping） 歧视性政府采购（discriminatory government procurement） 技术性贸易壁垒（technical barriers to trade，TBT） 绿色壁垒（green barrier） 蓝色壁垒（blue barrier）

基础训练

第8章即测即评

1. 进口配额与关税在保护本国产业方面有什么异同？

2. 假定A国是个小国，无法影响国际价格。该国以每袋10美元的价格进口花生。其国内需求曲线为D=400-10P，供给曲线为S=50+5P。请计算并画出当进口配额限制在50袋时对以下各项的影响：（1）本国价格的增幅；（2）配额租金；（3）消费扭曲损失；（4）生产扭曲损失。

3. 以小国为例，画图分析进口配额的福利效应。

4. 简述一国实行自愿出口限制的动机。

5. 简述新型贸易壁垒的特点。

6. 试结合实际，分析关税与非关税壁垒的应用前景。

案例分析

不能让贸易壁垒成为病毒“保护伞”

新冠肺炎疫情带来的恐慌放大了贸易保护主义，全球市场供需不平衡问题日益严峻。2020年3月30日晚，二十国集团（G20）贸易部长应对新冠肺炎特别视频会议举行，会后发表声明表示，应采取开放的经贸政策，降低疫情对全球供应链的冲击。

抗击全球疫情需要全球合作，各种关税和非关税壁垒不能成为病毒的“保护伞”。推动贸易自由化，保障各种抗疫物资、食品和生活物资全球供应均衡，对遏制全球疫情至关重要。4月1日，全球化智库（CCG）举办“疫情下的中国和世界”系列网上研讨会第三期“应对全球疫情：跨国公司的角色”，多位外国商会主席和相关专家参与研讨。大家一致认为，各国应降低各种贸易壁垒，加强抗疫协同配合。

国际贸易在全球资源调配中发挥着不可替代的作用。目前，疫情全球蔓延造成的美国、意大利等多国医疗物资紧缺仍未缓解。中国商务部部长在G20贸易部长会议上建议，各国应加强防疫物资国际合作，共同保障各国人民和医务人员的生命健康。抗击疫情应摆在各国工作首位，如果因为贸易壁垒而使全球防疫物资无法顺畅流通，则客观上无异于助推病毒扩散。

不仅是医疗物资，疫情期间的粮食等生活基本物资供应短缺也令人担忧。2019年以来，全球各种自然灾害不断。澳大利亚持续月余的大火、东非拉响的蝗灾警报，以及疫情暴发后多国颁发粮食出口禁令，不能不引起高度警惕。

从历史经验和相关研究看，提高关税、设置贸易壁垒并非解决全球物资供需不平衡的良策；相反，由于乘数效应，商品价格可能上升。

从现实角度看，无论是医疗资源短缺还是粮食短缺，受到最大伤害的还是疫情中最需帮助支援的发展中国家。如果不采取有效措施，疫情期间的关税和非关税壁垒等贸易保护主义手段，以及逆全球化思潮，在疫情结束后还可能继续作怪。一旦经济全球化出现倒退，全球经济就不但难以恢复，还可能引发新的未知风险。因此，各国需要以长远眼光开展抗疫合作，推动贸易自由化发展。

全球抗疫挑战呼唤全球抗疫合作。这种合作不应仅流于表面，更应落到实际行动。设置贸易壁垒、关闭边界、推行保护主义只会加剧全球抗疫物资供求不平衡，抬高全球物价，放大恐慌情绪。全球抗疫需要推动自由贸易，而且疫情结束后，全球贸易合作的步伐也不能停下，各国需付出长期艰苦努力，共同构建经济全球化新秩序。

资料来源　王辉耀. 不能让贸易壁垒成为病毒“保护伞”[N]. 北京青年报，2020-04-05（A02）.

问题：

（1）新冠肺炎疫情下，贸易壁垒有哪些形式？

（2）各国应该如何破除贸易壁垒，合作开展自由化贸易？

第 9 章
促进出口的措施

学习目标

9.1
倾　销
9.2
出口补贴
9.3
出口信贷

学思践悟
本章小结
关键术语
基础训练
案例分析

学习目标

通过本章的学习，你应该能够：了解促进出口的各项措施；理解并熟悉出口信贷、倾销等做法；掌握出口补贴的经济效应。

引例

商务部公布对原产于澳大利亚的进口相关葡萄酒反倾销和反补贴调查的最终裁定

2021年3月26日，商务部发布2021年第6、7号公告，公布对原产于澳大利亚的相关葡萄酒反倾销和反补贴调查的最终裁定，裁定原产于澳大利亚的进口相关葡萄酒存在倾销和补贴，中国国内相关葡萄酒产业受到了实质损害，而且倾销和补贴与实质损害之间存在因果关系，最终裁定中认定的倾销幅度为116.2%~218.4%，补贴幅度为6.3%~6.4%。商务部同时决定自2021年3月28日起对原产于澳大利亚的相关葡萄酒征收反倾销税，各公司反倾销税税率为116.2%~218.4%，根据相关规定，为避免双重征税，决定不征收反补贴税。

应国内相关葡萄酒产业申请，商务部分别于2020年8月18日和2020年8月31日发布公告，决定对原产于澳大利亚的进口相关葡萄酒发起反倾销和反补贴调查。立案后，商务部严格按照中国相关法律、法规和世贸组织规则进行调查，作出上述最终裁定。

该产品归在《中华人民共和国进出口税则》“22042100”中。

资料来源　中华人民共和国商务部．商务部公布对原产于澳大利亚的进口相关葡萄酒反倾销和反补贴调查的最终裁定［EB/OL］．（2021-03-26）［2022-03-15］．http://www.mofcom.gov.cn/article/news/202103/20210303047619.shtml.

围绕出口贸易行为和出口贸易政策的争论，并不比进口贸易壁垒逊色。企业和政府如何促使本国比其他国家在一般竞争条件下出口更多的商品？一国是否能够不考虑其他国家的利益及世界利益而过度出口？进口国对于其他国家的过度出口能够采取什么样的措施？在近几十年里，欧盟、美国指责日本、印度、韩国及其他快速增长的国家在进行“不公平贸易”，认为这些国家违反了一般竞争规则和WTO的贸易规则。同样，日本、印度、韩国、中国等国家也颁布了自己的程序、规则，并利用这些程序和规则指控其他国家的“不公平贸易”。一国促进出口的措施通常包括倾销、出口补贴和出口信贷等措施。本章就以上述3种促进出口的措施为对象进行分析。

9.1 倾 销

9.1.1 商品倾销

1. 商品倾销的含义[①]

商品倾销（dumping of goods）是指一国的产品以低于正常价值（normal value）的价格销往另一国。因此，正常价值是确定倾销存在与否的重要指标。对于正常价值的界定，并无统一的标准，通用的方法有3种：

(1) 国内销售价格

WTO《反倾销协定》规定“出口国供国内消费的相同产品的可比价格”，这是一种最基本的正常价值。

(2) 对第三国的出口价格

《反倾销协定》还规定了将“相同产品出口至一适当第三国的可比价格”作为正常价值，这种正常价值通常适用于所谓的“非市场经济国家”，采用这种方法确定正常价值通常被称为反倾销“替代国”的做法。但《反倾销协定》并没有规定在何种条件下哪种正常价值优先适用。同时，值得注意的是，WTO没有关于“市场经济国家”或者“市场经济地位”的定义和判定标准，也没有判定任一成员“市场经济地位”的授权。

(3) 结构价格

当无法适用前述两种正常价值时，可以采用“结构价格”作为正常价值。所谓“结构价格”是指原产国的生产成本加合理数量的管理、销售、一般费用及利润。如果一国将产品以低于正常价值的价格出口至其他国家，则会被认定为倾销。

2. 商品倾销的分类[②]

按照倾销的目的和时间，商品倾销可分为掠夺性倾销、周期性倾销、季节性倾销和持久性倾销。

(1) 掠夺性倾销

掠夺性倾销（predatory dumping）又称间歇性倾销，是指厂商以将竞争对手逐出市场为目的，暂时性地以低价向国外市场出口商品，待竞争对手退出市场后再利用其垄断地位提高商品售价，获取垄断利润。现实中，如果一个行业没有极高的进入门槛，那么没有一个企业可以长期垄断市场。所以，理性预期的结果是现实中不会出现掠夺性倾销的行为。

(2) 周期性倾销

周期性倾销（cyclical dumping）是指在经济周期需求较弱阶段，厂商向国外市场低价销售商品的行为。在这种情况下，进口国会认为出口国将其国内经济不景气、失业转移给本国，也就是在转嫁危机。

① 黄炳坤. 中国涉外经济法律问题［M］. 南宁：广西人民出版社，1991：7-10.
② 普格尔，林德特. 国际经济学［M］. 李克宁，等译. 11版. 北京：经济科学出版社，2001：144-146.

(3) 季节性倾销

季节性倾销（seasonal dumping）又称偶然性倾销、临时性倾销，是指出口国在商品的供给旺季或者在季节转换期在出口市场上低价销售商品的行为，其目的在于清空商品的库存。易腐烂的农产品就是季节性倾销的主要商品之一。由于时间短且倾销数量较少，该倾销虽然一定程度上会对进口国同类商品的生产产生影响，但进口国一般不会采取反倾销措施。

(4) 持久性倾销

持久性倾销（persistent dumping）是指出口国企业利用国内和国外市场的需求弹性差异，在国外以更低的价格销售商品，以此实现利润最大化的行为。持久性倾销之所以存在，是由于其在国外市场的需求弹性更大，而国内市场的需求弹性更小。在国内和国外市场可以有效分割的情况下，本国厂商在国外市场的售价低于国内市场售价，即实行价格歧视，可以使其利润最大化（如图9-1所示）。

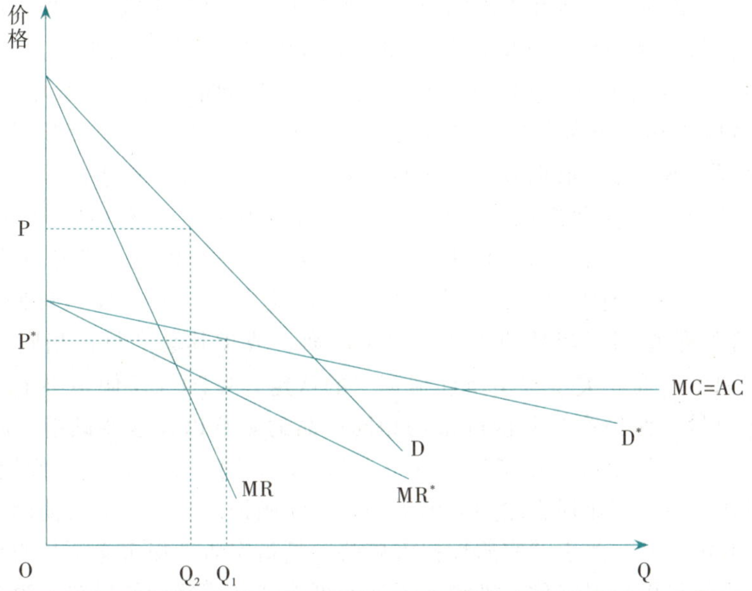

图9-1 持久性倾销

假定垄断企业能够在本国和外国市场制定不同的价格，垄断企业在本国市场所面临的需求曲线为D，边际收益曲线为MR，边际成本曲线为MC，该边际成本曲线也是企业在国外市场的边际成本曲线MC。在国外市场所面临的需求曲线和边际收益曲线分别为D^*和MR^*，歧视性垄断企业利润最大化的条件为$MR = MR^* = MC$。企业在国内市场销售量为Q_2，由$MR = MC$确定，销售价格为P。企业在国外市场销售量为Q_1，由$MR^* = MC$确定，销售价格为P^*。国内市场价格P高于国外市场价格P^*，即构成倾销。但企业通过对国内市场和国外市场进行歧视性定价，达到了利润最大化的目标。

假定垄断企业能够在本国和外国市场制定不同的价格，垄断企业在本国市场所面临的需求曲线为D^*，边际成本曲线为MC^*，边际收益曲线为MR^*。在国外市场其所面临的需求曲线为价格等于P的水平线，该需求曲线同时是企业在国外市场的边际收益曲线MR。歧视性垄断企业利润最大化的条件为MR = MR^* = MC^*。如果企业产量为Q_1（点B），边际成本应该等于出口的边际收益。该产量一部分在国内市场销售，另一部分在国外市场销售。国内市场销售量为Q_2（点C），由MR = MR^* = MC^*确定。企业的国内市场销售价格为P^*，销售量为Q_2。国内市场价格P^*高于国外市场价格P，即构成倾销。同时，平均成本AC_1也高于国外市场售价P，根据这个比较，该企业仍旧存在倾销。但企业通过对国内市场和国外市场进行歧视性定价，达到了利润最大化的目标。

3. 形成商品倾销的条件

在很多现实的反倾销案例中，出口商品的国内、国外市场价格的差异，都来自企业为实现利润最大化而采取的价格歧视行为。对进口国来说，这并不一定会带来损害，但在种种政治压力下，常常会被认定为倾销。反倾销是一种重要且被广泛使用的贸易保护手段，但WTO成员在具体实施反倾销措施时要受到WTO《反倾销协定》相关规定的约束。该协定规定，原则上允许进口成员在本国同类产品产业遭受严重损害或严重损害威胁时采取反倾销措施，即征收反倾销税。其中，关于倾销所造成的损害认定规则是WTO反倾销机制中的重要内容。《反倾销协定》第1条明确规定了实施反倾销措施的一般原则："反倾销措施仅适用于GATT 1994第6条所规定的情况，并依照世界贸易组织《反倾销协定》的规定发起和进行反倾销调查。"根据GATT 1994第6条，"倾销及其损害之间存在因果关系"是实施反倾销措施的一般前提条件。换言之，不存在倾销，没有由倾销所造成的损害，就不能实施反倾销措施。其中，"损害"的定义为：对一个国内产业造成严重损害、严重损害威胁，或实质性地阻碍这样一个国内产业的建立。根据WTO《反倾销协定》第4条，"国内产业"是指相同产品的所有国内生产商，或指其总产量占相同产品国内总产量大部分的国内生产商。关于"实质性损害"的认定，WTO《反倾销协定》规定，要依据倾销产品进口量、倾销产品对国内市场相同产品的影响以及这些倾销产品对该产品的国内生产商所造成的结果性影响进行客观审查和认定。同时，WTO《反倾销协定》规定，要证明倾销与其对国内产业损害之间有因果关系，除倾销产品之外的其他因素所造成的损害不能归咎于倾销产品。关于"实质性损害威胁"是指实质性损害必须是明显地可预见并且是迫近的，不能仅仅依据宣称、推测或遥远的可能性（《反倾销协定》第3.7条）。但对于"实质性地阻碍国内产业的建立"，《反倾销协定》未作定义。

4. 反倾销的程序

反倾销的主要程序包括发起调查、采取临时措施、以价格承诺方式结案、课征最终反倾销税等。

(1) 发起调查

反倾销调查的目的是确定被指控的倾销是否存在、程度及其影响。调查在收到国内产业或代表国内产业提出的书面申请后发起。申请应包括充足的证据，以证明存在倾销、倾销造成了损害以及倾销与宣称的损害之间存在因果关系。除非申请是国内产业或代表国内产业提出的，否则不得发起调查。如果申请得到国内生产商（其总产量占国内产业中表示支持或反对申请的国内相同产品生产商总量的50%以上）的支持，则该申请应被视为

“由国内产业或代表国内产业提出”。如果表示支持申请的国内生产商的产量不足国内相同产品总产量的25%，则不得发起调查。特殊情况下，反倾销主管机关也可以主动发起调查。若倾销幅度低于出口价格的2%或从特定国家进口的倾销产品量不足进口国相同产品总进口量的3%，则调查应立即终止。同时，反倾销调查不应妨碍通关程序。除特殊情况外，调查应在发起后1年内结束，最长不能超过18个月。

（2）采取临时措施

采取临时措施的前提条件是：

① 已发起反倾销调查，已为此发出公告，且已给予利害关系方提交信息和提出意见的充分机会；

② 已作出关于倾销和由此产生的对国内产业的损害的初步肯定裁定；

③ 反倾销主管机关判断此类措施对防止“倾销”进口产品在调查期间对国内产业造成损害是必要的。

临时反倾销措施的形式可以是征收临时反倾销税或采取现金保证金、保函等担保形式。临时反倾销措施自发起反倾销调查之日起60天后实施，实施期不超过4个月；或应在所涉贸易中占很大比重的出口商请求，可不超过6个月。

（3）以价格承诺方式结案

以价格承诺方式结案是一种“无税”结案方式，其对出口商造成的消极影响要比被征收反倾销税小。《反倾销协定》中的“承诺”是指出口商同意调整价格或停止出口倾销产品，从而使调查主管机关确信消除倾销的损害性影响。在获得出口商承诺后，倾销的调查可以中止或终止，不再采取临时反倾销措施或征收反倾销税。《反倾销协定》第8条规定了“承诺”的规则：

① 除非进口成员反倾销主管机关已就倾销及其损害作出初步肯定性裁决，否则出口商不得寻求承诺，进口成员也不得接受承诺；如果进口成员反倾销主管机关认为接受承诺是不可行的，则进口成员不必接受承诺。

② 如果出口商希望或反倾销主管机关决定继续就倾销和损害进行调查，则承诺的接受不影响倾销和损害调查的继续进行。在此情形下，如果作出了倾销及其损害的否定性裁决，则承诺一般自动失效；若作出了倾销及其损害的肯定性裁决，则承诺照常适用。

③ 进口成员反倾销主管机关可以提出价格承诺的建议，但不得强迫出口商作出此类承诺；如果出口商违反此类承诺，则进口成员反倾销主管机关可采取快速行动，包括使用最佳可获得的信息立即实施临时措施。

（4）课征最终反倾销税

根据《反倾销协定》的相关规定，最终反倾销税是在非歧视的基础上，对已被认定为倾销且造成损害的所有来源的相同进口产品征收；反倾销税税额不超过倾销幅度；在一般情况下，任何最终反倾销税应在征收之日起5年内终止。

拓展阅读9-1

9.1.2 外汇倾销①

1. 外汇倾销的含义

外汇倾销（exchange dumping）是出口企业利用本国货币对外贬值的机会，占领国际市场的特殊手段。一国货币贬值会带来两方面的影响：

（1）提高出口商品的竞争力

货币贬值意味着本国货币兑换外货货币的比率降低了，在价格不变的情况下，用外国货币表示的出口商品的价格降低了，从而增强了出口商品的竞争能力，有利于扩大出口。1985年以后，美国曾力图利用美元贬值来扩大商品出口和改善巨额的贸易逆差。例如，1987年6月至1994年6月，美元与日元的比价从1美元=150日元下跌到1美元=100日元，美元贬值了33.3%。假定1件在美国售价为100美元的商品出口到日本，按过去汇率折算，在日本市场售价为15 000日元，而美元贬值后售价为10 000日元。这时候出口商有3种均对自身有利的选择：

① 把价格降至10 000日元，增强出口商品价格上的优势，在保持收益不变的情况下大大增加出口额。

② 继续按15 000日元的价格在日本市场出售该商品，按新汇率计算，每件商品可多收入5 000日元（合50美元）的外汇倾销利润，出口额不变。

③ 在10 000~15 000日元间酌量减价，既有一定的倾销利润，又会扩大出口额。

（2）削弱进口商品的竞争力

同理，用本国货币表示的进口商品的价格提高了，减少了本国对进口商品的需求，从而限制了进口。接上例，如按过去1美元=150日元的比价，1件在日本售价为15 000日元的商品出口到美国值100美元，而美元贬值后同一商品在美国的售价就为150美元，这必然给日本厂商带来不利。

2. 外汇倾销的条件

外汇倾销具有滞后性、暂时性和有限性等特点②，只有在具备以下条件时才可能起到扩大出口的作用。

（1）货币贬值的幅度大于国内物价上涨的幅度

货币对外贬值的同时必然引起对内贬值，从而引起国内物价的上涨。如果国内物价上涨的幅度赶上或者超过了货币贬值的幅度，那么对外贬值和对内贬值的差距随之消失，从而出口商品的外销价格会回升甚至超过原来的价格，即货币贬值之前的价格，对外贬值引起的增加出口和抑制进口的双重作用就会被抵消。不过，垄断组织还可以获得外汇倾销的利益，因为对外贬值和对内贬值并非同时发生，一定时期内，对内贬值的幅度小于对外贬值的幅度。

（2）其他国家不同时实行同等程度的货币贬值

一国对外实行外汇贬值时，如果其他国家也采取同等程度的货币贬值，则两国货币贬值幅度相互抵消，两国货币之间的汇率就会保持不变，仍处于贬值前的水平，使得出口商品的相对价格几乎保持不变，外汇倾销的效应无法发挥，从而无法得到对外贬值的利益。

① 对外经济贸易大学．对外经贸企业经营管理概论［M］．北京：对外贸易教育出版社，1986：51-52.
② 唐海燕．现代国际贸易的理论与政策［M］．汕头：汕头大学出版社，1994：281.

(3) 其他国家不采取另外的报复性措施

如果其他国家采取了提高关税等报复性措施，那么也会提高出口商品在国外市场的价格，从而抵消外汇倾销的作用。

9.2 出口补贴

9.2.1 出口补贴的含义[①]

出口补贴（export subsidy）又称出口津贴，指的是对国内出口企业或个人给予直接或间接性的补助，从而降低出口商品的价格，增强出口商品的国际竞争能力。

微课 出口补贴

出口补贴的主要形式有直接补贴和间接补贴。

1. 直接补贴

直接补贴（direct subsidy）一般是以政府给出口商支付现金或者津贴的形式进行，包括价格补贴和收入补贴。价格补贴是指政府部门根据出口的数量或价值直接给予现金补贴。收入补贴是政府对企业出口的亏损进行补偿。

直接补贴一般用于扶持农业和一些幼稚产业。第二次世界大战以后美国和部分西欧国家对某些农产品的出口补贴最为典型。这些国家农产品的国内价格一般高于国际市场价格，若按照国际市场价格出口则亏损，政府针对这些亏损的部分给予补贴。美国政府2000年对农产品的出口补贴大约为5.8亿美元。

2. 间接补贴

间接补贴（indirect subsidy）也称隐蔽性补贴，是政府对特定商品的出口提供税收、金融上的优惠和支持，如减少公司所得税、提供低息贷款等。美国虽然号称是世界上最自由的市场经济国家，但仍通过各种补贴计划向一些机构和公司提供补贴。目前，其每年各种补贴的计划多达100多项，经费高达650亿美元以上，主要用于农业、出口贸易、高技术和能源四大领域。

对出口商品进行补贴的目的有：①使本国商品在国际市场上具有价格优势，能够以低于实际生产成本的价格出售，增强竞争实力，扩大出口规模；②扶持产业结构升级和实现规模经济等。

9.2.2 出口补贴的经济效应[②]

与进口关税一样，出口补贴也因实施补贴的国家是大国还是小国而产生不同的福利效应。下面我们分别对小国和大国实施出口补贴措施的经济效应进行分析。

1. 贸易小国

假定小国对其出口商品提供每单位s的补贴，则国内的出口商每出口1单位商品所获

① 王怀宁．资本主义国际贸易与金融［M］．北京：中国财政经济出版社，1980：61．
② 杨全发．新编国际贸易［M］．广州：中山大学出版社，1995：268-270．

得的收益为其在国外市场销售所得加上出口补贴s后的总收益。

如图9-2所示，封闭经济下，小国国内市场均衡价格为P_0，自由贸易下，小国国内市场均衡价格为P_1，等于世界价格。此时，小国的出口数量为Q_2Q_3。当小国对每单位出口商品提供数额为s的补贴后，小国国内市场价格将提高到P_2，在自由贸易下小国国内市场价格P_1和P_2之间的差额正是每单位出口商品的补贴额s。在小国国内市场价格上升至P_2后，其国内供给数量由Q_3增长至Q_4，国内需求由Q_2下降到Q_1，出口数量由Q_2Q_3变为Q_1Q_4。

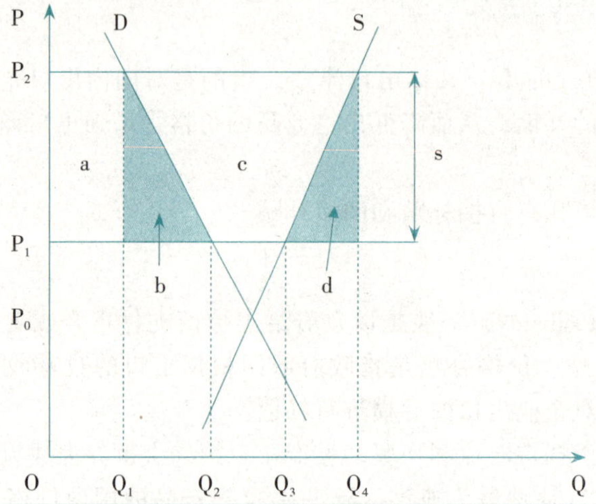

图9-2　贸易小国的出口补贴效应

在这一过程中，小国的生产者剩余增加了（a+b+c）的面积，小国的消费者剩余减少了（a+b）的面积，政府的补贴成本为（b+c+d）的面积。小国提供出口补贴使其净福利减少了（b+d）的面积，其中，b是消费扭曲，d是生产扭曲。这与小国征收进口关税的福利效应完全一样。

2. 贸易大国

大国提供出口补贴所带来的福利效应相较于小国而言更加复杂一些。这是因为一个大国如果提供出口补贴，将导致世界市场的供给增加，从而世界价格下降，这将对提供出口补贴的大国的贸易条件产生不利影响。

如图9-3所示，在封闭经济下，大国国内市场均衡价格为P_0，自由贸易下，大国国内市场均衡价格为P_1，等于世界均衡价格。现在假定大国为其出口商品提供每单位s数额的出口补贴，由于大国提供补贴的措施使得国内产出增加，进一步导致世界价格由自由贸易时的P_1下降到P_3。此时，大国国内厂商所获得的价格为P_2等于世界价格P_3加上每单位出口的补贴s，即P_2与P_3间的差额正是每单位出口所获得的补贴额s。自由贸易情形下，国内价格为P_1，等于世界价格，国内产量为Q_3，国内需求为Q_2，出口量为Q_2Q_3。大国提供出口补贴后，在均衡价格P_2下，国内产量为Q_4，国内需求为Q_1，出口量为Q_1Q_4。国内生产者剩余增加了（a+b+c）的面积，国内消费者剩余减少了（a+b）的面积，政府补贴成本为（b+c+d+e）的面积。大国提供出口补贴后的净福利减少了（b+d+e）的面积。其中，b

是消费扭曲，d是生产扭曲，e是贸易条件效应。与小国情形相比，大国提供出口补贴后除了（b+d）面积的无谓损失外，还多出了一部分贸易条件损失e。这是大国出口补贴导致其贸易条件恶化所致。

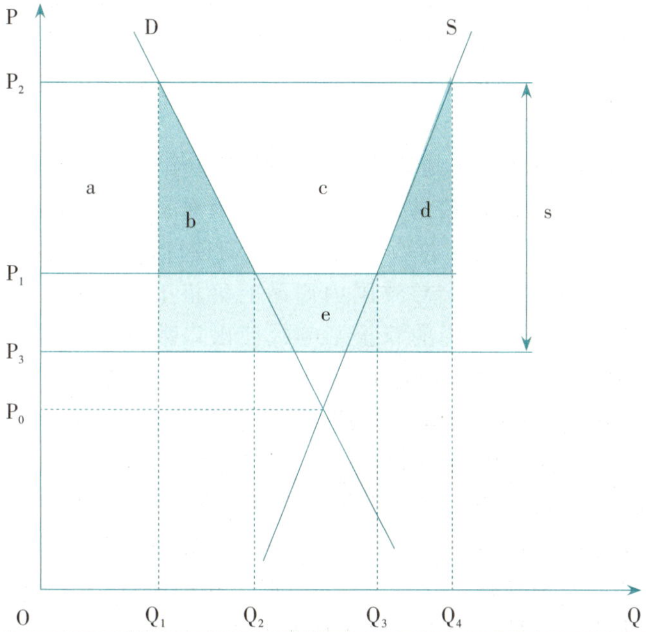

图9-3 大国出口补贴的福利效应

以上分析中，我们都是在假定进口国不采用反补贴政策措施的情况下进行的。当进口国征收的反补贴税额度相当于出口国提供的补贴额度s的情况下，出口补贴措施的效果将被抵消，出口国提供的出口补贴变成进口国政府的额外税收。

拓展阅读9-2

实践窗9-1

欧盟奶业补贴政策

欧盟全称为欧洲联盟（European Union，EU），由欧洲共同体发展而来，包括大部分欧洲国家。欧盟自成立以来发布了两项最有影响力的贸易政策：一是欧盟成员取消了相互间的所有关税；二是欧盟的农业政策已发展成为一个巨大的出口补贴项目。

欧盟是世界乳制品最重要的生产区域之一，奶业政策起源的本质表现为贸易保护主义。[①]价格机制是欧盟奶业政策的核心，1992年和2003年分别对补贴方式进行了根本性变革，是共同农业政策改革中重要的转折。[②]欧盟奶业的补贴政策主要包括价格支持、直接支付、“交叉达标”机制。1968年后欧盟对奶业一直实施价格支持，使欧盟乳及乳制品价格大大高于世界市场价格，这就增加了牛奶生产者、加工者以

① SZEGEDY-MASZÁK I. Development of dairy sector related agricultural policies in the European Union, the way to the 2013 cap reform [J]. International Law，2014（24）：83-111.

② 张虎. 发达国家农业支持政策的经验及启示——以美国、日本、欧盟为例 [J]. 技术经济与管理研究，2015（12）：118-121.

及贸易商的收入，因此称为价格支持。由此带来的结果是，乳制品生产过剩，欧盟不得不购买和储存过剩商品。为了避免无限制的储备增长，增强欧盟乳业商品竞争力，消除生产过剩，欧盟根据国际市场价格和区内价格之差、出口商品品种和出口目的地等因素，每月调整、确定出口补贴的水平和数量，并通过欧盟官方期刊公开发布。而出口商通过申领出口许可证、提供履行出口义务的担保、提交商品出口证明文件等程序，在完成出口后获得相关补贴。历史上，欧盟乳制品保留了很高的补贴水平。

图9-4说明了出口补贴政策是如何对乳制品产生作用的。在自由贸易的条件下，世界市场价格为P_w，商品出口数量为Q_1Q_2。在欧盟对每一单位出口商品给予一定比例的金额补贴后，出口商品的单位收入增加，进而使厂商扩大生产，减少国内销售，增加出口量。国内销量的下降会导致国内商品的价格上升至P_S，国内出口行业产量增加和国内对出口商品需求下降的双重影响致使出口数量扩大到Q_3Q_4。由于欧盟属于大国，其出口补贴政策会影响世界市场价格，欧盟出口数量的扩张压低了世界价格，降至P_S^*。与政策实施前相比，欧盟消费者损失面积为（a+b），生产者获益面积为（a+b+c），政府支付的补贴面积为（b+c+d+e+f+g），因此整个社会福利的净损失就是（b+d+e+f+g）。其中，b、d分别代表了消费扭曲和生产扭曲，这与关税、配额造成的一样。另外，由于出口商品在国外市场的价格会降至P_S^*，所以出口补贴会恶化贸易条件，从而出现一个额外的贸易条件恶化损失（e+f+g），该损失等于国内外价格差额与得到补贴的出口量的乘积。可见，出口补贴的成本明显超过收益。

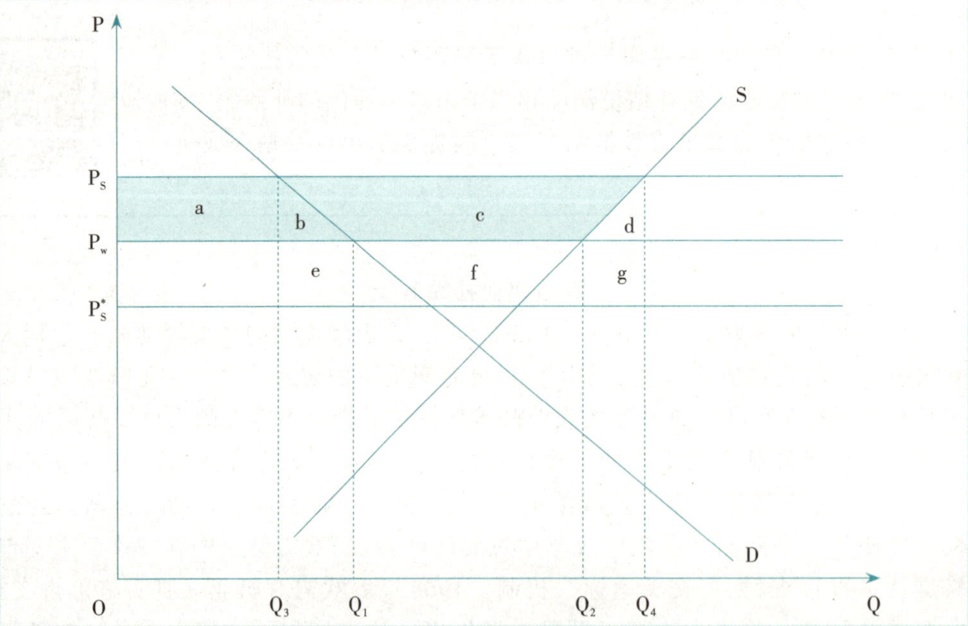

图9-4　出口补贴效应分析

资料来源　颜垒，黄静. 我国企业跨国管理与跨文化冲突 [J]. 河南社会科学，2017，25 (3)：35-39.

欧盟这一政策遭到了来自美国和其他粮食出口国的抵制，这些国家抱怨欧盟的出口补贴使得它们的出口价格都下降了。比如，在2003年，克罗地亚农业部表示，由于欧盟对自己奶酪生产商实行出口补贴（每千克荷兰干奶酪0.8欧元），廉价欧盟奶酪的进口严重地冲击了克罗地亚本国奶制品业的发展，2002年克罗地亚奶制品业损失近5 000万库纳（约合700万美元）。受到贸易自由化的压力，2003年7月，欧盟农业委员提出了新的农业改革方案：切断直接补贴与生产的联系，使农民按市场需求自行组织生产；补贴支付将与环保和产品质量紧密挂钩，并逐步减少20%。此方案对欧盟的牛奶和奶制品生产产生重大影响。①

虽然欧盟在WTO多哈回合农业谈判中承诺，其在2013年全面取消出口补贴，实际上，其在2007年6月、2007年1月和2007年4月就分别停止了对脱脂奶粉、全脂奶粉和黄油的出口补贴。但由于全球金融危机导致全球需求下降，2009年，国际奶制品市场价格和欧盟内部市场价格迅速下跌，欧盟奶业政策改革面临困境，重回贸易保护主义的趋势明显。2009年1月，欧盟宣布重新启动对乳制品的出口补贴。为提高效率，欧盟还每月两次调整和确定出口补贴标准和数量。贸易商通过自主选择公共补贴或招标补贴方式，获得出口补贴支持。

有趣的是，作为农业政策改革的一部分，为了解决产出过剩这一问题，欧盟在2015年完全取消牛奶产量配额制，若牛奶产量超出配额，将被罚款。不幸的是，该政策的实施恰好遇上了席卷全球的原料奶过剩，使欧洲的奶价就像坐上了过山车，蹭蹭往下跑，拦都拦不住。欧洲牛奶委员会（European Milk Board，EMB）不断出台调控措施，却收效甚微。如今，欧洲一些国家和地区，比如瑞典，不得不采取“补贴限产”的激励政策，鼓励奶农调整生产，降低产量。

9.3　出口信贷②

9.3.1　出口信贷的含义

出口信贷（export credit）是指一国政府为支持和扩大本国商品的出口，增强国际竞争力，对出口商品给予利息补贴、提供出口信用保险或信贷担保，鼓励本国的银行或非银行金融机构对本国的出口商或外国的进口商（或其银行）提供利率较低的贷款，以推动本国出口贸易的一种国际信贷方式。

9.3.2　出口信贷的分类

根据贷款对象的不同，出口信贷可以分为出口卖方信贷和出口买方信贷。

出口卖方信贷是出口商银行向本国出口商提供的商业贷款。出口商以此贷款为垫付资金，允许进口商赊购自己的商品和设备。

出口买方信贷是出口商政府支持出口商银行直接向进口商或进口商银行提供信贷支

① 王文俊．欧盟关于牛奶及奶制品的政策［J］．全球科技经济瞭望，2003（6）：29-30.
② 本书编写组．经济基础理论与综合知识——全国经济专业中级资格综合考试用书［M］．北京：北京航空航天大学出版社，1993：127.

持，以供进口商购买技术和设备，并支付有关费用。

出口买方信贷主要有两种形式：

① 出口商银行将贷款发放给进口商银行，再由进口商银行转贷给进口商；

② 由出口商银行直接贷款给进口商，由进口商银行出具担保。

为了缓和发放出口信贷方面的矛盾，OECD成员间就出口信贷方面的问题达成了《官方支持的出口信贷安排》，即通常所说的“君子协定”。《官方支持的出口信贷安排（2015修订版）》由一般规定、出口信贷的融资条款、关于约束性援助的规定和程序4章内容和14个附件组成。目前，“君子协定”的加入方包括澳大利亚、加拿大、欧盟、日本、韩国、新西兰、挪威、瑞士和美国。其他经合组织成员和非经合组织成员可经现有加入方的邀请加入。由于OECD成员的对外贸易和投资总额在国际贸易中占有很大的份额，“君子协定”自推出后便在国际出口信贷业内产生了广泛的影响，成为许多发展中国家后续建立出口信用机构和制定相关政策的重要参考依据。

实践窗 9-2

支持企业参与“一带一路”建设　中信银行出口信贷创新绩

“无论是在疫情面前，还是在‘走出去’开拓市场的关键时刻，我们的身后总有一个强大的祖国！”在中信银行成功办理出口信贷融资业务、顺利获得4 500万美元资金支持的华友钴业公司，更加体会到了这句话的分量。

一、海外布局屡获支持

华友钴业主要从事新能源锂电材料和钴新材料产品的研发制造，是一家拥有从钴镍资源开发到锂电材料制造一体化产业链、致力于发展低碳环保新能源锂电材料的高新技术企业，钴产品产销量规模位居全球前列。经过十多年的发展积淀，该公司完成了总部在浙江桐乡、资源保障在境外、制造基地在中国、市场在全球的空间布局。

在“一带一路”倡议提出的背景下，浙江企业围绕区域经济合作，不断拓展海外市场和生产基地，取得了可喜成果；同时，“一带一路”倡议为金融机构拓展综合金融服务提供了机遇。在华友钴业公司“走出去”和积极参与“一带一路”建设的过程中，也一直得到了来自国内金融机构的强大支持和帮助。

二、强强联手提供高效服务

钴是新能源电池的重要原料之一，全球50%~60%的可开采量集中在刚果（金）地区，因此该地成为华友资源的“主战场”之一。但由于刚果（金）是外汇管制国，金融系统极不发达，华友在当地的项目大多依靠中资金融机构支持。

中信银行作为国内较早获得外汇业务经营资格的全国性商业银行之一，凭借专业优势及海外平台，为客户提供了很多优质的跨境金融服务。而中国出口信用保险公司（以下简称中信保）是承办出口信用保险业务的政策性保险公司，承担为对外贸易和对外投资合作提供保险的服务，对推动对外经济贸易发展，促进经济增长、就业与国际收支平衡有着重要的作用。

2019年3月，华友钴业在刚果（金）的项目有融资需求。中信银行和中信保基于良好的合作基础，共同商议、相互配合，克服重重困难，快速打通出口信贷融资方案搭建、中介机构对接、法律文本起草等流程，专业的服务方案得到了客户的认可。在推进环节，中信银行还在浙江银保监局和嘉兴分局的指导帮助下开启“直通车”模式，总、分、支行联动，每周召开视频会议，啃掉了一个又一个“硬骨头”。

三、业务落地创多项纪录

6月19日，中信银行杭州分行成功落地华友钴业刚果（金）项目出口信贷业务，为企业“走出国门”发展提供了4 500万美元资金支持。

这笔业务在中信银行杭州分行系统内创造了很多纪录：

一是多方高效合作的纪录。该项目由企业、银行、中信保及境内外律所多方协同配合，业务涉及中国以及刚果（金）多地不同市场环境。在全球疫情的背景下，项目从拿到批复到协调境内外落地放款仅用时5个月，相比企业前一期项目，实现难度翻番情况下的时间减半。

二是融资额的纪录。与企业前一期项目相比，该项目融资金额实现翻倍。

三是低成本融资的纪录。实现制造业3年期表内投放3.2亿元，银行融资成本不到2%，远低于国内市场本外币融资的报价。

该笔业务实现了中信银行在浙江省出口信贷领域的新突破，成为践行“一带一路”倡议、支持国内企业走出去的又一成功案例。中信银行将进一步统筹资源配置，以实际行动支持“一带一路”的建设和发展。

资料来源　金华市人民政府外事办公室. 支持企业参与“一带一路”建设　中信银行出口信贷创新绩［EB/OL］.（2020-06-28）［2022-03-15］. http://swb.jinhua.gov.cn/art/2020/6/28/art_1229168151_58839653.html.

学思践悟

“非市场经济地位”只是美国打压中国的幌子

入世20多年来，中国认真履行入世的承诺。自1986年开始“复关”谈判时中国就已经着手对国内法律进行整理，整理中央政府法律、法规和部门规章2 300多件，地方性政策、法规19万多件；调整对外贸易法、货物贸易法、服务贸易法、知识产权法、外商投资法等立法；大幅度降低关税，中国关税总水平由2001年的15.3%降至2022年的7.4%，并且全面开放外贸经营权，积极履行WTO补贴通报义务。但是到现在为止，仍有多个西方国家就所谓的中国“非市场经济地位”向中国发难。

一、所谓“非市场经济国家”概念并不存在于WTO规则中

事实上，世贸组织《反倾销协定》本身没有对非市场经济国家和涉及这些国家的倾销问题作出任何指导性的界定，只有《关税及贸易总协定》第6条第1款的注释条款表明，如果一个国家的贸易价格都是由国家来确定，其他国家对这个国家进行反倾销的时候，难以确定其真实的市场价格，这样的国家是“非市场经济国家”。其他国家在对“非市场经济国家”进行反倾销的时候，就可以采用替代国的方法，即用一个与该国情况相近的市场经济国家的国内价格作为决定倾销幅度的比较基础，与该国出口价格相比较，得出一个倾销幅度。“非市场经济国家”并不由法律裁定，而是由行政裁定，完全是主观判断。

市场经济国家不是加入《关税及贸易总协定》的前提条件，当然也不是加入世界贸易组织的前提条件。实际上市场经济主要是指企业按市场机制自主经营、自负盈亏，如自主决定价格、制定生产及投资决策等。《关税及贸易总协定》时期，有捷克、斯洛伐克、匈牙利、罗马尼亚等社会主义国家加入《关税及贸易总协定》，当时它们没有有示自己是市场经济国家。在中国“入世”谈判时，我们认为这是有歧视的条件，因此这个歧视待遇在入世15年后，也就是2016年不应该再继续。经过一个过渡期，世界各国应该把中国当成普通的WTO成员，适用于普通的反倾销法。

二、假借“市场经济地位”之名，行打压中国之实

实际上，不承认中国的“市场经济地位”主要就是为美国和欧盟打压中国提供便利的条件。它们可以随便确定一个替代国来评估中国反倾销的幅度，据此加强对中国企业、中国商品的打压。据世界贸易组织统计，中国连续多年成为遭遇反倾销调查最多的国家。

就实际情况来说，现在世界上就没有纯粹的市场经济国家。西方国家为了增强本国企业的国际竞争力，也采取了很多政府干预措施，如政府补贴、政府采购、政府持股等。然而西方对这些仿佛视而不见，它们通常采用双重标准，即西方的补贴与产业扶持是正当的，其他国家的政策就是非法的。当西方企业具有竞争优势的时候，它们就高呼开放市场、公平竞争。当它们失去竞争优势时，它们或采用高额关税，实施贸易保护主义，或采取反倾销、反补贴的手段，对竞争对手实施制裁，甚至不惜动用政府的暴力工具打击竞争对手。孟晚舟事件实际就是美国和加拿大政府以公权力打压中国企业、干预正常的市场运行、破坏民主、践踏人权的又一例证。嘴上讲“市场经济”的西方国家却是市场经济的最大破坏者。

经济全球化在发展，生产社会化也在不断地加深，西方国家资本主义制度的生产资料私人占有和生产社会化的矛盾也是日趋激烈。经济全球化要求各国加强宏观经济政策的相互协调、相互配合。从控制新冠肺炎疫情的大流行，到实现《巴黎协定》提出的控制全球气候变暖的目标，都需要加强各国的合作，而非西方所说的放松管制、自由竞争。新冠肺炎疫情在西方国家失控，发达国家受感染数和死亡人数双双创下全球纪录，凸显西方资本主义制度的虚伪与缺陷。相反，以公有制为主体的中国成功控制疫情，恢复生产，复苏经济，最早走出疫情的阴霾，彰显了中国特色社会主义制度的优越性。两种政治制度、经济制度相比之下高低立现。在这种情况下，西方国家还要求中国的制度要向西方的制度转轨、靠拢，这是十分可笑的。

三、应对“市场经济地位”之争的态度与策略

市场经济并不一定导致贸易自由化，贸易自由化也并不一定是市场经济，两者没有必然的联系。WTO重点关注的应当是反对政府干涉正常的经贸活动，反对以国家安全、意识形态为借口破坏正常的市场竞争、市场交易，维护良好的国际经贸秩序。国家不论大小，也不论其制度、文化、种族的差异，都有权参与经济全球化，都可以与世界各国开展互利共赢的经贸合作。

体制差异已经成为WTO改革的一个焦点问题。这个具体问题涉及国有企业、工业补贴、产能过剩、强制性技术转让、知识产权保护以及“强迫劳动”等，其核心关注点是政府对市场和企业的干预。如何解决当前的问题，我们要看到问题的实质，区分问题的轻重缓急。对于政治、经济体制问题不容谈判和讨论，中国坚持走中国特色社会主义道路，这条道路行之有效，不容怀疑和篡改。但是，如何维持国际经贸的秩序、减少贸易和投资障

碍、促进公平竞争的规则，则是可以深入探讨、不断完善的。

中国积极有效地推动世贸组织在经济全球化进程中发挥更大作用，应当从理论和实践两个方面着手。理论上，我国应当加快构建中国特色国际经济学科体系，从理论上掌握国际经济的话语权。国际经济学应当以人类命运共同体的思想代替西方的弱肉强食、以邻为壑、零和博弈的丛林法则。就如习近平主席在2021年二十国集团领导人第十六次峰会上强调的：面对世界百年未有之大变局和世纪疫情，二十国集团作为国际经济合作主要论坛，要负起应有责任，为了人类未来、人民福祉，坚持开放包容、合作共赢，践行真正的多边主义，推动构建人类命运共同体。关于全球经济的竞争与合作，中国将打造高水平、制度型对外开放格局。中国已批准《区域全面经济伙伴关系协定》，并申请加入《全面与进步跨太平洋伙伴关系协定》，不断减少负面清单，扩大开放领域，加强与世界各国的经济联系。关于公有经济，中国将毫不动摇地巩固和发展公有制经济，同时鼓励、支持、引导非公有制经济发展，平等对待各类市场主体，打造统一开放、竞争有序的市场体系。我们要以经济全球化的思想充实国际经济学，让中国特色国际经济理论指导中国的改革开放，影响经济全球化进程，构建新的世界经济治理体系。

从实践方面看，随着改革开放的发展，中国经济实力提升，从全球治理的参与者发展到全球治理的推动者、引领者。

首先，我国要加强在WTO事务中的主导作用，从设定议程到进程的引领、成果达成，都要体现出大国风范，以及对其他成员的影响力、号召力。中国要不断提出经济全球化的新主张，参与WTO、IMF等国际经济组织的改革，使其更加符合当前经济全球化的实际情况，反映大多数国家的心声，推动经济全球化不断向前发展。

其次，我国应当旗帜鲜明地反对西方的霸权行为，依照《中华人民共和国反外国制裁法》，坚决对长臂管辖说“不”。

最后，要加强与世界各国的经济政策协调，反对破坏世界经济秩序的行为，维护世界经济平稳发展，造福全人类。

资料来源　林学军．“非市场经济地位”只是美国打压中国的幌子［EB/OL］．(2021-12-18)［2022-03-18］．https://m.gmw.cn/baijia/2021-12/08/35366408.html.

本章小结

本章主要分析了一国为了扩大商品出口所采取的各种鼓励出口的措施。倾销虽然会对进口国的进口产业竞争产生冲击而遭到进口国的反对，但是其中的持久性倾销和季节性倾销符合经济学原理，只有掠夺式倾销才真正应该受到谴责。外汇倾销虽然能够提升出口商品的竞争力，但也要满足一些前提条件才可能起到扩大出口的作用。出口补贴对贸易小国和贸易大国产生不同的影响，WTO中的许多措施要求减让，但是其中的优惠金融制度——出口信贷是合法的，是许多国家促进出口的重要措施。

关键术语

商品倾销（dumping of goods）　正常价值（normal value）　掠夺性倾销（predatory

dumping） 周期性倾销（cyclical dumping） 季节性倾销（seasonal dumping） 持久性倾销（persistent dumping） 反倾销（auti-dumping） 外汇倾销（exchange dumping） 出口补贴（export subsidy） 出口信贷（export credit） 卖方信贷（supplier's credit） 买方信贷（buyer's credit）

基础训练

第9章即测即评

1. 什么是商品倾销？请讨论被裁定倾销的企业如何弥补倾销的亏损。

2. 什么是外汇倾销？外汇倾销需具备哪些条件才能促进出口？

3. 简述小国对农产品实行出口补贴会产生的影响。

4. 为什么农产品的自由贸易很难实现？

5. 假设本国是一个出口小麦的小国，世界价格$P^W=100$美元/吨。现假定本国政府对本国的出口补贴40美元/吨。国内需求曲线为$D=-0.25P+45$，国内供给曲线为$S=0.25P+15$。要求：

（1）请分别计算自由贸易情况下和有出口补贴情况下本国的出口量。

（2）请分析出口补贴对本国总福利的影响。

6. 简述出口信贷的概念及类型。

案例分析

国务院办公厅印发《关于进一步做好稳外贸稳外资工作的意见》

2020年8月，国务院办公厅印发《关于进一步做好稳外贸稳外资工作的意见》（以下简称《意见》）。《意见》指出，当前国际疫情持续蔓延，世界经济严重衰退，我国外贸外资面临复杂严峻的形势。为深入贯彻习近平总书记关于稳住外贸外资基本盘的重要指示批示精神，落实党中央、国务院决策部署，做好“六稳”工作，落实“六保”任务，进一步加强稳外贸稳外资工作，稳住外贸主体，稳住产业链供应链。

《意见》提出15项稳外贸稳外资政策措施，主要内容包括：

一是加大财税金融支持。更好发挥出口信用保险作用，积极保障出运前订单被取消的风险。支持有条件的地方复制或扩大“信保+担保”的融资模式。以多种方式为外贸企业融资提供增信支持。进一步扩大对中小微外贸企业出口信贷投放。给予重点外资企业金融支持，再贷款、再贴现专项额度同等适用于外资企业。降低外资研发中心享受优惠政策门槛，鼓励外商来华投资设立研发中心。

二是发展贸易新业态、新模式。新增一批市场采购贸易方式试点，力争将总量扩大至30个左右，支持跨境电商平台、跨境物流发展和海外仓建设等，加大对外贸综合服务企业的信用培育力度。拓展对外贸易线上渠道，推进“线上一国一展”，支持中小外贸企业开拓市场，帮助出口企业对接更多海外买家。

三是提升通关和人员往来便利化水平。进一步推动规范和降低进出口环节合规成本，在有条件的口岸推广口岸收费“一站式阳光价格”，加大技术贸易措施咨询服务力度。在严格落实好防疫要求的前提下，继续与有关国家商谈建立“快捷通道”，为人员往来提供便利，分阶段增加国际客运航班总量，适度增加与我国主要投资来源地之间的民航班次。

四是支持重点产业和重点企业。引导加工贸易梯度转移，培育一批东部与中西部、东北地区共建的加工贸易产业园区。进一步加大对劳动密集型产品出口企业的支持力度。“一企一策”帮助大型骨干外贸企业破解难题。对重点外资项目一视同仁加大用地等服务保障。推动高新技术企业认定管理和服务便利化，鼓励外资更多投向高新技术产业。

《意见》要求，各地区要结合实际，完善配套措施，认真组织实施，推动各项政策在本地区落地见效。各部门要按职责分工，加强协作，形成合力，确保各项政策落实到位。

资料来源 《国务院办公厅关于进一步做好稳外贸稳外资工作的意见》（国办发〔2020〕28号）。

问题：

（1）探讨中小微企业信贷困境形成的原因及具体的解决措施。

（2）结合《意见》谈谈你对社会主义制度优势的理解。

第10章
发展中国家的贸易战略

学习目标

通过本章的学习，你应该能够：了解初级产品出口导向战略存在的问题；熟悉进口替代工业化战略相关的政策措施；掌握出口导向战略的含义及存在的问题。

引例

加快构建新发展格局

习近平总书记指出："构建新发展格局的关键在于经济循环的畅通无阻。"大国经济的共同特征是内部可循环，国内供给和国内需求对于经济循环起到主要的支撑作用，同时提供巨大的国内市场和供给能力，支撑并带动外循环。经过改革开放40多年来的发展，我国经济快速成长，已成为世界第二大经济体，市场规模巨大，国内大循环的条件和基础日益完善。构建以国内大循环为主体、国内国际双循环相互促进的新发展格局，彰显了以习近平同志为核心的党中央对客观经济规律和发展趋势的科学把握，是事关全局的系统性、深层次变革。

深刻把握构建新发展格局的战略导向和保障作用。根据发展阶段性特征制定和实施科学的发展战略，对我国经济长期、稳定、健康发展具有重要导向和保障作用。改革开放以来，我们顺应经济全球化大趋势，扩大对外开放，实施出口导向战略，经济发展取得重大成就。面对亚洲金融危机和全球金融危机冲击，我们实施扩大内需战略，有效应对外部风险，推动经济发展向国内需求主导转变。党的十八大以来，基于国内外形势发展变化，以习近平同志为核心的党中央及时作出我国经济发展进入新常态的重大判断，提出推进供给侧结构性改革的重大战略性思路，有效提升了经济发展质量和效益。构建新发展格局，既递进深化供给侧结构性改革，又充分汲取我国实施出口导向战略、扩大内需战略的经验，是对以往发展战略的整合提升和创新发展，是新形势下推动高质量发展的战略性、创新性举措，必将对我国新发展阶段的经济发展起到重要的战略导向和保障作用。

资料来源 任理轩. 加快构建发展新格局［N］. 人民日报，2021-05-12（7）.

10.1 贸易战略与经济发展

本书第5章表明，国际贸易与经济增长之间的关系非常密切，随着国际分工的深入发展，各国的经济生活日趋国际化，本国经济的持续发展离不开国际贸易。但是，国家之间最明显的差异在于收入水平。表10-1列出了部分国家和地区的人均GDP，这是测度经济增长率最有效的指标；按照2021年的人均收入排列，包括欧洲国家、美国、新加坡等。最前面的是发达国家，这些国家的人均GDP一般在3万美元以上。但是，世界上超过50

亿的人口生活在发展中国家。这些发展中国家的人均GDP差异很大。一些国家已经进入高速增长阶段，一些国家还处于经济衰退阶段。例如，中国的人均GDP已过万美元，墨西哥的人均GDP将近10 000美元，但是孟加拉国还不到2 000美元，仍处于极度贫困的状况。因此，缩短与发达国家的收入差距已成为所有发展中国家的核心议题。

表10-1　2016—2021年部分国家和地区的人均GDP（按2015年不变价美元计算）　单位：美元

国家和地区	2016	2017	2018	2019	2020	2021
卢森堡	108 351.4522	107 142.1276	106 376.7836	106 729.0249	104 128.2421	107 792.1890
瑞士	84 611.0998	84 967.5885	86 756.6021	87 123.6604	84 434.7785	87 339.7598
美国	57 292.5388	58 207.5783	59 607.3937	60 698.0113	58 453.4461	61 855.5186
新加坡	56 885.7187	59 484.6855	61 373.6485	61 340.1662	58 982.4609	66 176.3870
德国	41 682.0322	42 639.5544	42 928.7412	43 284.6025	41 650.4227	42 726.4853
法国	36 956.7958	37 694.0833	38 259.6978	38 832.0242	35 712.0752	38 045.9022
日本	35 242.1994	35 861.9729	36 117.2277	36 081.0653	34 556.4399	35 291.0139
韩国	29 461.7840	30 307.3952	31 053.6379	31 640.2146	31 372.4713	32 730.6506
中国	8 516.5137	9 053.2127	9 619.1925	10 155.4929	10 358.2594	11 188.3025
墨西哥	9 897.1501	9 997.6869	10 120.3635	10 013.7032	9 147.0535	9 525.4097
孟加拉国	1 307.7330	1 376.6042	1 460.3050	1 557.9653	1 593.3483	1 684.4344
世界	10 317.1671	10 545.1686	10 772.9039	10 936.5886	10 489.8611	11 011.1287

资料来源　THE WORLD BANK. World development indicators［EB/OL］.［2022-06-15］. https://databank.worldbank.org/reports.aspx?source=2&series=NY.GDP.PCAP.KD&country=.

这类差异产生的原因是什么？与各国贸易战略有关吗？

按照一国是鼓励还是限制对外贸易，发展中国家的贸易发展战略分为两种：[①]

1. 外向型发展战略

外向型发展战略（outward-oriented development strategy）是指本国经济积极参与国际分工、国际竞争和国际交换，融入国际经济的大循环中，并依据国际经济关系的调整和国际市场的激烈竞争作出趋利避害的选择，找到适合本国特点的、有利于发挥本国比较优势地参与国际分工的态势，从而优化资源配置，从经济开放中获取比较利益，最终带动本国的经济发展。可见，外向型发展战略强调国内和国外两种资源、两个市场，尤其是从国际分工中获取分工利益。

2. 内向型发展战略

内向型发展战略（inward-oriented development strategy）是指主要依靠本国资源和本国市场来发展经济，很少参与国际分工和国际交换，把对外贸易看作调剂余缺的一种方式，

① 张二震. 国际贸易政策的研究与比较［M］. 南京：南京大学出版社，1993：346.

目的是获取本国无法生产的产品。

世界银行进一步将发展中国家的贸易发展战略分为4种①：

第一，坚定的外向型发展战略（strongly outward-oriented development strategy）。特点是对贸易很少或者几乎不控制，进出口贸易的实际汇率大体相等。

第二，一般的外向型发展战略（moderately outward-oriented development strategy）。特点是奖励制度总体上偏向内销生产，对外销生产不够重视，对本国市场的实际保护率较低，进口贸易的实际汇率略高于出口贸易的汇率。

第三，一般的内向型发展战略（moderately inward-oriented development strategy）。奖励制度明显偏向内销生产，对本国市场具有较高的保护率，虽然会奖励出口，但是具有明显的反进口倾向。

第四，坚定的内向型发展战略（strongly inward-oriented development strategy）。特点是奖励制度强烈偏向内销生产，对本国市场的实际保护率非常高，普遍采用直接控制和许可证制度来限制出口。

随着国际分工的不断深化，国家之间经济的相互依赖程度不断增强。当代发展中国家的实践表明，外向型发展战略有利于一国寻找国际市场机遇、促进经济增长。《世界发展报告1987》将41个发展中国家分为4类，将制造业实际增加值的平均年增长率、农业实际增加值的平均年增长率、制造业增加值占GDP比重的平均份额、工业生产中劳动力的平均份额、制造业就业的平均年增长率5个指标进行综合比较，得出的结论是：外向型发展战略的国家各方面的数据均优于内向型发展战略的国家（见表10-2）。

表10-2　**41个发展中国家工业化的特点**

贸易战略	制造业实际增加值平均年增长率		农业实际增加值平均年增长率		制造业增加值占GDP比重的平均份额		工业生产中劳动力的平均份额		制造业就业平均年增长率	
	1963—1973	1973—1985	1963—1973	1973—1985	1963	1985	1963	1980	1963—1973	1973—1984
坚定的外向型发展战略	15.6	10.0	3.0	1.6	17.1	26.3	17.5	30.0	10.6	5.1
一般的外向型发展战略	9.4	4.0	3.8	3.6	20.5	21.9	12.7	21.7	4.6	4.9
外向（平均）型发展战略	10.3	5.2	3.7	3.3	20.1	23.0	13.2	23.0	6.1	4.9
一般的内向型发展战略	9.6	5.1	3.0	3.2	10.4	15.8	15.2	23.0	4.4	4.4
坚定的内向型发展战略	5.3	3.1	2.4	1.4	17.6	15.9	12.1	12.6	3.0	3.0
内向（平均）型发展战略	6.8	4.3	2.6	2.1	15.2	15.8	12.7	14.1	3.3	4.2

资料来源　THE WORLD BANK. World development report 1987 [R]. Oxford: Oxford University Press, 1987: 87.

① THE WORLD BANK. World development report 1987 [R]. Oxford: Oxford University Press, 1987: 82.

就各国实践而言，坚定的内向型发展战略很罕见。因此，发展经济学家把发展中国家的贸易战略分为3种：初级产品出口导向战略、进口替代工业化战略和出口导向战略。

拓展阅读10-1

10.2 初级产品出口导向战略[①]

10.2.1 产生的背景及原因

初级产品出口导向战略是出口导向经济发展假说的一个分支，与国际贸易理论中的剩余出路理论[②]（Vent-for-Surplus Theory）紧密相关，主要用来解释自然资源丰富的国家的经济增长和经济发展。该战略强调发展中国家要利用本国廉价的劳动力来开发本国丰富的农产品、矿物原料、特产等自然资源，以初级产品出口创汇来进口制成品。这是经济发展水平较低时采取的对外贸易政策，是初级外向型战略。通过初级产品的出口，本国资源得到更加充分的利用，扩大就业水平，增加人均收入，使经济结构发生变化，以促进经济发展。实施该贸易战略的国家一般都存在工业基础薄弱、生产力落后、本国工业制成品在国际市场上缺乏竞争力等问题，而与此同时，农、矿产品的生产又在国民经济中占据重要位置。在外向型经济发展的初级阶段，多数资源丰富的发展中国家普遍实施这一贸易战略，它们通过扩大初级产品的出口来促进经济发展是可行的，也是现实的。

从外因来看，发达国家的工业和城市的迅速发展引起了对矿物原料、农业原料和农产品需求的不断增加，于是这些国家将大量资本投入矿产资源丰富的或种植经济作物的发展中国家。从内因来看，历史上一些发展中国家本身就是殖民主义和帝国主义国家的原料产地，在独立初期又缺少改变经济结构所需的物质技术基础，不得不实施这种贸易战略。19世纪的英国和其殖民地之间就是通过初级产品的进出口这种模式，促进了中心国家（英国）的经济增长，同时带动了外围国家（美国、加拿大、澳大利亚、新西兰）的经济发展。第二次世界大战以后，部分发展中国家走上了独立发展民族经济的道路。但是，由于这些国家历史上就是发达国家的原料供应国和产品销售市场，经济结构单一，再加上资源禀赋等原因，其在经济发展的初期阶段依然采取初级产品出口战略，如20世纪70年代末的马来西亚、泰国和突尼斯等。据国际货币基金组织统计，20世纪80年代中期，发展中国家每年出口初级产品3 000多亿美元，约占整个发展中国家出口的4/5。当然，也有的国家摆脱了这种模式。比如，加拿大、澳大利亚、新西兰等国在第二次世界大战以后虽然仍带有强烈的初级产品出口导向发展色彩，但是随着经济结构日益多样化，初级产品出口对经济成长的贡献逐渐下降，不再成为经济发展的主要动力，因此这些国家不再被人们称作初级产品出口国。

① 张二震，马野青．国际贸易学［M］．南京：南京大学出版社，1998：370-374.
② 经济学名词审定委员会．经济学名词［M］．北京：科学出版社，2020：72．剩余出路理论又称未利用资源论，由缅甸经济学家迈因特（N. H. Myint）提出，用于解释发展中国家贸易的理论，认为未被利用的人力资源创造了一种可能性，即通过为出口市场生产本地没有需求的商品，可以以很低的甚至零成本扩大生产能力和国民生产总值。

10.2.2　现状

联合国贸易和发展会议于2021年9月8日发布的《2021年初级商品依赖状况》报告显示，依赖初级产品的国家从2008—2009年的93个增加到2018—2019年的101个[①]，其中86个国家在2008—2009年和2018—2019年均依赖初级产品的出口。2018—2019年，世界商品出口名义价值达到4.38万亿美元，比2008—2009年增加7 000亿美元（+19%）。在此期间，燃料仍然是出口最多的商品，2008—2009年占商品出口总额的63%（占世界货物出口总额的17%），2018—2019年占商品出口总额的54%（占世界货物出口总额的13%）。由于从2008—2009年至2018—2019年价格下跌22.3%，加上其他商品类别的出口增加，燃料在世界商品贸易中的份额大幅下降。在2008—2009年和2018—2019年，农产品出口增长了44%，矿物、矿石和金属出口名义增长超过50%。

根据该报告，2008—2009年依赖初级产品的大多数国家在2018—2019年仍然如此，这突显了发展中国家长期依赖初级产品这一现象的持续存在。其中，有7个国家在2008—2009年依赖初级产品出口，但在2018—2019年已经不依赖初级产品出口。反之，有15个国家在2008—2009年不依赖初级产品出口，但是2018—2019年成为初级产品出口依赖国。

从区域分布来看，初级产品依赖往往主要影响发展中国家，其中87个国家在2018—2019年被视为依赖初级产品国家。如表10-3所示，低收入国家、中低收入国家、中高收入国家和高收入国家中初级产品依赖国家占比分别为89.77%、58.0%、55.6%和27.6%。其中，低收入国家和中低收入国家主要依赖农产品，而中高收入国家和高收入国家主要依赖燃料。

表10-3　按照收入水平划分的初级产品依赖情况

项　目			低收入国家	中低收入国家	中高收入国家	高收入国家
成员（数量）			29	50	54	58
初级产品依赖国家（数量）			26	29	30	16
初级产品依赖国家（百分比）			89.8	58.0	55.6	27.6
按照产品分类	数量	农产品	11	14	10	4
		燃料	5	5	12	9
		矿业	10	10	8	3
	百分比	农产品	42.3	48.3	33.3	25.0
		燃料	19.2	17.2	40.0	56.3
		矿业	38.5	34.5	26.7	18.8

① 联合国贸易和发展会议认为，当一个国家商品出口总额的60%以上由初级产品构成时，该国就构成对初级产品出口的依赖。

从各大洲来看，在2018—2019年的101个依赖初级产品的国家中，38个依赖农产品出口，32个依赖矿业出口，31个依赖燃料出口。报告称，非洲和大洋洲对初级产品出口的依赖尤其值得注意，这两个地区超过3/4的国家依赖初级产品出口，占其商品出口总收入的70%以上。在中非和西非，这一比例尤其高，约为95%。在这两个次区域，除中非共和国外，所有国家在2018—2019年都依赖初级产品。在南美洲，所有12个国家在2018—2019年的初级产品依赖程度都超过了60%，其中，3/4的国家初级产品出口占商品出口的比例超过了80%。中亚是亚洲初级产品依赖程度最高的次区域，2018—2019年商品出口中初级产品出口的平均份额超过85%。2018—2019年，该次区域所有5个国家都被视为依赖初级产品出口。

10.2.3 积极作用与不利影响

1. 积极作用

初级产品出口导向战略在外向型经济的起步阶段是比较现实的，该战略通过关联效应和最终需求效应对经济发展起到了一定的促进作用。

（1）关联效应

关联效应源自赫希曼（Hirschman，1958）的《经济发展战略》，是指某一产业的经济活动能够通过产业之间相互关联的活动效应影响其他产业的经济活动。关联效应较高的产业能够对其他产业和部门产生很强的前向关联、后向关联和旁侧关联，并依次通过扩散影响和梯度转移形成波及效应，从而促进区域经济的发展。该效应成功地解释了加拿大、澳大利亚等国的经济增长。后向关联效应是指为初级产品生产和出口提供各种条件、各种服务的产业。比如，为了出口初级产品，必须发展与之相关的交通运输、保险、仓储、港口、信贷等产业，以及为初级产品生产加工部门提供所需机器设备的生产制造部门，从而促进产业多样化。前向关联效应是指以初级产品为原材料的加工生产部门的发展，如由木材生产的发展带来的家具制造业和造纸业的发展、由畜牧业带来的奶酪与黄油生产部门的发展、由矿产开采发展带来的冶金工业的发展。旁侧效应是指初级产品主导产业的兴起对当地经济、社会的发展，如制度建设、国民经济结构、基础设施和人口素质等产生了影响。因此，初级产品的生产和出口带动了关联产业的发展。

（2）最终需求效应

最终需求效应是指由初级产品生产、加工、出口所带来的社会财富的增加会带来国内需求的增加，这种需求一旦达到一定的程度，就使得以往的进口品可以在国内进行有利可图的生产，取代进口，实现国内产业结构的多样化。[①]

2. 不利影响

但是，初级产品出口导向战略只能作为外向型经济的起步而在短期内使用，片面依赖初级产品出口不但经济增长潜力有限，而且不利于发展中国家的工业化。UNCTAD《2021年初级商品依赖状况》报告指出：“初级商品依赖使国家更容易受到负面经济冲击的影响。它会对出口和财政收入产生负面影响，并对一个国家的经济发展产生不利影响。”尤

① 文礼朋，郭熙保．初级产品出口导向发展理论述评——自然资源丰富的中小国家的经济发展思路［J］．国外社会科学，2008（1）：83-90.

其是20世纪70年代至80年代原料价格的下跌对各国原料生产者都产生了不利影响，尤其是对于收入严重依赖原料出口的发展中国家来说，更为严重。这是因为：

（1）从需求角度来看，初级产品需求弹性小

发达国家对食品和原材料的需求价格弹性和需求收入弹性都小于1。比如，对咖啡的需求收入弹性大约是0.8，可可是0.5，糖是0.4，茶叶是0.1。[①]此外，随着技术的进步，合成品和替代品不断涌现。科技越发达，越容易发现能够代替矿产和其他原材料的方法，大大减少了对天然原材料的需求，因此原材料的价格逐渐下降。例如，对人造橡胶、人造纤维的开发减少了对天然橡胶、棉花和羊毛的需求，使得这些生产者的收入遭受重大损失。20世纪70年代燃料价格暴涨导致对轻型小汽车的需求猛增，因此，生产轻型小汽车的各种轻型材料的需求量也随之增加。为减轻小汽车的重量，高强度的合金钢取代了高碳钢和铸铁件。另外，20世纪80年代，工业化国家的产品结构从农业和制造业转向了服务业。1984年，工业国家的国民生产总值中，农业和制造业只占38%，而服务业所占的比重高达62%。[②]与农业和制造业相比，服务业对原材料的需求较小。

（2）从供给角度来看，原料出口作为出口收入来源的相对重要性大为下降

例如，发展中国家棉花出口的减少在一定程度上可以归因于其国内纺织工业对棉花消费的增加，也可归因于主要产棉国棉花出口的增加。

此外，由于技术的进步，出现了大量的合成品和替代品，而这些产品的生产主要由发达国家进行，因此发展中国家的比较优势大大下降。与此同时，发展中国家缺乏产业结构调整的能力，无法及时调整出口结构，即不容易削减价格下降的初级产品出口，甚至为了使出口收入不减少反而出口更多，以致带来贸易条件的恶化。

因此，20世纪50年代末60年代初，许多发展中国家纷纷调整贸易战略。显然，要想发展经济，就必须减少对初级产品出口的依赖，实现工业化和现代化，将重点转移到发展新兴产业尤其是制造业上。其实，早在20世纪30年代，巴西和澳大利亚等一些初级产品出口国家就已经以减少工业品进口为代价开始了工业化。发展中国家为实现工业化而采取的贸易战略可以分为两大类型：进口替代工业化战略和出口导向战略。

10.3 进口替代工业化战略[③]

从第二次世界大战结束到20世纪70年代，许多发展中国家采取限制工业品进口、发展本国制造业的方式来发展经济，即采取进口替代工业化战略，该政策具有一定的理论基础。

10.3.1 进口替代工业化战略的经济理论基础——幼稚产业保护理论

第6章的幼稚产业保护理论告诉我们，发展中国家具有制造业的潜在比较优势，但发展中国家新建的制造业，最初不能与发达国家已经成熟完善的制造业竞争。为了使新成长的制造业获得立足之地，政府应该暂时地给予支持，直到它们足够强大，能够参与国际竞

① 张二震，等. 国际贸易学教程［M］. 北京：高等教育出版社，2019：312.
② 迈克塞尔. 变化中的初级产品需求［J］. 周文贵，译. 国际经济评论，1989（4）：39-46.
③ 张二震，马野青. 国际贸易学［M］. 南京：南京大学出版社，1998：374-377.

争为止。根据这一理论，用关税或进口配额作为支持工业化起步的暂时措施是有现实意义的。历史上，世界3个最大的市场经济国家都是在贸易壁垒的保护下开始它们的工业化进程的，如美国在19世纪对制造业产品征收高额关税，而日本直到20世纪70年代仍保持很大范围的进口控制。①

但是对该理论的认识也存在一些误区，应慎重使用这一理论。

第一，现在就试图进入未来才会具有比较优势的产业并不总是件好事。假设一国目前正处于资本积累的过程中，劳动力丰富，当该国积累了足够的资本时，它将在资本密集型产业方面具有比较优势。但这并不意味着目前该国应立即努力发展这些产业。例如，韩国20世纪80年代成为汽车的出口国，但如果韩国20世纪60年代努力发展汽车工业，可能就不太明智，因为当时韩国的资本和熟练劳动力都非常缺乏。

第二，保护制造业并没有什么好处，除非保护本身有助于使制造业具有竞争力。巴基斯坦和印度对其制造业部门保护了数十年，最近开始出口相当数量的制成品。但是，它们所出口的制成品是轻工业产品，如纺织品，而不是它们所保护的重工业产品。事实上，即便它们从来没有保护过制造业，也会发展工业品的出口。一些经济学家警告过“假幼稚工业”的情况，即工业最初受到保护，却由于与保护无关的原因变得具有竞争力。这时的保护幼稚产业表面上获得了成功，实际上社会无端为此付出了经济上的净成本。②

10.3.2 进口替代工业化战略的含义及发展阶段

1. 进口替代工业化战略的含义

进口替代工业化战略（import substitution industrialization strategy）是指通过发展本国的制造业，实现对进口制成品的替代，以达到加快工业化进程和减少对国外经济依附的目的，即以国产产品代替进口产品。该战略是阿根廷经济学家保罗·普雷维什（Paul Prebisch）1950年在《拉丁美洲的经济发展及其主要问题》一文中提出的“中心-外围”理论中涉及的，有时也被称为内向型经济发展战略。

普雷维什将国际经济体系划分为两部分：一是处于国际经济体系中心的高度工业化的少数发达国家；二是处于国际经济体系外围的广大非工业化发展中国家。两者在经济上和技术上是不对等的。中心发达国家是技术的创新者，外围发展中国家是技术的模仿者。各国的工业化程度决定了“中心国”与“外围国”。发展中国家在工业化初期，外来产品会与本国产品进行竞争，会扼杀这些工业。因此，发展中国家必须推行保护贸易政策，比如关税、进口配额等来扶持本国工业的发展。普雷维什认为，在资本积累初期，应该利用出口补贴、低估本币汇率等措施促进初级产品出口，获得外汇收入；当初级产品价格下跌以后，应采取限制进口工业品的措施，转而发展本国工业品，以替代进口工业品。

从历史上看，巴西、阿根廷等拉丁美洲国家是最早采取这种措施的国家，之后美国、德国和日本等发达资本主义国家也推崇该措施。20世纪60年代以来，绝大多数发展中国家都把工业化作为发展的战略重点，将进口替代工业化战略作为主导战略。

① 克鲁格曼，奥伯斯法尔德，梅里兹．国际经济学：理论与政策［M］．丁凯，黄剑，黄都，等译．11版．北京：中国人民大学出版社，2021：232.

② 克鲁格曼，奥伯斯法尔德，梅里兹．国际经济学：理论与政策［M］．丁凯，黄剑，黄都，等译．11版．北京：中国人民大学出版社，2021：232.

2. 进口替代工业化战略的发展阶段

一般认为，进口替代工业化战略经历了两个发展阶段：

(1) 建立和发展加工业、以一般消费品为主的阶段

这一阶段的消费品主要有食品业、服装业、家电制造业，以及皮革、木材工业等，主要目标是初步建立工业体系。在这一阶段，发展中国家已经具备了有效需求和消费市场，但是由于资金短缺、技术落后、熟练劳动力较少，其产品总体上无法与国外厂商竞争，因此采取进口替代工业化战略往往容易实施并且获得成功。例如，尼日利亚进口替代制造业首先是从纺织、啤酒和软饮料等普通消费品行业开始的，因为此类制造业所需资金、技术比较容易获得，且国内市场需求大。

(2) 建立和发展耐用消费品、以资本品和中间产品为主的阶段

当国内生产的消费品能够替代进口商品并满足国内市场需求时就进入第二阶段。这一阶段的产业主要有石油加工、机械制造、钢铁工业等资本密集型工业，主要目标是建立全面的工业体系。这一阶段需要投入较多资金、技术，在生产中尽可能多地使用原料和其他投入，从而带动整个经济的发展。

10.3.3 进口替代工业化战略的政策措施

进口替代工业化战略不是孤立的，需要如下政策措施来配合：

1. 加强进口限制，提高进口关税

这是指对最终消费品的进口征收高关税，对生产最终消费品所需的资本品和中间产品等投入征收低关税或免征关税，从而降低进口替代品的生产成本。例如，美国1873—1899年的进口增长率一直远远低于其实际GDP的增长率，原因之一是美国当时是一个以高关税保护国内产业的国家，总体关税率在30%~40%，到1912年还平均为18%。该措施的主要目的是保护国内工业的发展。

此外，进口配额、进口许可证等限制手段可以减少非必需品的进口。例如，1978年，尼日利亚规定绝对禁止进口纺织品后，纺织能力从1977年产量不到4亿平方米，猛增到1979年8月的10亿平方米。1979年，尼日利亚政府在贸易项目下禁止进口的商品已有65种，需经过许可或特别许可进口的有98种。[①]

2. 对替代产业给予各类优惠

在资本、劳动、税收和技术方面给予进口替代工业优惠，增强其与国外产品的竞争力，扶植进口替代工业逐步成长。比如1971年尼日利亚联邦政府第22号法令规定：可以给予一些对促进发展有积极意义的制造业企业“先导性企业证书”，一旦获得先导企业地位，就可以获得3年免税期。如果政府对它们的拓展速度、效率水平以及对本地原材料的利用和本地人员的发展满意，就可能再给它们一或两年的免税期。免税期政策自1958年实施以来，大约有60种制造业工业被授予先导性地位，如水泥制造、炼锡、饼干生产、纺织品、油籽加工、鞋袜、旅游产品、印刷、橡胶制品和制糖业等。[②]这些措施刺激了本

① 王治. 尼日利亚资产阶级的形成和特征［J］. 西亚非洲，1982 (4)：55-60；47.

② TERIBA O，KAYODE M O. Industrial development in Nigeria：Patterns，problems and prospects［M］. Ibadan：Ibadan University Press，1977：225.

国企业生产的积极性，加速了进口替代产业部门的资金积累。

3. 实行汇率管制

拉丁美洲各国为了降低国内民族企业进口原料和资本品的成本，采用了双重汇率制或多重汇率制。具体措施是对重要的进口必需品实行低汇率制，而对非必需品实行高汇率制。例如，智利曾实行双重汇率，1950年进口国家工业和铜矿需要的机器设备，官方汇率是19.37比索换1美元，进口其他商品则按照50比索换1美元。该措施使得实行进口替代的国家消费品进口比重急剧下降，阿根廷、墨西哥、巴西和智利的进口系数均下降。与1929年相比，智利进口系数下降最快（见表10-4）。

表10-4 部分拉美国家进口系数演变（%）

年份	阿根廷	墨西哥	巴西	智利
1929	17.8	14.2	11.3	31.2
1937	13.0	8.5	6.9	13.8
1947	11.7	10.6	8.7	12.6
1957	5.9	8.2	6.1	10.1

资料来源 富尔塔. 拉丁美洲经济的发展——从西班牙征服到古巴革命［M］. 徐世澄，译. 上海：上海译文出版社，1981：95.

10.3.4 进口替代工业化战略的成就及存在问题

进口替代工业化战略积极推动了发展中国家的工业化和经济发展。其主要表现在：

1. 经济增长迅速

进口替代工业化战略增强了各国的经济实力，为之后的经济腾飞奠定了坚实的物质基础。例如，拉美地区1925—1945年的GDP年均增长率为3.5%，1945—1980年则达到了5.6%。[①]巴西、墨西哥、厄瓜多尔的GDP增长率更是超过了6%。

2. 工业体系逐步健全

20世纪70年代末80年代初，尼日利亚不仅建立了食品加工、服装、纺织等轻工业，还建立起炼油、汽车制造、化学等技术要求较高的工业部门。政府还依靠巨额的石油收入完成了石油提炼、石油化工、钢铁、水泥、机场和一些大型制造业工厂的修建。到1980年时，尼日利亚的水泥产量已经超过100万吨。

3. 经济结构逐步优化，尤其是制造业发展极为迅速

世界银行《1982年世界发展报告》指出，1960—1980年，尼日利亚的制造业年均增长率达到10.5%，企业数量也不断增加，从1964年的590家制造业企业到1972年的1 052家，1980年进一步增加到2 000多家。制造业产值占GDP的比重也从1960年的不足2%增加到1976年的11.7%。同时期的拉美制造业产值占GDP的比重从1950年的18.4%增长到

① RAMOS J. Growth，crises and strategic turnarounds［J］. CEPAL Review，1993（50）：63-79.

1980年的25.4%（见表10-5）。

表10-5 1950—1980年拉丁美洲制造业产值占GDP的比重（%）

国别	1950	1960	1970	1980
阿根廷	21.4	24.2	27.5	25.0
巴西	23.2	28.6	32.2	33.1
智利	20.6	22.1	24.5	21.4
哥伦比亚	17.2	20.5	22.1	23.3
墨西哥	17.3	17.5	21.2	22.1
秘鲁	15.7	19.9	21.4	20.2
委内瑞拉	10.2	12.7	17.5	18.8
中美洲	11.5	12.9	15.5	16.5
拉丁美洲	18.4	21.3	24.0	25.4

资料来源 拉丁美洲和加勒比经济委员会. 1991年拉丁美洲和加勒比统计年鉴［R］. 圣地亚哥：1991.（转引自 周冲. 拉丁美洲经济发展模式演变研究［D］. 吉林：吉林大学，2021：56.）

尽管如此，进口替代工业化战略并没有使发展中国家赶上发达国家。

首先，幼稚产业保护理论并非具备普遍有效性。经过一段时间的保护，制造业要想创造出竞争力，需要熟练劳动力、企业家和管理才能，而发展中国家在这些方面存在不足。对制造业的过度保护导致国内企业缺乏竞争意识，当遇到外部冲击时，条件反射式地寻求政府的保护，致使保护代价不断提高。有研究显示，实际的保护程度超出了政府的设想。一些拉丁美洲和南亚国家的工业受到的保护相当于200%或者更高税率的关税（见表10-6）。

表10-6 部分发展中国家对制造业的有效保护（%）

国家	有效保护率
墨西哥（1960）	26
菲律宾（1965）	61
巴西（1966）	113
智利（1961）	182
巴基斯坦（1963）	271

资料来源 BALASSA B. The structure of protection in developing countries［M］. Baltimore：Johns Hopkins Press，1971：82.

其次，多数发展中国家市场规模狭小。即使是最大的发展中国家，其国内市场规模也只是相当于发达国家比如美国的一小部分，无法利用规模经济优势。当这个小市场受到保护时，国内的企业将瓜分这个小市场，导致各企业的生产规模进一步降低，生产处于低效率状态。

拓展阅读 10-2

因此，20世纪60年代，一些发展中国家的政府和经济学者意识到了进口替代工业化战略的缺陷，同时随着韩国、中国台湾、中国香港和新加坡经济的戏剧性加速发展，人们普遍认识到扩大出口的重要性，一些发展中国家逐渐开始执行出口导向发展战略。

10.4 出口导向战略①

10.4.1 出口导向战略的定义及理论基础

1. 定义

出口导向战略（export-oriented strategy）又称外向型经济发展战略，是指政府实施鼓励出口的政策，通过扩大出口带动经济发展的一种外需主导型的发展战略。它的实施只能建立在扩大制成品出口和非传统产品出口的基础上。②一般来说，发展中国家政府通过各种措施鼓励工业部门出口，以工业产品代替初级产品出口，改变出口贸易结构，促使出口产品多样化，最后实现工业化。出口导向战略的核心思想是使本国的工业生产面向世界市场，并以制成品的出口代替初级产品的出口。

出口导向战略的发展经历了两个阶段：

第一阶段：劳动密集型工业发展阶段。这一阶段主要以轻工业品的出口替代初级产品的出口，生产一般的消费品，如服装、玩具、食品等。这些产品的生产过程相对简单，技术水平要求不高，市场需求较大，进入门槛较低。

第二阶段：资本和技术密集型工业发展阶段。随着市场规模的扩大和国际市场环境的变化，出口导向战略进入了第二阶段。这一阶段是以重化工业产品替代轻工业产品的出口，比如机器设备、机床、电子仪器等资本和技术密集型产业。之后，少数发展中国家逐渐开始出口高新技术产品。

2. 理论基础

出口导向战略的理论基础是资源禀赋论和自由贸易理论。③比较优势理论告诉我们，一国无论处于何种发展水平，总具有某种比较优势，各国应该按照比较优势原则参与国际分工，从而形成对外贸易的比较优势结构。例如，发展中国家拥有廉价劳动力，可以出口劳动密集型和资源密集型产品，进口资本和技术密集型产品，以获得贸易利益。出口导向战略侧重劳动密集型产品的出口，其成功的关键在于发挥了发展中国家的比较优势。

发展中国家根据比较优势参与国际贸易并获得贸易利益，关键是动态贸易利益。出口导向战略根据发展中国家的特点，在初期发展劳动密集型产业，先在国内进行进口替代生产，然后大力出口这种比较优势产品，进口处于比较劣势的机器设备和技术等资本品以满足国内生产，逐步实现工业化。随着经济的发展，国家将更多的资金投入到教育和基础设

① [1] 仇启华. 世界经济学（上册）[M]. 北京：中共中央党校出版社，1989：111-114. [2] 张相文. 国际贸易学 [M]. 武汉：武汉大学出版社，2004：240-241.
② 经济学名词审定委员会. 经济学名词 [M]. 北京：科学出版社，2021：165.
③ 张相文. 国际贸易学 [M]. 武汉：武汉大学出版社，2004.

施上，人力资本和物质资本加速积累，出口工业技术进步，加上引进外资企业的溢出效应，如管理经验的增加、技术水平的提高等，发展中国家的资源禀赋在动态中提升，比较优势也在动态中演进，发展中国家因此获得了更多的动态贸易利益，从而推动产业结构不断地向高级化调整。

10.4.2　出口导向战略的优点

从理论上来看，出口导向战略具有以下优点：

1. 扩大市场，获得规模经济效应

生产中存在规模经济效应，许多产业只有达到一定规模才能降低成本，发展中国家开展出口贸易带来的市场扩大能够帮助企业实现规模经济。通过出口实现规模经济，促进经济增长，对国内市场狭小的发展中小国和发展中大国的经济发展初期非常重要。在规模报酬还处于递增的阶段，发展中国家可以通过扩大出口实现企业的规模经济，提高企业的利润率，进而促进本国的资本积累。

2. 促进技术进步

发展中国家的技术进步来源于两方面：一是技术学习、模仿和改进；二是技术创新。实施出口导向战略的发展中国家通过发达国家的市场反馈改进技术。例如，国外购买商对国内生产企业提出技术要求或提供生产建议等，有助于国内企业技术改进，并了解国外技术的需求，刺激企业进行技术创新活动。

3. 推动产业结构升级

经济发展的过程也是产业结构不断优化和升级的过程。一方面，在国际贸易中，发展中国家的优势产业是本国资源比较丰裕的产业。根据比较优势理论，国际贸易可以充分利用本国丰富的资源，节约短缺资源，从而促进这一产业的快速发展。另一方面，产业的快速发展可以实现规模经济，进一步加强产业的竞争实力，加快发展速度，形成优势产业快速发展的良性循环。同时，贸易的国际竞争效应将激励发展中国家的出口企业改进生产，加强组织、制度和技术创新，从而推动产业结构演进。

从实践来看，20世纪60至70年代，一些新兴工业化国家和地区依靠工业制成品的出口，使得制造业迅速发展，产业结构日趋合理。最典型的是韩国、中国香港、中国台湾和新加坡，通过出口导向战略，实现了30多年的持续高速发展，被称为“亚洲四小龙”。

首先，国民生产总值迅速增长。1970—1976年，“亚洲四小龙”的年均国民生产总值增长率为9%，远超世界平均水平4%。其中，韩国在1983—1987年的年均国民生产总值增长率达到10.1%，居世界之首。

其次，出口大幅增加。1970—1978年，“亚洲四小龙”的出口贸易年均增长22.3%，超过了世界平均水平17.3%。尤其是1980—1986年在世界进出口总额下降的情况下，“亚洲四小龙”反而增加了65%~80%。

最后，贸易结构逐渐升级。20世纪70年代，“亚洲四小龙”以出口初级产品为主；80年代，其工业产品占出口总额的比重上升至60%；到90年代中期，接近发达经济体系，韩国于1996年被列为发达国家。

10.4.3 出口导向战略存在的问题

出口导向战略并非完美，在实施过程中也面临一些问题：

1. 可能会落入比较优势陷阱

比较优势陷阱是指一国（尤其是发展中国家）完全依据比较优势，生产并出口初级产品和劳动密集型产品，在与以技术和资本密集型产品出口为主的发达国家的贸易中，虽然能够获得贸易利益，但总是处于不利地位，从而落入比较优势陷阱。发展中国家由于自身基础薄弱，主要通过大量引进、模仿先进技术或接受技术外溢等手段来改善国际分工地位，但是这种比较优势战略过度依赖技术引进，自主创新能力受限，后发优势得不到充分发挥，不得不依赖发达国家。现实中，除了日本和“亚洲四小龙”成功地实现了经济的腾飞和高收入的梦想之外，其他国家大多出现产业结构在低端劳动密集型制成品固化的情况，即落入了比较优势陷阱。

拓展阅读 10-3

2. 易受到国外市场冲击

一方面，过度依赖国外市场容易受到国外市场需求波动的影响，甚至受到外国的牵制。例如，在2008年的全球金融危机中，美国、日本、欧洲经济衰退，需求不断下降，严重影响了我国商品的出口。另一方面，国外贸易保护主义的实施，如反倾销、反补贴等，削弱了本国出口商品的竞争力。

3. 国内经济发展不平衡加剧

发展中国家往往会采取各种优惠政策促进出口，导致资源流向出口部门，从而出现出口替代部门发展较快、其他部门如农业部门发展较慢的情况，二元经济结构加剧。

4. 可能会形成出口飞地

有些国家的出口部门是外国资本推动的结果，特别是有的加工贸易出口主要是在国内经过一个进口零部件和中间产品的加工、装配过程，与国内相关部门的产业联系度低，其扩张并没有带动相关部门的发展，而是形成了一些出口飞地。它们给国内提供的只是工人的工资，利润大都落入外国投资者手中。①

实践窗 10-1

畅通双循环　开创新格局

“十三五”期间，新疆全力推动“丝绸之路”经济带核心区建设，紧抓“一港”“两区”“五大中心”“口岸经济带”发展重点，努力推动形成全方位开放格局。2020年，霍尔果斯口岸进出口货运量为3 441.62万吨，进出口贸易额为2 426.5亿元，同比增长24.57%，进出口货运量稳居新疆首位。目前，霍尔果斯已成为粮食、整车、活畜、肉类、水果、中药材、化妆品、药品等8个进出境指定口岸，成为与中亚及欧洲连接最具活力、最有开放优势的区域。

“十四五”时期是开启全面建设社会主义现代化国家新征程的第一个五年。2021

① 张二震，等. 国际贸易学教程［M］. 北京：高等教育出版社，2019：316.

年的《政府工作报告》提出：形成强大国内市场，构建新发展格局，把实施扩大内需战略同深化供给侧结构性改革有机结合起来，以创新驱动、高质量供给引领和创造新需求。例如，在霍尔果斯口岸，从事果蔬出口的于某忙着果蔬生产基地的农产品种植和国外的销售订单。依托新疆进出口水果指定口岸的优势，他所在的金亿集团2021年出口果蔬10万吨，并完成从吉尔吉斯斯坦订购2 000吨甜瓜和从乌兹别克斯坦订购1 500吨樱桃的销售订单，形成完整的“国际市场+龙头企业+基地+合作社+农户”的产业化、国际化运营模式。

2020年，经霍尔果斯铁路口岸进出境的中欧班列达到4 722列，货运量为368.22万吨，贸易额为264.36亿美元，同比分别增长38.8%、30.2%、58.6%。“十四五”时期，霍尔果斯将充分发挥区位优势，发展开放型经济，拓展开放空间，更好地利用国内和国际两个市场、两种资源，加快融入以国内大循环为主体、国内国际双循环相互促进的新发展格局。

资料来源 李明. 畅通双循环 开创新格局［EB/OL］.（2021-03-19）［2022-03-19］. http://www.xj.xinhuanet.com/zt/2021-03/19/c_1127230710.htm.

学思践悟

大循环、双循环！构建发展新格局

党的十九届五中全会提出，要加快构建以国内大循环为主体、国内国际双循环相互促进的新发展格局。党的二十大报告指出：“我们要坚持以推动高质量发展为主题，把实施扩大内需战略同深化供给侧结构性改革有机结合起来，增强国内大循环内生动力和可靠性，提升国际循环质量和水平，加快建设现代化经济体系。”“依托我国超大规模市场优势，以国内大循环吸引全球资源要素，增强国内国际两个市场两种资源联动效应，提升贸易投资合作质量和水平。”

为何提出新发展格局？原因是，我国发展仍然处于重要战略机遇期，但机遇和挑战都有新的发展变化。我们遇到的诸多问题是中长期的，不少问题以前未曾经历，需要从战略角度深化认识和有效应对。比如说，我国人均国内生产总值超过1万美元，需求结构和生产函数发生重大变化，生产体系内部循环不畅和供求脱节现象显现。我国目前仍有不少产业存在上游核心原材料供应的短板，关键零部件供应“卡脖子”，长期被国际少数几家供应商垄断，而国内在这些领域存在空白。还有，2008年全球金融危机后，全球市场收缩，世界经济陷入持续低迷，国际经济大循环动能弱化。特别是近年来，西方主要国家民粹主义盛行、贸易保护主义抬头，经济全球化遭遇逆流。新冠肺炎疫情影响广泛深远，逆全球化趋势更加明显，全球产业链、供应链面临重大冲击，风险加大。因此，在努力打通国际循环的同时，进一步畅通国内大循环，提升经济发展的自主性、可持续性，增强韧性，保持我国经济平稳健康发展。

大国经济的重要特征就是必须实现内部可循环，提供巨大的国内市场和供给能力，支撑并带动外循环。我国已经形成拥有14亿人口、4亿多中等收入群体的全球最大、最有潜力市场，规模巨大的国内市场不断扩张。从供给能力看，我国拥有全球最完整、规模最大的工业体系和完善的配套能力以及雄厚的人才资源。我们具备实现内部大循环、促进内外双循环的诸多条件。

搞好双循环要坚持深化供给侧结构性改革这条主线。当前和今后一个时期，我国经济运行面临的主要矛盾仍然在供给侧，供给结构不能适应需求结构变化，产品和服务的品种、质量难以满足多层次、多样化的市场需求。必须坚持深化供给侧结构性改革，提升供给体系对国内需求的满足能力，以创新驱动、高质量供给引领和创造新需求。

从国内大循环与国内国际双循环的关系看，国内循环是基础，两者是统一体。国际市场是国内市场的延伸，发挥我国超大规模市场优势，将为世界各国提供更加广阔的市场机会，依托国内大循环吸引全球商品和资源要素，打造我国新的国际合作和竞争优势。

国内大循环绝不是自我封闭、自给自足，也不是各地区的小循环，更不可能什么都自己做，放弃国际分工与合作。要坚持开放合作的双循环，通过强化开放合作，更加紧密地同世界经济联系互动，提升国内大循环的效率和水平。可以说，推动双循环必须坚持实施更大范围、更广领域、更深层次对外开放。

必须运用改革思维和改革办法，形成充满活力的市场主体，建立有效的激励机制，营造鼓励创新的制度环境，扫除阻碍国内大循环和国内国际双循环畅通的制度、观念和利益羁绊，破除妨碍生产要素市场化配置和商品服务流通的体制机制障碍，形成高效规范、公平竞争、充分开放的国内统一大市场，形成高标准的市场化、法治化、国际化营商环境，降低全社会交易成本。

资料来源 蔡亮. 大循环、双循环！构建发展新格局［EB/OL].（2021-01-28）［2022-01-29]. https://baijiahao.baidu.com/s?id=1690090532138528840&wfr=spider&for=pc.

本章小结

发展中国家的贸易政策一般有初级产品出口导向战略、进口替代工业化战略和出口导向战略。

初级产品出口导向战略主要源于发达国家的工业和城市的迅速发展导致的对矿物原料、农业原料和农产品需求的不断增加，以及历史上一些发展中国家本身就是殖民主义和帝国主义国家的原料产地。但是，该战略只能作为外向型经济的起步而在短期内使用，片面依赖初级产品出口不但经济增长潜力有限，而且不利于发展中国家的工业化。因此，许多发展中国家纷纷调整贸易战略。

进口替代工业化战略主要源于幼稚产业保护理论，采取的具体措施包括：加强进口限制，提高进口关税，对替代产业给予各类优惠和实行汇率管制，这些措施积极推动了发展中国家的工业化和经济发展。但是该战略也存在一定的缺陷，一些发展中国家逐渐开始执行出口导向型的发展战略。

出口导向战略的核心思想是使本国的工业生产面向世界市场，并以制成品的出口代替初级产品的出口。该战略扩大了市场，获得了规模经济效应，促进了技术进步，并且推动了产业结构升级。不过，出口导向战略并非完美，发展中国家可能落入比较优势陷阱，也容易受到国外市场冲击。

关键术语

外向型发展战略（outward-oriented development strategy） 内向型发展战略（inward-oriented development strategy） 初级产品（primary goods） 进口替代工业化战略（import substituting industrialization strategy） 出口导向战略（export-oriented strategy）

基础训练

第10章即测即评

1. 请分析“亚洲四小龙”实施出口导向战略成功的原因。

2. 什么是进口替代工业化战略？其对发展中国家的经济发展有何利弊？

3. 什么是出口导向战略？其对发展中国家的工业化有哪些消极作用？

4. 减少进口替代工业化战略的使用，从而支持对外贸易开放政策的原因是什么？

5. “只要一个发展中国家的低技能劳动密集型制成品的出口增加能增加就业和提高实际工资水平，该国就没有动力改善其教育体制。”你是否赞成这种观点？为什么？

6. “20纪50年代初期，日本是一个靠出口纺织品和玩具生存的弱国。日本政府对钢铁工业和汽车工业进行了保护。开始时，这些工业生产没有效率，成本也很高，但后来逐渐占领了世界市场。日本的经验表明，幼稚产业保护理论比其他理论更正确。”你赞成这种观点吗？

案例分析

世界从“新发展格局”中捕捉到新机遇

“以国内大循环为主体、国内国际双循环相互促进的新发展格局”，是以习近平同志为核心的党中央，基于当前和今后一个时期国内外形势、着眼高质量发展作出的重大战略部署。多国人士表示，这一战略部署为中国经济发展指明了新方向，也为全球经济复苏创造了新机遇。

近年来，中国经济加速从出口导向转向以内需驱动为主。锚定“内循环”，中国有巨大内需优势：拥有14亿人口和全球最大规模中等收入群体；消费连续6年成为经济增长第一拉动力；2019年社会消费品零售总额首次超过40万亿元人民币；2019年人均国民总收入首次突破1万美元大关，等等。

面对疫情冲击，中国政府精准施策，以“六稳”“六保”稳住经济基本盘，2020年第二季度GDP同比增长3.2%。

受益于中国经济复苏和消费反弹，不少外企在华销售业绩亮眼。据《华尔街日报》网站报道，2020年第二季度，美国运动休闲品牌斯凯奇销售总额同比下降42%，但在中国市场实现11.5%的增长；特斯拉公司第二季度实现盈利1.04亿美元，中国市场表现良好是关键。中国成为不少美国公司的“避难所”，《华尔街日报》网站如是评论。

近年来，中国数字经济、新材料、新基建等新兴产业发展迅猛，走出了一波新行情。中国信息通信研究院数据显示，2020年工业互联网产业经济增加值将达到3.1万亿元；2020—2025年，中国5G商用直接带动的经济总产出将达10.6万亿元。

从深耕中国数字化工厂、智慧城市市场多年的西门子，到将海外首个科创中心落户中国的特斯拉；从瑞士ABB集团在上海打造机器人“未来工厂”，到跨国药企赛诺菲在中国设立“互联网+医疗健康”数字化创新平台……越来越多的外国公司投身中国新兴产业的发展大潮。

2020年以来，尽管受到疫情冲击，中国扩大开放坚定不移：《海南自由贸易港建设总体方案》正式公布；外商投资准入负面清单再次“瘦身”；广交会首次整体搬上“云端”；第三届进博会“境外云招商”热火朝天……与此同时，巴斯夫、宝马、大众集团等众多企业持续扩大在华投资，成为中国开放大门越开越大的有力见证。

更好联通国内和国际两个市场，形成国内和国际双循环相互促进的新发展格局，“一带一路”是重要的合作平台。2020年上半年，中国对“一带一路”沿线国家投资实现较快增长，非金融类直接投资同比增长19.4%；中欧班列运送货物同比增长41%，连续4个月屡创新高。疫情之下，“一带一路”沿线国家投资、贸易的逆势增长，展现促进“双循环”的广阔空间。

在经济全球化的今天，没有与世隔绝的孤岛。立足当下，面向未来，中国新发展格局必将更好畅通内外、推动共赢共享，为世界经济复苏繁荣贡献正能量。

资料来源　曹筱凡，陈杉，林昊，等. 从习近平阐述的“新发展格局”中，世界捕捉到这些新机遇[EB/OL].（2020-08-14）[2022-03-14]. https://baijiahao.baidu.com/s?id=1674964300103578770&wfr=spider&for=pc.

问题：

（1）分析出口导向战略的缺陷以及我国现阶段的出口政策。

（2）如何理解“格局在变，中国走和平发展的道路不变”？

第 11 章
区域经济一体化

学习目标

通过本章的学习，你应该能够：掌握区域经济一体化的含义及类型；熟悉区域经济一体化的理论；了解区域经济一体化的实践；了解WTO的运行机制。

引例

《区域全面经济伙伴关系协定》有助于促进中国经济高质量发展

2022年1月1日，《区域全面经济伙伴关系协定》（RCEP）对新加坡、泰国、越南等6个东盟成员和中国、日本、新西兰、澳大利亚正式生效。这有助于减少区域经济复苏面临的不确定性，促进中国经济高质量发展。

多边贸易体系和区域自贸协定是驱动经济全球化、国际贸易投资自由化和便利化的两个轮子。中国加入世界贸易组织、持续扩大开放的20多年，也是探索对外签署自由贸易协定、积极推动自由贸易区建设的20多年。为推动高水平对外开放，中国提出实施自由贸易区提升战略，构建面向全球的高标准自由贸易区网络。RCEP是中国签署的第十九个自由贸易协定，是全球经贸规模最大的自由贸易协定，将为中国扩大高水平对外开放发挥重要作用。

中国在RCEP中实现多项突破。在投资领域，首次在自由贸易协定下以负面清单加准入前国民待遇方式作出开放承诺；在电子商务领域，首次就数据流动、信息存储等内容作出规定；在贸易救济领域，首次在自由贸易协定中纳入“禁止归零”条款；在知识产权领域，首次将数字环境下的侵权行为纳入民事救济和刑事救济的实施程序范围。中国在RCEP框架下与日本、韩国同时建立自贸关系，不仅为更高水平的中日韩自贸区谈判奠定基础，也有助于积极推动加入《全面与进步跨太平洋伙伴关系协定》（Comprehensive and Progressive Agreement for Trans-Pacific Partnership，CPTPP）等更高标准的自由贸易协定。

RCEP成员是中国重要的经贸合作伙伴。2020年，中国对RCEP成员出口、自成员进口分别约占中国出口、进口总额的27%和38%。同期，来自RCEP成员的投资占中国利用外资的比重超过10%。RCEP通过削减关税、扩大市场准入、采取贸易投资便利化措施，促进生产要素自由流动和高效集聚，推动形成一体化大市场，使中国与RCEP成员的贸易投资更加密切，有助于构建良性可持续的国际经济循环体系。

RCEP成员的特色、优质产品和服务、先进技术可以更加自由便利地进入中国市场，成为满足国内消费升级需求、推动产业转型升级的重要助力。通过RCEP更高标准、更大范围地扩大开放，国内改革加速进行，进一步使国内经济循环的堵点和卡点畅通。RCEP适用原产地累积规则，允许原产价值成分在成员范围内累加计算，大大降低企业享受优惠税率的门槛，有助于企业依托各国的比较优势，在区域内灵活采购生产材料和开展投资布局，增强国际竞争力。RCEP为电子商务便利化创造有利环境、搭建平台，支持和帮助中小企业更好地利用协定成果。

展望未来，RCEP将成为中国内外贸一体化、引进外资和对外投资协调发展的重要平台，进一步增强中国与RCEP成员市场、资源和要素的联通性，稳定产业链和供应链，提高全球和区域价值链参与水平，加快形成以国内大循环为主体、国内国际双循环相互促进的新发展格局。

资料来源 顾学明. RCEP有助于促进中国经济高质量发展（国际论坛）[N]. 人民日报，2022-01-04（3）.

经济全球化（economic globalization）和区域经济一体化（regional economic integration）是驱动世界经济一体化发展的两只轮子。第二次世界大战后，随着欧洲经济一体化的不断深入发展，世界范围内的区域经济一体化空前活跃。区域经济一体化能够促进生产要素的自由流动，提高资源配置效率，使“一国经济”走向“世界经济”。根据WTO统计，截至2022年6月，向WTO累积通报的有效区域贸易协定（regional trade agreement，RTA）数目达580个，其中生效的有355个。[①]区域贸易协定迅速发展的现实，引起了人们对区域经济一体化发展的强烈关注。

11.1 区域经济一体化的含义与类型

现实中区域经济一体化组织的名称多种多样，如欧盟（European Union，EU）、《美墨加协定》和《区域全面经济伙伴关系协定》等。仅从名称上难以把握区域经济一体化的含义和类型，我们需要从概念上对区域经济一体化进行界定，并根据一定的标准对其进行分类。

11.1.1 区域经济一体化的含义

1. 马克思主义关于经济一体化的思想

马克思关于经济一体化的研究是伴随着新航道的开辟和资产阶级大工业时代的发展而逐渐展开的，不过马克思并未系统地提出经济一体化的概念，也未论述过经济一体化的进程，但其在《共产主义原理》《共产党宣言》《德意志意识形态》中关于世界市场的论述体现了经济一体化思想。这主要表现在以下几个方面：

第一，经济一体化形成的基础：生产力的巨大发展、世界范围内分工的形成和世界市场的形成。马克思认为：“随着贸易自由和世界市场的确立，随着工业生产以及与之相适应的生活条件的一致化，各国人民之间的民族孤立性和对立性日益消逝下去。”[②]

第二，经济一体化形成的动力：“不断扩大产品的销路。”马克思说：“由于需要不断扩大产品的销路，资产阶级就不得不奔走全球各地。它不得不到处钻营，到处落户，到处

① WORLD TRADE ORGANIZATION. Regional trade agreements database [EB/OL]. [2022-09-28]. http://rtais.wto.org/UI/charts.aspx#inforce.

② 马克思，恩格斯. 马克思恩格斯全集（第4卷）[M]. 中共中央马克思恩格斯列宁斯大林著作编译局，译. 北京：人民出版社，1958：487-488.

建立联系。资产阶级既然榨取全世界的市场，这就使一切国家的生产和消费都成为世界性的了……过去那种地方的和民族的闭关自守和自给自足状态已经消逝，现在代之而起的已经是各个民族各方面互相往来和各方面互相依赖了。”①

第三，经济一体化形成的途径：一是低廉的价格；二是殖民主义政策。马克思说：“它那商品的低廉价格，就是它用来摧毁一切万里长城、征服野蛮人最顽强的仇外心理的重炮。”②

第四，经济一体化的后果：“由此必然产生的后果就是政治的集中。原先各自独立的、几乎只是由联盟关系联系起来的，各有其不同利益、不同法律、不同政府、不同税则的各个地区，现在已经结合成为一个拥有统一的政府、统一的法制、统一的民族阶级利益、统一的税关的民族了。”③

2. 西方学者关于经济一体化的思想

“经济一体化”这个概念最早是由荷兰经济学家简·丁伯根（Jan Tinbergen，1954）在其著作《国际经济一体化》中提出的。他认为所谓的经济一体化（economic integration）是指“消除有关阻碍经济最有效运行的人为因素，并通过相互协调与统一，创造最适合的国际经济结构”，并将其分为积极一体化和消极一体化。积极一体化是指建立新的规章制度协调各成员的合作关系，纠正错误的市场信号。消极一体化是指各成员消除制度障碍和贸易壁垒。

此后，其他经济学家也对经济一体化的含义进行了多角度的定义。比如，美国经济学家贝拉·巴拉萨（Bela Balasa，1973）认为经济一体化既是一种过程，也是一种状态。过程是指消除各国经济单位之间存在的措施和行为方面的差别；状态是指消除各国在待遇上的差别。

区域经济一体化则指由两个或两个以上独立关税经济体组成的、旨在推动相互间自由贸易的经济合作行为。由于这些进行经济合作的参与成员大多在地理上相互临近，因此被称作区域经济一体化。

11.1.2 区域经济一体化的类型④

通常，根据成员间在贸易、经济、政治等方面的一体化程度的差异，区域经济一体化组织可分为自由贸易区（free trade area，FTA）、关税同盟（customs union）、共同市场（common market）、经济联盟（economic union）和完全经济一体化（perfectly economic integration）。不同类型区域经济一体化的特征见表11-1。

1. 自由贸易区

自由贸易区是指区内成员间实行自由贸易，但对于非自由贸易区成员的关税仍然维持，并且各个自由贸易区成员有权独立确定其对非成员的关税税率。当今大多数贸易集团

① 马克思，恩格斯．马克思恩格斯全集（第4卷）[M]．中共中央马克思恩格斯列宁斯大林著作编译局，译．北京：人民出版社，1958：469-470.

② 马克思，恩格斯．马克思恩格斯全集（第4卷）[M]．中共中央马克思恩格斯列宁斯大林著作编译局，译．北京：人民出版社，1958：470.

③ 马克思，恩格斯．马克思恩格斯全集（第4卷）[M]．中共中央马克思恩格斯列宁斯大林著作编译局，译．北京：人民出版社，1958：470-471.

④ 徐光智，等．当代国际经济合作[M]．北京：北京航空航天大学出版社，1991：439-440.

表11-1 不同类型区域经济一体化的特征

类型	特征				
	成员间自由贸易	共同对外关税	生产要素自由流动	经济政策协调一致	经济政策统一实施*
自由贸易区	√				
关税同盟	√	√			
共同市场	√	√	√		
经济联盟	√	√	√	√	
完全经济一体化	√	√	√	√	√

注：*经济一体化组织的各种经济政策（财政、货币等）由一个对所有成员具有约束力的联合政府实施。

都是自由贸易区，其中最大的自由贸易区是《区域全面经济伙伴关系协定》。截至2022年12月，中国已签协议的贸易区有19个，正在谈判的有10个，正在研究的有8个。①

2. 关税同盟

关税同盟是指成员间实行自由贸易，并对非成员实施统一的关税税率和相关贸易政策的区域经济一体化组织。关税同盟的成员放弃了单独制定对外关税政策的权力，属于一种主权政策权力的让渡。1957—1992年的欧洲经济共同体便是关税同盟，1991年成立的南方共同市场实际上也是一个关税同盟，它是世界上第一个完全由发展中国家组成的共同市场。

3. 共同市场

共同市场是指成员间实行自由贸易和生产要素的自由流动，并统一了对非成员的关税的区域经济一体化组织。共同市场比关税同盟在自由贸易的程度上更进一步，典型例子如欧盟。

4. 经济联盟

经济联盟是指成员间实行自由贸易，实现商品和生产要素的自由流动，并统一了成员各自的经济政策的区域经济一体化组织。经济联盟是一种达到了相当高度的区域经济一体化组织，成员的货币政策、财政政策、汇率政策等需要协调统一。

5. 完全经济一体化

完全经济一体化是指成员间的贸易、经济甚至政治及法律制度高度统一的区域经济一体化组织。完全经济一体化组织的成员完全放弃了其经济政策的制定权，由一个对所有成员具有约束力的联合政府统一实施各种经济政策。

WTO将向其通报的机制化区域经济一体化组织统称为RTA，并于1996年成立了RTA委员会。该委员会将区域经济一体化组织分为4种形式，即关税同盟（customs union，CU）、经济一体化协定（economic integration agreement，EIA）、自由贸易协定（free trade

① 数据根据中华人民共和国中国自由贸易区服务网整理。

agreement，FTA）和优惠贸易协定（preferential trade agreement，PTA）。优惠贸易协定允许其参与成员在贸易投资自由化进程中存在例外产业。在2009年2月前，WTO将这种形式的区域经济一体化组织称为部分范围协定（partial scope agreement，PS或PSA）。在WTO的统计中，最主要的是关税同盟、自由贸易协定和优惠贸易协定，而经济一体化协定实际是服务贸易自由化协定，一般依附以上3种形式，尤其依附自由贸易协定。

拓展阅读11-1

11.2 区域经济一体化的理论

微课 关税同盟理论

区域经济一体化究竟会对其成员和非区域经济一体化成员带来什么影响和效应？区域经济一体化理论对此进行了研究。由于关税同盟是区域经济一体化的典型形式，很多经济学家将这一区域经济一体化形式作为其基本的研究对象。雅各布·维纳（Jacob Viner）1950年的研究为关税同盟的福利效应分析奠定了基础。

关税同盟的成员之间实行自由贸易，且各关税同盟成员对非成员采取统一的关税壁垒。这种形式的区域经济一体化会产生贸易创造（trade creation）效应和贸易转移（trade diversion）效应。

贸易创造效应是指关税同盟成员之间实行自由贸易后，关税同盟内某成员内部高成本的产品由来自其他成员低成本产品的进口所替代，从而创造出新的贸易量的过程。

贸易转移效应是指关税同盟形成后，由于关税同盟成员间实行自由贸易，而对非成员保持了贸易壁垒，从而导致关税同盟内成员之间的贸易替代了关税同盟内成员与非成员之间的贸易的现象。

贸易创造使得资源配置得到优化，可以提高关税同盟成员的福利水平。贸易转移则降低了资源配置效率，因此会降低关税同盟成员的福利水平。

考虑A、B、C 3个国家。假设A国小麦的单位生产成本最低；B国小麦的单位生产成本次之；C国小麦的单位生产成本最高。如图11-1所示，如果C国对进口的小麦征收进口关税，小麦在C国国内市场的价格为P_C，进口数量为S_1D_1。A国小麦的价格为P_A。现在假定A国与C国构建了一个关税同盟，A国与C国之间实行自由贸易，其结果就是小麦在C国的价格从P_C下降到P_A，C国的小麦进口数量从S_1D_1增加到S_2D_2。关税同盟使得成员间贸易量增加，即关税同盟创造了新的贸易量，这就是贸易创造效应。贸易创造导致关税同盟成员的福利水平增加，与达成关税同盟前相比较，C国的福利水平增加了两个三角形的面积：a+b。

现在假定C国与B国而不是A国建立了一个关税同盟。如图11-2所示，在世界市场上A国小麦的价格P_A低于B国的价格P_B。在C国与B国构建关税同盟前，C国从A国进口小麦的数量为S_1D_1。此时，C国消费者在国内市场面临的小麦价格为P_C，但这个价格中包含了C国征收的关税，即C国进口商向A国支付的价格为P_A，其在国内的售价为P_C，国内售价P_C与其支付给A国出口商的价格P_A之间的差额为C国征收的关税。当C国与B国构建了一个关税同盟后，B国向C国出口小麦不再需要缴纳进口关税，出口数量为S_2D_2，其在C国国内的价格为P_B。这一不含关税的价格P_B低于A国向C国出口的小麦在C国国内的售价P_C。

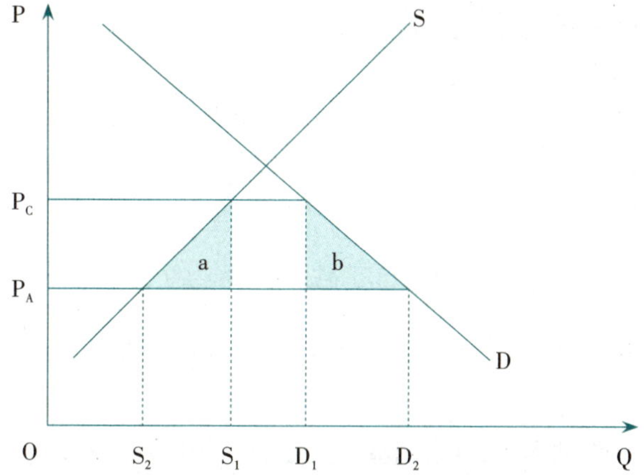

图11-1　关税同盟的贸易创造效应

所以，B国的小麦就替代了A国的小麦在C国市场上销售。由于P_B仍低于P_C，因此关税同盟存在贸易创造效应。贸易创造使得C国福利水平增加了两个三角形面积（c+d）。同时，由于C国小麦的进口数量S_2D_2中的S_1D_1从成本最低的A国转向了成本较高的B国，所以关税同盟存在贸易转移效应。贸易转移效应导致C国福利水平下降了矩形面积e。

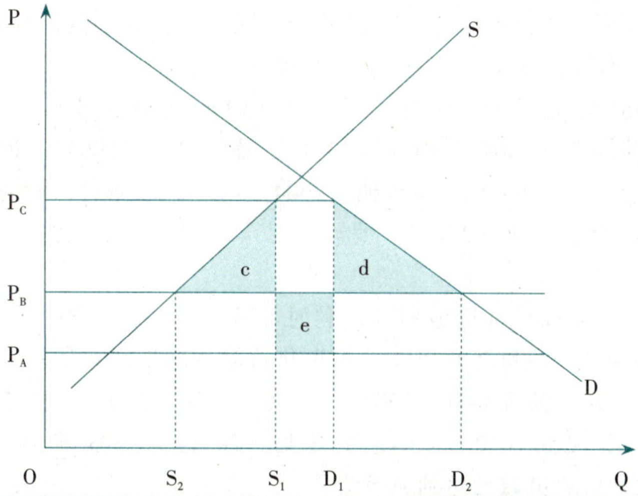

图11-2　关税同盟的贸易转移效应

当关税同盟的贸易创造效应（c+d）大于其贸易转移效应e时，C国与B国成立关税同盟是可行的。

当（c+d）的面积小于e的面积时，贸易转移效应大于贸易创造效应，此时C国与B国成立关税同盟从静态福利方面考虑是不可行的。

当（c+d）的面积等于e的面积时，贸易转移效应正好抵消了贸易创造效应。此时，从静态福利方面考虑，C国与B国成立关税同盟与否，结果是没有差别的。

11.3 区域经济一体化的实践①

区域经济一体化的历史最早可以追溯至13世纪北欧诸城市间达成的汉撒同盟，但区域经济一体化真正快速发展始于第二次世界大战之后。本部分着重分析欧洲、美洲和亚洲的区域经济合作的实践。

11.3.1 欧洲区域经济一体化的实践

欧洲是历史最长和区域经济一体化发展最深入的地区，欧盟则是世界经济中最重要的一个关税同盟。

欧盟源于1948年欧洲经济合作组织。此后，1950—1952年，根据"舒曼计划"(Schuman Plan)，比利时、法国、联邦德国、意大利、荷兰和卢森堡6国建立了欧洲煤钢共同体。1957—1958年，上述6个国家又签订了建立欧洲共同体的《罗马条约》。欧洲共同体是一个具有关税同盟性质并在运输和原子能方面具有统一政策的经济共同体，其6个成员于1968年分阶段完成了消除相互间进口关税的任务，并统一了它们的对外贸易壁垒。1991年12月，欧洲共同体马斯特里赫特首脑会议通过了以建立欧洲经济货币联盟和欧洲政治联盟为目标的《欧洲联盟条约》(又称《马斯特里赫特条约》)。1992年年末，《单一欧洲法案》生效，根据该法案，欧洲共同体成员的劳动和资本市场将实现一体化。1993年11月1日，《欧洲联盟条约》正式生效，欧洲共同体转变为欧盟，所有成员实行统一的外交政策，并建立货币联盟。欧盟其他国家包括丹麦（1973）、爱尔兰（1973）、英国（1973）、希腊（1981）、葡萄牙（1986）、西班牙（1986）、奥地利（1995）、芬兰（1995）、瑞典（1995）、塞浦路斯（2004）、捷克（2004）、爱沙尼亚（2004）、匈牙利（2004）、拉脱维亚（2004）、立陶宛（2004）、马耳他（2004）、波兰（2004）、斯洛伐克（2004）、斯洛文尼亚（2004）、保加利亚（2007）、罗马尼亚（2007）、克罗地亚（2013）加入欧盟。目前，欧盟成员已达27个。②

1999年，11个欧盟成员（奥地利、比利时、芬兰、法国、德国、爱尔兰、意大利、卢森堡、荷兰、葡萄牙和西班牙）将欧元作为共同货币，此后又有8个国家先后成为欧元区（Eurozone）的成员，包括希腊（2001）、斯洛文尼亚（2007）、塞浦路斯（2008）、马耳他（2008）、斯洛伐克（2009）、爱沙尼亚（2011）、拉脱维亚（2014）、立陶宛（2015）。目前，欧元区成员数已达到19个。

在过去的半个多世纪中，欧盟朝着更广泛和更深入的一体化组织不断发展。对于大多数欧盟成员而言，其福利都增加了。但也有一些欧盟成员承受了较大的贸易转移效应带来的损失，典型的代表如英国，这也是导致英国最终选择退出欧盟的重要因素之一。

11.3.2 美洲区域经济一体化的实践

美洲最具有代表性的区域经济一体化实践当数《北美自由贸易协定》(North American Free Trade Agreement，NAFTA)。

① 马静，郑晶．FDI、区域经济一体化与区域经济增长［M］．北京：中国经济出版社，2009：39-50.
② 英国于2020年1月31日退出欧盟。

1988年1月2日，美国与加拿大两国签订了《美加自由贸易协定》，并于1989年1月1日生效。美国和加拿大的目标是在10年内取消两国间的贸易壁垒。1992年12月，美国、加拿大和墨西哥签署了《北美自由贸易协定》。1994年1月，NAFTA正式生效。根据NAFTA的要求，从1994年1月起，美国取消从墨西哥进口的牛肉、猪肉、家禽肉、玉米及多种其他农产品的进口关税；墨西哥的汽车用商品可在美国和加拿大自由流通；墨西哥将美国和加拿大的汽车进口关税由20%下调至10%。从1998年1月起，墨西哥取消从美国进口水果的关税；美国取消从墨西哥进口的棉花和小麦的关税；美国与加拿大之间剩余的农产品关税逐步取消。2002年1月，加拿大取消从墨西哥进口的面粉、肉类和糖类产品的关税。2003年1月，美国取消从墨西哥进口的乳制品、大米和蔬菜的关税；墨西哥取消从美国进口的乳制品、猪肉、大米和小麦的关税；墨西哥取消从加拿大和美国进口的汽车和汽车零部件的剩余关税。2007年10月，美国与墨西哥之间糖类产品的剩余关税全部取消。2008年1月，墨西哥取消从美国和加拿大进口玉米的关税，加拿大取消从墨西哥进口玉米的关税。

NAFTA的达成对北美区域内贸易增长产生了显著的促进效应。美国和加拿大、美国和墨西哥、加拿大和墨西哥之间的贸易额分别从1993年的2 137亿美元、823亿美元、34亿美元增长到2020年的5 312亿美元、5 415亿美元和269亿美元。美墨之间、加墨之间的贸易额分别增长了5.58倍和6.91倍，远超美加之间的1.49倍。从进出口来看，1993—2020年，美国和加拿大对墨西哥进口额的增长速度（分别为7.08倍和7.02倍）超过了出口额的增长速度（分别为4.11倍和6.25倍）。[①]

然而，NAFTA的批评者认为，低工资竞争、企业为降低成本而将生产转移到墨西哥，以及贸易逆差的扩大等因素导致了美国就业机会的损失以及薪酬停滞。有数据显示，1994年以来，美国汽车制造业损失了约35万个工作岗位，占该行业总工作岗位的1/3。2018年8月，美国与墨西哥达成双边自由贸易协定。加拿大因与美国在几个关键问题上存在争议，并未加入该协议。2018年9月30日，美国最终与加拿大达成一致，与墨西哥一起达成了新《北美自由贸易协定》，更名为《美墨加协定》，于2018年11月30日正式签署。2019年6月19日，墨西哥首先批准了《美墨加协定》。由于在《美墨加协定》中的劳工标准、环境议题和药品价格条款等方面的分歧，美国并未立即批准《美墨加协定》。直到2019年年底，在同意纳入更强有力的劳工准则之后，当时的特朗普政府赢得了国会民主党人对《美墨加协定》的支持。

各方在更新后的协定中作出了多项修改，包括：①收紧汽车制造行业的原产地规则，要求每辆车75%（高于原规定的62.5%）的零部件必须产自协定的成员；②增加新的劳工准则，要求每辆车40%的零部件必须产自时薪至少为16美元的工厂。与此同时，《美墨加协定》大幅收缩了具有争议的投资者-国家争端解决（investor-state dispute settlement，IS-DS）机制，完全取消了该机制在与加拿大之间贸易的适用性，并将该机制的应用限制在与墨西哥的石油、天然气和电信贸易等特定领域。作为《美墨加协定》的一部分，加拿大同意进一步开放其乳制品市场，也因此获得了其他两国的一些让步以作为回报。《美墨加协定》将保留第19章所设置的争端解决小组，该小组令加拿大免受美国贸易救济的影响。此外，《美墨加协定》也未采纳此前所提议的5年届满条款，而是将期限延长至16年，并

① 数据根据网站（http://comtrade.un.org/data）整理计算。2020年7月，《美墨加协定》正式生效，因此数据仅统计到2020年。

将在协定生效6年之后进行再次审查。

2019年12月10日，美、墨、加签署了修订后的《美墨加协定》。2020年年初，《美墨加协定》在美国国会获得多数表决通过，并于2020年7月1日正式生效。

11.3.3 亚洲区域经济一体化的实践

亚洲各国之间在社会制度、经济体制、经济发展水平以及文化等方面存在显著的差异，导致亚洲区域经济一体化方面的现实困难。虽然亚洲区域经济一体化起步较晚，但自20世纪90年代以来，区域经济一体化呈现出加速发展的态势。具有代表性的亚洲区域经济一体化组织包括东南亚国家联盟、亚太经济合作组织和《区域全面经济伙伴关系协定》。

1. 东南亚国家联盟

东南亚国家联盟（Association of Southeast Asian Nations，ASEAN）简称东盟，其前身是由泰国、马来西亚和菲律宾3个国家于1961年成立的东南亚联盟。1967年8月8日，泰国、马来西亚、菲律宾、新加坡和印度尼西亚5国在曼谷召开会议，并发表了《东南亚国家联盟成立宣言》（又称《曼谷宣言》），东南亚国家联盟正式成立。此后，1984—1999年，文莱（1984）、越南（1995）、缅甸（1997）、老挝（1997）和柬埔寨（1999）先后加入，东盟成员增加至10个国家。2021年，东盟10国人口总数达6.73亿；GDP超过3.34万亿美元；出口贸易额逾1.69万亿美元，进口贸易额超1.55万亿美元；FDI流入额达1 741亿美元。

东盟的经济一体化进程始于1977年2月东盟成员间签订的《东盟特惠贸易安排协定》。此后，1992年1月，第四次东盟首脑会议决定“将从1993年1月1日起的15年内建成东盟自由贸易区”。通过分阶段实施，东盟在2008年将在区域内贸易的工业制成品的关税减到5%以下。1994年9月召开的东盟经济部长会议决定“将自由贸易区建成的时间从原定的15年缩短为10年”，在2003年1月1日前对东盟内部贸易征收的关税必须降低到5%以下。考虑到4个新成员经济发展的实际，东盟同意越南的关税减让时限推迟至2006年，老挝、柬埔寨和缅甸推迟至2008年。1998年12月在河内召开的第六次东盟首脑会议通过的《河内宣言》《河内行动计划》《“大胆措施”声明》，将原东盟6国自由贸易区启动的时间提前到2002年1月1日。1999年9月27—28日，在新加坡召开的东盟经济高官会上，部长们重新批准了于2002年启动东盟自由贸易区的决议，同意新加入的柬埔寨在2010年将其关税减至0~5%。1999年11月，第三次东盟首脑非正式会议上，东盟领导人同意原东盟6国实现零关税的时间提前至2010年，新成员则提前到2015年。2001年9月7—8日，在河内召开的东盟经济高官会和9月14日召开的第15次东盟自由贸易区理事会会议上，东盟各成员的部长们欢迎原东盟6国于2002年1月1日正式启动东盟自由贸易区。

2002年11月4日，中国与东盟签订了《中国与东盟全面经济合作框架协议》（简称《框架协议》），标志建设中国-东盟自贸区（China-ASEAN Free Trade Area，CAFTA）的进程正式启动。《框架协议》于2003年7月1日生效，并分别在2003年、2006年、2012年和2015年进行了修订。此后，双方于2004年、2007年和2009年又分别签署了《货物贸易协议》《服务贸易协议》《投资协议》。根据《框架协议》，中国-东盟自贸区“早期收获计划”于2004年1月1日开始实施，各国部分农产品关税取消。2005年7月，中国-东盟自贸区《货物贸易协议》生效，此后通过修订不断丰富完善，涵盖技术性贸易壁垒和动植物卫生检疫等内容。在市场准入方面，中国和东盟6国已实现91.9%以上产品零关税，其余东盟国家也根据协定承诺逐步实现零关税。2007年7月，中国-东盟自贸区《服务贸易协议》正式生效，《关于实施中国-东盟自贸区〈服务贸易协议〉第二批具体承诺的议定书》于2011年签署，2012年1月正式生效。2010年，中国-东盟自贸区《投资协议》正式生效。2015年11月，中国与东盟签订了《中国与东盟关于修订〈中国-东盟全面经济合作框架协议〉及项下部分协议的议定书》（简称升级《议定书》）。按照升级《议定书》的规定，修改了原产地章节，升级版“原产地规则”于2019年8月正式实施。在《货物贸易协议》中增加了海关程序与贸易便利化章节，在《服务贸易协议》中增加了第三批具体承诺，在《投资协议》中增加了投资促进和投资便利化相关条款，在《框架协议》经济技术合作章节对基本原则和合作领域进行了扩充。升级《议定书》还针对货物贸易的进一步自由化、完善产品特定原产地规则以及投资自由化和保护等未完成事项制订未来工作计划。升级《议定书》于2016年7月1日正式生效。

中国-东盟自贸区有效增强了中国与东盟的双边经贸关系。2021年，中国与东盟货物贸易额达8 782亿美元。其中，中国对东盟出口4 836.9亿美元；自东盟进口3 945.1亿美元。东盟在2020年和2021年均为中国第一大贸易伙伴。中国对东盟直接投资从2010年的36亿美元增加至2021年的143.5亿美元，增长了298.6%。《2021年中国-东盟贸易指数报告》从贸易密切指标、贸易质量指标、贸易潜力指标、贸易活力指标和贸易环境指标5个角度分析了中国-东盟的贸易指数，发现均呈上升趋势，东盟已成为我国第一大贸易伙伴。[①]

2. 亚太经济合作组织

亚太经济合作组织（Asia-Pacific Economic Cooperation，APEC）简称为亚太经合组织，成立于1989年11月。其初始成员包括澳大利亚、文莱、加拿大、印度尼西亚、日本、韩国、马来西亚、新西兰、菲律宾、新加坡、泰国和美国12个国家。中国（中国香港和中国台湾以地区经济身份加入）于1991年11月加入APEC。墨西哥、巴布亚新几内亚于1993年11月加入；智利于1994年加入；秘鲁、俄罗斯、越南于1998年11月加入。2019年，APEC成员数达21个，总人口数达29亿，GDP达53.3万亿美元，约占世界的61%，对外贸易额约23.6万亿美元，约占世界贸易额的47%。[②]APEC已经成为亚太地区经济增长的引擎和最重要的区域经济合作组织之一。

APEC自1989年成立以来的发展大致可以分为创立阶段、快速发展阶段、进程受阻阶段和调整与改革阶段。

（1）创立阶段（1989—1992年）

1989年11月，澳大利亚、美国等12国在澳大利亚堪培拉召开了部长级会议，并宣布成立亚太经合组织。APEC第一届部长级会议发表了《堪培拉声明》，指出APEC坚持市场开放原则，不应发展成为一个贸易集团。1991年，APEC第三届部长级会议通过了《汉城宣言》，正式确定了APEC的宗旨和目标：相互依存，共同受益，坚持开放性多边贸易体

① 中华人民共和国海关总署. 2021年中国-东盟贸易指数报告［EB/OL］.（2022-09-16）［2022-11-15］. http://tianjin.customs.gov.cn/customs/302249/zfxxgk/2799825/302274/myzs75/3840284/3840291/zgzdogjmyzstb/index.html.

② APEC SECRETARIAT. Outcomes & outlook 2020-2021［EB/OL］.［2022-03-15］. https://www.apec.org/Publications/2021/02/Outcomes-and-Outlook-2020-2021.

制和减少区域内贸易壁垒。

（2）快速发展阶段（1993—1996年）

1993年，在美国时任总统克林顿的倡议下，召开了APEC领导人非正式会议，并发表了《经济展望声明》。1994年召开的APEC第二次领导人会议通过了《茂物宣言》，确定了APEC的三大支柱，即贸易投资自由化、便利化和发展合作。1995年召开的APEC第三次领导人会议通过了《大阪行动议程》，为落实"茂物目标"制订了具体行动计划。1996年，APEC领导人会议和部长级会议分别召开，形成了《马尼拉行动计划》，该计划是APEC向"茂物目标"迈出的第一步，贸易投资自由化、便利化开始进入实施阶段。

（3）进程受阻阶段（1997—2000年）

1997—2000年，由于1997年亚洲金融危机爆发，东南亚国家对贸易投资自由化开始持谨慎态度。期间虽然APEC召开了4次领导人会议，但APEC贸易投资自由化、便利化方面的进展甚微。

（4）调整与改革阶段（2001年至今）

2001年，APEC上海会议达成了《上海共识》，对贸易投资便利化设定了具体目标——5年内将APEC内的交易成本降低5%；制订了经济技术合作行动计划；发表了《亚太经合组织领导人反恐声明》，将安全问题作为APEC重要议题之一。此后的APEC一系列会议在贸易投资自由化、便利化和经济技术合作议题等方面取得了较为明显的进展。

3.《区域全面经济伙伴关系协定》

《区域全面经济伙伴关系协定》（Regional Comprehensive Economic Partnership，RCEP）在2012年由东盟发起，历时8年，是由中国、日本、韩国、澳大利亚、新西兰和东盟10国共15方成员达成的协定；2023年1月2日起，对印度尼西亚生效；2023年2月21日，菲律宾加入。RCEP涵盖人口超过35亿，占全球的47.4%，国内生产总值占全球的32.2%，外贸总额占全球的29.1%，吸引全球近1/5的外国直接投资，是全球涵盖人口最多、成员构成最多元、最具潜力的自贸区。

（1）RCEP的缘起

RCEP缘起于2011年2月26日在缅甸内比都举行的第18次东盟经济部长会议。该次会议通过了组建RCEP的草案。草案提出有两大动因：

一是推进东亚区域经济一体化发展的自身需要。根据其草案，RCEP的目标是在东盟原有的5个"10+1"基础上，构建一个涵盖16国的全面、高质量、互惠的区域自贸协定，以加强相互间经济合作，拓宽和深化经济一体化，推动区域经济增长。

二是应对《跨太平洋伙伴关系协定》（简称TPP协定）的冲击需要。2011年11月17—19日，在印度尼西亚巴厘岛举行的第19次东盟领导人会议正式批准组建RCEP的草案。2012年11月20日，在柬埔寨金边召开的第21届东盟峰会上，16国领导人共同发布《启动RCEP谈判的联合声明》，正式启动全球最大自贸区建设进程。

（2）RCEP的谈判历程

从2013年5月的首轮谈判至2020年11月的正式签署，RCEP历经长达8年、多至31轮的艰苦谈判，其间还举行了4次领导人会议、超过20次部长级会议，其历程可分为3个阶段。

① 缓慢推进阶段（2013—2015年）。2013年5月9日，RCEP第一轮谈判在文莱正式

开启。该轮谈判成立货物贸易、服务贸易和投资3个工作组，并就货物、服务和投资等议题展开磋商。按最初设想，RCEP谈判本应在2015年年底结束；但参与谈判成员众多、经济发展水平差别大等因素引致成员之间存在大量分歧，加之谈判议题和谈判小组数量的不断增加，使得谈判进展的推动异常缓慢。截至2015年年底，RCEP虽然举行了10轮谈判和3次部长级会议，但直至第10轮谈判才就货物贸易、服务贸易、投资等核心领域展开实质性磋商。

② 加速推进阶段（2016—2018年）。这期间，RCEP举行了2次领导人会议和14轮谈判。2016年2月4日，《跨太平洋伙伴关系协定》正式签署。这促使RCEP成员加速推进其谈判进程，10天之后便在文莱开启了第11轮谈判，2016年共举行了6轮谈判。2017年1月23日，美国宣布正式退出TPP协定。

随后，高举"美国优先"大旗的特朗普政府开始利用双边谈判争取美国利益最大化，并使用各种政治经济手段向谈判对手施压，逆全球化和贸易保护主义浪潮随之到来。为应对美国的经济制裁，以及削弱TPP协定带来的不良影响，RCEP成员开始逐渐达成谅解，并致力于积极推动RCEP谈判进展。同年11月14日，RCEP首次领导人会议在菲律宾马尼拉举行。此后一年，RCEP成员相继在货物、服务、投资和部分规则领域议题谈判中取得积极进展；但由于印度与其他成员在货物贸易和服务贸易领域分歧较大，谈判最终没能在2018年按计划结束，不过任务完成度提升至2018年的80%。[①]

③ 凝心聚力阶段（2019—2020年）。这期间，RCEP举行了2次领导人会议和7轮谈判。2019年8月2—3日，RCEP部长级会议首次在中国北京举行。此次会议在市场准入和规则谈判方面均取得重要进展：超过2/3的双边市场准入谈判顺利结束；新完成金融服务、电信服务、专业服务3项内容。同年11月4日，RCEP第三次领导人会议在泰国曼谷举行。会后发布的联合声明表明，历经27轮谈判，RCEP除印度外的15个成员已经结束全部20个章节的文本谈判，标志着RCEP谈判阶段终于完成，进入各国法律文本审核阶段。2020年以来，RCEP各成员克服新冠肺炎疫情带来的困难，全面完成市场准入谈判。2020年11月15日，RCEP第四次领导人会议以视频形式举行，15国领导人共同出席并见证RCEP签字仪式，RCEP最终顺利达成。

（3）RCEP的多重效应

①RCEP的签署显著拉动东亚区域经济增长和福利提升。RCEP框架下关税壁垒、非关税壁垒和投资壁垒的大幅削减，大幅降低企业利用自贸协定的制度性成本，进一步提升自贸协定带来的贸易创造效应，进而拉动地区整体经济的增长，带动各国国民整体福利的提升。

②RCEP的签署促进区域产业链和供应链的深度融合和发展。RCEP框架下，各成员之间的货物、服务、投资等领域市场准入进一步放宽，原产地规则、海关程序、检验检疫、技术标准等逐步统一。这有利于域内经济要素自由流动，有助于跨国公司降低最终产品的生产成本，进而建立更精细、更完善的产业链分工体系。

③对推动我国经济高质量发展意义重大。首先，RCEP的签署显著助推我国构建面向全球的高标准自贸区网络。RCEP签署后，我国对外签署的自贸协定达到19个，在全球多

① 肖琬君，冼国明．RCEP发展历程：各方利益博弈与中国的战略选择［J］．国际经济合作，2020（2）：12-25.

边贸易体系中的地位进一步提升。其次，RCEP的签署可为推进中日韩自贸协定谈判奠定良好基础。最后，RCEP的签署为我国加快构建以国内大循环为主体、国内国际双循环相互促进的新发展格局提供了关键的机制性合作平台。在RCEP框架下，我国对外开放将进一步扩大，营商环境将进一步优化，国际和国内两个市场资源和要素配置效率将不断提升。①

实践窗11-1

海南建立自由贸易港的区域一体化效应

党的二十大报告明确指出："我们实行更加积极主动的开放战略，构建面向全球的高标准自由贸易区网络，加快推进自由贸易试验区、海南自由贸易港建设，共建'一带一路'成为深受欢迎的国际公共产品和国际合作平台。""加快建设海南自由贸易港，实施自由贸易试验区提升战略，扩大面向全球的高标准自由贸易区网络。"

区位地理优势是海南建设自由贸易港的独特优势。海南自由贸易港紧靠华南地区，而华南地区是中国经济的重心，也是经济增长最快、经济发展最有活力的地区。海南自由贸易港又背靠西南大后方，而西南地区在中国具有重要的战略地位。因此，海南建设自由贸易港，对外可以通过太平洋、印度洋上的海上走廊深入东南亚、南亚、西亚、东非和欧洲腹地，对内延伸到华南、西南广大腹地，在经济全球化和区域一体化中纵横捭阖、进退自如。海南自由贸易港建设将使海南与东盟国家合作领域不断拓宽，合作潜力不断释放，区域经济一体化效应日渐显现。

一、开放效应助推区域经济发展

海南自由贸易港建设思路是区域经济一体化和经济全球化的有机结合，两者互相补充、互相促进。经济开放水平的提高，推动了区域经济一体化水平的提高，对内减少了区域市场分割和地方保护主义；对外实行关税减让或大幅度减少关税，将极大地促进区域内外产品和要素的流动，推动区域经济一体化发展。

二、极化效应促进生产要素集聚

自由贸易港可以吸引大量的高端人才投入海南现代服务业、现代旅游业、高新技术产业领域，使这些产业成为海南经济的新业态和经济增长的亮点，并打造成新的经济增长极，使海南经济步入高质量发展的轨道。当经济增长极化至一定阶段后，海南自由贸易港将通过要素的流动，对大陆腹地和南海周边国家（地区）的发展产生促进带动作用，随之产生辐射效应，这是极化效应发展的必然结果。

三、结构效应优化地区产业模式

自由贸易港联结复杂的产业链，与多种产业有机结合，形成高端产业集聚区。结构效应内在表现形式为：在海南自由贸易港范围内，随着以现代服务业和高新技术产业等为代表的产业模式融合发展，将加快海南现有产业结构调整，带动产业组织模式优化升级。不仅如此，自由贸易港的产业链还可延伸到华南地区和东南亚国家，实现区域产业结构的转型升级，从而形成区域产业结构的互补，从结构上实现区域经济一体化。

资料来源　张尔升，林泽宇，李卓琳. 中国特色自由贸易港建设的区域经济一体化效应——以海南自由贸易港为例［J］. 山东财经大学学报，2019，31（1）：5-13.

① 马相东. RCEP八年历程是如何走过的［N］. 学习时报，2020-11-25（A5）.

11.4 世界贸易组织

世界贸易组织（World Trade Organization，WTO）成立于1995年1月1日，其前身为1947年成立的《关税及贸易总协定》，是一个独立于联合国的永久性国际组织。WTO目前共有164个成员，涵盖了全球98%的贸易额。作为全球经济治理体系的重要支柱，WTO自成立以来，在推动全球贸易发展、保障充分就业、促进经济增长和提高生活水平等方面作出了重要贡献。①

11.4.1 WTO的历史

1944年，为建立一个战后全新的国际经济新秩序，美国、英国等48个国家在美国的布林顿森林召开了相关会议，建立了世界银行（The World Bank）（其前身为国际复兴与开发银行）和国际货币基金组织（International Monetary Fund，IMF），但关于建立国际贸易组织的设想迟迟未能落实。包括美国和中国在内的22个国家于1947年11月签订了《关税及贸易总协定》，作为国际贸易组织成立前的临时性多边贸易协定，同时等待《国际贸易组织宪章》的通过。美国国会否决了《国际贸易组织宪章》，使得国际贸易组织最终无法建立。于是，从1948年1月1日开始，GATT成为事实上的规范世界贸易的主要协定。

1. GATT的贸易谈判②

GATT自创立以来直到1995年1月1日WTO的成立，共主持了8轮多边贸易谈判。

第一轮多边贸易谈判于1947年4—10月在瑞士日内瓦举行，共达成双边减让协议123项，影响近100亿美元的世界贸易额，使占应税进口值约54%的商品平均关税水平降低35%。

第二轮多边贸易谈判于1949年4—10月在法国安纳西举行。此轮谈判使占应税进口值5.6%的商品平均关税水平降低35%。

第三轮多边贸易谈判于1950年9月—1951年4月在英国托奎举行，达成9 000多项商品的关税减让，使占应税进口值11.7%的商品平均关税水平降低26%。

第四轮多边贸易谈判于1956年1—5月在瑞士日内瓦举行，达成近3 000项商品的关税减让，使占应税进口值16%的商品平均关税水平降低15%，相当于25亿美元的贸易额。

第五轮多边贸易谈判于1960年9月—1961年7月在瑞士日内瓦举行，因为由美国时任副国务卿道格拉斯·狄龙建议发起，所以也称“狄龙回合”。狄龙回合达成4 400项商品的关税减让，使占应税进口值20%的商品平均关税水平降低20%，相当于49亿美元的贸易额。

第六轮多边贸易谈判于1964年5月—1967年6月在瑞士日内瓦举行，由于是时任美国总统约翰·肯尼迪提议举行的，故又称“肯尼迪回合”。肯尼迪回合谈判涉及关税减让商品项目达60 000项，OECD成员间工业品平均关税水平削减35%，涉及贸易额400多亿美元。此外，肯尼迪回合第一次涉及了非关税措施谈判，各方最终达成了《反倾销协议》，

① 商务部．中国关于世贸组织改革的建议文件［EB/OL］．(2019-05-14)［2022-03-15］．http://www.mofcom.gov.cn/article/jiguanzx/201905/20190502862614.shtml.
② 石玉川．国际贸易理论与实务［M］．北京：中国建筑工业出版社，1996：83-87.

并于1968年7月1日生效。

第七轮多边贸易谈判于1973年9月—1979年4月在瑞士日内瓦举行。由于此次谈判是1973年9月在日本东京举行的GATT成员部长级会议上提议的，故又称“东京回合”。东京回合谈判结果包括：以一揽子关税减让方式就影响世界贸易额约3 000亿美元的商品达成关税减让与约束，使关税水平下降35%；9个发达国家工业制成品的加权平均关税税率降到6%左右；达成一系列非关税壁垒协议和原则；通过了给予发展中国家优惠待遇的“授权条款”等。

第八轮多边贸易谈判于1986年9月—1993年12月在瑞士日内瓦举行。由于此次谈判是1986年9月在乌拉圭的埃斯特角城举行的GATT部长级会议上决定进行一场旨在全面改革多边贸易体系的新一轮谈判，故又称“乌拉圭回合”。乌拉圭回合谈判达成了45项协议，减税商品涉及贸易额1.2万亿美元，减税幅度近40%，近20个产品部门实行了零关税；发达国家关税平均税率由6.4%降为4%；农产品和纺织品重新回到GATT贸易自由化的轨道；创立了世界贸易组织，并将GATT的基本原则延伸至服务贸易和知识产权领域，达成了《服务贸易总协定》《与贸易有关的知识产权协定》等。乌拉圭回合谈判期间（1992年12月），美国建议将GATT更名为“世界贸易总组织”。1994年4月，GATT缔约方代表签订了《建立世界贸易组织的协定》，确定于1995年1月1日正式成立世界贸易组织。1995年1月1日，WTO如期成立。

2. WTO的部长级会议

WTO自成立以来，共召开了12次部长级会议。世贸组织部长级会议是世贸组织的最高决策权力机构，一般每两年举行一次。

2001年11月10日，WTO第四届部长级会议同意开始新一轮多边谈判。由于此届部长级会议在卡塔尔的多哈举行，故又称“多哈回合”。多哈回合确定了农业、非农产品市场准入、服务、知识产权、规则、争端解决、贸易与环境以及贸易与发展问题等8个谈判领域。谈判的关键是农业和非农产品市场准入问题，主要包括削减农业补贴、降低农产品进口关税及工业品进口关税。长期以来，WTO成员无法在农业补贴、农产品关税和工业品关税的削减幅度、削减公式和削减方法上达成一致。多哈回合谈判的主要分歧是发达成员和发展中成员之间的分歧，美欧等发达成员的主要目标是进一步打开发展中成员的工业品和服务市场，而发展中成员希望美欧降低农业补贴，并开放农业市场。

2003年9月10—14日，WTO第五届部长级会议在墨西哥坎昆召开，但谈判无果而终；此后，于2004年7月达成了多哈回合《框架协议》。根据这一协议，发达成员方同意在具体时限内取消所有形式的农业出口补贴，对扭曲农业贸易的国内支持方面进行实质性的削减。作为补偿，发展中成员方同意降低工业品的进口关税和其他壁垒，进一步开放非农业产品市场，降低市场准入门槛；允许部分极度贫困的成员继续在一些关键领域实行贸易保护政策；增加了对最不发达成员和新成员的待遇安排上的灵活度。但这一协议只设定指导原则和基本内容，不包含具体的减让数字，《框架协议》明确了多哈回合谈判结束的时间将推迟，并确定了WTO第六届部长级会议于2005年12月在中国香港举行。

2005年12月13—18日，WTO第六届部长级会议在中国香港召开，重点是推进多哈回合谈判，使之能够在2006年年底最后期限前结束。但由于各方利益的冲突和矛盾，2006

年7月27日，多哈回合谈判全面中止。2007年1月，多哈回合谈判再次恢复，但依旧无果而终。

2009年11月30日—12月2日，WTO第七届部长级会议在瑞士日内瓦召开。全球贸易因为2008年全球金融危机出现了第二次世界大战以来最严重的萎缩。鉴于多哈回合谈判毫无起色，在避谈多哈回合谈判的同时，这次会议的主题被选定为“世贸组织、多边贸易体系和当前全球经济形势”。

2011年12月15—17日，WTO第八届部长级会议在瑞士日内瓦召开，会议批准俄罗斯加入WTO，但多哈回合谈判仍未取得实质性的突破。

2013年12月3—7日，WTO第九届部长级会议在印度尼西亚巴厘岛召开，并发表了《巴厘部长宣言》。此届会议达成了多哈回合谈判启动12年以来的第一份全球多边贸易协定——《巴厘一揽子协定》，多哈回合贸易谈判12年僵局终获历史性突破。《巴厘一揽子协定》中关于贸易便利化的协议对全球贸易的影响最为明显，但《巴厘一揽子协定》只是多哈回合协议的一个严重缩水版，离多哈回合谈判的全面完成还十分遥远。①

2015年12月15—19日，WTO第十届部长级会议在肯尼亚内罗毕举行。会议通过了《内罗毕部长宣言》及9项部长决定，承诺继续推动多哈回合谈判。会议的成果包括：

① WTO成员首次承诺全面取消农产品出口补贴，并就出口融资支持、棉花、国际粮食援助等方面达成了新的多边纪律；

② 达成了近18年来WTO首个关税减让协议——《〈信息技术协定〉扩围协议》，该协议涉及约1.3万亿美元国际贸易额；

③ 在优惠原产地规则、服务豁免等方面切实给予最不发达国家优惠待遇；

④ 正式批准阿富汗和利比里亚加入WTO。

2017年12月10—13日，WTO第十一届部长级会议在阿根廷布宜诺斯艾利斯召开，来自164个WTO成员的代表就农业、渔业、贸易便利化、电子商务、中小企业发展等议题展开谈判磋商。由于分歧较大，会议在粮食安全公共储备、农业国内支持、农业出口竞争、棉花、服务业国内规制等主要议题上没有取得突破。会议达成了《渔业补贴部长决定》《电子商务工作计划部长决定》《小经济体工作计划部长决定》《知识产权非违反之诉和情景之诉部长决定》《关于设立南苏丹加入工作组的部长决定》，为全球贸易多边谈判打下基础。

2022年6月12—17日，WTO第十二届部长级会议在瑞士日内瓦召开。会议达成《渔业补贴协定》，这是世贸组织达成的首份多边协定。《渔业补贴协定》将为全球渔业制定新规则，并限制导致全球渔业资源枯竭的政府补贴。同时，各方重申加强以世贸组织为核心的多边贸易体制，推进世贸组织必要改革。会议通过了《关于〈与贸易有关的知识产权协定〉的部长决定》《关于世贸组织新冠肺炎疫情应对和未来疫情应对准备的部长宣言》，帮助发展中成员增强新冠肺炎疫苗的可及性和可负担性，推动构建人类卫生健康共同体，推动疫后经济复苏。会议还通过了《关于紧急应对粮食安全问题的部长宣言》《关于世界粮食计划署购粮免除出口禁止或限制的部长决定》，维护自由开放的农产品贸易环境，增强全球粮食和农业市场的韧性。②

① 沈铭辉，胡艺．世界贸易组织达成“巴厘一揽子协定”是起点，非终点［N］．经济日报，2013-12-09（13）．

② 李晓喻．世贸组织第12届部长级会议达成《渔业补贴协定》［EB/OL］．（2022-06-17）［2022-10-08］．https://baijiahao.baidu.com/s?id=1735882605499253259&wfr=spider&for=pc．

11.4.2 WTO的宗旨与基本原则

1994年GATT缔约各方签订的《建立世界贸易组织的协定》明确提出了WTO的宗旨：以提高生活水平、保证充分就业、保证实际收入和有效需求的大幅度稳定增长以及扩大货物和服务的生产和贸易为目的，同时应依照可持续发展的目标，考虑对世界资源的最佳利用；需要作出积极努力，以保证发展中国家，特别是其中的最不发达国家，在国际贸易增长中获得与其经济发展需要相当的份额；产生一个完整的、更具有活力的和永久性的多边贸易体系，来巩固GATT以往为贸易自由化所作的努力和乌拉圭回合多边贸易谈判的所有成果。

同时，《建立世界贸易组织的协定》明确指出实现其宗旨与目标的途径：通过互惠互利的安排，导致关税和其他贸易壁垒的大量减少和国际贸易关系中歧视性待遇的取消。

WTO以其前身GATT的原则为基础，实施非歧视性原则、互惠原则、市场准入原则、公平贸易原则和经济发展原则等五大基本原则。①

1. 非歧视性原则

非歧视性原则（principle of non-discriminatory）是指WTO的所有成员公平对待其他成员，包括最惠国待遇（most-favored-nation treatment，MFN）和国民待遇（national treatment）两方面的内容。

最惠国待遇是指WTO的一个成员方将在货物贸易、服务贸易和知识产权领域给予任何其他成员的优惠待遇，应立即和无条件地给予其他各成员方。但在最惠国待遇中也存在“例外”，包括：

① 以关税同盟和自由贸易区等形式出现的区域经济安排，在这些区域内部实行的比最惠国待遇更优惠的待遇，区域外的WTO成员无权享受；

② 给予发展中成员的特殊和差别待遇，如普遍优惠制；

③ 在边境贸易中给予毗邻国家更多的贸易便利；

④ 在知识产权领域允许WTO成员就一般司法协助国际协定中享有的权利等方面保留例外。

国民待遇是指任何WTO成员对其他成员的产品、服务和服务提供者及知识产权所有者和持有者所提供的待遇，不低于本国同类产品、服务和服务提供者及知识产权所有者和持有者所享有的待遇。这里“不低于”的含义是指，其他成员的产品、服务和服务提供者及知识产权所有者和持有者应与进口成员方同类产品、相同服务和服务提供者及知识产权所有者和持有者享有同等待遇；若进口成员方给予前者更高的待遇，并不违反国民待遇原则。

2. 互惠原则

互惠原则（principle of reciprocity）也称对等原则，是指WTO的任一成员享受来自其他成员的贸易优惠安排要以己方对其他成员提供对等的优惠为前提。互惠原则明确了WTO成员在关税与贸易谈判中必须采取的基本立场和相互之间必须建立一种怎样的贸易关系。互惠原则的“例外”情况为：在发展中成员出现严重的国际收支失衡情况下，可以暂时性地取消其已作出的关税减让承诺，从而暂时性地免除互惠的义务，即“免责条款”。

① 关于WTO的基本原则的总结和概括，目前并无统一的标准，本书参考目前已有的研究，将其概括为5项基本原则。关于WTO基本原则的总结和概括的讨论可参见：廖进中．关于WTO“基本原则”规范性问题的探讨［J］．湖南大学学报（社会科学版），2007，21（2）：59-61.

3. 市场准入原则

市场准入原则（principle of market access）是指要求WTO各成员有计划、有步骤、分阶段地实现最大限度的贸易自由化。市场准入原则包括关税保护、关税减让、取消数量限制和透明度原则。WTO倡导其成员最终取消包括关税和非关税措施在内的一切贸易壁垒。虽然关税壁垒仍然是WTO所允许的合法保护手段，但要求其成员的关税水平不断下降，最终实现零关税的目标。关税减让规定也有“例外”，即允许发展中成员在经济发展需要或国际收支严重失衡时，撤销或修改其已作出的关税减让承诺。透明度的规定要求WTO成员必须事先公布与贸易有关的法律、法规、条约、协定和管理规定，做到最大限度的制度透明；但透明度的规定不包括与国家安全和企业商业机密有关的公开透明。

4. 公平贸易原则

公平贸易原则（principle of fair trade）是指所有WTO成员不得使用不公平的竞争手段开展贸易，特别禁止采取倾销和补贴的形式出口商品，对倾销和补贴都作了明确的规定，制定了详细的实施办法，以维护世界贸易的公平竞争环境。

5. 经济发展原则

经济发展原则（principle of economic development）是指以帮助和促进发展中成员的经济发展为目的，给予发展中成员特殊优惠待遇。例如，允许发展中成员在一定范围内实施进口数量限制或提高关税的“政府对经济发展援助”条款；仅要求发达成员单方面承担义务而发展中成员无偿享有某些特定优惠的“贸易和发展条款”；发达成员给予发展中成员和转型经济体成员更长的过渡期待遇和普遍优惠制待遇等。

11.4.3 WTO的组织机构与运作机制

WTO部长级会议是其最高决策机构，由所有成员组成，也是各成员重要的谈判场所。部长级会议下设总理事会，由所有成员的代表组成，负责日常对WTO的领导和管理，同时履行《建立世界贸易组织协定》所赋予的各项管理职能。总理事会下设货物贸易理事会、服务贸易理事会和知识产权理事会，直接对总理事会负责。WTO还有许多的专门委员会和工作小组，如贸易谈判委员会、贸易与环境委员会、贸易与发展委员会、区域贸易协定委员会、金融服务贸易委员会、政府采购透明度工作小组、贸易与投资关系工作小组等，负责处理单个协议和其他领域的事宜。

此外，争端解决机构和贸易政策审议机构直接隶属部长级会议或总理事会，分别负责处理各成员间基于有关协定所产生的贸易争端和定期审议各成员方的贸易政策、法律和实践。

另外，根据《建立世界贸易组织协定》，WTO设立了由总干事领导的秘书处，其主要职责包括：向各委员会和理事会提供专业和技术方面的支持；为发展中国家提供技术援助；监管和分析世界贸易的发展状况；为公众和媒体提供信息；组织部长级会议等，但秘书处没有决策权。

WTO除设立了较为健全的组织机构外，还建立一整套的运作机制，包括决策机制、争端解决机制、贸易政策审议机制、与其他组织的合作机制等。

WTO的决策机制主要采用“协商一致”的原则。该原则承袭了GATT在决策时所采用的“经协商一致作出决定”的习惯做法，即在讨论一项决议或决定时，应首先在各成员间寻求达成一致。所有成员均表示支持或没有成员反对，即为“协商一致”通过。只有在无法“协商一致”的情况下才可以进行投票表决。在部长级会议和总理事会表决时，每一个WTO成员都拥有一票。除《建立世界贸易组织协定》和多边贸易协定另有规定外，部长级会议和总理事会根据多数票规则作出决定。

WTO的争端解决机制是依据GATT乌拉圭回合达成的《关于争端解决规则与程序的谅解》建立起来的。WTO争端解决机制鼓励成员通过双边磋商来解决贸易争端，以保证WTO规则的有效实施为优先目标，严格规定了争端的解决时限，并实行“反向协商一致”的决策原则。允许交叉报复，但禁止未经授权的单边报复。WTO争端解决的基本程序包括磋商、专家组审理、上诉机构审理、裁决的执行和监督等。在当事方自愿的基础上，也可以采用仲裁、斡旋、调解和调停等方式来解决争端。

WTO的贸易政策审议机制建立于GATT乌拉圭回合的中期审评会议，于1989年开始运行。WTO正式成立后，贸易政策审议职责由WTO总理事会承担。WTO贸易政策审议的范围包括货物贸易、服务贸易和知识产权领域，同时对世界贸易环境的发展变化情况进行年度评议。但贸易政策审议的结果不能作为启动争端解决程序的依据，也不能据此要求成员增加新的承诺。

WTO与其他组织的合作在《建立世界贸易组织协定》中作出了原则性的规定。1996年12月9日，WTO与国际货币基金组织签订了《国际货币基金组织与世界贸易组织合作的协议》。同年，WTO与世界银行签署了关于双方合作的协议。同时，WTO先后与联合国、联合国贸易和发展会议、区域贸易集团以及非政府组织建立了广泛的合作关系。

第二次世界大战后，GATT/WTO极大地削减了国际贸易壁垒，加强了各国间的经济协调，为世界经济贸易发展提供了强大推动力。虽然WTO取得了许多引以为傲的成绩，但也始终面临着一些突出问题。自1999年WTO西雅图部长级会议以来，多边贸易体系需要进行改革逐渐成为一种共识，有关WTO改革的声音不断涌现，并提出了多种改革方案。尤其是近十多年来，WTO改革成为各成员讨论的中心话题之一。自2018年以来，包括美国、欧盟、日本、加拿大、澳大利亚和中国在内的诸多成员以不同方式发布或提交了对世贸组织的改革立场、改革设想及改革方案。WTO的困境与挑战是长期积累的结果，未来的改革既要强化规则，又要体现包容，难度很大。WTO改革将是一个长期过程，改革进展也充满变数。

学思践悟

“一带一路”推动亚洲区域经济一体化逆势发展

2017年，在逆全球化潮流涌动、贸易保护主义重新兴起的大背景下，亚洲区域经济合作势头不减反增，“一带一路”倡议成为亚洲区域经济一体化的重要拉动力。

博鳌亚洲论坛2018年4月8日发布的《亚洲竞争力2018年度报告》指出，2017年，“一带一路”倡议的红利集中显现，夯实了亚洲区域经济一体化的社会基础。首先，“一带一路”倡议提供了更多就业岗位、更高的收入。中国企业已经在20多个国家建设56个经贸合作区，为有关国家创造近11亿美元税收和近18万个就业岗位。

此外，在“一带一路”倡议的推动下，沿线国家陆上、海上、天上、网上交通四位一体联通，方便了沿线国家的交往与经济合作。基础设施的连通是东盟经济一体化的基础，2010年通过的《东盟互联互通总体规划》囊括700多项工程和计划，投资规模约3 800万美元。中国的“一带一路”倡议不仅与许多项目和规划重合，而且通过亚投行、金砖国家发展银行等金融机构提供资金支持，提供质优价廉的商品、先进技术与成熟经验。

“一带一路”倡议还在推动跨越“数字鸿沟”、教育减贫、普惠金融、改善生态、发展特色旅游、加强文化交流、开展医疗合作、更多民众分享经济全球化一体化“蛋糕”等方面释放积极红利，使那些过去“被全球化遗忘的角落”获得重大发展机遇。这些红利夯实了沿线国家参与的民意基础，成为“一带一路”建设加速推进的拉动力。

报告还提出，在“一带一路”倡议的推动下，亚洲区域统一大市场加速形成。上海合作组织、中国-中东欧“16+1”合作机制、中日韩自由贸易合作机制、中国-东盟“10+1”、亚太经合组织、中阿合作论坛等多边合作机制推动所属经济体发展战略与中国“一带一路”倡议对接，形成以“一带一路”为脊梁的更大范围内的自由贸易区。

“一带一路”建设与全球化紧密相联，有助于帮助亚洲各经济体提升竞争力。“一带一路”倡议为应对逆全球化的挑战提供了新的路径和方法，也是实现经济社会发展经验分享和成果共享的平台。

资料来源 罗江.“一带一路”推动亚洲区域经济一体化逆势发展［EB/OL］.（2018-04-08）［2022-03-15］. http://www.gov.cn/xinwen/2018-04/08/content_5280641.htm.

本章小结

两个以上的国家或经济体为了促进共同的贸易与经济发展，结成经济贸易集团，从事地区的经济一体化。经济贸易集团按内部自由化的程度由低到高的顺序可分为自由贸易区、关税同盟、共同市场、经济联盟和完全的经济一体化。经济贸易集团对内可以加强合作，有利于内部要素的合理配置；对外可以增强谈判能力，提高经济贸易地位。

第二次世界大战以后，经济学者开始研究地区经济贸易集团成效的标准，其中影响较大的是关税同盟理论。关税同盟的成员之间实行自由贸易，且各关税同盟成员对非成员采取统一的关税壁垒。这种形式的区域经济一体化会产生贸易创造效应和贸易转移效应。贸易创造是指关税同盟成员之间实行自由贸易后，关税同盟内某成员内部高成本的产品由来自其他成员低成本产品的进口所替代，从而创造出新的贸易量的过程。贸易转移是指关税同盟形成后，由于关税同盟成员间实行自由贸易，而对非成员保持了贸易壁垒，从而导致关税同盟内成员之间的贸易替代了关税同盟内成员与非成员之间贸易的现象。

对世界影响较大的地区经济贸易集团包括欧盟、《美墨加协定》、东南亚国家联盟、亚太经济合作组织。中国自提出“一带一路”倡议以来，国际影响力不断提升，合作伙伴遍及各大洲。2020年，中国、日本、韩国、澳大利亚、新西兰和东盟10国共15方成员共同签署了《区域全面经济伙伴关系协定》。

WTO以GATT的原则为基础，实施非歧视性原则、互惠原则、市场准入原则、公平贸易原则和经济发展原则等五大基本原则。WTO部长级会议是其最高决策机构，由所有成员组成，还建立了一整套的运作机制，包括决策机制、争端解决机制、贸易政策审议机制、与其他组织的合作机制等。

关键术语

区域经济一体化（regional economic integration） 自由贸易区（free trade area） 关税同盟（customs union） 共同市场（common market） 经济联盟（economic union） 欧洲联盟（European Union，EU） 亚太经济合作组织（Asia-Pacific Economic Cooperation，APEC） 贸易创造（trade creation） 贸易转移（trade diversion） 《区域全面经济伙伴关系协定》（Regional Comprehensive Economic Partnership，RCEP）

基础训练

第11章即测即评

1. 简述区域经济一体化的含义。
2. 简述区域经济一体化的类型及特点。
3. 请分别简述最惠国待遇和国民待遇的含义。
4. 简述区域贸易协定对成员的国民福利会产生的影响。
5. 从RCEP的发展实践分析RCEP的发展前景。
6. 假设A国从B国以20美元的价格进口服装100万套，关税是50%，A国消费者面临的市场价格为30美元。C国生产的服装价格为25美元。假设A国与C国达成了自由贸易协定，A国从C国进口120套服装，而不从B国进口。请分析A国的消费者、生产者和A国政府的福利效应。

案例分析

RCEP签署：经济全球化发展新趋势

2020年11月15日，《区域全面经济伙伴关系协定》经过8年艰苦谈判，终于达成一致，成功签署。它标志着一个在人口规模、经济规模和贸易规模均占全球1/3左右、迄今为止全球最大的自由贸易区落地而生。根据协议，15个成员范围内90%以上的商品会获得零关税待遇，未来这一比例将进一步扩大到95%以上。这样，在地跨东亚及南太平洋广大地区范围内形成一个统一大市场，将大大有利于相关国家经济发展和消费者福利提升。

RCEP的签署，使中国消费者可以以更便宜的价格享受日本、韩国的高端消费品，享受澳大利亚、新西兰的特色产品，肯定是获益多多。对于企业来讲，考虑到这一自贸区的15个成员经济发展水平和比较优势差异巨大，在带来一定竞争的同时，将带来巨大市场和商机。如果把眼光从纯粹的贸易扩展到产业链、供应链、价值链，RCEP落地将大大有利于东亚地区产业链的稳定和发展。试想，如果在越南的工厂可以方便、自由、无成本或很低成本地从中国获取零部件、配套件和上下游服务，中国某些产业向越南和东南亚地区的转移就会顺利得多，中国“一带一路”国际产能合作框架下的产业转移也会取得更大的进展。

RCEP所影响的并不仅仅是货物贸易，其本身也不仅仅是一个货物贸易协定。除传统的货物贸易外，协定在原产地规则、服务贸易、投资、电子商务、政府采购等方面均有专章规范，均有所突破。譬如，RCEP实施统一的原产地规则，允许在整个RCEP范围内计算产品增加值；同时，拓宽了对服务贸易和跨国投资的准入，增加了电子商务便利化的新规则，确实是一个全面、均衡、高水平的区域自贸协定。

RCEP除了给有关成员带来自由贸易和开放市场的现实利益从而促进经济加速发展之外，它在当下的成功签署，还有一些特殊意义和启示。

其一，RCEP是逆全球化潮流爆发以来最重要的一个区域贸易协定。近年来，逆全球化潮流来势汹汹，脱钩断链、保护主义、孤立主义不绝于耳。RCEP的诞生，犹如逆全球化冬日阴霾中的一股春风，无疑引领了全球开放共赢、互利共生、睦邻合作的潮流。它让人们相信，无论成员之间经济发展水平高低、差异大小，开放市场、合作交流都会给各方带来利益。

其二，RCEP之所以诞生在东亚地区，恰恰是世界经济重心向亚太转移、东亚成为世界经济最重要增长极的真实写照。实际上，自由贸易和经济发展是相互促进的：越是经济发展迅速、人们生活水平提高迅速的地区，越需要开放市场、需要贸易投资自由化，也越有动力开放市场，推进贸易投资自由化；反之，越是经济低迷、产业衰落、创新不足的地区，越希望通过保护落后苟且偷安，其经济越是发展不起来。东亚的经济成功提升了相关国家的视野，促成了RCEP，这可能会给相关国家和相关产业带来冲击，但在冲击和竞争之下，有所失有所得，优势产业会越练越强。

其三，RCEP成功落地所带来的超过这一贸易协定本身的最大意义，是它可能在某种程度上隐喻了未来多边贸易体系与经济全球化的发展新趋势。众所周知，既往的以WTO为核心的多边贸易体系是在上一轮经济全球化过程中形成的，是受美国等发达国家主导的。这一体系对于第二次世界大战后全球经济发展与繁荣作出过应有贡献。我国的对外开放过程实际上也就是一步步融入这一体系的过程，而且获得巨大的开放利益（全球化红利）。然而，到了20世纪末，特别是全球金融危机以后，逆全球化和保护主义、重商主义潮流渐成气候，以WTO多边贸易体系为代表的贸易自由化日渐式微，如今更濒临瘫痪。未来的经济全球化怎么走、未来的全球多边贸易体系如何改革与重建，存在颇多疑问和争议。在我们看来，未来相当长时间内，在大国博弈趋势未改、百年变局趋势未定的情况下，一元的全球贸易体系未必能够形成，也不必追求理想化的全球一体化体系。RCEP给我们的启示就是，区域、诸边、双边多种形式共存，高水平经济一体化与低水平自由贸易协定共存，同一个自由贸易协定内不同成员间差别待遇、动态调整，经贸协定的非政治化与去意识形态化，不同自由贸易协定以及同一自由贸易协定成员之间竞争与合作共存的“竞合原则”，可能是未来全球多边贸易体系建设乃至经济全球化发展的基本趋势。

资料来源　王跃生. RCEP签署：经济全球化发展新趋势［N］. 学习时报，2020-11-25（5）.

问题：

（1）结合RCEP，分析“一带一路”倡议背景下我国融入经济全球化的必要性。

（2）你认为RCEP将会给我国带来何种影响、何种机遇？

第 12 章 要素流动与国际贸易

学习目标

12.1
要素流动
12.2
资本国际流动
12.3
劳动力国际流动

学思践悟
本章小结
关键术语
基础训练
案例分析

学习目标

通过本章的学习，你应该能够：掌握外国直接投资的类型和经济效应；熟悉影响劳动力国际流动的因素，掌握劳动力流动的经济效应。

引例

我国对“一带一路”沿线国家投资持续增长

2021年1—2月，我国对外非金融类直接投资993.8亿元人民币（折合153.6亿美元），同比下降7.9%；对外承包工程完成营业额1 180.1亿元人民币（折合182.4亿美元），同比增长9.3%；新签合同额为1 981.7亿元人民币（折合306.3亿美元），同比下降7.8%。对外劳务合作派出各类劳务人员4.6万人，2月末在外各类劳务人员59.3万人。我国对“一带一路”沿线国家投资主要呈现以下特点：

一是对“一带一路”沿线国家投资持续增长，承包工程稳步推进。1—2月，我国对“一带一路”沿线国家非金融类直接投资30.5亿美元，同比增长12.1%，占同期总额的19.9%，较上年提升2.4个百分点；在沿线国家完成营业额104.9亿美元，同比增长14.8%，占同期总额的57.5%。

二是部分领域投资增幅较大，地方企业对外投资保持增长。1—2月，流向制造业的对外投资为25.9亿美元，同比增长48%；流向信息传输业的对外投资为11.5亿美元，同比增长36.9%；地方企业对外非金融类直接投资为118.6亿美元，同比增长3.2%，占同期对外直接投资总额的77.2%。

三是对外承包工程集中于基础设施领域，转型升级步伐加快。1—2月，我国企业承揽的境外基础设施类工程新签合同额超过250亿美元，完成营业额超过150亿美元，分别占总额的82.6%和82.7%。从新签项目承揽方式看，以工程总承包（EPC）①模式和项目融资方式承揽的项目合同额分别为213.1亿美元和21.6亿美元，同比增长20%以上。

资料来源 中华人民共和国商务部. 商务部：我国对“一带一路”沿线国家投资持续增长［EB/OL］.（2021-03-19）［2022-03-15］. http://www.mofcom.gov.cn/article/i/jyjl/e/202103/20210303045630.shtml.

国际要素流动是国际分工的重要组成部分，对国际贸易产生了直接或者间接的影响，主要表现为两种形式：一是国际资本的流动；二是国际劳动力的流动。从政治角度来看，国际要素流动比国际贸易所受限制更多，如各国普遍采取的移民限制措施、外国直接投资措施等均对要素流动采取了严格的管制，而且这些措施会因时因地而异，导致国际要素流动似乎比国际贸易更困难、更加不确定。至于哪些部门会受到限制，因国而异，一般集中

① 工程总承包（engineering，procurement，construction，EPC）是指公司受业主委托，按照合同约定对工程建设项目的设计、采购、施工、试运行等实行全过程或若干阶段的承包。

在国家垄断经营的贸易领域。如2021年越南首次发布《限制外商投资产业目录》，明确规定禁止外商投资的产业有：国家垄断经营的贸易领域；各种形式的媒体和信息收集；水产捕捞或开发；安全调查服务、司法鉴定、财产评估、公证等各类司法服务；暂时进出口货物等。

12.1 要素流动[①]

在理论经济学意义上，要素一般只分为资本、劳动力和土地。[②]在传统的贸易理论分析中，假设不会发生要素的国际流动。但是在现实的国际经济中，资本、劳动力、技术等要素无时无刻不在进行跨国流动，一定程度上，要素的国际流动甚至可以代替国际贸易。但是要素的流动性差异很大，有的流动性强，如货币资本、技术专利；有的流动性弱，甚至完全不流动，如自然资源、土地；有的流动性强弱受国家政策影响，如敏感技术。因此，常见的国际流动的要素包括资本和劳动力。

12.1.1 资本流动

资本主义生产的目的是追逐利润，因此过剩的资本为了获得更高的利润，纷纷流向国外，即资本输出。当代，资本流动已从最初的由资本过剩的国家流向资本短缺的国家，发展为发达国家之间、发达国家与发展中国家之间以及发展中国家之间的相互投资，深刻改变了世界经济的运行方式，通过要素的国际流动形成了资源配置的全球化。

跨国公司主导的国际投资是当今世界经济发展的新趋势。近年来，世界经济最重要的特征就是外国直接投资（foreign direct investment，FDI）的迅速发展。根据联合国贸易和发展会议的统计，全球外国直接投资总额从1970年的133亿美元激增至历史最高点——2007年的1.9万亿美元，随后受全球金融危机、新冠肺炎疫情及全球经济增速放缓的干扰而大幅下降，2020年全球FDI从上一年的1.5万亿美元降至1万亿美元，降幅为35%。[③]《2022年全球投资报告》显示，2021年全球FDI已恢复到疫情前水平，达1.58万亿美元，同比增长64%；2021年全球FDI流入量居前两名的经济体是美国和中国。

12.1.2 劳动力流动

劳动力尤其是人力资本的国际流动是各国经济发展和技术进步的动力。新航路开辟以来，商品流动和资本流动两大浪潮推动了经济全球化的迅速发展，而劳动力的国际流动正日益成为第三股浪潮。联合国数据显示，1960年全球生活在出生地之外的人口为0.93亿，占全球人口的1.25%；2015年增长至2.44亿，占全球人口的3.3%。这意味着全世界平均每100个人中就有3个是国际移民。国际移民组织（International Organization for Migration，IOM）发布的《世界移民报告》显示，截至2020年，国际移民总数已经达到2.81亿人，占全球总人口的3.6%，其中，劳动人口占到了总移民人数的62%。[④]2020年，中国内地移

① 张二震，马野青．国际贸易学［M］．南京：南京大学出版社，1998：315-317.

② 张幼文，吴信坤．国际直接投资中的要素流动与全球化经济的资源配置［J］．学术月刊，2017，49（12）：78-89.

③ 联合国贸易和发展组织．2021年世界投资报告：投资于可持续复苏［R］．冼国明，葛顺奇，译．天津：南开大学跨国公司研究中心，南开大学国际经济研究所，2021：2-4.

④ INTERNATIONAL ORGANIZATION FOR MIGRATION. World migration report 2022［R］. Geneva：International Organization for Migration，2022：3.

民存量约为1 000万人，中国成为继印度（1 800万人）、墨西哥（1 100万人）和俄罗斯（1 080万人）之后全球第四大移民输出国。[①]

劳动力的国际流动对流入地和流出地的经济发展是否有促进作用需要具体问题具体分析。比如，发展中国家向发达国家输入劳动力有利于缓解前者的就业压力，且移民在自己收获经济效益的同时还有助于其流出地的减贫。移民是其流出地和流入地的纽带，往往能为其自身、其家庭及其所在社区带来多方面积极影响。例如，摩洛哥的移民社区对流出地的城市房地产和经济进行投资，吸引了更多投资和国内移民。2013年，摩洛哥相关部门开启了Maghir银行，进一步加强与摩洛哥侨民的经济纽带。但是，熟练劳动力和科技人才的输出加剧了流出地人力资本的短缺，反而有可能阻碍流出地的经济发展，不过有利于流入地的经济发展。我国在2018年《政府工作报告》中提出要“推动人力资源自由流动，支持企业提高技术工人待遇，加大对高技能人才激励，鼓励海外留学人员回国创新创业，拓宽外国人才来华绿色通道”[②]，目的就是引进国际高级人才要素，这是世界主要发达国家和新兴发展中国家充实本国人才队伍和实现先进技术转移的便捷方法，有利于人才流入国在较短时间内突破技术瓶颈，提高劳动生产率，提升生产技术和增强管理创新。

12.2 资本国际流动[③]

12.2.1 资本国际流动的概念与类型

资本国际流动是指资本在不同国家间的单向、双向或者多向流动，目的是获得比国内更高的经济效益，具体形式包括贷款、援助、投资、买方信贷、卖方信贷、外汇买卖等。

资本流动的形式多种多样。按照流动的方向，资本流动可以分为资本输出和资本输入。资本输出是指资本从本国流向国外，比如本国投资者在国外设立工厂；资本输入是指资本从国外流向本国，比如外国投资者在本国开设银行。其中，资本流出国被称为母国，流入国被称为东道国。按照投资时间的长短，资本流动可以分为短期投资（short-term investment）和长期投资（long-term investment）。短期投资是指投资期限在一年以内的投资；长期投资是指投资期限在一年以上的投资。按照投资方式，资本流动可以分为国际直接投资和国际间接投资。

1. 国际直接投资

国际直接投资又称外国直接投资，是指一国的投资者输出生产资本在另一国建立生产经营实体或者将资本投入另一国的企业，并且控制国外的企业管理，目的在于获得高额利润。与国际间接投资相比，国际直接投资具有两个特点：一是投资目的在于获取企业的经营管理权。通过经营管理权，投资者可以获得投资收益，该收益来源于企业利润，所以具有不稳定性。二是投资内容除了资本投入以外，还包括专门技术、生产设备、管理经验和销售经验等。

① INTERNATIONAL ORGANIZATION FOR MIGRATION. World migration report 2022 [R]. Geneva: International Organization for Migration, 2022: 25.
② 李克强. 政府工作报告——2018年3月5日在第十三届全国人民代表大会第一次会议上 [R/OL]. [2022-03-05]. http://www.gov.cn/zhuanti/2018lh/2018zfgzbg/zfgzbg.htm.
③ 张二震，马野青. 国际贸易学 [M]. 南京：南京大学出版社，1998：317-328.

按照投资方式来分，国际直接投资一般有以下类型：

（1）绿地投资

绿地投资是指通过投资建立新企业。其包括开办独资企业和合办合资企业两种方式。

独资企业即外资股份为100%，包括设立分支机构、子公司等。

合资企业即多国投资者根据东道国的法律，通过签订合同，按照一定比例或股份共同投资、共同管理、共享利润、共担风险的股权式企业。

（2）兼并与收购

兼并与收购是指一个企业购买另一个企业的股权从而接管该企业。按照国际货币基金组织的界定，一国拥有25%投票权的股东即为直接控制。美国法律规定，若拥有外国企业股权10%以上，即属于对外直接控制。这种方式的优点是一方面能够快速进入目标市场，尤其是对于制造业可以节省建厂时间，迅速获取现有人员和设备，并且利用被兼并或者收购企业的营销渠道；另一方面能够购买廉价资产，比如低价收购外国现有企业的厂房设备、低价购买亏损的企业等。这种方式的缺点是各国会计准则差异会导致被收购企业的价值评估方面存在困难。

根据联合国贸易和发展会议的《2022年世界投资报告》，2021年发生的并购金额达到7 280亿美元，较2020年增长53%。美、英两国作为投资目标国吸收了全球近40%的投资资本，其次是德国、澳大利亚和荷兰等国。其中，服务业的并购交易价值达到4 610亿美元，较2020年增长1倍，达到有史以来的最高水平。制造业的并购交易价值达到2 390亿美元，较2020年增长5%。数字行业的并购交易价值达到1 360亿美元，较2020年增长69%。而对于由疫情所推动的制药行业，在经历2020年下跌后，其并购交易价值达到730亿美元。[1]

拓展阅读12-1

（3）利润再投资

投资者将国外获得的利润再投资于该企业。目前，跨国公司对外投资的主要方式是在国外设立独资企业和控股企业。

2. 国际间接投资

国际间接投资又称对外间接投资（foreign portfolio investment，FPI），主要包括国际证券投资和国际借贷资本输出，其特点是投资者不直接参与被投资企业的经营管理。

（1）国际证券投资

国际证券投资是指投资者在国际证券市场上购买外国企业和政府的中长期债券，或者在股票市场上购买外国企业股票的一种投资活动。证券投资者的目的是获得稳定的债券、股票的股息和红利。随着世界经济的全球化和一体化的发展、信息技术的进步，证券投资的国际化飞速发展不仅影响了国际资本市场的结构，也影响了世界经济的格局。

（2）国际借贷资本输出

国际借贷资本输出是以贷款和出口信贷的形式把资本借给外国企业和政府。它和国际证券投资一样，不参与企业经营管理，也是为了获得利息收入。国际借贷资本输出一般有以下方式：

① UNITED NATIONS CONFERENCE ON TRADE AND DEVELOPMENT. World investment report 2022 [R]. Geneva：United Nations Conference on Trade and Development，2022：25.

① 政府援助贷款，是指各国政府或者政府机构之间的借贷活动，一般是发达国家对发展中国家或地区提供的贷款，具有援助性质。其特点是贷款期长（可达20~30年）、利息低（3%左右），甚至是无息贷款。贷款的用途一般是指定的，比如用于支付从贷款国进口的各种货物，或用于某些援助项目。例如，美国政府的对外贷款中，军事和粮食援助占50%以上，其余用于公用事业和农业。

② 国际金融机构贷款。国际金融机构一般包括国际货币基金组织、世界银行、国际开发协会、国际金融公司、联合国的授权机构以及各大洲的银行和货币基金组织等。该类贷款条件一般比较优惠，但也有限制。比如，世界银行只贷款给其成员或者由成员政府担保的项目，贷款目的是发展公用事业、教育事业和农业，且必须专款专用。国际货币基金组织的贷款用来弥补成员经常项目收支而发生的国际收支的暂时不平衡。国际开发协会一般向最不发达的国家发放无息贷款。

③ 国际金融市场贷款。国际金融市场包括货币市场和资本市场，货币市场主要经营1年以内的短期资金借贷，资本市场主要经营1年以上的中长期资金借贷。其中中期贷款一般为1~5年，长期贷款为5年以上，最长可达10年；但是贷款利率较高，对贷款用途没有任何限制。

④ 出口信贷，是出口国为了鼓励或扩大本国出口，增强商品的国际竞争能力，从而鼓励本国银行对本国的出口商或者外国的进口商提供贷款。该贷款利率较低，有利于解决本国出口商或者外国进口商的资金周转问题。

12.2.2　资本的国际流动的相关理论

20世纪以来，尤其是第三次科技革命以来，跨国公司迅猛发展，国际直接投资活动日益频繁，不同学派纷纷提出观点解释跨国公司的行为，但是尚未形成统一的理论；现有的理论都能在一定程度上解释国际直接投资现象，但也存在弊端和不足之处。本部分主要梳理了对国际直接投资理论具有重大影响的理论。

1. 马克思主义关于资本国际流动的分析

马克思和恩格斯在《共产党宣言》中指出："资产阶级既然要榨取全世界的市场，这就使一切国家的生产和消费都成为世界性的了……过去那种地方的和民族的闭关自守和自给自足状态已经消逝，现在代之而起的已经是各个民族各方面互相往来和各方面互相依赖了……"[①]伴随金融资本在世界各国、各地区流动，全球金融市场日趋开放，金融全球化成为大势所趋，而金融全球化趋势的发展，又是以跨境资金流动为先导的。[②]马克思虽然没有创立独立的国际直接投资理论，但是他的资本输出理论为研究国际直接投资指明了方向。马克思在《资本论》中对资本输出的根本动因和影响因素进行了深刻分析。

（1）资本国际流动的根本动因

运动性是资本的基本属性。[③]当资本运动超出一国范围时，就表现为国际资本流动。

① 马克思，恩格斯．马克思恩格斯全集（第4卷）［M］．中共中央马克思恩格斯列宁斯大林著作编译局，译．北京：人民出版社，1958：469-470．
② 林楠．马克思主义政治经济学国际短期资本流动分析——兼论我国跨境资金流动与外部风险考量［J］．金融评论，2019（5）：51-66．
③ 张方波．我国跨境资本流动的马克思主义政治经济学分析［J］．毛泽东邓小平理论研究，2017（7）：77-85；109．

国际资本流动主要有3种形式：国际商品资本流动、国际货币资本流动与国际生产资本流动。在这3种形式中隐含着国际资本流动的根本动因。《资本论》所分析的国际资本流动，主要是以第一种形式为主导、带动后两种形式的形成与发展。[①]马克思从剩余价值理论和社会化大生产理论两个角度探讨了资本流动本质上的二重属性。

①资本追逐剩余价值的本质属性必然推动资本跨越国家进行扩张。

马克思指出："资本害怕没有利润或利润太少，就像自然界害怕真空一样。一旦有适当的利润，资本就胆大起来。如果有10%的利润，它就保证到处被使用；有20%的利润，它就活跃起来；有50%的利润，它就铤而走险；为了100%的利润，它就敢践踏一切人间法律；有300%的利润，它就敢犯任何罪行，甚至冒绞首的危险。"[②]

在资本主义发展的过程中，国际商品资本流动是国际资本流动的最初形式。资本主义确立生产方式之后，资本主义的商品资本充斥整个社会，尽管需求也不断增长，但是远远慢于供给扩张的速度，资本主义迫切需要开拓外国市场。"由于需要不断扩大产品的销路，资产阶级就不得不奔走全球各地。它不得不到处钻营，到处落户，到处建立联系。"[③]资本主义的生产即剩余价值的生产，让资本实现流动是确保剩余价值最大化的条件。[④]

与商品资本相比较，货币资本的运动性、增值性和积累性独具特色。随着资本积累速度的提高，再加上国内市场的生产的相对过剩，减慢了资本增殖的速度，最终部分资本失去增殖能力，由此产生了"过剩资本"。所谓"过剩资本"，"实质上总是指利润率的下降不能由利润量的增加来抵消的那种资本"。[⑤]"过剩资本"形成了资本输出的物质基础和必要条件，资本输出则是"过剩资本"的必由出路，因为"资本只有一种生活本能，这就是增值自身，创造剩余价值"。[⑥]资本家为恢复过剩资本的增殖能力，只能在世界市场上寻找更为有利的投资场所。马克思指出："如果资本输往国外，那末，这种情况之所以发生，并不是因为它在国内已经绝对不能使用。这种情况之所以发生，是因为它在国外能够按更高的利润率来使用。"[⑦]当时，"过剩资本"主要输往殖民地、附属国，"是因为在那里，由于发展程度较低，利润率一般较高，由于使用奴隶和苦力等等，劳动的剥削程度也较高"。[⑧]

②社会化大生产的客观要求推动了资本的国际流动。

19世纪末20世纪初，资本主义进入垄断资本主义阶段，该阶段的基本特征就是资本输出。列宁继承和发展了马克思的资本输出理论。他区分了商品输出和资本输出，认为"自由竞争占完全统治地位的旧资本主义的特征是商品输出，垄断占统治地位的最新资本主义的特征是资本输出"[⑨]。他进一步将资本输出分为生产资本输出和借贷资本输出两种

① 唐珏岚.《资本论》中的国际资本流动理论［J］. 当代经济研究，2008（2）：13-18.
② 马克思，恩格斯. 马克思恩格斯全集（第23卷）［M］. 中共中央马克思恩格斯列宁斯大林著作编译局，译. 北京：人民出版社，1972：829.
③ 马克思，恩格斯. 马克思恩格斯全集（第4卷）［M］. 中共中央马克思恩格斯列宁斯大林著作编译局，译. 北京：人民出版社，1958：469.
④ 方志国. 马克思资本流动与资本集中论点及其当代启示［J］. 长江论坛，2020（5）：14-20.
⑤ 马克思. 资本论（第3卷）［M］. 中共中央马克思恩格斯列宁斯大林著作编译局，译. 北京：人民出版社，2004：279.
⑥ 马克思. 资本论（第1卷）［M］. 中共中央马克思恩格斯列宁斯大林著作编译局，译. 北京：人民出版社，2004：269.
⑦ 马克思，恩格斯. 马克思恩格斯全集（第25卷上）［M］. 中共中央马克思恩格斯列宁斯大林著作编译局，译. 北京：人民出版社，1974：285.
⑧ 马克思. 资本论（第3卷）［M］. 中共中央马克思恩格斯列宁斯大林著作编译局，译. 北京：人民出版社，2004：265.
⑨ 列宁. 列宁选集（第2卷）［M］. 中共中央马克思恩格斯列宁斯大林著作编译局，译. 北京：人民出版社，1972：782.

形式。列宁认为，资本输出有两个条件：一是少数发达资本主义国家存在过剩资本；二是落后国家具有发展资本主义的可能性。"只要资本主义还是资本主义，过剩的资本就不会用来提高本国民众的生活水平（因为这样会降低资本家的利润），而会输出国外，输出到落后的国家去，以提高利润。"[①]由于扩大生产的部分最终也是被外国市场所需要，因此在他国生产尤其是在不发达国家进行生产，可以有效降低产品运输成本、时间成本、雇佣成本，即贸易成本。如果不发达国家的土地及劳动力过于廉价，资本家甚至会将满足本国国内市场需要与外国市场需要的产品生产环节（资本家的全部产业）一同搬迁至他国。这是资本家追求利润最大化的必然结果。[②]此时的资本输出，实质上属于国际资本流动的第三种形式——国际生产资本流动。与传统生产方式相比，国际生产资本流动明显的特点是具有生产的国际属性。该生产方式使得任何一个国家、任何一个消费者的需求都依赖全世界。马克思认为，资本循环中商品资本的国际化就是国际资本流动，它是以社会化再生产流通环节中的身份来跨国向外延伸的，概括来说，即是利用世界市场来实现部分剩余价值。所以，社会化大生产是在全世界范围内的，是跨越国界的。同时，资本流动也是跨越国界的，它实际上已经与世界范围内社会化大生产要求相适应。

国际资本流动的3种形式得到了完整体现：国际商品资本流动是国际资本流动的初级形式，国际货币资本流动是国际资本流动的较高级形式，国际生产资本流动是国际资本流动的最高级形式。不论是哪种形式，追逐利润最大化均是其根本动因。

(2) 资本国际流动的影响因素

马克思曾指出金银流动的二重性："一方面，金银从产地分散到整个世界市场，在那里，在不同程度上为不同国家的流通领域所吸收，以便进入国内流通渠道……这第一种运动是以实现在商品上的一国劳动和实现在贵金属上的金银产出国的劳动之间的直接交换为媒介的。另一方面，金银又不断往返于不同国家的流通领域之间，这是一个随着汇率的不断变化而产生的运动。"[③]由此，他认为影响国际资本流动的主要因素是汇率。

汇率是两国货币的交换比率。"金银贸易本身，即把金或银从一国运到另一国，只是商品贸易的结果，而这种结果是由表示国际支付状态和不同市场利息率状态的汇兑率决定的。"[④]受外汇供求的影响，汇率围绕货币平价（两国货币各自代表的含金量之比）上下波动。当汇率高于货币平价与黄金运输费用之和时，黄金将流出；当汇率低于货币平价与黄金运输费用之差时，黄金将流入。因此，含金量之比，即两种货币所代表的价值之比是两种货币兑换率的基础。而两种货币的实际兑换率以含金量之比为基础，在黄金输入点与输出点的范围内波动。

利息率的变化会引起汇率的变动，从而会影响到国际资本流动。"贵金属的输入主要发生在两个时期。首先是在利息率低微的第一阶段。这个阶段尾随危机之后，并且反映生产的缩小。然后是在利息率提高但尚未达到平均水平的第二阶段。在这个阶段上，资本回流容易实现，商业信用的规模很大，因而对借贷资本的需求的增长赶不上

① 列宁. 列宁选集（第2卷）[M]. 中共中央马克思恩格斯列宁斯大林著作编译局，译. 北京：人民出版社，1972：783.

② 徐绍元，史春林. 马克思恩格斯对资本主义国际贸易政策本质的分析及现实启示 [J]. 湖湘论坛，2021，34（4）：35-47.

③ 马克思，恩格斯. 马克思恩格斯全集（第23卷）[M]. 中共中央马克思恩格斯列宁斯大林著作编译局，译. 北京：人民出版社，1972：165-166.

④ 马克思，恩格斯. 马克思恩格斯全集（第25卷上）[M]. 中共中央马克思恩格斯列宁斯大林著作编译局，译. 北京：人民出版社，1974：358.

生产的扩大。”①

2. 西方国家关于资本国际流动的分析

(1) 传统的资本流动性理论

罗伯特·蒙代尔（Robert A. Mundell）从传统贸易理论的角度解释了资本流动的原因及结果，该理论被称为资本流动性理论。传统的H-O理论假设两个国家、两种产品、两种要素。根据SS定理，资本丰裕的国家生产并出口密集使用资本要素的产品，因此资本的收益必然上升。若要素可以流动，资本就会从资本丰裕国流向资本稀缺国，以获得更高的收益，因此会发生资本的国际流动。

(2) 垄断优势理论

①产生背景。

垄断优势理论（Monopolistic Advantage Theory）又称公司特定优势（firm-specific advantage，FSA）理论、所有权优势（ownership advantage）理论，是最早研究对外直接投资的独立理论，由美国经济学家斯蒂芬·海默（Stephen Hymer）在其博士论文《国内企业的国际经营：对外直接投资的研究》（The International Operations of National Firms: A Study on Direct Foreign Investment）中提出。他以美国跨国公司为例，通过实证分析，试图解释跨国公司对外直接投资的动因。后来海默的导师金德尔伯格对海默的理论进行了补充和完善，因此，垄断优势理论又被称为海默-金德尔伯格传统（H-K Tradition）。该理论的核心是跨国公司在海外投资是因为其具有垄断优势，考察对外直接投资应从“垄断优势”着手。

②主要观点。

第一，跨国公司对外投资需要满足排除竞争优势和利用垄断优势两个条件。该理论扩展了资本流动性的假设，认为国际市场已是不完全竞争市场，传统的资本流动性理论已无法解释第二次世界大战后发达国家跨国公司的对外直接投资以及与投资有关的企业技术和管理才能的转移。与跨国公司相比，东道国企业具有三方面优势：

一是投资环境优势。东道国企业更能适应本国的政治、经济、法律和文化等因素形成的投资环境。

二是优惠优势。东道国企业往往能够得到本国政府的各种优惠和保护。

三是较低的费用和风险优势。东道国企业不需承担直接投资的各种开支、汇率波动的风险等。②

因此，跨国公司对外投资要想成功必须满足两个条件：

一是排除竞争。企业必须具有特定的竞争优势，才能抵消与东道国企业竞争的不利因素，并由此建立跨国公司在东道国市场上的竞争优势。

二是利用垄断优势。对外直接投资的垄断优势是市场不完全的结果。

市场不完全体现在三个方面：

一是产品市场和要素市场的不完全。这主要体现在产品差异、销售技术独特、企业进入要素市场的能力等。

① 马克思．资本论（第3卷）［M］．中共中央马克思恩格斯列宁斯大林著作编译局，译．北京：人民出版社，2004：646.
② 薛荣久．国际贸易［M］．2版．北京：清华大学出版社，2020：252.

二是规模经济。这是指企业可以利用大规模生产获取规模经济的优势，从而降低成本，限制新的竞争者进入。

三是政府干预经济，如关税等导致的市场不完全。

第二，跨国公司垄断优势的来源。

一是知识资产优势。其主要包括专有技术、品牌、商标、管理和组织技能、销售技能等一切无形技能在内。拥有这种知识资产优势的跨国公司往往会选择对外直接投资的方式，即在东道国生产和营销与本国同类的产品，而且这类产品大多具有技术密集型特征。

二是规模经济优势。传统的规模经济理论强调生产规模扩大而导致的成本递减，但是垄断优势的规模经济理论认为除生产以外，其他非生产，如集中研发、大规模市场采购、统一调度资金等也会导致规模经济。

③理论评价。

第一，贡献。垄断优势理论突破了国际资本流动导致对外直接投资的传统贸易理论框架，突出了知识资产优势和规模经济优势在形成跨国公司中的重要作用，开创了国际直接投资理论的新研究领域。该理论首次提出了国际直接投资的根本原因是不完全竞争市场，解释了跨国公司为了在更大范围内发挥垄断优势而进行横向投资，也解释了跨国公司为了维护垄断地位而将部分工序，尤其是劳动密集型工序，转移到国外生产的纵向投资，因而对跨国公司对外直接投资理论发展产生很大影响。

第二，不足之处。

一是无法解释发展中国家的对外直接投资现象。垄断优势理论以美国少数技术实力雄厚的大型国际企业为研究对象，忽略了中小企业以及发展中国家的企业，具有一定的片面性。而事实是，在20世纪60年代后期，发展中国家跨国公司的对外直接投资日益增多，根据垄断优势理论，与发达国家相比，发展中国家的企业并不具备垄断优势。

二是未解释其他重要因素对对外直接投资的影响。垄断优势理论侧重静态研究，忽略了时间因素和区位因素对对外直接投资的动态影响。因此，该理论具有一定的局限性。

（2）内部化理论

①产生背景。

内部化理论（Theory of Internalization）又称市场内部化理论，由英国彼得·巴克莱（Perter J. Buckley）和马克·卡森（Mark C. Casson）在1976年出版的《跨国公司的未来》（The Future of Multinational Enterprise）一书中提出。之前的对外直接投资理论多研究美国企业的海外直接投资，以经验研究为主，缺乏一般性。该理论以跨国公司内部资源配置机制为研究对象，认为跨国公司生产以外的活动如研究与开发、培训等，与中间产品（半成品和原材料，结合在专利权、人力资本中的各种知识）密切相关。中间产品市场尤其是知识产品市场的不完全，使企业不能有效利用外部市场来协调其经营活动，这是构成内部化的关键前提。当内部化过程超越国界时，跨国公司便应运而生，跨国公司国际直接投资是为了避免交易不确定性导致的高交易成本。1981年，加拿大学者阿兰·拉格曼（Alan M. Rugman）在《跨国公司的内幕：国际市场的经济学》一书中进一步发展和完善了该理论。内部化是指在公司内部建立市场，以内部市场代替外部市场，公司内部的转移价格起着润滑内部的作用，使得内部市场同外部市场一样有效地发挥作用。

内部化的思想来自20世纪30年代罗纳德·哈里·科斯（Ronald Harry Coase）关于

公司的理论。基本原理为：公司内部和市场机制在执行不同类型的交易时效率不同——市场完善时，市场具有较高的效率；市场失灵或者存在外部性时，公司内部具有较高的效率，因此，公司组织生产时可根据具体情况采取不同的形式。

②主要观点。

第一，内部化的理论假设。该理论建立在3个假设之上。

首先，企业在不完全市场竞争中从事生产经营活动的目的是追求利润最大化。

其次，中间产品市场的不完全，使企业通过对外直接投资，在组织内部创造市场，统一经营管理活动，以克服外部市场的缺陷。

最后，跨国公司是跨越国界的市场内部化过程的产物。

第二，内部化的原因。从跨国公司的视角来看，如果内部交易成本小于与出口相关的各项成本，公司将选择将国外活动内部化，或者收购国外公司，或者在国外设立子公司，这就是跨国公司的形成过程，这样的内部化过程也称一体化过程。内部化的原因可以归纳为以下3点：

一是外部市场失灵。内部化理论认为，知识、信息、技术、原材料等中间产品市场是不完全的，原因在于市场失灵。典型的市场失灵比如信息，作为一种公共物品，在外部市场转让过程中极易扩散，使该信息所有者丧失垄断优势，从而导致交易的不确定性和价格的不确定性。为避免或降低这种不确定性，企业的市场交易成本必然增加。为了追求利润最大化，企业必然利用各种管理手段协调内部资源，减轻或避免市场不完全对企业经营效率的影响。企业协调内部资源、跨越国界的过程就是对外直接投资的过程。因此，企业对外直接投资就是为了避免市场不完全对企业经营效率造成的不利影响。

二是中间产品的特性。举例说明，假设A公司要求B公司为其生产一种新的中间产品，B公司成功生产并出售给A公司，但是B公司的产品也许不适合A公司之外的其他公司，这被称为资产特性。因此，B公司除了将产品卖给A公司之外，别无其他选择，这被称为“扣押问题”。如果双方公司在一开始时并未订立任何合同确定研发成本，那么对于B公司来说，更愿意生产一种不是特别满足A公司的需求，但同时可以满足其他买方需求的产品，最终导致了生产的低效率。如果B公司产品与A公司需求差异较大，那么A公司更倾向于自己设计和生产该产品，即采取垂直一体化模式，成立一个规模更大的公司。[①]

三是抵消市场垄断。为避免支付高额的垄断价格，公司可以通过一体化的形式来抵消供应商的市场影响力。例如，中国的炼钢厂在境外收购铁矿，来保证矿石来源和免于支付高昂的价格。

第三，内部化的影响因素。巴克利和卡森认为，影响企业内部化的因素有4个：

一是产业特定因素，是指产品特性差异所导致的市场交易故障促使企业走向内部市场化，该因素与产品的性质、外部市场结构以及规模经济有关。巴克利认为，产业部门中如果存在多阶段生产的特点，企业就容易产生“跨地区化”甚至“跨国化”。这是由于在多阶段生产过程中必然存在中间产品，这里的中间产品主要是指技术、信息和商业名誉等。若中间产品的供需在外部市场进行，则供需双方无论如何协调也难以消除外部市场供需的剧烈变化。产业因素为了克服中间产品期货市场的“不完全性”，就可能出现内部化。比如，买方对专业技术缺乏认知，因而不愿意接受卖方的价格，卖方为向买方证明该技术的

① 韩玉军. 国际贸易学［M］. 2版. 北京：中国人民大学出版社，2017：212.

作用并令买方相信其价值，就必须向买方进行详细解释。但是专业技术本身具有保密性质，卖方不愿作过多解释，最终倾向于通过纵向一体化形式在内部加以充分利用。

二是区域特定因素，是指有关区域的地理和社会的特点，如地理上的距离、人们的社会心理、文化差异、社会特点等所导致的市场交易障碍，促使企业走向内部市场化。

三是国别特定因素，即与国家有关的政治制度、经济制度、法律制度等差异所导致的市场交易障碍促使企业走向内部市场化。

四是企业特定因素，即企业的组织结构、管理经验、控制能力和协调能力等的差异所导致的市场交易障碍促使企业走向内部市场化。比如，总公司在不同国家下设若干子公司，有利于消除子公司之间、母公司与子公司之间的管理水平上的差异，从而减少外部市场的剧烈变化所造成的不利影响。与其他理论相比，内部化理论属于一般理论，分析的重点在于产业特定因素和企业特定因素，能解释大部分对外直接投资的动因。

③理论评价。

第一，贡献。

首先，开创了与垄断优势理论不同的研究思路。垄断优势理论从市场不完全角度分析了发达国家对外直接投资的动因和决定因素，内部化理论则从企业所面临的内部和外部市场差异角度进行了研究，提供了一个新的理论框架，并能解释较大范围的跨国公司与对外直接投资行为，因而在理论层面上被称为“通论”。

其次，内部化理论分析具有动态性，更接近实际。

最后，内部化理论研究和解释了跨国公司的扩张行为，不仅较好地解释了第二次世界大战后跨国公司的迅速增加与扩张，以及发达国家之间的相互投资行为，而且成为全球跨国公司进一步发展的理论依据。它被称为跨国公司的综合理论之核心理论。

第二，不足之处。

首先，与垄断优势理论分析问题的角度一样，都是从跨国企业的主观方面来寻找其对外投资的动因和基础，解释的只是从事国际直接投资的企业行为的充分条件，即内部化的决策过程完全取决于企业自身特点，忽视了国际经济环境的影响因素，如市场结构、竞争力量的影响等。因而，对于交易内部化为什么一定会跨国界而不在国内实行，仍缺乏有力的说明。

其次，只能解释纵向一体化的跨国扩张，无法解释横向一体化的跨国扩张行为。①

实践窗12-1

跨国公司海外市场的成本优势

朗讯、三星和华为同为面向全球的通信设备制造商，但它们的海外战略有很大的不同。

朗讯从20世纪90年代末开始大规模向海外市场发展。首先公司会对海外市场进行分析，包括市场大小、潜力和代理商。朗讯和其他美国及欧洲的跨国公司一样，对外派人员必须给予一定的补贴。其中包括住房、汽车、子女教育经费、回国探亲费用、个人所得税补贴等；对一些发展中国家还提供了每年的海外度假和艰苦环境

① 孙建中．资本国际化运营——中国对外直接投资发展研究［M］．北京：经济科学出版社，2000：8-9.

生活补贴；加上员工的工资和奖金，公司每派到海外一个员工，花费会在30万到50万美元之间。这是一笔很大的开销，设想公司如果向一个国家派10名员工去建立销售渠道，每年在销售人员上的总开销要达到500万美元左右。假设通信产品的利润是10%。仅仅从员工开销的角度分析，在该国要达到5 000万美元的销售额，才能实现收支平衡。这是朗讯和其他许多西方通信设备制造商基本上放弃某些发展中国家，包括非洲、南美和东南亚的原因之一。

华为在向海外市场发展的初期，采用了与西方跨国公司完全不同的战略。它直接将销售员工派到世界各个国家，了解市场，建立与客户的关系。在世界的每一个国家、每一个角落，都留下了华为销售人员的足迹。此外，在许多国家，经过几年的努力才开始有订单。其主要原因是华为在世界各国建立自己销售团队的内部化成本比起朗讯和其他西方通信设备商要低很多。华为销售人员的工资加上每天50美元左右的海外津贴，每人每年的花费，包括工资和补贴，大约在4万到5万美元；加上其他消费，每人的总开销在10万美元以下，是朗讯的1/5。成本的巨大差别，使华为能够采取大范围播种的战略，在朗讯和其他主要的通信设备商放弃的市场开花，并且在全世界的市场取得巨大进展，最后成为通信市场的新霸主。

三星的发展战略在某种程度上介于朗讯和华为之间。在三星发展的初期，韩国的工资水平和发达国家相比还是比较低的，这使三星可以用低价的生产成本和价格优势进入海外市场，使三星成功地开发了欧美市场。随着工业化的发展，韩国的人力成本逐渐提高，已经和欧洲的中等国家相似，这使三星的价格优势逐步消失。在开发海外市场上，三星通过增强品牌效应，如赞助奥林匹克运动会等高端广告，取得了很好的战略发展效果；但是，也使得它的成本提高。今天，三星的产品在不断提高质量、品牌的同时，也逐渐失去了价格优势。它的工程师和销售人员的成本以及外派人员的补贴，已经无法使它像华为那样进入非洲和其他不发达地区的市场。

表12-1是朗讯、三星和华为在开发海外市场中的典型数据和特性。

表12-1 主要分析数据

项目	朗讯	三星	华为
大规模进入海外市场的时间	1995年后	20世纪80年代	1994年后
海外人员的基本工资	10万到15万美元	5万到8万美元	2万到4万美元
海外人员的补贴	住房、汽车、度假、子女在国际学校就读	住房、汽车、子女在国际学校就读	住房和每天50美元的海外津贴
海外人员的成本	30万到50万美元	20万美元	5万美元
产品价格	高	中高	低
技术发展状态	尖端技术	高端技术	中高端技术
对技术研发的重视程度	高	高	高

续表

项目	朗 讯	三 星	华 为
市场开拓能力	中	中强	强
非洲和其他贫穷国家市场	放弃	有选择	进入
进入国际市场的战略	有选择地扩充	有选择地扩充	向全世界每个国家发展
市场竞争度	中	中高	高
内部化成本	外派人员的高补贴和工资导致高成本	外派人员的补贴使成本逐年升高	低成本，外派人员享有每天50美元的补贴
过去10年的销售额	下降	缓慢增长	高速增长
在海外市场的绩效	不成功，销售额下降，被兼并	比较成功，近年面临挑战	成功，海外销售额占70%以上

从表12-1中我们看出，朗讯、三星和华为都十分重视技术研发和海外市场。它们大规模进入海外通信市场的时间基本相同，最大的不同是它们海外市场的开发成本。通过对3家公司的研究发现，跨国公司海外的内部化成本和它们的市场开拓能力是负相关的。华为的成本最低，它在海外市场上显示了非常强的能力，在短短的10年中，占据了非洲、南美、东南亚市场，进入了欧美。这3家公司的管理人员都认为，相对低的成本是公司能够全面进入海外市场并且取得成功的重要因素；反之，高的海外开发成本限制了市场的发展。

随着海外市场的发展，海外的销售额在华为的收入中占了越来越重要的地位。1999年，华为的海外收入是5 000万美元，到2008年达到137亿美元。受全球金融危机的影响，阿尔卡特和三星的海外市场销售下滑；但华为海外市场的销售额仍然逆势增长50%，2008年的总销售额为183亿美元，远远超过三星、阿尔卡特和朗讯，成为世界最大的通信设备供应商之一。

用内部化理论来分析，我们看到当海外某一特定市场没有合适的代理商，或者内部化成本比使用代理商的成本低时，跨国公司应该建立自己的销售渠道和销售子公司。但是，当潜在的市场回报低于内部化的成本时，公司可能放弃这一市场。同样的市场，对美国的朗讯、韩国的三星和中国华为，它们采取了不同的战略选择，其根本原因是它们在内部化过程中的成本差异。

通过案例研究和分析，我们发现朗讯、三星和华为同为通信设备制造商的跨国公司，它们大规模地进入海外市场的时间基本相同。但是，内部化的成本即市场开发和运营成本的巨大差距，导致它们对许多新兴市场作出了不同的决定，从而使它们在海外市场的绩效截然不同：一个成为了世界上最大的通信设备供应商；一个发展减缓；另一个销售萎缩，被其他公司兼并。

资料来源 陆愚，焦豪. 跨国公司海外市场的成本优势——基于交易成本和内部化理论的多案例分析［J］. 上海管理科学，2009（6）：35-41.

(4) 国际生产折中理论

①产生背景。

国际生产折中理论（Eclectic Theory of International Production）又称折中主义或者国际生产综合理论。前述3个理论对解释企业对外直接投资都有一定的贡献，不过只能解释大型跨国公司的投资行为，而且未将投资理论和贸易理论相结合，因此缺乏普适性。英国里丁大学教授约翰·邓宁（John H. Dunning）于1977年发表了《经济活动的贸易区位与跨国公司：折中理论探索》（Trade Location of Economic Activities and the MNE：A Search for an Eclectic Approach）一文，该文首次提出了国际生产折中理论，并于1981年在其论著《国际生产与跨国企业》（International Production and the Multinational Enterprise）中进一步系统化、理论化、动态化地进行了修正。

国际生产折中理论吸收和综合了各对外直接投资理论的精华和思潮，包括海默等人的思想，包容了西方经济理论中的厂商理论、区位理论、产业组织理论等，形成了解释对外直接投资的最大的理论框架，综合解释了跨国公司的行为动机和条件；同时，解释了国际化经营活动的3种形式——非股权转让、出口贸易和对外直接投资。

②主要观点。

公司进入海外市场有3种方式可供选择：一是出口贸易，即在本国生产产品直接出口到国外；二是对外直接投资，即在国外设厂生产并在当地进行销售；三是非股权转让，即将自己拥有的技术转让给当地厂商，从而收取转让使用费。但是，第二次世界大战后公司为什么会选择第二种呢？

邓宁认为跨国公司要想对外投资需要具备3个优势：所有权优势（ownership advantage）、内部化优势（internalization advantage）和区位优势（location advantage）。[①]简单地说就是，跨国公司以其特有的所有权优势寻找具有投资区位优势的东道国进行直接投资，并根据其内部化优势采用适当的组织形式，简称OIL。

第一，所有权优势又称厂商优势，来源于各种特色优势理论、海默的垄断优势理论等，它是指跨国公司拥有的或者能够获得的资产及其所有权，如专利技术、商标、商誉等。按照邓宁的理论，所有权优势可以分为两种：一是资产优势，指公司的有形投资或无形资产，包括研发创新能力、销售技巧、商标、商誉、生产管理优势等。二是跨国公司在生产经营过程中拥有的资源共享优势和组织协调优势。比如，与当地公司相比，跨国公司的市场机会、销售渠道更多，其具有的组织管理能力和企业家才能能够在向外扩张的过程中得到充分的发挥。因此，该优势可以解释跨国公司不直接进行出口贸易的原因。

第二，内部化优势。其来源于巴克莱和卡森等的内部化理论。企业将其优势内部化的动机在于避免外部市场不完全性对企业经营产生的不利影响，维持市场和利用企业技术创新的垄断地位。比如在市场失灵的情况下，跨国公司的内部市场比外部市场更有效率，可以更有效地利用本公司的产品优势和工艺优势。市场不完全性可以分为结构性和知识性两类。结构性不完全是指东道国的竞争壁垒、贸易战等障碍引起的不完全。知识性不完全也称交易性不完全，是指获得生产与销售信息较难或者需要较高的成本导致的不完全。因

① 徐松. 国际贸易学［M］. 北京：机械工业出版社，2020：233.

此，企业将其优势内部化的能力成为企业进行竞争的关键影响因素。

第三，区位优势。其来源于系统的区位经济学理论、阿隆·戈登（Aaron Gordon）的直接投资区位选择理论等。该优势是针对东道国而言的，取决于东道国不可移动的资源禀赋、要素的边际效率和相对价格、运输成本、贸易开放度、基础设施、文化风俗习惯等，企业从事国际生产时必须综合权衡各国的区位优势。具体地，区位优势可分为3种：

一是经济优势，如资源禀赋，要素的边际效率、市场规模、运输成本等。一般母国倾向于把直接投资放在劳动力成本比较低的地区，以寻求成本优势。

二是社会和文化优势，如东道国和母国的语言文化差异、风俗习惯差异等。

三是政治优势。例如，东道国政府的政治经济制度、政策和法规以及外国直接投资政策等，影响对外直接投资的风险。

由此，所有权优势解释了企业进行海外投资的现实原因；内部化优势解释了企业在跨国投资过程中如何获得经济利益，如何实现资源的优化配置；区位优势解释了企业为什么会选择某个国家开展投资活动，即企业的选址和国际生产布局。这3个因素相互联系、缺一不可，用公式表示为：

国际直接投资=所有权优势+内部化优势+区位优势

邓宁认为，所有权优势和内部化优势是对外直接投资的必要条件，区位优势是对外直接投资的充分条件。如果企业仅有所有权优势和内部化优势，则说明企业缺乏有利的国外投资场所，只能在国内利用相关优势进行生产，之后依靠出口贸易。如果企业仅有所有权优势和区位优势，则意味着企业的所有权优势无法内部化，无法发挥所有权优势，只能将生产转让给外国企业。如果仅有内部化优势和区位优势，则企业丧失了对外直接投资的现实基础，无法进行海外投资。因此，所有权优势、区位优势和内部化优势的组合不仅能说明跨国公司是否具有直接投资的优势，还可以帮助企业选择国际营销的途径和建立优势的方式。表12-2是邓宁提出的选择方案。

表12-2　　国际经济活动方式选择

方　式	所有权优势	内部化优势	区位优势
对外直接投资（投资式）	✓	✓	✓
出口（贸易式）	✓	✓	×
无形资产转让（契约式）	✓	×	×

注：“✓”代表拥有该优势；“×”代表缺乏或丧失该优势。

资料来源　徐松. 国际贸易学［M］. 北京：机械工业出版社，2020：234.

③理论评价。

第一，贡献。该理论侧重对各对外直接投资理论的综合性分析和动态分析，主要在宏观层面上分析了国家之间的优势，综合说明了三大类优势，与前面各理论相比是较完整的。

第二，不足之处。

首先，该理论缺乏逻辑性。由于该理论是前面各理论的“集大成者”，是不同因素的罗列，因而缺乏一条主线。

其次，未充分解释三大类优势的关系。邓宁认为三大类优势必须同时具备才会发生国际直接投资，但是现实经济活动中，即使只具备其中两种也可以进行投资。比如发展中国家与发达国家相比，并不具备所有权优势，但依然可以向发达国家进行逆向投资，似乎违背了邓宁的思想。

最后，该理论忽略了非私人国际企业的对外直接活动，而且将追求利润最大化作为对外直接投资的目的，这样就具有一定的局限性，无法解释部分企业即使亏损也要进行对外直接投资的原因。

拓展阅读 12-2

实践窗 12-2

国际生产折中理论分析：宝洁公司的成功之道

宝洁（Procter & Gamble，P&G）公司是一家美国消费日用品生产商，也是目前全球最大的日用品公司。宝洁公司成立于1837年，总部位于美国俄亥俄州辛辛那提，2022年《财富》杂志发布了世界500强企业排名，宝洁公司排第154位。

一、所有权特定优势

1.资本优势

宝洁公司2022财年（2021年7月1日—2022年6月30日）实现净销售额801.87亿美元（约合人民币5 432.91亿元），同比增长5%。这是宝洁公司自2017财年起连续6个财年营业收入实现增长。

2.技术优势

宝洁公司成立了特色知识中心，该中心由一流专家组成，他们根据当前和未来的消费者需求勇于探索新型尖端技术领域。其中，多学科专家的新颖见解在这里交叉融合，经认知科学和人类学真理验证，最终由科学家、设计师和工程师付诸实践，实现建设性颠覆。此外，宝洁的全球团队从公司外部寻找开拓者，然后与这些发明者、专利持有人及其他创新者建立并培养合作伙伴关系，最终在各个业务领域带来全新的解决方案，范围涵盖从供应链到产品和技术，再到实体店和电子商务体验。

3.规模经济优势

宝洁公司的分公司分布在超过80个国家，产品销售超过160个国家，产品种类涉及婴儿护理、织物护理、女性护理、男士理容、秀发护理、居家护理、口腔护理、个人健康护理、皮肤和个人护理等品牌约300个。

4.组织协调优势

家乐福、沃尔玛等大卖场一向是宝洁公司良好的合作伙伴，宝洁公司和沃尔玛共同打造的“协同商务模式”被称为“宝玛模式”。该模式起源于持续补货系统，在该系统基础上双方启动了CPFR（collaborative planning，forecasting and replenishment，协同计划、预测与补货）流程。双方在信息管理系统、物流仓储体系、客户关系管理、供应链预测与合作体系、零售商联系平台以及人员培训等方面进行了全面、持续、深入而有效的合作。由此可见，宝洁公司在抢占市场份额的同时，通过与卖场达成良好的合作伙伴关系，令卖场对宝洁公司的其他竞争对手施压，从而达到其垄断行业的目的。

二、内部化优势

为了避免外部市场不完全对企业利益的影响，也为了规避风险，宝洁公司在全球80多个国家设有工厂及分公司，将生产销售和资源配置都调度得合理完备，堪称完美。

三、区位优势

宝洁公司充分利用了许多国家的地理区位优势。以中国为例，1988年宝洁进入中国，落户广州，在北京设有研发中心，并在天津、上海、成都、太仓等地设有多家分公司及工厂。从区位角度来看：

首先，这些城市都是中国国内较大的城市，在经济发展、市场竞争潜力以及居民消费能力方面具有较大的地理区位优势。中国拥有14多亿人口，需求带动了企业的业绩销售。

其次，这些城市的大学和科研院所较多，集聚了充足的高素质劳动力（科学家、工程师、技工等），能够满足研发需求。宝洁中国99%的员工都是中国人，80%的原料都来自中国。

最后，这些城市均是重要的交通枢纽和物流中心。广州是世界级的海陆空综合交通枢纽，与北京、上海并称三大门户城市。

因此，可以看出，宝洁公司进行海外投资的区位优势非常明显。

资料来源　作者根据宝洁公司官网整理。

12.2.3　国际直接投资的经济效应

国际直接投资的经济效应是指国际资本流动对资本输出国、资本输入国以及全世界生产和福利产生的影响。传统的国际投资理论的代表性理论有麦克杜格尔模型，它与马克思的基本观点较一致，即基于“资本过剩”和“资本短缺”的视角。

1. 马克思主义关于国际直接投资的经济效应的分析

资本在国际范围内的大规模流动加强了各个国家之间的经济联系，从而对各国的经济增长、资源配置和货币等产生了影响。

（1）经济增长效应

资本流动的本质是追求剩余价值，为了获取剩余价值，资本家一定会扩大资本，购买要素进行扩大再生产。由此，追求剩余价值成为扩大再生产的根本推动力。与此同时，迫于资本主义竞争压力，资本家也要持续开展资本积累；要积累，就必须把一部分剩余产品转化为资本。[①]但是，如果不是出现了奇迹，能够转化为资本的，只是在劳动过程中可使用的物品，即生产资料，以及工人用以维持自身的物品，即生活资料。所以，一部分年剩余劳动必须用来制造追加的生产资料和生活资料，它们要超过补偿预付资本所需的数量。总之，剩余价值所以能转化为资本，只是因为剩余产品（它的价值就是剩余价值）已经包含了新资本的物质组成部分。

但要使这些组成部分真正执行资本的职能，资本家阶级还需要追加劳动。如果从外延方面或内含方面都不能增加对就业工人的剥削，就必须雇佣追加的劳动力。而资本主义生产的机构也已经考虑到了这一点，因为它把工人阶级当作靠工资过活的阶级再生产出来，

① 马克思，恩格斯．马克思恩格斯全集（第23卷）[M]．中共中央马克思恩格斯列宁斯大林著作编译局，译．北京：人民出版社，1972：637.

让他们通常的工资不仅够用来维持自己，还够用来进行繁殖。资本只要把工人阶级每年向它提供的各种年龄的追加劳动力同已经包含在年产品中的追加生产资料合并起来，剩余价值向资本的转化就完成了。[①]因此，积累就是资本的规模不断扩大的再生产。

从社会再生产的角度来看，资本流动导致的资本积累就是全社会的经济增长。

（2）资源配置效应

经济发展的首要条件是科学配置社会资源。在社会化大生产背景下，相互联系、相互制约的产业部门所组成的经济系统支撑着整个国民经济体系，而各产业部门只有均衡发展才能保持社会经济处于稳定良好的发展状态。资本的本质决定了资本必须持续寻找高利润投资场所才能实现更多的增值。在其他条件不变时，原有部门的资本又因为积累因素而发生资本增加后，一定会致使该部门利润率下降，而一旦该部门的利润率水平比别的部门低，又会有一部分资本离开原部门，加入利润率高的其他部门。这一定会引领资源从低利润率部门向高利润率部门流动，进而优化升级资源配置。除此之外，也有可能建立崭新的产业细分部门，进而增加社会生产的类别，推动社会分工发展。在目前市场经济的态势下，资源配置的基础是以价值规律为基础的平均利润率规律，资源配置的核心机制是生产价格机制。资本是基于该机制的本质来推动资源配置升级优化，促进经济增长。[②]

（3）货币效应

资本国际流动的货币效应主要表现为两个方面：

一是利息率效应。马克思认为，持续时间比较长的大规模资本的输入或输出会影响一国的银行存款准备金，从而会相应调整利息率。资本大量输出时，货币市场会面临对借贷资本的需求大大超过其供给的困难，银行会在恐慌时期提高利息率[③]；反之，会降低利息率。

二是汇率效应。马克思认为引起汇率变动的原因有两个：货币贬值和国际收支差额。从货币贬值的角度来看，在商品经济条件下，通货膨胀会引起物价上涨，造成货币对内贬值，引起汇率的长期走势下跌至与对外价值趋向一致。[④]从国际收支差额的角度来看，国际收支差额会引起外汇供求的变化：国际收支顺差引致国际资本流入，如果外币供过于求，本币币值将会上升；反之，国际收支逆差引致国际资本流出，如果外币供小于求，本币将贬值。从这个角度来看，国际收支、国际资本流动是汇率变动的晴雨表。

2. 西方学者关于国际直接投资的经济效应的分析

麦克杜格尔模型（MacDougall Model）是麦克杜格尔（G. D. A. MacDougall，1960）在《外国私人投资的收益与成本：理论分析》（The Benefits and Costs of Private Investment from Abroad：A Theoretical Approach）中提出来的，后经肯普（1961，1964）发展，用来分析国际资本流动对资本输出国、资本输入国以及整个世界的生产和国民收入分配的影响。该模型认为，资本在国际自由流动后，国家间资本的边际产出将相等，从而有利于提高世界资源的配置效率，增进全世界的生产以及东道国和母国的福利。

该模型假定：世界上只有Ⅰ国和Ⅱ国两个国家，Ⅰ国是资本稀缺国家，Ⅱ国是资本

① 马克思，恩格斯．马克思恩格斯全集（第23卷）［M］．中共中央马克思恩格斯列宁斯大林著作编译局，译．北京：人民出版社，1972：637.

② 方志国．马克思资本流动与资本集中论点及其当代启示［J］．长江论坛，2020（5）：14-20.

③ 马克思．资本论（第3卷）［M］．郭大力，王亚南，译．北京：北京理工大学出版社，2011：358.

④ 唐珏岚．《资本论》中的国际资本流动理论［J］．当代经济研究，2008（2）：13-18.

丰裕国家；要素在国内流动不受任何限制，国际流动的成本为零；两国技术水平不同；市场结构为完全竞争。

如图12-1所示，横轴表示世界资本总量，O为资本输出国Ⅱ国的原点，OA为Ⅱ国的资本量，O′为资本输入国Ⅰ国的原点，O′A为Ⅰ国的资本量。纵轴代表两国资本的边际价值或边际生产力（即资本要素的价格）。在完全竞争的条件下，资本的边际价值为资本的报酬或收益。曲线$MPK_{Ⅱ}$和$MPK_{Ⅰ}$别为Ⅱ国和Ⅰ国的资本边际价值曲线，也是资本需求曲线。它表明，投资水平越高，资本的边际价值越低，即两国的投资收益遵循边际收益递减规律。

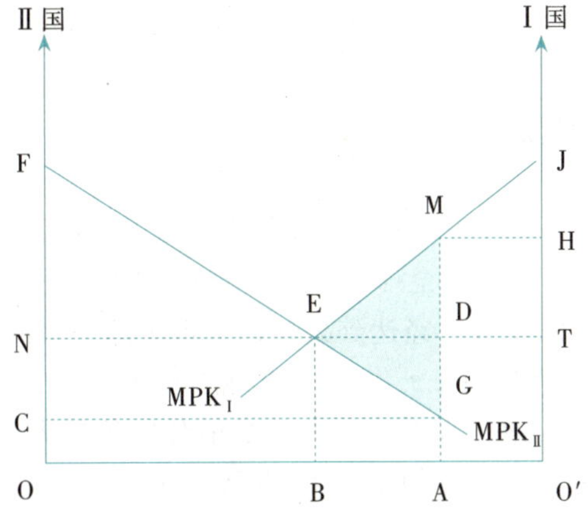

图12-1　资本国际流动的麦克杜格尔模型

资料来源　赵曙东. 国际经济学［M］. 2版. 北京：中国人民大学出版社，2021：198.

封闭经济中不存在资本的国际流动，因此各国资本全部用于国内投资。如果Ⅱ国把全部资本OA投入国内生产，则资本的边际收益为OC，总产出为梯形OFGA，其中其他要素（一般认为是劳动力）的收益是三角形CFG，资本所有者的收益是矩形OCGA。同样，Ⅰ国资本的边际收益为O′H，总产出为梯形O′JMA。其中，其他要素的收益是三角形HJM，资本所有者的收益是矩形O′HMA。

开放经济允许资本相互流动。因为Ⅱ国的边际收益OC低于Ⅰ国的O′H，Ⅱ国将有BA数量的资本流入Ⅰ国，使得Ⅰ国和Ⅱ国资本的边际收益在E点实现均衡，两国资本的边际收益相等，即Ⅱ国的资本边际收益从OC增加至ON，Ⅰ国的资本边际收益从O′H下降至O′T（ON = O′T）。也就是说，在其他条件不变的情况下，资本的国际自由流动将导致两国资本边际收益的均等化，即资本要素价格实现均等化。资本的国际流动不仅改变了两国资本的边际收益，也改变了两国各自的总收益。

全球的总收益是上升还是下降？就资本输出国而言，Ⅱ国国内投资的收益为OFEB，在Ⅰ国的投资收益为BEDA，总收益为OFEDA。其中劳动力的收益为NFE，比之前减少了CNEG，资本所有者的国内收益是ONDA，比之前上升了CNDG。因此，劳动力反对本国资本流出。就资本输入国而言，输入资本后的国内资本总额增为O′B，总收益为O′JEB，其中总收益增加量为BEMA。这部分增加量又被分为两部分：矩形BEDA是资本输出国所获得的收益；三角形EMD则是资本输入国所得。因此，资本输入国欢迎资本流入。最终，由于资本的输出与输入，资本输出国增加了EDG的收益，而资本输入国也增加了EMD的收益。资本国际流动增加的总收益就为这两个分收益之和，即图12-1中的阴影部分。

由以上分析可知，资本流动增加了各国的总收益以及全球的总收益，提高了资本在全球范围内的资源配置效率，这也是世界贸易组织者提倡全球贸易自由化和投资自由化的原因之一。不过，哪个国家从资本流动中获得的收益更大，与资本边际价值曲线的弹性有关，弹性小的国家在资本流动中获得的收益增量大。但是，该模型下的资本流动的净福利效果是建立在一系列假定上的，现实中，资本在国家间不可能完全自由流动。事实上，资本输出国和输入国的利益分配往往不像模型所揭示的那样均衡合理。此外，不完全竞争是一种常态，外商的垄断优势往往给投资国公司带来更多的垄断利益。

12.3 劳动力国际流动

在经济全球化的推动下，劳动力国际流动仅次于资本国际流动。根据联合国经济和社会事务部估计，国际移徙工人约占全球劳动力的5%，是促进世界经济发展的重要组成部分。截至2020年，国际移民总数已经达到2.81亿，占全球人口的3.6%，比2019年提高了0.1个百分点。其中，女性移民有1.35亿，占全球女性人口的3.5%；男性移民为1.46亿，占全球男性人口的3.7%。从地区来看，欧洲是目前移民的最大目的地，有8 700万移民；其次是亚洲，有8 600万移民；北美则是5 900万移民的目的地。从流入国来看，美国依然是最主要的移民流入国，将近5 100万；德国位居第二，将近1 600万人。从流出国来看，印度是最大的移民流出国，有接近1 800万印度裔移民生活在海外。墨西哥是第二大移民流出国，有1 100万人。①相对于资本的国际流动，劳动力的国际流动更为复杂。当今存在大量限制劳动力流动的障碍——几乎每个国家都对移民制定了严格的政策，所以劳动力流动不如资本流动普遍。

劳动力国际流动的形式多种多样，如永久移民、中短期国际劳务出口（工程、服务等的工作人员）等。此外，留学人员、技术性劳务合作人员、在外资机构的工作人员（未跨国界的流动）等为外国所利用的本国劳动力等都可以算作劳动力的跨国流动。

12.3.1 劳动力国际流动的原因②

劳动力国际流动（或称国际劳动力流动）是指具有人身自由的劳动者为了适应某种需要，在国外寻找有利的劳动力市场，使其就业位置越出一国界线而在国家间进行转移。③十七八世纪的劳动力国际流动源自欧洲。为开发农业和矿产资源或者逃避政治、宗教的迫害，许多欧洲人移居美洲。直到第一次世界大战前，劳动力国际流动主要集中在欧美地区，不仅促进了相关国家的经济发展，也奠定了一些国家人口的构成基础。第一次世界大战后，欧洲各国实行贸易保护主义和限制移民进入的政策，以保护本国产业、市场与国民就业，致使许多欧洲劳动力流向未受战争破坏和经济更为发达的美国，而流向欧洲的移民

① INTERNATIONAL ORGANIZATION FOR MIGRATION. World migration report 2022［R］. Geneva：International Organization for Migration，2022：3.
② 冯德连. 国际经济学［M］. 4版. 北京：中国人民大学出版社，2019：161.
③ 孙定东，杨逢珉，张永安. 国际经济学［M］. 上海：上海人民出版社，2010：387.

活动基本陷于停滞。第二次世界大战后，为战后重建、解决本国劳动力短缺问题，劳动力国际流动进入了一个新高潮。西欧成为劳动力国际流动的主要场所之一，流入法国、联邦德国、美国和加拿大的外籍工人急剧增加。20世纪70年代，因石油提价而获得了巨额收入的中东各国所进行的大规模建设也吸引了众多国家劳动力的流入。此外，逐渐兴起和发展的拉美及亚洲的一些新兴工业国也大力引进劳动力。经过几十年的发展，在世界范围内已形成了区域性的国际劳动力市场。

劳动力国际流动的原因主要有国民收入的国际差异、各国劳动力供求的不平衡、经济周期、国际贸易和国际投资等。[①]

1. 国民收入的国际差异

真正意义上的劳动力国际流动，是指由经济产生的劳动力的跨国流动。由于各国劳动生产率、劳动力供求状况的差异，相同质量的劳动力在不同国家的工资收入不同。而劳动力追求自身收益最大化的逐利性促使劳动力总是从低劳动报酬的地方流向高劳动报酬的地方，短期流动的劳动力看重的是货币工资收入的差异，长期移居的劳动力则更看重实际报酬的差异。实际上，工资率差异是劳动力国际流动的直接动因。

2. 各国劳动力供求的不平衡

各国劳动力供求的不平衡对工资率起着决定性的作用。比如，发展中国家经济相对落后，人口密度大，资源有限，因而可能会导致就业机会少、工资水平低、劳动力相对过剩，因此推动了劳动力的流出；反之，发达国家人口密度小，对劳动力的需求较大，创造的就业岗位较多，工资率也较高，更容易吸引劳动力的流入。因此，劳动力一般从工业化程度较低的国家流向工业化程度较高的国家。

3. 经济周期

当一国经济处于繁荣高涨阶段时，企业为抓住有利时机往往会追加投资、扩大生产，此时，不仅会增加劳动力需求，也会提高就业者的工资水平，扩大吸纳劳动力的市场容量，增强对外国劳动力的吸引力，推动国际劳动力的流入。反之，当一国经济处于萧条衰退阶段时，企业往往会缩减生产，此时，不仅会削减对劳动力的需求，而且可能降低就业者的工资水平。该国将首先解雇国外劳工，造成劳动力的回流，甚至可能引起本国劳动力的外流。

4. 国际贸易和国际投资

国际贸易和国际投资以及其他国际经济活动的进行也会推动劳动力的国际流动，主要表现为：

一方面，直接造成跨国公司员工的国际流动。当一国企业在外国新建企业时，除雇用当地劳动力以外，为维持企业正常运转，要有本国雇员随资本和商品而流动，以保证资本和商品的跨国流动产生更好的效益。比如，安排部分母公司或其他分公司的老员工前往新建企业，充当生产、技术、管理或销售骨干，并对当地劳动力进行培训。

另一方面，为劳动力国际流动创造有利条件。对外直接投资推动了当地经济的发展，会增加对劳动力的需求，这种需求进一步吸引外国劳动力流入。

① 本书编写小组．同等学力人员申请硕士学位经济学学科综合水平全国统一考试题库详解［M］．北京：中国审计出版社，2000：262.

此外，各国的政策法规、劳动力流动的成本、区域经济一体化等也会影响劳动力的国际流动。

12.3.2 劳动力国际流动的经济效应

假设世界上只有Ⅰ国和Ⅱ国两个国家，Ⅰ国是劳动力稀缺国家，Ⅱ国是劳动力丰裕国家；劳动力在国内流动不受任何限制，同时劳动力国际流动的成本为零；两国技术水平不同；市场结构为完全竞争。本书分别采用局部均衡分析法和一般均衡分析法分析劳动力国际流动的经济效应。

1. 局部均衡分析法

该方法利用供给曲线和需求曲线分析劳动力流动对两国劳动供给者和需求者福利的影响。

在封闭经济中，劳动力无法跨国流动，各国情况如图12-2所示。图12-2（a）是Ⅰ国的劳动力市场，纵轴W表示Ⅰ国劳动力的价格，横轴L表示Ⅰ国劳动力的数量。S和D曲线分别是Ⅰ国劳动力的供给曲线和需求曲线。S和D曲线的交点E是Ⅰ国劳动力市场的均衡点，对应的均衡价格是W_E，均衡劳动力数量是L_E。图12-2（b）是Ⅱ国的劳动力市场，纵轴W′表示Ⅱ国劳动力的价格，横轴L′表示Ⅱ国劳动力的数量。S′和D′曲线分别是Ⅱ国劳动力的供给曲线和需求曲线。S′和D′曲线的交点E′是Ⅱ国劳动力市场的均衡点，对应的均衡价格是W'_E，均衡劳动力数量是L'_E。

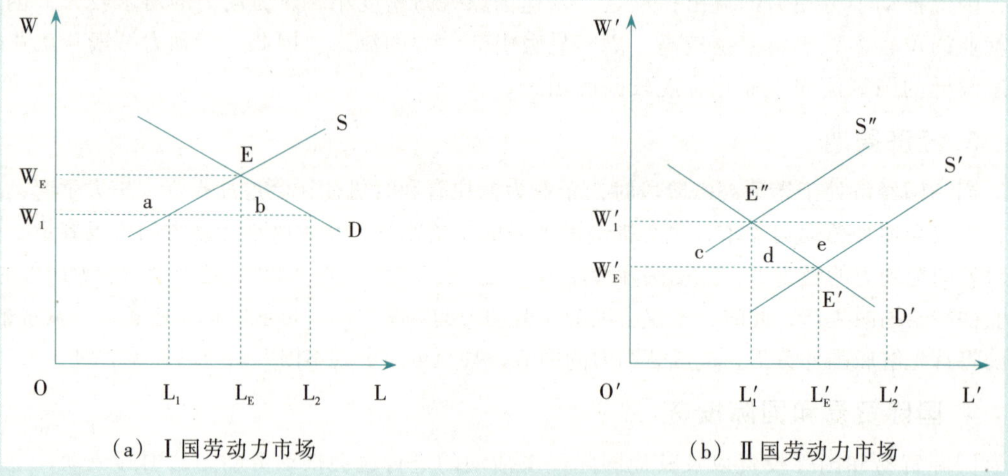

图12-2 两国劳动力市场

在开放经济中，劳动力可以在国家间自由流动，由于$W_E > W'_E$，Ⅱ国的劳动力流向Ⅰ国。在Ⅰ国劳动力市场上，劳动力的供给大于需求，劳动力价格趋于下降，假设降至W_1。此时，Ⅰ国国内劳动力的供给量降至L_1，需求量升至L_2，两者的差异L_1L_2是Ⅱ国流入的劳动力。由此，Ⅰ国劳动力供给者的剩余减少了面积a，劳动力需求者的剩余增加了面积（a+b），净增加面积b。在Ⅱ国劳动力市场上，受到流出劳动力的影响，劳动力的供给曲线从S′左移到S″。S″和D′曲线相交于点E″，这是劳动力市场的新均衡点。此时，劳动力的实际供给量是L'_2，但国内对劳动力的需求仅有L'_1，两者差异为流出到Ⅰ国的劳动力。若$L_1L_2 =$

$L_1'L_2'$，则两国劳动力市场均实现均衡，因此，$W_1 = W_1'$为劳动力的国际均衡价格。此时，Ⅱ国国内劳动力供给者的剩余增加了面积c，流出到Ⅰ国的劳动力供给者剩余增加面积（d+e），劳动力需求者的剩余减少了面积（c+d），净增加面积e。最终，全球的剩余净增加面积（b+e），即从整个世界来看，劳动力国际流动有利于整个世界的利益（见表12-3）。

表12-3　劳动力国际流动的经济效应（一）

利益集团	经济利益增加或损失（+/ -）	含 义
Ⅰ国劳动者	-a	Ⅰ国劳动力供给者剩余减少
Ⅰ国生产者	+（a+b）	Ⅰ国劳动力需求者剩余增加
移民	+（d+e）	转移到Ⅰ国的劳动力供给者剩余增加
留在Ⅱ国的劳动者	+c	Ⅱ国劳动力供给者剩余增加
Ⅱ国生产者	-（c+d）	Ⅱ国劳动力需求者剩余减少
净效应	+（b+e）	全球经济福利增加

但是现实中，劳动力国际流动还会受到其他因素的影响。比如迁移成本，也称背井离乡成本，包括语言、文化、习惯和风俗等，导致达到均衡状态时两国的工资率并未完全相等，其差异正好等于（$W_1 - W_1'$）。

2. 一般均衡分析法

该方法利用分析资本国际流动的麦克杜格尔模型来分析劳动力国际流动的经济效应。

如图12-3所示，横轴表示世界劳动力总量，O为劳动力流出国Ⅱ国的原点，OA为Ⅱ国的劳动力总量，O′为劳动力流入国Ⅰ国的原点，O′A为Ⅰ国的劳动力总量。纵轴代表实际工资水平。曲线$MPL_{Ⅱ}$和$MPL_{Ⅰ}$分别为Ⅱ国和Ⅰ国的劳动需求曲线。

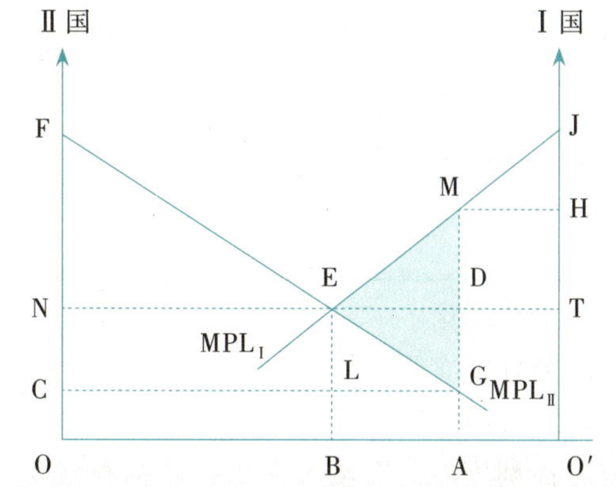

图12-3　劳动力国际流动的麦克杜格尔模型

资料来源　克鲁格曼，奥伯斯法尔德，梅里兹. 国际经济学：理论与政策［M］. 丁凯，黄剑，黄都，等译. 11版. 北京：中国人民大学出版社，2021：61.

在封闭经济中，Ⅱ国全部劳动力均在本国就业，工资水平为OC，总产出为OFGA，

OCGA为本国全部劳动力的总收益，CFG为其他要素（一般认为是资本）的总收益。同理，Ⅰ国劳动力的工资水平为O'H，总产出为梯形O'JMA，其他要素的收益是三角形HJM，本国劳动力的收益是矩形O'HMA。

开放经济中，Ⅱ国的工资水平低于Ⅰ国（OC<O'H）。Ⅱ国将有BA数量的劳动力流入Ⅰ国，由于劳动力流出，工资水平将上升，劳动力的工资水平从OC增加至ON。对应地，Ⅰ国由于劳动力流入，工资水平将下降，劳动力的工资水平从O'H下降至O'T。最终，Ⅰ国和Ⅱ国劳动力的工资水平在E点实现均衡，两国劳动力工资水平相等（ON=O'T）。也就是说，在其他条件不变的情况下，劳动力的国际自由流动将导致两国劳动力工资水平的均等化，即要素价格实现均等化。此时，世界劳动力总供给的最终分配状况是：Ⅱ国雇用OB的工人，Ⅰ国雇用O'B的工人。

全球的总收益是上升还是下降？当工资水平为ON（或O'T）时，劳动力流出国Ⅱ国的总产出为OFEB，与封闭经济相比减少了BEA。劳动力流入国Ⅰ国的总产出为O'JEB，比封闭经济下增加了BEMA。从全球来看，总收益增加了EMG，即图12-3中的阴影部分，这就是劳动力国际流动导致世界资源的有效配置所带来的收益。

具体到两个国家，劳动力流出国Ⅱ国的总收益虽然减少了，但是留在本国国内的劳动力的工资水平比之前有所上升，原来的收益是OCLB，现在为ONEB，增加了CNEL。与此同时，其他要素的收益从CFG减少为NFE。两者相抵，劳动力流出国仍损失LEG的收益。同理，劳动力流入国Ⅰ国劳动力的总收益从O'HMA降到O'TDA，其他要素的收益从MJH增加到EJT，两者相抵，劳动力流入国仍增加EMD的收益。此外，移民的总收益从BEGA增加到BEDA，增加了EDG。一般均衡分析法下的劳动力国际流动的经济效应见表12-4。

表12-4 劳动力国际流动的经济效应（二）

利益集团	经济利益增加或损失（↑ / ↓）	含 义
Ⅰ国国内劳动者	↓	Ⅰ国劳动力总收益减少
Ⅰ国其他要素	↑	Ⅰ国其他要素总收益增加
移民	↑	转移到Ⅰ国的劳动力收益增加
留在Ⅱ国的劳动者	↑	Ⅱ国劳动力总收益增加
Ⅱ国其他要素	↓	Ⅱ国其他要素总收益减少
净福利	↑	全球经济福利增加

由以上分析可得到以下两个结论：

第一，劳动力国际流动会导致实际工资趋同。流出国实际工资上升，流入国实际工资下降。

第二，世界总产出或总福利增加。劳动力流出国总福利减少，但是留在本国的劳动力福利增加，其他要素福利减少；劳动力流入国总福利增加，但本国劳动力福利减少，其他要素福利增加；移民福利增加，整个世界福利水平增加。

此外，劳动力的国际流动也会影响各国的产出构成和贸易结构。假定充分就业，国际价格不变，按照罗伯津斯基定理，假定Ⅱ国是劳动力丰裕的国家，Ⅰ国是资本丰裕的国家，Ⅰ国劳动力的增长会导致劳动密集型产品（纺织品）的产出扩张和资本密集型产品

（汽车）的产出缩减。此外，两者间的贸易遵循赫克歇尔-俄林模型，那么Ⅰ国出口产品的产出下降，进口产品的产出增加。因此，生产贸易效应是超逆贸易效应。Ⅱ国劳动力的减少以同样的方式导致劳动密集型产品的产出下降，而资本密集型产品的产出上升。两国的生产效应在性质上是对称的和超逆贸易型的。[1]

拓展阅读 12-3

学思践悟

人的流动：解开全球治理挑战的钥匙

全球治理面临两大挑战——结构失衡和文明冲突。结构失衡体现在发达国家因要素过剩而发展动力不足，发展中国家因要素缺失而发展缓慢。全球治理两大挑战的解决，关键要通过全球治理状况均等化和匀质化来完成。这一过程中，人的流动，尤其是中国人的流动将起到关键作用。人的流动能够促使发展要素在全球范围内的配置更加均衡化，同时能带动不同文明之间的交流和了解。中国由于处在发达国家和发展中国家间的中间地带，实际上起到了沟通二者的桥梁作用，并在全球发展要素均等化配置的过程中扮演重要的角色。中国人流入发达国家能够激活发达国家的发展动力，流入不发达国家则能够提高不发达国家的教育水平，并改善基础设施状况。

真正意义的人类命运共同体的整体特征是“合作共赢、平等协商、互联互通、包容共鉴、公正合理”。从更为抽象的意义来看，人类命运共同体的要义是人的流动自由化和要素流动均等化，从而形成“你中有我、我中有你”的利益格局。在人类命运共同体中，人有自由流动的权利，而被移入的国家和城市也不应该拒绝人的自由流动。

中国所提出的“一带一路”倡仪的核心内涵是互联互通，而互联互通是实现要素均等化的重要举措。依附论的代表人物萨米尔·阿明（Samir Amin）也非常强调这种要素在全球范围内的公正分配：“以平等的方式利用全球的资源，减少不平等现象。我们也不得不需要一个全球性的决策程序，而这个程序要求有效利用资源的价值（征收关税），减少浪费，对资源价值和收入进行更平等的分配。这或许是建立全球财政体系的开始。”[2]事实上，要素均等化就是实现正义的操作性内容的目标。因为按照罗尔斯的《正义论》中的差别原则，从弱势群体的角度思考问题才是正义的标志。因此，在要素流动过程中，各主体应该在平等协商原则的前提下进行不同观点间的交流。只有在不同观点的基础上沟通对话，才能有效地消除不同群体之中的隔阂和偏见。同时，在不同群体的相互交往过程中，各主体应该互相包容彼此的差异和学习对方的优点，由此导向相对和谐的人类命运共同体。

资料来源　高奇琦. 全球治理、人的流动与人类命运共同体［J］. 世界经济与政治论坛，2017（1）：30-45；156-157.

本章小结

国际要素流动是国际分工的重要组成部分，主要表现为两种形式：一是资本的国际流

① 冯德连. 国际经济学［M］. 4版. 北京：中国人民大学出版社，2019：162.

② 阿明. 全球化时代的资本主义——对当代社会的管理［M］. 丁开杰，译. 北京：中国人民大学出版社，2013：5.

动；二是劳动力的国际流动。

资本的国际流动增加了各国的总收益，提高了资本在全球范围内的资源配置效率。马克思认为资本在国际范围内的大规模流动，加强了各个国家之间的经济联系，从而对各国的经济增长、资源配置和货币等产生了影响。麦克杜格尔模型认为，资本在国际自由流动后，国家间资本的边际产出将相等，从而有利于提高世界资源的配置效率，增进全世界的生产以及东道国和母国的福利。

劳动力的国际流动的净影响表现在：第一，导致实际工资趋同。流出国实际工资增加，流入国实际工资下降。第二，世界总产出或总福利增加。劳动力流出国总福利减少，但是留在本国的劳动力福利增加，其他要素福利减少；劳动力流入国总福利增加，但本国劳动力福利减少，其他要素福利增加；移民福利增加，整个世界福利水平提高。第三，影响各国的产出构成和贸易结构。

关键术语

短期投资（short-term investment） 长期投资（long-term investment） 国际间接投资（foreign portfolio investment，FPI） 国际直接投资（foreign direct investment，FDI） 垄断优势理论（Theory of Monopolistic Advantage） 内部化理论（Theory of Internalization） 国际生产折中理论（Eclectic Theory of International Production） 麦克杜格尔模型（MacDougall Model）

基础训练

第12章即测即评

1. 简述国际直接投资和国际间接投资的异同。
2. 简述垄断优势理论。
3. 简述内部化理论。
4. 简述国际生产折中理论。
5. 运用麦克杜格尔模型说明对外直接投资的经济效应。
6. 运用麦克杜格尔模型说明劳动力国际流动的经济效应。

案例分析

投资可持续复苏

1. 全球外国直接投资总额大幅下降

受新冠肺炎疫情影响，2020年，全球流动性明显不足，经济预期普遍不佳，导致全球外国直接投资从2019年的1.5万亿美元降至1万亿美元，降幅高达35%，创下2005年以来的历史新低。发展中经济体绿地投资项目价值和国际项目融资交易价值分别下降了44%和53%，发达经济体则分别为16%和28%，发展中经济体的降幅远超发达经济体。

2. 发达经济体外国直接投资流量严重下降

2020年，流入发达经济体的外国直接投资下降了58%，降至3 120亿美元。其中，流入欧洲的外国直接投资骤降80%，仅为730亿美元，英国和法国这样的大型经济体也受到了巨大的影响，分别下降57%和47%；流入美国的外国直接投资减少了40%，但依然达到1 560亿美元，美国仍是外国直接投资最大的流入国。

3. 不同类型的投资项目的价值和数量均呈下降趋势

2020年，新冠肺炎疫情对全球各领域的外国直接投资影响巨大，绿地投资、跨境并购以及国际项目融资交易的价值和数量分别减少了33%和29%、6%和13%、42%和5%。

4. 发展中经济体与可持续发展目标相关的投资骤减

受新冠肺炎疫情影响，发达经济体和发展中经济体在可持续发展相关领域的投资差距不断扩大。与疫情前相比，发展中经济体在可持续发展相关领域的外国直接投资大幅降低，且降幅明显高于发达经济体，其中绿地投资下降了33%，国际项目融资交易价值下降了42%。

资料来源　联合国贸易和发展组织. 2021年世界投资报告：投资可持续复苏［EB/OL］. 赛迪工业和信息化研究院，译.（2021-12-15）［2022-03-15］. https://baijiahao.baidu.com/s?id=1719179684029269853&wfr=spider&for=pc.

问题：

（1）请分析全球外国直接投资下降的原因。

（2）如何应对外国直接投资的下降？

主要参考文献

[1] 中华人民共和国海关进出口税则编委会. 中华人民共和国进出口税则（2022）[M]. 北京：经济日报出版社，2022.

[2] 国家统计局. 中国统计年鉴2020 [M]. 北京：中国统计出版社，2021.

[3] 克鲁格曼，奥伯斯法尔德，梅里兹. 国际贸易 [M]. 丁凯，黄剑，李楠，等译. 11版. 北京：中国人民大学出版社，2021.

[4] 冷柏军，李洋. 国际贸易实务双语教程 [M]. 北京：中国人民大学出版社，2021.

[5] 普格尔. 国际贸易 [M]. 沈艳枝，译. 17版. 北京：中国人民大学出版社，2021.

[6] 王辉耀，苗绿. 中国国际移民报告（2020）[M]. 北京：社会科学文献出版社，2021.

[7] 赵曙东. 国际经济学 [M]. 2版. 北京：中国人民大学出版社，2021.

[8] 陈长民. 国际经济学 [M]. 2版. 北京：中国人民大学出版社，2020.

[9] 经济学名词审定委员会. 经济学名词 [M]. 北京：科学出版社，2020.

[10] 徐松. 国际贸易学 [M]. 北京：机械工业出版社，2020.

[11] 薛荣久. 国际贸易 [M]. 2版. 北京：清华大学出版社，2020.

[12] 冯德连. 国际经济学 [M]. 4版. 北京：中国人民大学出版社，2019.

[13] 黄卫平，彭刚. 国际经济学简明教程 [M]. 3版. 北京：中国人民大学出版社，2019.

[14] 金泽虎. 国际贸易学 [M]. 3版. 北京：中国人民大学出版社，2019.

[15] 李丹，崔日明. 国际贸易概论 [M]. 2版. 北京：中国人民大学出版社，2019.

[16]《西方经济学》编写组. 西方经济学（上册）[M]. 2版. 北京：高等教育出版社，人民出版社，2019.

[17] 张二震，等. 国际贸易学教程 [M]. 北京：高等教育出版社，2019.

[18] 周学明，徐辉. 国际贸易学 [M]. 北京：清华大学出版社，2019.

[19] 韩立余. 国际投资法 [M]. 北京：中国人民大学出版社，2018.

[20] 胡俊文. 国际贸易 [M]. 3版. 北京：清华大学出版社，2018.

[21] 张玮. 国际贸易原理 [M]. 2版. 北京：中国人民大学出版社，2018.

[22] 杨飞. 技能偏向性技术进步与发达国家劳动力市场极化 [M]. 北京：经济科学出版社，2018.

[23] 郑俊田. 国际贸易理论与政策法规 [M]. 北京：中国海关出版社，2018.

[24] 程祖伟，师求恩. 国际经济学精要 [M]. 北京：中国经济出版社，2017.

[25] 芬斯特拉，泰勒. 国际贸易 [M]. 张友仁，侯锦慎，杨森林，译. 3版. 北京：中国人民大学出版社，2017.

[26] 韩玉军. 国际贸易学 [M]. 2版. 北京：中国人民大学出版社，2017.

[27] 李坤望. 国际经济学 [M]. 4版. 北京：高等教育出版社，2017.

[28] 石良平，张晓娣，王晶晶. 国际贸易学国际理论前沿 [M]. 上海：上海社会科学院出版社，2017.

[29] 唐海燕，毕玉江．国际贸易学［M］．2版．上海：立信会计出版社，2017.

[30] 苏旭峰，李海滨．国际贸易理论与实务［M］．杭州：浙江工商大学出版社，2016.

[31] 王荣艳，刘永胜．国际贸易理论与政策［M］．武汉：武汉大学出版社，2016.

[32] 祝合良，等．经济大师论黄金［M］．北京：首都经济贸易大学出版社，2016.

[33] 王新．国际经济学［M］．长春：吉林大学出版社，2015.

[34] 周学明．国际贸易［M］．北京：中国金融出版社，2013.

[35] 里夫金．第三次工业革命：新经济模式如何改变世界［M］．张体伟，孙豫宁，译．北京：中信出版社，2012.

[36] 王新哲，梅花·托哈依．国际贸易［M］．北京：北京理工大学出版社，2012.

[37] 冯雷钢．经济学常识全知道［M］．北京：中国工人出版社，2011.

[38] 刘宗绪．世界近代史［M］．北京：高等教育出版社，2011.

[39] 聂元昆，王建中．创业管理——新创企业管理理论与实务［M］．北京：高等教育出版社，2011.

[40] 庄佩芬．农产品国际贸易［M］．北京：对外经济贸易大学出版社，2011.

[41] 张君安，马保吉．工业系统认识［M］．西安：西北工业大学出版社，2010.

[42] 马静，郑晶．FDI、区域经济一体化与区域经济增长［M］．北京：中国经济出版社，2009.

[43] 斯密．国富论（上）［M］．郭大力，王亚南，译．上海：上海三联书店，2009.

[44] WTO年会秘书处．WTO与中国［M］．北京：对外经济贸易大学出版社，2009.

[45] 谢惠琳，许士春，李轶，等．国际贸易理论与实务［M］．徐州：中国矿业大学出版社，2009.

[46] 许斌．国际贸易［M］．北京：北京大学出版社，2009.

[47] 龚晓莺．国际贸易理论与政策［M］．北京：经济管理出版社，2008.

[48] 马慧敏．当代中国对外贸易思想研究［M］．上海：立信会计出版社，2008.

[49] 帅建林．国际贸易实务（英文版）辅导用书［M］．北京：对外经济贸易大学出版社，2008.

[50] 莫基尔．富裕的杠杆：技术革新与经济进步［M］．陈小白，译．北京：华夏出版社，2008.

[51] 邹琪，等．反补贴与中国产业安全［M］．上海：上海财经大学出版社，2006.

[52] 张国红，朱德贵．经济学说史双语教学及其理论研究［M］．哈尔滨：哈尔滨地图出版社，2006.

[53] 贾金思，姚东旭，郎丽华．国际贸易——理论·政策·实务［M］．北京：对外经济贸易大学出版社，2005.

[54] 朱钟棣，郭羽诞，兰宜生．国际贸易学［M］．上海：上海财经大学出版社，2005.

[55] 兰天．贸易与跨国界环境污染［M］．北京：经济管理出版社，2004.

[56] 马克思．资本论（第1卷）［M］．中共中央马克思恩格斯列宁斯大林著作编译局，译．北京：人民出版社，2004.

[57] 马克思．资本论（第3卷）［M］．中共中央马克思恩格斯列宁斯大林著作编译局，译．北京：人民出版社，2004.

[58] 孙克强，鞠华，王惠中，等．绿色贸易标准与经济发展［M］．南京：河海大学出版社，2004.

[59] 王培志．国际经济学［M］．北京：经济科学出版社，2004.

[60] 张相文. 国际贸易学 [M]. 武汉：武汉大学出版社，2004.

[61] 海闻，林德特，王新奎. 国际贸易 [M]. 上海：上海人民出版社，2003.

[62] 吉尔平. 全球政治经济学：解读国际经济秩序 [M]. 杨宇光，杨炯，译. 上海：上海人民出版社，2003.

[63] 马克思，恩格斯. 马克思恩格斯全集（第46卷）[M]. 中共中央马克思恩格斯列宁斯大林著作编译局，译. 北京：人民出版社，2003.

[64] 刘臣. 西方经济学导学 [M]. 北京：中央广播电视大学出版社，2003.

[65] 波特. 国家竞争优势 [M]. 李明轩，邱如美，译. 北京：华夏出版社，2002.

[66] 克鲁格曼. 国际经济学 [M]. 海闻，蔡荣，等译. 5版. 北京：中国人民大学出版社，2002.

[67] 李左东. 国际贸易理论、政策与实务 [M]. 北京：高等教育出版社，2002.

[68] 吕春成. 战略性贸易政策研究 [M]. 北京：中国财政经济出版社，2002.

[69] 陈红蕾. 国际贸易学 [M]. 广州：暨南大学出版社，2001.

[70] 冯宗宪，柯大钢. 开放经济下的国际贸易壁垒——变动效应·影响分析·政策研究 [M]. 北京：经济科学出版社，2001.

[71] 普格尔，林德特. 国际经济学 [M]. 李克宁，等译. 11版. 北京：经济科学出版社，2001.

[72] 唐海燕. 国际贸易学 [M]. 上海：立信会计出版社，2001.

[73] 朱彤. 发展中国家在WTO中的地位和利益 [M]. 北京：经济科学出版社，2001.

[74] 本书编写小组. 同等学力人员申请硕士学位经济学学科综合水平全国统一考试题库详解 [M]. 北京：中国审计出版社，2000.

[75] 汪素芹. 中国经济开放理论研究 [M]. 北京：中国商业出版社，2000.

[76] 王先林. 大学法律教程（上册）[M]. 4版. 合肥：安徽人民出版社，2000.

[77] 薛敬孝，佟家栋，李春望. 国际经济学 [M]. 北京：高等教育出版社，2000.

[78] 张碧琼. 国际资本流动与对外贸易竞争优势 [M]. 北京：中国发展出版社，1999.

[79] 张二震，马野青. 国际贸易学 [M]. 南京：南京大学出版社，1998.

[80] 任烈. 贸易保护理论与政策 [M]. 上海：立信会计出版社，1997.

[81] 全国国际商务专业技术资格考试大纲、教材编写和命题委员会，李国华. 国际经济贸易理论与实务 [M]. 北京：对外经济贸易大学出版社，1996.

[82] 石玉川. 国际贸易理论与实务 [M]. 北京：中国建筑工业出版社，1996.

[83] 杨全发. 新编国际贸易 [M]. 广州：中山大学出版社，1995.

[84] 韩彪. 交通运输发展理论 [M]. 大连：大连海事大学出版社，1994.

[85] 刘来福，等. 经营实务大全 [M]. 北京：改革出版社，1994.

[86] 唐海燕. 现代国际贸易的理论与政策 [M]. 汕头：汕头大学出版社，1994.

[87] 陈同仇，薛荣久.《国际贸易》学习问答 [M]. 北京：对外贸易教育出版社，1993.

[88] 陈玉璋，刘玉操. 国际贸易实务与金融 [M]. 天津：南开大学出版社，1993.

[89] 本书编写组. 经济基础理论与综合知识——全国经济专业中级资格综合考试用书 [M]. 北京：北京航空航天大学出版社，1993.

[90] 吕世平，叶春明，魏春生. 国际贸易 [M]. 北京：中国科学技术出版社，1993.

[91]《市场经济大全》编撰委员会. 市场经济大全 [M]. 青岛：青岛海洋大学出版社，1993.

[92] 吴百福，俞敦仁. 国际贸易政策措施与实务（下册）[M]. 成都：成都科技大学出版社，1993.

[93] 尹建堃，阴建康．劳资干部实用知识手册［M］．北京：红旗出版社，1993.

[94] 张二震．国际贸易政策的研究与比较［M］．南京：南京大学出版社，1993.

[95] 李天章，沙献玉．现代西方经济理论及思潮评介［M］．开封：河南大学出版社，1992.

[96] 林德特．国际经济学［M］．范国鹰，陆生军，陈捷，译．9版．北京：经济科学出版社，1992.

[97] 斯塔夫里阿诺斯．全球通史：1500年以后的世界［M］．吴象婴，梁赤民，译．上海：上海社会科学院出版社，1992.

[98] 伊特韦尔，米尔盖特，纽曼．新帕尔格雷夫经济学大辞典（第4卷）［M］．陈岱孙，主译．北京：经济科学出版社，1992.

[99] 陈同仇，薛荣久．国际贸易［M］．北京：对外贸易教育出版社，1991.

[100] 黄炳坤．中国涉外经济法律问题［M］．南宁：广西人民出版社，1991.

[101] 汪素芹，郑时彪．国际贸易［M］．合肥：中国科学技术大学出版社，1991.

[102] 徐光智，等．当代国际经济合作［M］．北京：北京航空航天大学出版社，1991.

[103] 杜汝楫，刘大洪，穆庆新．西方经济学说新析［M］．沈阳：辽宁教育出版社，1990.

[104] 鲁明学，纪明山．西方经济学说史概要［M］．天津：南开大学出版社，1990.

[105] 汤在新．近代西方经济学史［M］．上海：上海人民出版社，1990.

[106] 罗来仪．对外贸易业务问题集解［M］．北京：对外贸易教育出版社，1989.

[107] 仇启华．世界经济学（上册）［M］．北京：中共中央党校出版社，1989.

[108] 薛荣久．国际贸易政策与措施概论［M］．北京：求实出版社，1989.

[109] 刘凤岐．当代西方经济学辞典［M］．太原：山西经济出版社，1988.

[110] 赵承璧．对外经济贸易手册［M］．大连：东北财经大学出版社，1988.

[111] 赵凤彬，孙志刚，李俊江．国际经济概论［M］．长春：吉林大学出版社，1988.

[112] 中国大百科全书总编辑委员会，《电子学与计算机》编辑委员会，中国大百科全书出版社编辑部．中国大百科全书·经济学Ⅰ［M］．北京：中国大百科全书出版社，1988.

[113] 陈汉文．竞争中的合作——西方国际经济学导论［M］．成都：四川人民出版社，1987.

[114] 小岛清．对外贸易论［M］．周宝廉，译．天津：南开大学出版社，1987.

[115] 对外经济贸易大学．对外经贸企业经营管理概论［M］．北京：对外贸易教育出版社，1986.

[116] 桥本博之．国际贸易论［M］．朱立南，译．北京：中国展望出版社，1986.

[117] 张本立，陈祥林．新时期经济工作手册（上册）［M］．北京：能源出版社，1986.

[118] 许俊千，刘湖，施潮，等．涉外经济管理知识手册［M］．北京：科学技术文献出版社，1985.

[119] 尹伯成，石士钧．简明资产阶级政治经济学史［M］．天津：天津人民出版社，1985.

[120] 布阿吉尔贝尔．布阿吉尔贝尔选集［M］．伍纯武，梁守锵，译．北京：商务印书馆，1984.

[121] 斯图尔特．亚当·斯密的生平和著作［M］．蒋自强，朱钟棣，钦北愚，译．北京：商务印书馆，1983.

[122] 莫尔．乌托邦［M］．戴镏龄，译．2版．北京：商务印书馆，1982.

[123] 南开大学经济研究所《简明价格词典》编写组．简明价格词典［M］．天津：天津人民出版社，1982.

[124] 富尔塔．拉丁美洲经济的发展——从西班牙征服到古巴革命［M］．徐世澄，译．上海：上海译文出版社，1981.

［125］王怀宁. 资本主义国际贸易与金融［M］. 北京：中国财政经济出版社，1980.

［126］马克思，恩格斯. 马克思恩格斯全集（第46卷上）［M］. 中共中央马克思恩格斯列宁斯大林著作编译局，译. 北京：人民出版社，1979.

［127］马克思，恩格斯. 马克思恩格斯全集（第25卷上）［M］. 中共中央马克思恩格斯列宁斯大林著作编译局，译. 北京：人民出版社，1974.

［128］马克思. 马克思恩格斯全集（第26卷第2册）［M］. 中共中央马克思恩格斯列宁斯大林著作编译局，译. 北京：人民出版社，1973.

［129］列宁. 列宁选集（第1卷）［M］. 中共中央马克思恩格斯列宁斯大林著作编译局，译. 北京：人民出版社，1972.

［130］列宁. 列宁选集（第2卷）［M］. 中共中央马克思恩格斯列宁斯大林著作编译局，译. 北京：人民出版社，1972.

［131］马克思，恩格斯. 马克思恩格斯选集（第2卷）［M］. 中共中央马克思恩格斯列宁斯大林著作编译局，译. 北京：人民出版社，1972.

［132］马克思，恩格斯. 马克思恩格斯全集（第23卷）［M］. 中共中央马克思恩格斯列宁斯大林著作编译局，译. 北京：人民出版社，1972.

［133］马克思，恩格斯. 马克思恩格斯全集（第20卷）［M］. 中共中央马克思恩格斯列宁斯大林著作编译局，译. 北京：人民出版社，1971.

［134］马克思，恩格斯. 马克思恩格斯全集（第37卷）［M］. 中共中央马克思恩格斯列宁斯大林著作编译局，译. 北京：人民出版社，1971.

［135］马克思，恩格斯. 马克思恩格斯全集（第21卷）［M］. 中共中央马克思恩格斯列宁斯大林著作编译局，译. 北京：人民出版社，1965.

［136］马克思，恩格斯. 马克思恩格斯全集（第13卷）［M］. 中共中央马克思恩格斯列宁斯大林著作编译局，译. 北京：人民出版社，1962.

［137］李斯特. 政治经济学的国民体系［M］. 陈万煦，译. 北京：商务印书馆，1961.

［138］孟. 英国得自对外贸易的财富［M］. 袁南宇，译. 北京：商务印书馆，1959.

［139］马克思，恩格斯. 马克思恩格斯全集（第4卷）［M］. 中共中央马克思恩格斯列宁斯大林著作编译局，译. 北京：人民出版社，1958.

［140］马克思，恩格斯. 马克思恩格斯全集（第1卷）［M］. 中共中央马克思恩格斯列宁斯大林著作编译局，译. 北京：人民出版社，1956.

［141］新华社. “服贸之约”——谱写中国与世界共赢的篇章［J］. 一带一路报道，2021（6）：86-87.

［142］徐绍元，史春林. 马克思恩格斯对资本主义国际贸易政策本质的分析及现实启示［J］. 湖湘论坛，2021，34（4）：35-47.

［143］亚布力中国企业家论坛研究中心. 2020年中国对外贸易分析［J］. 全球商业经典，2021（2）：136-141.

［144］李豫新，王昱心. 中国与“一带一路”沿线国家农产品产业内贸易影响因素实证分析［J］. 价格月刊，2021（2）：21-29.

［145］古丽娜尔·玉素甫，杨瑞瑞，刘永旺. “一带一路”沿线国家要素禀赋对中国对外直接投资的影响［J］. 科技管理研究，2020，40（22）：168-176.

［146］桑朝阳. 马克思财富观：历史超越和当代价值［J］. 福建论坛（人文社会科学版），2020（7）：5-14.

［147］方志国. 马克思资本流动与资本集中论点及其当代启示［J］. 长江论坛，

2020（5）：14-20.

［148］梅俊杰．赶超发展先驱弗里德里希·李斯特传略［J］．政治经济学报，2020，19（3）：97-146.

［149］肖琬君，冼国明．RCEP发展历程：各方利益博弈与中国的战略选择［J］．国际经济合作，2020（2）：12-25.

［150］王萌．我国遭遇反补贴调查的现状与对策［J］．财政科学，2019（10）：100-106.

［151］杨小林．中关村科学城的兴起（1951—1999年）［J］．中国科学院院刊，2019，34（9）：1058-1070.

［152］武谷云燕，吴永梅．关税在我国当前财政收入的地位考察［J］．现代营销（经营版），2019（7）：220-221.

［153］谭观福．自愿出口限制协议的国际法问题研究［J］．现代管理科学，2019（5）：50-52.

［154］林楠．马克思主义政治经济学国际短期资本流动分析——兼论我国跨境资金流动与外部风险考量［J］．金融评论，2019（5）：51-66.

［155］张尔升，林泽宇，李卓琳．中国特色自由贸易港建设的区域经济一体化效应——以海南自由贸易港为例［J］．山东财经大学学报，2019，31（1）：5-13.

［156］段玉婉，刘丹阳，倪红福．全球价值链视角下的关税有效保护率——兼评美国加征关税的影响［J］．中国工业经济，2018（7）：62-79.

［157］方虹，王旭．马克·梅利茨对异质性企业贸易理论的贡献——科睿维安“引文桂冠奖”得主学术贡献评介［J］．经济学动态，2018（4）：148-158.

［158］CIMINO-ISSACS C，ZILINSKY J．当地成分要求：贸易保护主义的幌子［J］．王鑫，译．WTO经济导刊，2018（1）：57.

［159］张幼文，吴信坤．国际直接投资中的要素流动与全球化经济的资源配置［J］．学术月刊，2017，49（12）：78-89.

［160］杨飞．中美制造业技术差距及其影响因素研究［J］．世界经济研究，2017（8）：124-134；137.

［161］张方波．我国跨境资本流动的马克思主义政治经济学分析［J］．毛泽东邓小平理论研究，2017（7）：77-85；109.

［162］颜垒，黄静．我国企业跨国管理与跨文化冲突［J］．河南社会科学，2017，25（3）：35-39.

［163］高奇琦．全球治理、人的流动与人类命运共同体［J］．世界经济与政治论坛，2017（1）：30-45；156-157.

［164］都亳．WTO框架下当地成分要求措施的合法性分析［J］．国际经贸探索，2016，32（10）：71-86.

［165］本刊编辑部．经济学界的“辣笔毒舌”——记2008年诺贝尔经济学奖获得者、美国经济学家保罗·克鲁格曼［J］．财政监督，2015（10）：13-17.

［166］周小琳，吴翔，独孤昌慧．异质性企业贸易理论关于国际贸易基本问题的回答：一个文献综述［J］．经济问题探索，2015（9）：156-163.

［167］张幼文．改革开放：使中国在世界发展竞争中赢得比较优势［J］．求是，2015（6）：36-38.

［168］白洁．贸易保护政治经济学研究回顾与展望——基于利益集团模型与中点选民模型两条主线［J］．山东财政学院学报，2014（1）：50-57.

[169] 马凤涛，李俊．国际中间产品贸易的发展及其政策含义［J］．国际贸易，2011（9）：12-17.

[170] 陆愚，焦豪．跨国公司海外市场的成本优势——基于交易成本和内部化理论的多案例分析［J］．上海管理科学，2009（6）：35-41.

[171] 邢海洋．重商主义的零和游戏［J］．中国海关，2009（4）：79.

[172] 刘伟，张辉．中国经济增长中的产业结构变迁和技术进步［J］．经济研究，2008，43（11）：4-15.

[173] 王佃凯．新贸易保护主义发展的特点、原因与趋势［J］．首都经济贸易大学学报，2008，10（4）：86-89.

[174] 唐珏岚．《资本论》中的国际资本流动理论［J］．当代经济研究，2008（2）：13-18.

[175] 文礼朋，郭熙保．初级产品出口导向发展理论述评——自然资源丰富的中小国家的经济发展思路［J］．国外社会科学，2008（1）：83-90.

[176] 单宝．蓝色贸易壁垒的双重效应及两手策略［J］．国际经贸探索，2007，23（5）：19-22；32.

[177] 宋世方．自愿出口限制的性质与成因分析［J］．对外经济贸易大学学报（国际商务版），2007（1）：25-29.

[178] 佟延春．伊丽莎白一世时期的重商主义政策初探［J］．牡丹江师范学院学报（哲学社会科学版），2003（4）：46-48.

[179] 施用海．应对新贸易壁垒［J］．国际技术贸易市场信息，2003（1）：3-7.

[180] 徐广军，崔鹏程．战略性贸易理论与中国政策选择［J］．北京工商大学学报（社会科学版），2002，17（3）：21-23；33.

[181] 郭吴新．19世纪的世界经济格局［J］．经济评论，1996（6）：16-21.

[182] 周斌．夏商西周时期的区际贸易［J］．喀什师范学院学报，1996（3）：33-37.

[183] 陈今．美日汽车贸易战的前前后后——访外经贸部国际贸易研究所副所长周世俭［J］．国际贸易，1995（7）：30-32.

[184] 夏申．论战略性贸易政策（下）［J］．国际贸易问题，1995（9）：12-16；42.

[185] 蒋树宽，伍翰林．美日汽车贸易战评析［J］．国际经贸探索，1995（6）：25-29.

[186] 郭健青．美日汽车“贸易战”的前因后果［J］．亚太经济，1995（5）：22-25.

[187] 王耀中．论绿色保护主义对我国外贸发展的影响及其对策［J］．财经理论与实践，1995（5）：51-54.

[188] 张培刚，刘建洲．新贸易理论及其与发展中国家的关系［J］．经济学家，1995（2）：4-16；126.

[189] 朱晓峰．中国农业劳动力转移与农业的持续发展［J］．中国人口·资源与环境，1994，4（4）：49-52.

[190] 金祥荣．关贸总协定的“灰色区域”——自愿出口限制的保护机制及其经济效应［J］．国际贸易问题，1993（12）：32-38.

[191] 曹旭华．内向与外向发展战略：理论论争与实绩比较［J］．财贸经济，1990（5）：45-49.

[192] 迈克塞尔．变化中的初级产品需求［J］．周文贵，译．国际经济评论，1989（4）：39-46.

[193] 陈兆璋．论中世纪英国向资本主义的过渡［J］．厦门大学学报（哲学社会科学版），1987（3）：91-98.

[194] 王治. 尼日利亚资产阶级的形成和特征 [J]. 西亚非洲，1982（4）：55-60；47.

[195] 联合国贸易和发展会议. 2021年世界投资报告：投资于可持续复苏 [R]. 南开大学跨国公司研究中心，译. 日内瓦：联合国贸易和发展会议，2021.

[196] 张彪. 人工智能对中国劳动力极化的影响研究——基于劳动力市场李嘉图模型 [D]. 昆明：云南财经大学，2021.

[197] 占晶晶. 产业保护政策对中国电影票房的影响研究 [D]. 长沙：湖南大学，2019.

[198] 刘娜. 托马斯·孟与晚期重商主义介评 [D]. 北京：对外经济贸易大学，2004.

[199] 顾阳. 出口整体通关时间减至1.23小时 [N]. 经济日报，2022-01-26（6）.

[200] 顾学明. RCEP有助于促进中国经济高质量发展 [N]. 人民日报，2022-01-04（3）.

[201] 顾阳. 取消“普惠制”对我国出口影响有限 [N]. 经济日报，2021-11-12（5）.

[202] 王俊岭. 中国进口关税总水平仅为7.4% [N]. 人民日报（海外版），2021-10-29（4）.

[203] 崔艳新. 开放合作 互利共赢 深入推进高水平对外开放 [N]. 人民日报，2021-10-14（9）.

[204] 蓝庆新. 碳关税与新型贸易保护主义 [N]. 光明日报，2021-08-19（12）.

[205] 杜海涛，罗珊珊. 外贸外资双双“开门红”（开局之年看外贸外资）[N]. 人民日报，2021-04-28（2）.

[206] 吴乐珺，方莹馨，花放. 中国外贸强劲增长拉动经济复苏 [N]. 人民日报，2021-03-24（16）.

[207] 刘慧. 平衡利用好国际国内粮食市场 [N]. 经济日报，2021-01-21（5）.

[208] 赵萍. 持续降关税 畅通双循环（开放谈）[N]. 人民日报（海外版），2021-01-12（6）.

[209] 马相东. RCEP八年历程是如何走过的 [N]. 学习时报，2020-11-25（A5）.

[210] 人民日报评论员. 中国产品助力全球抗疫——携手全球抗疫 彰显中国担当 [N]. 人民日报，2020-05-14（2）.

[211] 王玉鹏. 大力弘扬新时代北斗精神 [N]. 人民日报，2020-08-21（9）.

[212] 王曼. 提升“中国服务”在全球价值链地位 [N]. 中国贸易报，2020-08-18（A4）.

[213] 刘伟. 为经济高质量发展奠定坚实制度基础 [N]. 人民日报，2020-04-17（9）.

[214] 王辉耀. 不能让贸易壁垒成为病毒“保护伞”[N]. 北京青年报，2020-04-05（A2）.

[215] 郑归初. 让人类命运共同体理念贯穿战“疫”始终 [N]. 人民日报，2020-03-20（16）.

[216] 冯其予. 服务贸易对全球贸易至关重要 [N]. 经济日报，2019-11-07（11）.

[217] 秦夏. “一带一路”是维护多边主义重要力量 [N]. 中国贸易报，2019-08-29（A1）.

[218] 李洪兴. 为经济增长提供强劲动力——聚焦互联互通 共建“一带一路”[N]. 人民日报，2019-05-10（5）.

[219] 本报评论员. 中国开放之门越开越大——论学习领会习近平主席在第二届“一带一路”国际合作高峰论坛开幕式上关于扩大对外开放的重要讲话精神 [N]. 人民日报，2019-04-27（3）.

[220] 李义平. 以新的比较优势实现经济高质量发展 [N]. 光明日报，2018-08-

07（11）.

［221］李佳霖，董嘉昌．“一带一路”开创对外开放新格局［N］．人民日报，2018-04-30（6）.

［222］董珍．不断提升产业集群竞争力［N］．人民日报，2018-04-02（7）.

［223］于春海．全球贸易环境存在短期恶化风险［N］．人民日报，2017-02-26（5）.

［224］伍山林．大国崛起的经济思想基础——从美国建国初期三份国事报告看汉密尔顿的贡献［N］．文汇报，2016-06-17（W12）.

［225］胡培兆．为政治经济学正名［N］．人民日报，2016-04-18（16）.

［226］陈国灿．丝绸之路精神的当代传承［N］．人民日报，2016-01-14（7）.

［227］高攀，许缘．美国宣布将对从日本进口钢铁产品实施关税配额制［EB/OL］．（2022-02-08）［2022-03-15］．http://world.people.com.cn/n1/2022/0208/c1002-32347876.html.

［228］林学军．“非市场经济地位”只是美国打压中国的幌子［EB/OL］．（2021-12-18）［2022-03-18］．https://m.gmw.cn/baijia/2021-12/08/35366408.html.

［229］李明．畅通双循环　开创新格局［EB/OL］．（2021-03-19）［2022-03-19］．http://www.xj.xinhuanet.com/zt/2021-03/19/c_1127230710.htm.

［230］蔡亮．大循环、双循环！构建发展新格局［EB/OL］．（2021-01-28）［2022-01-29］．https://baijiahao.baidu.com/s?id=1690090532138528840&wfr=spider&for=pc.

［231］孙广勇．打造“一带一路”沿线国家境外示范园区［EB/OL］．（2020-08-27）［2022-03-15］．https://baijiahao.baidu.com/s?id=1676157123269 259342&wfr=spider&for=pc.

［232］金华市人民政府外事办公室．支持企业参与“一带一路”建设　中信银行出口信贷创新绩［EB/OL］．（2020-06-28）［2022-03-15］．http://swb.jinhua.gov.cn/art/2020/6/28/art_1229168151_58839653.html.

［233］央视新闻．国务院关税税则委员会：对约750亿美元美国商品加征关税［EB/OL］．（2019-08-23）［2022-03-15］．https://baijiahao.baidu.com/s?id=1642659193813639404& wfr=spider&for=pc.

［234］中华人民共和国国务院新闻办公室．中国与世界贸易组织［R/OL］．（2018-06-28）［2022-03-15］．http://www.scio.gov.cn/zfbps/32832/Document/1632334/1632334.htm.

［235］罗江．“一带一路”推动亚洲区域经济一体化逆势发展［EB/OL］．（2018-04-08）［2022-03-15］．http://www.gov.cn/xinwen/2018-04/08/content_5280641.htm.

［236］佚名．科托努协定［EB/OL］．（2018-03-05）［2022-03-15］．http://tradeinservices.mofcom.gov.cn/article/zhishi/jichuzs/201805/59983.html.

［237］佚名．WTO服务贸易总协定简介［EB/OL］．［2022-02-27］．http://tradeinservices.mofcom.gov.cn/article/zhishi/jichuzs/200811/21252.html.

［238］HAMILTON A. Report on manufactures［M］. Charleston：Nabu Press，2010.

［239］ALLEN R C. The British industrial revolution in global perspective［M］. New York：Cambridge University Press，2009.

［240］NORTH D C. Institutions，institutional change and economic performance［M］. Cambridge：Cambridge University Press，1990.

［241］TERIBA O，KAYODE M O. Industrial development in Nigeria：Patterns，problems and prospects［M］. Ibadan：Ibadan University Press，1977.

［242］BALASSA B. The structure of protection in developing countries［M］. Baltimore：Johns Hopkins Press，1971.

［243］ SCHMOOKLER J. Invention and economic growth ［M］. Cambridge, Mass.: Harvard University Press, 1966.

［244］ HICKS J R. The theory of wages ［M］. 2nd ed. London: Macmillan, 1963.

［245］ SCHUMPETER J A. History of economic analysis ［M］. New York: Oxford University Press, 1954.

［246］ CHEN B, MA H, JACKS D S. Revisiting the effective rate of protection in the late stages of Chinese industrialization ［J］. World Economy, 2017, 40 (2): 424-438.

［247］ BERGEAUD A, CETTE G, LECAT R. Productivity trends in advanced countries between 1890 and 2012 ［J］. Review of Income and Wealth, 2016, 62 (3): 420-444.

［248］ HANLON W W. Necessity is the mother of invention: Input supplies and directed technical change ［J］. Econometrica, 2015, 83 (1): 67-100.

［249］ OLDENSKI L. Offshoring and the polarization of the U.S. labor market ［J］. ILR Review, 2014, 67 (3): 734-761.

［250］ OTTAVIANO G I P, PERI G, WRIGHT G C. Immigration, offshoring, and American jobs ［J］. American Economic Review, 2013, 103 (5): 1925-1959.

［251］ GRAY R. Taking technology to task: The skill content of technological change in early twentieth century United States ［J］. Explorations in Economic History, 2013, 50 (3): 351-367.

［252］ BURSTEIN A, CRAVINO J, VOGEL J. Importing skill-Biased technology ［J］. American Economic Journal: Macroeconomics, 2013, 5 (2): 32-71.

［253］ BRAMBILLA I, LEDERMAN D, PORTO G. Exports, export destinations, and skills ［J］. American Economic Review, 2012, 102 (7): 3406-3438.

［254］ JUNGUITO A T. Tariff history lessons from the European periphery protection intensity and the infant industry argument in Spain and Italy 1870-1930 ［J］. Historical Social Research, 2010, 35 (1): 340-363.

［255］ VERHOOGEN E A. Trade, quality upgrading, and wage inequality in the Mexican manufacturing sector ［J］. The Quarterly Journal of Economics, 2008, 123 (2): 489-530.

［256］ EPIFANI P, GANCIA G. The skill bias of world trade ［J］. Economic Journal, 2008, 118 (530): 927-960.

［257］ GANCIA G, BONFIGLIOLI A. North-south trade and directed technical change ［J］. Journal of International Economics, 2008, 76 (2): 276-295.

［258］ MELITZ M J, OTTAVIANO G I P. Market size, trade, and productivity ［J］. The Review of Economic Studies, 2008, 75 (1): 295-316.

［259］ LA PORTA R, LOPEZ-DE-SILANES F, SHLEIFER A. The economic consequences of legal origins ［J］. Journal of Economic Literature, 2008, 46 (2): 285-332.

［260］ TEBALDI E, ELMSLIE B. Institutions, innovation and economic growth ［J］. Journal of Economic Development, 2008, 33 (2): 27-53.

［261］ MATSUYAMA K. Beyond icebergs: Towards a theory of biased globalization ［J］. The Review of Economic Studies, 2007, 74 (1): 237-253.

［262］ CHIN A, JUHN C, THOMPSON P. Technical change and the demand for skills during the second industrial revolution: Evidence from the merchant marine, 1891-1912 ［J］. The Review of Economics and Statistics, 2006, 88 (3): 572-578.

［263］ YEAPLE S R. A simple model of firm heterogeneity, international trade, and wages

[J]. Journal of International Economics, 2005, 65 (1): 1-20.

[264] AGHION P, BURGESS R, REDDING S, et al. Entry liberalization and inequality in industrial performance [J]. Journal of the European Economic Association, 2005, 3 (2-3): 291-302.

[265] BLALOCK G, GERTLER P J. Learning from exporting revisited in a less developed setting [J]. Journal of Development Economics, 2004, 75 (2): 397-416.

[266] ATACK J, BATEMAN F, MARGO R. Skill intensity and rising wage dispersion in nineteenth - century American manufacturing [J]. The Journal of Economic History, 2004, 64 (1): 172-192.

[267] AUTOR D H, MURNANE L R J. The skill content of recent technological change: An empirical exploration [J]. The Quarterly Journal of Economics, 2003, 118 (4): 1279-1333.

[268] THOENIG M, VERDIER T. A theory of defensive skill-biased innovation and globalization [J]. American Economic Review, 2003, 93 (3): 709-728.

[269] MELITZ M J. The impact of trade on intra-industry reallocations and aggregate industry productivity [J]. Econometrica, 2003, 71 (6): 1695-1725.

[270] ACEMOGLU D. Technical change, inequality, and the labor market [J]. Journal of Economic Literature, 2002, 40 (1): 7-72.

[271] PAVCNIK N. Trade liberalization, exit, and productivity improvements: Evidence from Chilean plants [J]. Review of Economic Studies, 2002, 69 (1): 245-276.

[272] THOM R, MCDOWELL M. Measuring marginal intra-industry trade [J]. Review of World Economics (Weltwirtschaftliches Archiv), 1999, 135 (1): 48-61.

[273] MACHIN S, VAN REENEN J. Technology and changes in skill structure: Evidence from seven OECD countries [J]. The Quarterly Journal of Economics, 1998, 113 (4): 1215-1244.

[274] GOLDIN C, KATZ L F. The origins of technology-skill complementarity [J]. The Quarterly Journal of Economics, 1998, 113 (3): 693-732.

[275] HELPMAN E. Innovation, imitation and intellectual property rights [J]. Econometrica, 1993, 61 (6): 1247-1280.

[276] RAMOS J. Growth, crises and strategic turnarounds [J]. CEPAL Review, 1993 (50): 63-79.

[277] MAYER W. Endogenous tariff formation [J]. American Economic Review, 1984, 74 (5): 970-985.

[278] KRUGMAN P R. Scale economies, product differentiation, and the pattern of trade [J]. American Economic Review, 1980, 70 (5): 950-959.

[279] KRUGMAN P R. Increasing returns, monopolistic competition, and international trade [J]. Journal of International Economics, 1979, 9 (4): 469-479.

[280] VERNON R. International investment and international trade in the product cycle [J]. The Quarterly Journal of Economics, 1966, 80 (2): 190-207.

[281] CORDEN W M. The structure of a tariff system and the effective protective rate [J]. Journal of Political Economy, 1966, 74 (3): 221-237.

[282] KENEN P B. Nature, capital, and trade [J]. Journal of Political Economy, 1965, 73 (5): 437-460.

[283] MINHAS B S. The homohypallagic production function, factor-intensity reversals and the Heckscher-Ohlin Theorem [J]. Journal of Political Economy, 1962, 70 (2): 138-156.

[284] MACDOUGALL G D A. British and American exports: A study suggested by the theory of comparative costs [J]. The Economic Journal, 1951, 61 (244): 697-724.

[285] SAMUELSON P A. International trade and the equalization of factor prices [J]. The Economic Journal, 1948, 58 (230): 163-184.

[286] WORLD TRADE ORGANIZATION, INTERNATIONAL TRADE CENTRE, UNITED NATIONS CONFERENCE ON TRADE AND DEVELOPMENT. World tariff profiles 2021 [R]. Geneva: World Trade Organization, International Trade Contre, United Nations Conference on Trade and Development, 2021.

[287] WORLD TRADE ORGANIZATION, INTERNATIONAL TRADE CENTRE, UNITED NATIONS CONFERENCE ON TRADE AND DEVELOPMENT. World tariff profiles 2022 [R]. Geneva: World Trade Organization, International Trade Contre, United Nations Conference on Trade and Development, 2022.

[288] WORLD TRADE ORGANIZATION. World trade statistical review 2022 [R]. Geneva: World Trade Organization, 2022.

[289] ARKOLAKIS C, MUENDLER M. The extensive margin of exporting goods: A firm-level analysis [R]. NBER Working Paper, No.16641, 2010.

[290] EATON J, ESLAVA M, KUGLER M, et al. Export dynamics in Colombia: Firm-level evidence [R]. NBER Working Paper, No.13531, 2007.

[291] BALDWIN R E, ROBERT-NICOUD F. The impact of trade on intra-industry reallocations and aggregate industry productivity: A comment [R]. NBER Working Paper, No.10718, 2004.

[292] BALDWIN R E, KRUGMAN P R. Agglomeration, integration and tax harmonization [R]. CEPR Discussion Paper, No.2630, 2000.

[293] WORLD BANK. World development report 1987 [R]. Oxford: Oxford University Press, 1987.

[294] INTERNATIONAL LABOUR ORGANIZATION. ILO global estimates on international migrant workers-Results and methodology [EB/OL]. [2021-06-30]. https://www.ilo.org/global/topics/labour-migration/publications/WCMS_808935/lang--en/index.htm.

[295] WORLD TRADE ORGANIZATION. Tariff profiles [EB/OL]. [2021-06-30]. https://www.wto.org/english/res_e/statis_e/tariff_profiles_list_e.htm.

[296] WORLD TRADE ORGANIZATION. Regional trade agreements database [EB/OL]. [2021-06-30]. http://rtais.wto.org/UI/charts.aspx#inforce.